Carl-Auer

Stimmen zum Buch

»Kompetent Vater und Mutter sein, das fällt heute vielen Eltern schwer. Die Beiträge in diesem Buch geben einfühlsame Hinweise, wie die Elternrolle mit Hingabe, Souveränität und Freude ausgeübt werden kann. Die Autorinnen und Autoren sind Experten aus der Familientherapie. Deswegen finden Eltern gezielte Hinweise, wie auf Kinder einzugehen ist, die besondere Herausforderungen stellen.«

Prof. Dr. Klaus Hurrelmann

»Ein hervorragendes und praxisnahes Buch für die Begleitung von Eltern, in dem nicht für sie Konzepte entwickelt, sondern wertschätzende Wege aufzeigt werden, die zur Entfaltung ihrer individuellen Erziehungskraft beitragen. Die gemeinsame Grundhaltung der Autorinnen und Autoren liegt im radikalen Respekt gegenüber der eigenen Kraft von Müttern und Vätern begründet und stellt gleichzeitig eine klare Absage an jegliche Art von Erziehungsstrategien, Effizienzdenken oder rigider Interventionen à la Super Nanny dar.«

Prof. Dr. Sigrid Tschöpe-Scheffler

»Erziehung ist Begleitung der Kinder ins Leben. Erziehung hat mit elterlicher Präsenz und Wahrhaftigkeit zu tun. Dabei fordern Heranwachsende Eltern immer wieder heraus. Wie man Eltern in ihrer Erziehungsverantwortung unterstützen und zugleich ihre Kompetenzen ernst nehmen kann, davon handeln die vielen anschaulichen Beiträge dieses Buches. Eine wichtige Veröffentlichung für alle, die Eltern beraten und in der Elternbildung arbeiten.«

Dr. Jan-Uwe Rogge

Cornelia Tsirigotis,
Arist von Schlippe,
Jochen Schweitzer-Rothers (Hrsg.)

Coaching für Eltern

Mütter, Väter und ihr »Job«

2006

Satz u. Grafik: Drißner-Design u. DTP, Meßstetten
Umschlaggestaltung: Goebel/Riemer
Printed in the Netherlands
Druck und Bindung: Koninklijke Wöhrmann, Zutphen

ISBN 13: 978-3-89670-513-6
ISBN 10: 3-89670-513-X

Bibliografische Information Der Deutschen Bibliothek
Die Deutsche Bibliothek verzeichnet diese Publikation
in der Deutschen Nationalbibliografie; detaillierte bibliografische
Daten sind im Internet über http://dnb.ddb.de abrufbar.

Carl-Auer Verlag
Häusserstraße 14
69115 Heidelberg
Tel. 0 62 21-64 38 0
Fax 0 62 21-64 38 22
E-Mail: info@carl-auer.de

Inhalt

Vorwort

Alle Welt ist sich einig, dass Erziehen in modernen und postmodernen Gesellschaften immer schwieriger wird. Mit diesem Band wollen wir nicht in das Klagelied darüber mit einstimmen. Wir wollen Eltern erprobte Methoden vorstellen, mit deren Hilfe sie sich aus manchen Erziehungsdilemmata wieder frei machen können – mit deren Hilfe sie ihre Kinder fördern und sich dabei als kompetent erleben können. Und wir wollen Beratern, Psychotherapeuten und Lehrern Methoden vorstellen, wie sie Eltern dabei unterstützen können.

Basis dieses Buches sind die Ideen der systemischen Familienberatung. Auf ihnen baut das Buch auf, geht aber darüber hinaus in (wenigstens) drei unterschiedliche Richtungen, die wir in diesem Buch vorstellen:

1. Das von Haim Omer begründete und mit Arist von Schlippe in Deutschland bekannt gemachte Konzept der »elterlichen Präsenz« überträgt Ideen zum gewaltfreien Widerstand von Mahatma Gandhi und Martin Luther King in den deutschen Erziehungsalltag. Es vermittelt Eltern eine Philosophie und Verhaltensmöglichkeiten, die es ihnen ermöglichen, sich schädlichen, gefährlichen und übergriffigen Verhaltensweisen ihrer Kinder in den Weg zu stellen, ohne selbst übergriffig und kontrollsüchtig zu werden.
2. Das von Maria Aarts begründete »Marte-Meo«-Konzept hilft Eltern, mittels videogestützter Entwicklungsberatung bislang noch wenig genutzte kindliche und elterliche Interaktionskompetenzen zu erkennen und systematisch auszubauen.
3. Lehrtherapeuten zweier großer systemischer Ausbildungsinstitute, des *Helm-Stierlin-Instituts* Heidelberg und des *Instituts für Familientherapie* Weinheim, haben Methoden aus der systemischen Therapie, aus der hypnosystemischen Therapie und der Aufstellungsarbeit für Kontexte jenseits der klassischen Familientherapie weiterentwickelt – besonders für die »Stärkung«» der Eltern und für die Verbesserung ihrer Kooperationsmöglichkeiten bezüglich der Lehrer ihrer Kinder.

Alle drei Ansätze grenzen sich ab von traditionellen Konzepten des Elterntrainings oder der Elternschulung. Sie behaupten nicht, zu wissen, wie man »richtig erzieht«. Sie vermitteln keinen festen Kanon von »elterlichen Kompetenzen«. Sondern sie versuchen, mit Eltern maßgeschneiderte, oft sehr individuelle Wege zur Lösung sehr individueller Erziehungsprobleme zu finden und dabei mit viel Wertschätzung für das, was die Eltern bis dahin schon getan haben, ihre bereits vorhandenen Kompetenzen zur Entfaltung zu bringen.

(Fast) alle Beiträge verbinden Überlegungen zu möglichen »elterlichen Haltungen« mit praktischen Umsetzungsvorschlägen und illustrieren dies an Fallbeispielen.

Wir hoffen, dass das Buch eine Fundgrube für alle Erwachsenen (und ihre Berater) wird, die sich mit Kraft, Energie und Präsenz, aber ohne Gewalt und Kontrollsucht der Erziehung von Kindern und Jugendlichen widmen wollen.

Das Buch entstand zum großen Teil aus dem Schwung einer Tagung *Coaching für Eltern: Mütter und Väter als Experten*, mit Haim Omer und Maria Aarts als Hauptreferenten, die das *Helm-Stierlin-Institut* (vertreten durch Jochen Schweitzer) und das *Institut für Familientherapie* Weinheim (vertreten durch Arist von Schlippe) gemeinsam im Februar 2005 in Heidelberg veranstalteten. Cornelia Tsirigotis hat im intensiven Dialog mit Referenten jener Tagung sowie anderen in diesem Feld arbeitenden Autoren schließlich dieses Buch zusammengestellt. Auf den Homepages der beiden Institute (www.if-weinheim.de; www.hsi-heidelberg.com) finden sich immer wieder Veranstaltungshinweise, die die Themen dieses Buches vertiefen.

Cornelia Tsirigotis, Arist von Schlippe, Jochen Schweitzer
Aachen, Witten/Osnabrück, Heidelberg
Frühjahr 2006

Teil I: Eltern, Erziehung, Coaching

1. Von der Familientherapie zum systemischen Elterncoaching – Einführung in ein Spannungsfeld[1]

Arist von Schlippe

Vorbemerkung: Alternativen zur »Super Nanny«?

Der Begriff »systemisches Elterncoaching« verbindet sich gegenwärtig mit zwei Konzepten, die die systemische Therapie herausfordern und zum Überdenken der eigenen Prämissen auffordern: das »Marte-Meo-Konzept« von Maria Aarts (Aarts 2002; Hawellek u. von Schlippe 2005) und das Konzept der »elterlichen Präsenz und des gewaltlosen Widerstands« von Haim Omer (Omer u. von Schlippe 2002, 2004). Obwohl beide Ansätze sehr unterschiedlich vorgehen, scheint es doch ein Muster zu geben, das sie verbindet. Beide Ansätze richten sich an Eltern, die sich als hilflos erleben und beschreiben. Und in einem Kontext, in dem in der Beratung Prinzipien von Konsequenz oder der Orientierung an Belohnung und Bestrafung wieder zunehmend Konjunktur zu haben scheinen, fokussieren sie in der konkreten Arbeit auf *Beziehung, Beziehungsaufnahme und Beziehungsfähigkeit*. Sie sind damit zum einen kompatibel mit Konzepten der systemischen Therapie und Beratung. Gleichzeitig sind sie handlungsorientierter. Da, wo im systemischen Vorgehen die Selbstreflexion und Selbstreferenz in den Vordergrund gestellt werden, bieten sie den Eltern Handlungsleitlinien an. Damit stellen sie sich in den direkten Vergleich mit anderen Konzepten, die ebenfalls den Eltern klare Verhaltensvorgaben anbieten, etwa mit einer Fernsehserie wie der gerade in Deutschland aktuellen »Super Nanny«. Der hohe Beliebtheitsgrad dieser Sendung deutet darauf hin, wie groß bei Eltern der Bedarf an und die Sehnsucht nach Orientierung in der Gegenwart sind. Und »Super Nanny« bietet tatsächlich den Eltern eine solche Orientierung, indem sie *Prinzipien*

---

1 Überarbeitete Version des Einführungsvortrages auf der Tagung *Coaching für Eltern: Mütter und Väter als Experten*, Heidelberg, Februar 2005.

wieder einführt. Es sind Prinzipien, die zumindest hierzulande lange diskreditiert waren, wie Konsequenz, Respektierung elterlicher Autorität, ja, auch der Einsatz von – begrenzten – Strafen (»stille Treppe«) usw. Das sollte nicht in Bausch und Bogen verurteilt werden. Es ist ein möglicher Weg, elterliche Hilflosigkeit zu reduzieren, er ist ja wohl auch erfolgreich, und nicht umsonst werden die Sendungen so intensiv und durchaus positiv diskutiert. Doch aus einer systemischen Sicht wird immer auch nach den »Risiken und Nebenwirkungen« von Beschreibungen und der aus ihnen abgeleiteten Handlungsanweisungen gefragt. Ein Prinzip kann die Beziehung zwischen Eltern und Kind blockieren und zwischen sie treten. Wenn eine Mutter sich vornimmt – oder es ihr empfohlen wird –, mit dem Kind »konsequent« zu sein, dann unterbricht plötzlich das »Prinzip der Konsequenz« die Beziehung zwischen Eltern und Kind.

Das Gemeinsame von Maria Aarts und Haim Omer ist dagegen, dass ihre Handlungsleitlinie nicht von einem Prinzip gesteuert wird, sondern von *Aufmerksamkeit*. Beiden scheint es weniger um die Effektivierung von Kontrolle zu gehen. Vielmehr bieten sie Möglichkeiten der Herstellung oder Wiederherstellung eines *Rahmens*, in dem wieder Beziehung entstehen kann, in dem eine unterbrochene Verbindung wieder aufgenommen werden kann, sodass sich zwischen Eltern und Kind wieder *gute Momente* ergeben können. Das ist etwas, das sie mit dem systemischen Ansatz eng verbindet, denn hier wird ja auch danach gefragt, wie ein Rahmen zu gestalten ist, in dem Selbstorganisationsprozesse möglich werden. Natürlich braucht es dazu ein bestimmtes Wissen darüber, wie dieser Rahmen gut gestaltet werden kann. Der Verzicht auf »instruktive Interaktion« bedeutet nicht den Verzicht auf Expertise und Professionalität. Im systemischen Elterncoaching wird dabei keine Therapie mit den Eltern gemacht, eher erhalten sie eine Art »Ausbildung«. Sie lernen, auf ihre Kinder neu zu sehen, sie mit neuen Augen zu sehen, sie lernen, wie sie ihren Job gut machen können, indem ihnen Möglichkeiten der »familiären Prozesssteuerung« vermittelt werden. Der »Job« der Eltern ist es aus dieser Sicht, Struktur vorzugeben, eine positive Atmosphäre zu schaffen, in diesem Rahmen dann sowohl Raum zu geben für die Initiativen des Kindes, als auch selbst Initiative zu übernehmen und zu leiten. Der Ausgangspunkt ist die Hilflosigkeit der Eltern, und diese wird sehr pragmatisch angegangen, nicht über Reflexion, sondern über Handeln.

Gemeinsamer Nenner: Angst vor dem Kind und elterliche Hilflosigkeit

Ein Beispiel: In einer Supervisionssitzung der Osnabrücker »Babysprechstunde« (Borke et al. 2005) führte ein Mitarbeiter ein Video aus einer Beratungssitzung mit der Mutter eines einjährigen Kindes vor. Der Junge zeigte sich als lebhaftes und interessiertes Kind. Die Schlafstörungen, unter denen er gelitten hatte, hatten sich schon gelegt, doch klagte die Mutter nun, der Junge sei so frech und provoziere sie ständig. Immer müsse sie ihm etwas verbieten, sie sei ständig dabei, »Nein« zu rufen. Das alles sei eigentlich kein Problem, doch sie befürchte, wenn sie nun so streng sei und ihn ermahne, dass er sie irgendwann nicht mehr lieben und sich zu einem Tyrannen entwickeln werde. Das habe auch ihre eigene Mutter, eine Lehrerin, schon zu ihr gesagt: »Ihr wart früher nicht so!« Wir schauten mehrere Sequenzen in dem Video an, in denen die konkrete Interaktion zwischen Mutter und Kind erkennbar wurde. Der Junge explorierte das ganze Sprechzimmer, schaute neugierig in alle Ecken. Er ging immer wieder zu der Mutter, die ihn freundlich ansah, ihn streichelte, wenn er kam, und losließ, wenn er sich wieder auf den Weg machte. Es entstand das Bild eines sicher gebundenen Kindes, und doch, da war die Angst der Mutter vor ihrem Kind, und die stand zwischen ihnen. Zum Glück gab es genügend Momente, in denen die Angst ihr, der Mutter, den Spielraum ließ, ihr intuitives mütterliches Wissen auszuspielen. So ergab sich ein Ansatzpunkt für die Supervisionsbesprechung: In den nächsten Sitzungen führten die Therapeutinnen der Mutter einige Videoclips aus den Gesprächen vor, die die liebevolle Verbindung von Mutter und Kind zeigen, und meldeten ihr zurück, wie offen ihr Sohn auf sie zugehe und ihren Kontakt suche und wie sie intuitiv so handele, dass zwischen ihr und dem Sohn eine gute Verbindung entstehe. So konnte sie sich ein Stück ihrer selbst gewisser werden und lernen, von dem, was sie bereits gut tat, mehr zu tun, auf die Initiativen des Sohnes angemessen zu reagieren. Vor allem konnte im Video deutlich werden, dass er vieles nicht tat, um sie zu provozieren, sondern aus Explorationslust – und dass sie statt ständig »Nein« zu rufen eine Reihe anderer Verhaltensalternativen hatte. Gleichzeitig wurde in der Supervision überlegt, auch klassische systemische Interventionen mit einzubeziehen, also die Angst einmal zu externalisieren, sie mithin »auf Urlaub« zu schicken (vielleicht zusammen mit der Lehrerin-Großmutter?), und mit der Mutter daran zu arbeiten, was sich dann für sie im Kontakt mit dem Sohn verändern würde, wenn sie mit ihrem Sohn wirklich zu zweit wäre oder zu dritt, denn den Vater wollen wir ja auch nicht außen vor lassen.

Ein ungewöhnliches? – nein, doch eher ein vertrautes Phänomen: *die Angst der Eltern vor dem Kind.* Da ist ein lebendiges Wesen, ganz offenbar harmlos, ein Kleinkind oder Baby, und doch bereits Quelle von Befürchtungen. Die Angst der Eltern vor dem Kind ist eng verbunden mit Hilflosigkeit. Es ist so, als ob bei der Mutter die vorweggenommene Hilflosigkeit, nichts dagegen tun zu können, dass der Sohn sie später einmal nicht mehr richtig lieben werde, sie bereits heute lähmt und ihren Blick auf ihre verfügbaren Kompetenzen und Möglichkeiten, entspannt Mutter zu sein, blockiert.

Vermutlich ist diese Angst nicht erst ein Kennzeichen unserer Kultur, auch in traditionellen Gesellschaften wird es solche Empfindungen geben (es war nicht »früher alles besser«). Doch ist es in unserer Gegenwart ganz besonders zu einer Psychologisierung, Pädagogisierung und Therapeutisierung der Elternrolle gekommen (Levold 2002; Omer u. von Schlippe 2004). Dies ist alles andere als negativ zu werten, ging doch damit eine Liberalisierung der elterlichen Rollen einher, wie sie es wohl in der Geschichte bislang nicht gegeben hat. Viel weniger als früher sind Eltern durch feste Regeln determiniert, wie sie ihre Kinder zu erziehen haben.

Björn v. Schlippe (Zeichnung & ©)

Es gibt also keinen Anlass dafür, Eltern als »gute Idee« zu bezeichnen, die nur »von den falschen Leuten umgesetzt« wird, wie es in dem Cartoon heißt.

Die Beziehung zwischen Eltern und Kindern in der Gegenwart steht vor einem Universum an Möglichkeiten der Beziehungsgestaltung mit unbestreitbaren Vorteilen gegenüber festgelegten oder gar starren Rollen. Doch ist auch dies nicht frei von »Risiken und Nebenwirkungen«. So ist der Platz der Eltern als Zentrum und Mittelpunkt der Familie, der ihnen und den Kindern gleichermaßen Sicherheit und Orientierung gibt, heute nicht mehr selbstverständlich. Eltern sehen sich so vielen unterschiedlichen Einflüssen dessen gegenüber, was »richtige Erziehung« ist, dass die Gefahr besteht, dass sie unsicher werden, sich zunehmend hilflos fühlen und mit einer größeren Wahrscheinlichkeit langsam »an den Rand der Familie« geraten, die Idee entwickeln, sie wären zur Erziehung gar nicht in der Lage.

Ein Witz beschreibt dieses Spannungsfeld sehr plastisch: Ein Elternpaar sitzt vor seinem sich merkwürdig benehmenden Kind, und die Mutter sagt zum Vater: »Sag, der Kleine wird so komisch in letzter Zeit, sollten wir da nicht etwas unternehmen?« Und der Vater antwortet: »Ach, lass uns mal abwarten, der Junge kommt ja bald in die Schule!« – Das scheint auf ein durchaus denkwürdiges Phänomen hinzuweisen: Erziehung an die Schule, die Lehrer, die Fachleute zu delegieren. Die Angst vor der Macht des Kindes hat sicher zugenommen, Eltern stehen heute in einer Situation, in der ein »Chor«, wie er vermutlich bei jedem, der Kinder hat, im Hintergrund ruft, recht laut geworden ist: »Ihr habt es falsch gemacht!« In diesem Chor (man spricht auch von den »Gespenstern im Kinderzimmer«, z. B. Borke et al. 2005) finden sich viele Stimmen, vergangene Stimmen, aktuelle Stimmen, wie in unserem Beispiel die der Großmutter, aber auch Stimmen der Freunde, Nachbarn, Medien oder gar von Fachleuten. Dort finden sich auch die aktuelle Erschöpfung, die Problemgeschichte und die Vereinsamung angesichts von Schwierigkeiten, für die man sich dann vielleicht auch noch schämt.

Der »Eisberg«

Das Wichtige ist dabei die *Wahrnehmung der elterlichen Hilflosigkeit.* Das Konzept des gewaltlosen Widerstandes wurde von Haim Omer am Beispiel von Familien entwickelt, in denen die Kinder gegenüber Eltern oder Geschwistern offen aggressives, ja gewalttätiges Verhalten zeigten. Gewalttätigkeit ist aber nur die »Spitze des Eisbergs«. Sie könnte ablenken davon, dass das wesentliche Phänomen die *elterliche Hilflosigkeit* ist (Pleyer 2003, 2004).

Alle Eltern möchten ihre Kinder »richtig« erziehen, was immer man darunter versteht. Die Liberalisierung der verschiedenen Formen, wie ein Kind aufwachsen kann, gibt aber keine Antwort mehr auf die Frage, wie man das macht, »richtig erziehen«. So tritt neben die Freiheit heute für Eltern vielfach die Verunsicherung und Irritation, vor allem wenn man bedenkt, dass bis heute Eltern und – leider bis heute – insbesondere Mütter einer Vielzahl von aversiven Bedingungen ausgesetzt sind. Mütter sind Empfänger von 76 % aller Abhängigkeitskommunikationen (Jammern, Um-Hilfe-Bitten). 56 % aller negativen Interaktionen richten sich auf sie, der Rest verteilt sich auf Geschwister, Vater und andere Personen. In einer Familie mit einem Problemkind muss die Mutter sogar mit einer unangenehmen Begebenheit pro Minute rechnen (Omer u. von Schlippe 2002).

Soziale Reversibilität

In den 1960er-Jahren war eine der großen Errungenschaften der pädagogischen Psychologie das Konzept der sozialen Reversibilität. Es galt, das starre Denken in Hierarchien aufzulösen. Eltern und Lehrer sollten lernen, mit Kindern so zu reden, wie sie prinzipiell auch mit ihnen reden könnten. »Nicht reversibel« bedeutete, dass das Kind eine Aussage wie: »Räum das auf, und zwar ein bisschen plötzlich!« umgekehrt nicht zu den Erwachsenen sagen könnte. Stattdessen sollte man sagen: »Würdest du das bitte aufräumen, es stört mich, wenn es so unordentlich aussieht!« Im Lehrbuch verstand das Kind dann die Mutter und räumte auf. Heute sehen wir darin ein Stück eines romantischen Erziehungsideals, das als Unterschied zu einer autoritären, entwertenden Form von Erziehung sinnvoll ist, das jedoch nicht einen Maßstab darstellen sollte, an dem pädagogisches Handeln gemessen wird. Wenn wir heute mitbekommen, was in Beratungen darüber berichtet wird, wie Kinder mit ihren Eltern umgehen, dann ist da von sozialer Reversibilität oft nicht mehr so viel übrig. Das reicht von der Forderung nach Begründung »Warum?« über »Reg dich ab, Alter!«, »Mach's doch selber!« bis zu »Halt die Klappe!«, und es ist klar, wer den »Regierungsstab«, die Fernbedienung, vor dem Fernseher in der Hand hält.

Manche Eltern erzählen auch noch wesentlich massivere Episoden. Pleyer (2003, 2004) geht von der Idee aus, dass Eltern durch ihre Kinder Erfahrungen machen können, die durchaus einer Traumatisierung gleichkommen. Der beraterische Standort ist im Modell des gewaltlosen Widerstands daher eindeutig empathisch hinter oder neben den Eltern. Hier sehe ich die stärkste Herausforderung an vertraute Konzepte der Allparteilichkeit in der systemischen Therapie.

Wir sind vielfach so trainiert, Hypothesen über Familiendynamiken anzustellen, danach zu suchen, vor dem Hintergrund welcher Familienkonflikte das Problemverhalten *Sinn* ergibt, dass es schwer fällt, die Eltern – zumindest in einer ganzen Reihe von Fällen – *auch* als *Opfer* ihrer Kinder anzusehen.

Möglicherweise ist es das zentral Neue und Herausfordernde an den beiden Ansätzen, dass sie auf eine professionelle und unaufgeregte Weise sich dieser Hilflosigkeit annehmen. Sie vermeiden dabei die Falle, sich auf die Dimension Macht zu konzentrieren, wie es so schnell nahe liegt, wenn man sich hilflos fühlt. Stattdessen geht es um die Präsenz der Eltern. Es geht nicht darum, dass sie sich *durchsetzen sollen*, sondern dass sie ihren Platz als präsente Eltern in der Mitte der Familie *einnehmen können*.

Systemisches Elterncoaching und Familientherapie – Unterschiede und Gemeinsamkeiten

Wenn die elterliche Hilflosigkeit im Vordergrund systemischen Elterncoachings steht und der Umgang damit eine der besonderen Gemeinsamkeiten sowohl der Videointeraktionsanalysen als auch der Arbeit im Konzept des gewaltlosen Widerstands darstellt, dann ist es interessant zu überlegen, wie aus diesem Vorgehen Grundzüge eines integrierten Konzepts von Elterncoaching herauszuziehen sind. Es sind Grundzüge, die teilweise mit den Prämissen des systemischen Arbeitens gut zusammenpassen, teilweise diese infrage stellen. Sie setzen somit auch Impulse für die Weiterentwicklung der Konzepte der systemischen Therapie.

Auftragssituation: Verbindung von »Berufsrolle« und Situation

In der systemischen Therapie wird sensibilisiert für die jeweilige Auftragslage, mit der es die BeraterIn zu tun hat, und dafür, wer in welcher Form als Kontraktpartner zu gewinnen ist. Das Elterncoaching passt sehr gut in diese Tradition, denn auch hier geht es um eine konkrete Anliegenorientierung. Coaching ist per definitionem eine begrenzte, partnerschaftliche und anliegenorientierte Begleitung und Unterstützung *in der Verbindung von Berufsrolle und Person*. Es ist dabei zielorientiert und situativ ausgerichtet, der bzw. die zu Coachende ist für Lernen und Entscheidungen verantwortlich, der Kontrakt geht um einen klar umgrenzten Bereich (z. B. Steinhübel 2005). Im Elterncoaching geht es also um den »Job« der Eltern als Eltern. Sehr konsequent wird daran gearbeitet, die Eltern zu Experten für ihre Familie und das Management ihrer Familie zu machen. Im systemischen Elterncoaching geht es dabei nicht darum, zu vermitteln, wie man die Kinder schnell und effektiv steuern könne, etwa durch Belohnen oder sinnvolle Formen von Bestrafung. Vielmehr lernen Eltern, ihren Platz einzunehmen und sich wieder als Eltern in ihrer Familie zu bewegen.

Dekonstruktion von Problembeschreibungen

Im systemischen Ansatz wird sehr genau darauf geschaut, wie ein Problem beschrieben wird und welchen Spielraum eine Problembeschreibung bietet für das Bewusstsein der eigenen Möglichkeiten, für mögliche Anknüpfungspunkte neuen Sinnes und für eine liebevolle Selbst- und Fremdbeschreibung. Familien kommen meist mit Beschreibungen, die sie einschränken und ihnen das Bewusstsein ihrer Möglichkeiten nehmen.

Boscolo et al. (1993) beispielsweise sprechen von »Schlüsselwörtern«: Bestimmte Wörter können Schlüssel für mehr oder weniger bewegliche Beschreibungen sein. So sehen sie etwa das Wort »krank« als monosemantisches Schlüsselwort, denn es gibt nur wenige Möglichkeiten, sich daran anzuschließen: »Wann ist Ihr Kind krank geworden?« Die mit der Beschreibung »krank« einhergehenden Konnotationen sind eindeutig und klar: Da gibt es nur wenig, was man selbst tun kann, das muss von außen geheilt werden. Ganz anders ist etwa das Wort »Streik« – ein Beispiel für eine ganz andere, eine polysemantische Beschreibung: »Wann ist Ihre Tochter in den Streik getreten?« Ein Streik kann eben für etwas oder gegen etwas gerichtet sein, er wird aktiv begonnen, es gibt Unterstützer und Gegner usw. Eine ganz neue Welt von neuen Bedeutungsfeldern kann damit eröffnet werden.

Wenn Eltern in die Beratung kommen, erleben sie sich manchmal auch als gefangen in monosemantischen Bedeutungsfeldern. Das Kind ist »hyperaktiv«, »nicht normal«, »aggressiv«, sie selbst sind »schuldig«, der soeben erwähnte Chor klingt ihnen laut im Inneren: Sie haben zu viel oder zu wenig von was auch immer gemacht. In der frühen Familientherapie wurde an dieser Stelle versucht, um jeden Preis eine Beschreibung einer Person als »krank« zu vermeiden. So galt es damals als wichtig, die *Funktionalität* des kindlichen Symptoms herauszuarbeiten: Das Kind macht auf etwas aufmerksam oder lenkt von etwas ab, etwa vom verdeckten Paarkonflikt. Statt des kranken

Mitglieds war die Familie als Ganzes »dysfunktional«, und es galt, den Punkt zu finden, an dem das Spiel der Familie möglichst effektiv unterbrochen werden konnte. Die Versuche, die Bezeichnung eines Familienmitglieds als »krank« zu umgehen, hatten jedoch auch ihre Nebenwirkungen. Kritiker haben immer wieder beklagt, dass in der frühen Zeit manchen systemischen Therapeuten sozusagen »jedes Mittel recht« war, sofern das Familienspiel nur schnellstmöglich durchbrochen wurde – und mit diesen Bildern von ihr hat die systemische Therapie bis heute zu kämpfen: In Amerika etwa besteht eine Vereinigung familientherapiegeschädigter Eltern schizophrener Patienten, in Selbsthilfegruppen von Suchtabhängigen kursiert der Spruch: »Hilf dir selbst, denn sonst hilft dir ein Familientherapeut!« Heute hat sich hier sehr viel geändert, wird systemische Therapie als *Kooperationsangebot* angesehen, nicht als ein Instrument, »dysfunktionale« Familien einer Generalsanierung zu unterziehen. So wird heute der- oder diejenige eingeladen, der oder die meint, etwas zur Lösung eines Problems beitragen zu können.

Das systemische Elterncoaching passt hierzu gut. Auch hier wird nach Schlüsselwörtern gesucht, die geeignet sind, weder das Familiensystem als Ganzes als gestört zu beschreiben noch einzelne Mitglieder. Es wird dabei aber durchaus wieder darauf zurückgegangen, das auffällige Kind zu beschreiben, allerdings auf eine Weise, die ein gut anschlussfähiges Reframing, eine Umdeutung, darstellt und die vor allem keinen »verbalen Flurschaden« anrichtet wie der Gebrauch pathologisierender Beschreibungen. Maria Aarts holt die Eltern grundsätzlich bei ihren Sorgen ab, sucht nach einer Perspektive, unter der sie den Eltern vermitteln kann: »Ja, ich sehe, was Ihnen Sorgen macht, und Sie haben Recht, dass Sie besorgt sind!« Und dann spricht sie vom *child of special needs* – was für ein Unterschied zum Begriff »Krankheit«! Ein Kind, das mit seinen besonderen Entwicklungsbedürfnissen seine Eltern *herausfordert*, ist nicht eines, bei dem die Eltern ihre Kompetenz an der Krankenhauspforte abgeben müssen, sondern im Gegenteil eines, das die Eltern neugierig macht: Was genau braucht das Kind von ihnen, was sind diese *special needs*, und wie kann man lernen, das zu verstehen? Interessanterweise stammt von Haim Omer eine ganz andere Beschreibung, doch hat sie eine ähnliche Struktur. Auch sie bietet einen Erklärungsrahmen, der niemanden in Verlegenheit bringt: *Dominanzorientierung*. Anders als Beschreibungen wie »psychisch krank«, aber auch anders als »Funktion im System« bietet der Begriff der Dominanzorientierung einen großen Vorteil: Er hilft, das Familiengeschehen auf einfache Weise zu erklären und zu verstehen, ohne dass zugleich die betreffende Person entwertet wird. Die Eltern können ihr Kind wieder erkennen, gleichzeitig ist Dominanzorientierung an sich nichts Schlechtes: Jede Führungspersönlichkeit dürfte in ihrer Kindheit dominanzorientiert gewesen sein, das Wort ist als Schlüsselwort assoziiert mit Stärke, Willen und Durchsetzungskraft. Aber – und damit können Eltern gut »ins Boot« geholt werden: Ein dominanzorientiertes Kind stellt an seine Umwelt eben besondere Herausforderungen – und dafür sind Eltern nicht »ausgebildet«. Es ist mithin niemandes »Schuld«, wenn sich ein problematisches Muster um Dominanzorientierung herum entwickelt und festfährt, sondern eben eine Herausforderung, auch an die Stärke und Entschiedenheit der Eltern.

Hinter den Eltern stehen, nicht »gegenüber«

Eine Beispielgeschichte hierzu: In einem Workshop mit Familientherapeuten arbeiteten wir an einem sehr komplizierten Fall. Die Therapeutin hatte ihn im Interview mit mir vorgestellt. Anschließend bekam die Gruppe die Aufgabe, Hypothesen zu entwickeln. Diese versuchten wir dann in einer Familienskulptur bildlich darzustellen. Dazu wurde die Familie in einer Skulptur aufgestellt, anschließend konnte jeder seine Hypothese in der Skulptur bildlich darstellen. Einer, der z. B. die Hypothese hatte, dass das »eigentliche Problem« der Paarkonflikt der Eltern sei, stellte sich in der Mitte der Familie vor die Eltern und zeigte mit den Händen auf beide. Eine Kollegin, die vermutete, das eigentliche Problem liege darin, dass das Kind den Vater verachte, der sich seiner dominanten Mutter gegenüber nicht durchsetze, womit seine Frau hilflos den Angriffen der Schwiegermutter ausgesetzt sei, stand zwischen Eltern und Schwiegermutter und blickte kritisch auf die Oma. Nach einer Reihe von Bildern versuchten wir, einen Ort zu finden, der die Arbeit mit der elterlichen Präsenz repräsentiert: Die Therapeutin stellte sich hinter die Eltern, in ihren Rücken, und schaute wertschätzend und anerkennend auf das, was sie in ihrer Rolle als Eltern geleistet hatten. In der Skulptur erlebten die Rollenspieleltern hier die größte Erleichterung und das Gefühl, in ihrer Hilflosigkeit verstanden worden zu sein.

Ein Paarkonflikt wird im Elterncoaching nicht als das »eigentliche Problem« gesehen, um das herum sich das kindliche Symptom entwickelt hat. In der klassischen Familientherapie war es mindestens die zweitwichtigste Aufgabe, den verdeckten Paarkonflikt »hinter«

dem kindlichen Symptom herauszufinden, hervorzuholen und zu behandeln. Unhinterfragte Prämisse war die Idee, dass die Störung verschwinden werde, wenn die Generationsgrenzen klar wären, wenn sich die Eltern miteinander auseinander setzten, anstatt ihren verdeckten Paarkonflikt auf das kranke Kind umzuleiten, wenn das Kind sich nicht mehr einmischen würde. Im Elterncoaching wird stattdessen die Idee eingebracht, dass sich die Lage zwischen den Partnern vermutlich ändern wird, wenn die Eltern Handwerkszeug dafür haben, mit ihren Belastungen anders umzugehen.

Eine interessante Hypothese, wie es zum Paarkonflikt kommen kann, hat Haim Omer aufgestellt (s. Omer u. von Schlippe 2004). Man kann dabei sagen, dass es sich um eine Form von »Attraktorbildung«[2] handelt, also um die Herausbildung von zwei Positionen, die sich im Laufe der Zeit gegenseitig stabilisieren und dazu neigen, extremer zu werden. Angesichts von aggressivem Verhalten sieht man sich oft in der Situation, nur die Wahl zu haben zwischen drei Positionen: Man kann die Position als Tiger wählen, den Angriff, die Position der Gazelle, die Flucht, oder die des Igels, die Erstarrung (Koschorke 2004).

In der Familie können sich nun allmählich die Eltern auf zwei der Positionen zuentwickeln, die sie dann nahezu zwangsläufig als die einzige Möglichkeit erleben angesichts der jeweils unmöglichen Haltung des anderen: »Weil du so nachgiebig bist, muss ich so kämpferisch sein.« Nach einiger Zeit entwickelt sich im ungünstigen Fall ein starres Muster, nach dem der eine seine Tigerhaltung damit begründet, dass der andere sich wie eine Gazelle verhalte, und umgekehrt. So wird der Paarkonflikt recht einfach erklärbar, und die Interpunktionen der wechselseitigen Anklage können sich auflösen: Es hat sich so ergeben, beide sind in die Positionen reingerutscht – und damit wird der Konflikt leichter angehbar.

Im Coaching wird versucht, die Eltern in eine neue Dimension einzuladen: Die Präsenz als Vater und Mutter ist eine, die Kooperation ermöglicht. Folgerichtig wird ein elterlich-ehelicher Konflikt eher »normalisiert«. Wenn die Eltern die Frage bejahen, ob es schon zu heftigen Konflikten gekommen sei, sagt der Coach: »Das ist normal.

2 Attraktor: ein Begriff aus der Chaostheorie. Gemeint ist die Herausbildung einer Ordnungsstruktur in einem fluktuierenden Prozess (s. z. B. Kriz 1999, der diesen Begriff für soziale Systeme auch als »Sinnattraktor« bezeichnet).

Wenn man ein sehr starkes Kind aufzieht, ist ein Konflikt der Eltern fast unvermeidlich. Es ist sehr selten, dass das nicht passiert – aber ich bin optimistisch, dass Ihre Beziehung sich verbessern wird, wenn Sie Ihre Präsenz als Eltern im Zentrum der Familie wiederherstellen.«

Stellung beziehen

Im Modell des gewaltlosen Widerstands geht es nicht um die Unverbindlichkeit verschiedener möglicher Perspektiven. Vielmehr steht die BeraterIn explizit hinter den Eltern und bietet ihnen ein Handwerkszeug, das ihnen hilft, offen ihre Präsenz im Leben des Kindes zu zeigen, ohne sich in gewaltsame Auseinandersetzungen zu verstricken. Anders als in der systemischen Therapie ist Parteilichkeit im Coaching somit nicht tabu. Die Anerkennung der Sorgen als realistisch und die Bestätigung, dass man ein Recht auf die eigene Sichtweise habe, vermittelt eine entschiedene und nichtneutrale Haltung gegenüber den Eltern: Präsente Verhaltensweisen2 werden akzentuiert. Haim Omer sagte zu einem Vater in einem Interview: »Und wenn Sie wieder einmal die Idee haben, dass Sie den Raum verlassen sollten, wenn Ihr Sohn Ihre Frau anschreit, dann überlegen Sie es sich noch mal, es ist vielleicht nicht so eine gute Idee!«

Noch deutlicher ist dies bei Maria Aarts, die explizit für ein direktives Vorgehen plädiert (Aarts et al. 2005). Eine interessante Herausforderung: Mit der Einführung einer Entwicklungsperspektive in die Beratungsarbeit hält auch das Wissen über die Bedingungen »guten Zusammenseins« wieder Einzug. Das wird auf eine wertschätzende und ressourcenorientierte Weise vermittelt, doch ist das Vorgehen von außen durchaus direktiver, klarer, als wir es als »Anwälte der Ambivalenz« gewohnt sind – für mich eine noch immer nicht abschließend durchdachte Herausforderung für mein eigenes Vorgehen.

»In der Ruhe liegt die Kraft«

Sehr interessant ist, dass in beiden skizzierten Ansätzen unabhängig voneinander die Kraft des Schweigens bzw. des Wartens akzentuiert wird. So sagt Maria Aarts: »Immer wieder: warten, warten, warten«, wenn es um die Initiative des Kindes geht, auf die die Eltern anschließend eingehen können. Im Coaching nach dem Modell des gewaltlosen Widerstands ist es für die Eltern oft eine der interessantesten Erfahrungen, dass das Beenden des Jammerns und Predigens (man spricht auch vom so genannten *parental nattering*, s. Omer u. von

Schlippe 2004) einen wichtigen Beitrag zur Deeskalation darstellen kann. Die Eltern lernen, sich ein inneres »Mantra« aufzusagen, etwa »Ich lasse mich nicht hineinziehen!«, und sich selbst eine Anerkennung zu geben, wenn sie eine Serie von Provokationen durchgestanden haben, ohne aus dem Raum zu gehen, sondern indem sie schweigend den Blickkontakt zu ihrem Kind gehalten haben. Das gemeinsame Moment in beiden Vorgehensweisen ist, dass die Eltern ein Handwerkszeug gegen die eigene Aufgeregtheit in die Hand bekommen. Sie lernen, ihre eigenen Beobachter zu werden, fast könnte man es einen meditativen Prozess nennen: Sie lernen, »in ihrer Kraft« zu bleiben. Die Zeit arbeitet für sie, sofern sie ihre Präsenz beibehalten.

Sparsamer Umgang mit therapeutischen Hypothesen

In einem von Haim Omer geführten Liveinterview, bei dem ich anwesend war, kam es zu der folgenden Szene, es ging um die Frage, ob es wieder ein gemeinsames Abendessen geben kann (nach Omer u. von Schlippe 2002, S. 114 ff.).

> Mutter: Es interessiert die Kinder nicht, wenn es mir schlecht geht. Sie halten es nicht für nötig – und schon gar nicht, am Tisch zu sitzen und noch darüber zu reden, das ist eine Einschränkung ihrer Freiheit, die sie gar nicht wollen. Das ist so eine starke Einschränkung, dass zwei Stunden von ihrer Freizeit weggehen, dass sie dann dementsprechend reagieren werden.
> H. O.: Ich möchte Sie gerne etwas fragen: Haben Sie das Gefühl, dass Sie es sich verdient haben, dass die Kinder zwei Stunden mit Ihnen zusammensitzen müssen, weil sie Sie geärgert haben? Haben Sie es nicht verdient? Ist es nicht Ihr Recht? Dass mindestens eine solche Sache davon herauskommt, dass sie Sie nicht nur so geärgert haben, sondern auch so besorgt gemacht haben?
> Mutter (betroffen und leise): Ich habe schon das Recht!

Die Mutter wirkte sehr betroffen, sehr traurig, als sie sagte, sie habe *schon* das Recht. Es kam mir so vor, als ob viele alte Szenen in der Antwort mitschwängen, viele Worte von früheren Zeiten, in denen sie eben gerade nicht das Recht hatte, für sich als Person etwas zu wünschen. Und ich war sehr gespannt, wie Haim antworten würde. In meiner gewohnten Sicht boten sich verschiedene mögliche Wege an, ich spiele sie einmal durch:

Fokussierung auf die Inkongruenz: »Ich höre, Ihre Stimme wird ganz leise, so als würden Sie selbst gar nicht so sicher sein, ob der

Satz stimmt. Gibt es da auch eine andere Seite, die sagt: Nein, du hast kein Recht?«

Fokussierung auf die Herkunftsfamilie: »Wenn Sie an Ihre Herkunftsfamilie denken: Wer würde da am ehesten vielleicht sagen: Sie haben dieses Recht nicht? Wer würde sagen, dass Sie es haben? Was würde sich ergeben, wenn Sie sich entscheiden würden, dem einen nachzugehen, wie sähe es bei dem anderen aus?«

Fokussierung auf das Muster: »So wie Sie das sagen, klingt der Satz noch, als wäre er für Sie ganz neu und noch ungewohnt. Verstehe ich das richtig? Nehmen wir einmal eine Skala von 0 bis 10, zehn wäre: Er wäre Ihnen wirklich vertraut, sie würden sich damit ganz sicher fühlen. Wo würden Sie sich jetzt im Moment einordnen?« Ich stelle mir vor, sie hätte wohl »3« oder »4« gesagt, dann hätte ich weitergefragt: »Wenn Sie sich vorstellen, sie wären durch Zauberei oder durch was auch immer bei – sagen wir – 7 oder 8, wie würde der Satz dann klingen, und wer würde wohl den Unterschied als Erstes bemerken?«

Fokussierung auf die Paarebene: »Herr X, wenn Sie das hören, was Ihre Frau sagt und wie sie es sagt: Wie geht es Ihnen dabei? Was denken Sie, was sie da im Moment besonders brauchen könnte?«

Interessanterweise machte Haim nichts von alldem. Das Gespräch ging vielmehr so weiter:

> H. O.: Ich glaube, ich glaube, dass Sie vielleicht Ihr Gefühl hier aussprechen, dass Sie es nicht wert sind, und das ist genau das Problem: Sie haben das Gefühl, ich bin es nicht wert, dass die vier Kinder – oder die drei Kinder – so viel leiden, so viel Langeweile haben. Die Vermutung, die ich habe, ist, dass Ihr Selbstwert, Ihre Selbstachtung zu niedrig geworden ist, dass Sie sich sagen, ich kann es nicht schaffen, ich habe nicht das Gefühl von Wert. Es ist zu viel, ich habe Mitleid mit den Kindern, ist es so vielleicht?
>
> Mutter: Mm!
>
> H. O.: Es geht genau um diese Frage! Dass Sie nicht nur Ihre Fähigkeiten wiederherstellen, sondern auch Ihre Selbstachtung, Ihre Ehre – ein altes Wort –, und es geht um die Frage: Können Sie Martin erlauben, dass er mitsorgt, dass Sie es schaffen können? Wenn Sie alles auf sich nehmen, werden Sie es nicht schaffen. Ich sage nicht: »Seien Sie die Heldin, gehen Sie an die Front, und kämpfen Sie den Kampf gegen die drei Rassisten!« Das sage ich nicht. Sie müssen keine Heldin sein.

Man sieht: Es werden durchaus persönliche Themen angesprochen, Selbstwert, Selbstachtung und Unterstützung. Die Elternrolle besteht nicht aus abstrakten Funktionen, und so ist auch das Gespräch darüber ganz persönlich. Doch wird das Thema »Selbstwert« nicht auf die Persönlichkeit der Mutter bezogen, vielmehr wird implizit vorausgesetzt: Selbstachtung ist das Recht einer Mutter. Es kann passieren, dass diese verloren geht, aber sie kann auch – vielleicht mit Unterstützung durch den Partner – wieder gefunden werden. Das Gespräch ging also nicht zu möglichen Wurzeln der Konflikte, nicht zur Herkunftsfamilie oder zur persönlichen Geschichte, auch nicht in Richtung eines kreativen Umgangs mit einem alten Muster, sondern es fokussierte auf *Rolle*, ich glaube, auch das ist ein wesentlicher Unterschied zu der Art von Arbeit, wie sie im Kontext systemischer Therapie vertraut ist.

Schluss

Es sollte in diesem Text darum gehen, einige Grundzüge des systemischen Elterncoachings vorzustellen, ohne dass detailliert auf das Spektrum der Interventionen beider Ansätze eingegangen würde. Ich hoffe, es konnte deutlich werden, welch innovatives Potenzial in den Ansätzen des systemischen Elterncoachings liegen kann. Beide Ansätze können nebeneinander gestellt und als therapieschulenübergreifende Konzepte gesehen werden. Gleichzeitig sind sie eng mit dem systemischen Ansatz verbunden, vor allem in der Art der Vermittlung des Bewusstseins der eigenen Möglichkeiten – der »eigenen Kraft«, wie Maria Aarts sagt. Der »kategorische Imperativ« von Heinz von Foerster, »Handle stets so, dass du die Zahl der zur Verfügung stehenden Möglichkeiten vergrößerst!«, ist die Grundlage des systemischen Arbeitens, und im Elterncoaching wird, wie in der systemischen Therapie auch, auf wertschätzende Weise dafür gesorgt, dass ein neuer Sinn entsteht, einer, der die Betroffenen mit mehr Handlungsoptionen versieht als vorher.

Literatur

Aarts, M. (2002): Marte meo. Ein Handbuch. Harderwijk (Aarts Productions).

Aarts, M., C. Hawellek. u. A. von Schlippe (2005): Von der Botschaft hinter den Problemen. Maria Aarts im Gespräch mit C. Hawellek und A. von Schlippe. In: C. Hawellek u. A. von Schlippe (Hrsg.): Entwicklung unterstützen – Unterstützung entwickeln. Systemisches Coaching für Eltern nach dem Marte-Meo-Modell. Göttingen (Vandenhoeck & Ruprecht), S. 37–55.

Borke, J., A. Werchan, M. Abels u. V. Kantrowitsch (2005): Das Konzept der Babysprechstunde Osnabrück. Theorie und Praxis eines klinisch-entwicklungspsychologischen Ansatzes. In: C. Hawellek u. A. von Schlippe (Hrsg.): Entwicklung unterstützen – Unterstützung entwickeln. Systemisches Coaching für Eltern nach dem Marte-Meo-Modell. Göttingen (Vandenhoeck & Ruprecht), S. 172–191.

Boscolo, L., P. Bertrando, P. Fiocco, R. Palavariniu, J. Pereira (1993): Sprache und Veränderung: Die Verwendung von Schlüsselwörtern in der Therapie. *Familiendynamik* 18 (2): 107–124.

Hawellek, C. u. A. von Schlippe (Hrsg.) (2005): Entwicklung unterstützen – Unterstützung entwickeln. Systemisches Coaching für Eltern nach dem Marte-Meo-Modell. Göttingen (Vandenhoeck & Ruprecht).

Koschorke, M. (2004): Wer hat die Macht in der Familie? Über Gewaltfreiheit in Partnerschaft und Familie. *EZI-Korrespondenz* (Evangelisches Zentralinstitut) 20: 28–35.

Kriz, J. (1999): Systemtheorie für Psychotherapeuten, Psychologen und Mediziner. Wien (Facultas).

Levold, T. (2002): Elternkompetenzen – Zwischen Anspruch und Überforderung. *Systeme* 16 (1): 2–13.

Omer, H. u. A. von Schlippe (2002): Autorität ohne Gewalt. Coaching für Eltern von Kindern mit Verhaltensproblemen. »Elterliche Präsenz« als systemisches Konzept. Göttingen (Vandenhoeck & Ruprecht).

Omer, H. u. A. von Schlippe (2004): Autorität durch Beziehung. Die Praxis des gewaltlosen Widerstands in der Erziehung. Göttingen (Vandenhoeck & Ruprecht).

Pleyer, K. H. (2003): »Parentale Hilflosigkeit«. Ein systemisches Konstrukt für die therapeutische und pädagogische Arbeit mit Kindern. *Familiendynamik* 28 (4): 467–491.

Pleyer, K. H. (2004): Co-traumatische Prozesse in der Eltern-Kind-Beziehung. *Systhema* 18 (2): 132–149.

Schindler, H. u. A. von Schlippe (Hrsg.) (2005): Anwendungsfelder systemischer Praxis. Ein Handbuch. Dortmund (Borgmann).

Schlippe, A. von u. C. Hawellek (2005): Entwicklung unterstützen und Unterstützung entwickeln. Systemisches Coaching nach dem Marte-Meo-Modell. In: C. Hawellek u. A. von Schlippe (Hrsg.): Entwicklung unterstützen – Unterstützung entwickeln. Systemisches Coaching für Eltern nach dem Marte-Meo-Modell. Göttingen (Vandenhoeck & Ruprecht), S. 17–34.

Schlippe, A. von, G. Lösche, C. Hawellek (Hrsg.) (2001): Frühkindliche Lebenswelten und Erziehungsberatung. Die Chancen des Anfangs. Münster (Votum).

Steinhübel, A. (2005): Systemisches Coaching. In: H. Schindler u. A. von Schlippe (Hrsg.): Anwendungsfelder systemischer Praxis. Ein Handbuch. Dortmund (Borgmann), S. 297–330.

2. Elterncoaching: Modus oder Mode? – Einige Überlegungen und Thesen[1]

Wolfgang Loth

Vielleicht hat es ja nichts miteinander zu tun, aber auf eine Art könnten die Klagen über den ausbleibenden Kinderwunsch hierzulande und der Unmut über einen nicht mehr handhabbaren Nachwuchs wie ein »geborenes« Duo wirken. Klagen über Kinder, die aus dem Ruder laufen, geben Stoff für Zeitungsmeldungen und für mal mehr, mal weniger fundierte Features in den verschiedenen Medien. In einem kürzlich veranstalteten, prominent besetzten Kongress zur *Prävention psychischer Störungen bei Kindern und Jugendlichen* mit dem Untertitel *Stärkung der Erziehungskompetenz* (Döpfner et al. 2005) in Köln wurde eine breite Forschungslage diskutiert, immer wieder unterstrichen durch Filmeinspielungen aus TV-Produktionen, die Beispiele randalierender, brutaler, nicht zu bändigender Kinder zeigten, deren Herr zu werden mithilfe der vorgestellten Konzepte versucht wurde. Eine der Einspielungen entpuppte sich dabei als ein verblüffend ähnlicher (und nicht unwitziger) Werbespot für Kondome. Die Situationen, denen da mit Elterntrainings und ähnlichen Kursen vorgebeugt werden sollte, waren wirklich heftig. Wer sich sicher geglaubt hatte, das habe es »doch immer schon gegeben«, konnte nachdenklich werden. War das wirklich schon immer so?

Ist das »Technologiedefizit der Erziehung«, von dem etwa Rotthaus (1998) und Schleiffer (2001) mit Bezug auf Luhmann sprechen, ein neues Zeitmerkmal? Eine Art Kollateralschaden der Anpassung an offenere, vielfältigere und vielleicht sogar interessantere Gesellschaftsformen? Dagegen spricht nicht nur Freuds mittlerweile gern zitierte Einschätzung, Erziehen gehöre zu den drei »›unmöglichen‹ Berufen« – neben dem Regieren und dem Analysieren (1937, S. 236). Gerne zum Besten gegeben wird auch eine Klage des Sokrates, des ja eigentlich für seine Dialogfähigkeiten berühmten Philosophen aus dem 5. Jahrhundert v. Chr.: »Die Jugend«, so wird ihm zugeschrieben, »liebt heutzutage den Luxus. Sie hat schlechte Manieren, verachtet die Autorität, hat keinen Respekt vor den älteren Leuten und schwatzt, wo

1 Überarbeitete Fassung des Erstabdrucks in *Systhema* 19 (3), 2005.

sie arbeiten sollte.« Die jungen Leute, heißt es weiter, erhöben sich vor Älteren nicht mehr aus den Sitzen, widersprächen den Eltern, schwadronierten dumm rum und nicht zuletzt – im Vorgriff auf heutige Klagen aus der Schule – tyrannisierten sie ihre Lehrer. Schade nur, dass dieses Zitat (und auch seine verschiedenen Variationen) nicht belegt werden kann.[2] Womöglich ist es einfach frei erfunden, scheint aber irgendwie ganz gut in die Landschaft zu passen.

Neu ist die Klage also nicht. Erziehen ist kein Kinderspiel und ist es womöglich auch in anderen Zeiten nicht wirklich gewesen. Was wohl den Unterschied macht, »der einen Unterschied macht«, ist die mittlerweile extrem beschleunigte und reproduzierbare Betrachtung dieses (wie jedes) Themas: Schlägt hier ein Kind seine Familie tot, weiß es unter Umständen in der nächsten Viertelstunde jeder, der sich gerade in beliebigen Internet-Nachrichtenportalen irgendwo auf der Welt umschaut. Wenn Robert S. in Erfurt eine Schule in Angst und Schrecken versetzt und Amok läuft, kann man das in Echtzeit mitverfolgen, wenigstens die Beschreibungen der Beobachter dessen, was sie möchten, dass wir beobachten. Das Thema eignet sich dann noch eine ganze Zeitlang für aufgeregte öffentliche Diskussionen, »Amok laufen« wird für eine Zeitlang zum meist erklärten Begriff, bis es von einem anderen Hype abgelöst wird. Und ein Vater, der einige Zeit später in der Beratungsstelle um Hilfe nachfragt, bringt den Grund seines Hilfewunschs auf die einfache Formel: »Im Prinzip Erfurt!« Er kann davon ausgehen, dass beim Gegenüber dann zumindest ein erstes Verstehen aufblitzt. Zurück zum Hype: Kann der in ruhigere Bahnen gelenkt werden, ohne dass er an Präsenz verliert? Ohne dass er seine Bedeutung als ein Thema verliert, in dem sich wesentliche Grundfragen und Herausforderungen menschlichen Zusammenlebens bündeln?

Es kommt – wie immer – auf die Blickwinkel an. Wer Familien in erster Linie als Funktionssysteme in ausdifferenzierten Gesellschaften betrachtet, dem werden andere Fragen einfallen als jemandem, der in der Familie die Erfüllung seines Glücks sucht. Erziehungsthemen gewinnen im einen Fall andere Bedeutung als im anderen. Kinder als Segen oder als Aufgabe, das macht schon einen Unterschied, zumindest zeitweise. Das Thema »Super Nanny« ist vielleicht gerade deswegen so virulent. Unabhängig davon, dass die »Super Nanny« als

2 Vgl.: http://www.gierhardt.de/schulsprueche.html [15.4.2005].

mediales Phänomen nur so lange und dadurch »eine Rolle spielen« kann, solange es misslingende Erziehung gibt und die Möglichkeit besteht, mithilfe als monströs gezeichneter Kinder und/oder Eltern im medialen Quotenkonkurrenzkampf zu bestehen, unabhängig davon fördert sie eine Asymmetrisierung von Erziehungsthemen. Die Asymmetrisierung besteht darin, dass »Super Nanny« nur Sinn ergibt im Blick auf das Terrain der ausdifferenzierten Gesellschaftssysteme. Erziehung muss funktionieren, sonst hat man ein Problem, ein funktionales wohlgemerkt. Die Frage der Sinnhaftigkeit kommt dabei weniger vor. Diese würde sich ja nicht auf Tipps oder Anleitungen zum inhaltlich erfolgreichen Vorgehen reduzieren lassen. Sinnfragen weisen über den Tellerrand hinaus, inhaltliche Lösungen bleiben auf dem Teller. Das ist ein Dilemma: Selbst wenn nach salutogenetischen Überlegungen der erlebten Sinnhaftigkeit einer Aufgabe zentrale Bedeutung zukommt (vgl. Antonovsky 1997), im erzieherischen Alltag steht's halt oft Spitz auf Knopf: Muss der Teller leer gegessen werden oder nicht?

Dieses Dilemma findet sich nicht nur im Ringen um praktisches erzieherisches Handeln, sondern auch in der Überlegung, wie sich erzieherische Kompetenzen allgemeiner beschreiben ließen. Levold (2002) weist darauf hin, dass sich Kompetenzen einerseits immer nur in einem konkreten sozialen Kontext entfalten und elterliche Kompetenzen daher immer nur in einer konkreten Beziehung zur Geltung kommen können. Andererseits sei es notwendig, den Begriff »elterliche Kompetenzen« abstrakt genug zu halten, um der Vielzahl individueller Situationen gerecht zu werden. Da wirken die Kürzelqualitäten der »Super Nanny« leicht attraktiver als eine Einladung zum generativen Lernen. Aber man kann auch Glück haben: »Eigentlich dachten wir«, sagte kürzlich ein Elternpaar in der Beratungsstelle, »eigentlich dachten wir, dass wir hier so Antworten kriegen wie von der Super Nanny.« Erfreulicherweise wurde das gesagt am Ende der Stunde in erkennbar zufriedener Stimmung angesichts der gerade erlebten Alternative zur Super Nanny. (Die Figur ist wohl schon so selbstverständlich, dass sie sich sogar durch ein aufmerksames Klären von Anliegen hindurchmogeln konnte, so kann's gehen.[3]) Vermutlich lässt sich die Konkurrenz nicht immer mithilfe von Missverständnissen so spielend gewinnen. Die kritische Stellungnahme der DGSF, die u. a. autoritäres Vorgehen, Defizitorientierung und Individualisierung

3 Zum Klären von Anliegen und Aufträgen siehe Loth (1998, 2005).

von Problemen anspricht, kann daher als ein notwendiges klares Wort begrüßt werden.[4] Eine faktensichere und informative Auseinandersetzung damit stellt auch Bünder (2005) zur Verfügung, der hinterfragt, *Wie der Gehorsam in der Erziehung wieder an Bedeutung gewinnt*.

Ich sehe hier eine Schnittstelle, an der Elterncoaching ins Spiel kommt. Das könnte irritieren, es könnte jedoch auch nützen, sich dieser Irritation zu stellen. Es hilft m. E. wenig, einfach darauf zu bestehen, dass es da doch einen entscheidenden Unterschied gibt zwischen Super Nanny und Elterncoaching, erst recht, wenn es sich um systemische Konzepte zum Elterncoaching handelt. In der medialen Öffentlichkeit verwischen sich die Grenzen schnell, und vielleicht nicht nur da. Wie die kleine Anekdote aus der Beratungsstelle zeigt, lässt sich das zwar handhaben, aber nicht garantiert. Die Frage, wie Erziehung zuverlässiger, vorhersagegenauer, effektiver und effizienter geschehen kann, ist nicht nur auf der medialen Tagesordnung. Und es wäre ja vielleicht gelegentlich auch ein Segen, hier wie gewünscht treffgenau wirken zu können. In diesem Zusammenhang ist »Elterncoaching« zu so etwas wie einem Zauberwort geworden. Wer es als Suchwort bei Internet-Suchmaschinen eingibt, wird reichlich fündig, und das vorgestellte Material ergibt durchaus Sinn.[5] Und der Kongress *Coaching für Eltern: Mütter und Väter als Experten* machte sowohl die Höhe der Nachfrage als auch die mittlerweile erreichte Qualität der Angebote kenntlich. »Im Elterncoaching wird keine Therapie mit den Eltern gemacht, eher erhalten sie eine Art ›Ausbildung‹«, so von Schlippe im einleitenden Beitrag dieses Bandes, »Der ›Job‹ der Eltern ist es aus dieser Sicht, Struktur vorzugeben, eine positive Atmosphäre zu schaffen, in diesem Rahmen dann sowohl Raum zu geben für die Initiativen des Kindes als auch selbst Initiativen zu übernehmen und zu leiten« (in diesem Band, S. 10). In diesem programmatischen Satz lassen sich systemische Grundpositionen problemlos erkennen. Erst recht, wenn es etwas später mit Bezug auf elterliche Hilflosigkeit heißt: »Es geht nicht darum, dass sie [die Eltern] sich *durchsetzen sollen*, sondern dass sie ihren Platz als präsente Eltern in der Mitte der Familie *einnehmen können*« (in diesem Band, S. 15; Hervorh. im Orig.). Von Schlippe (2005) geht an anderer Stelle noch einen Schritt weiter und fügt hinzu: »So verlieren auch klassische Konzepte wie ›Belohnung

4 Siehe: http://www.systemagazin.de/nachrichten/supernanny.php [20.01.2005].
5 Vgl. z. B.: http://www.dreiklang-spandau.de/elterncoaching.htm oder http://www.coaching-fuer-eltern.com/index.htm [jeweils 15.4.2005].

und Bestrafung‹ oder ›Konsequenz‹ ihre überragende Bedeutung in der Erziehung.«

Gerade weil systemische Positionen hier prominent und verbreitet eine Rolle spielen und durch die beiden »Autoritäts«-Bücher von Omer und von Schlippe (2002, 2004) erfolgreich öffentliche Präsenz zeigen, scheint mir eine kurze Rückbesinnung auf ein zentrales Merkmal systemischer Reflexionstradition angebracht. Warum das und wozu? Von Schlippes Akzentuierungen des Elterncoachings erscheinen mir nicht nur sinnvoll, sondern notwendig. Sie unterstreichen die *kontextsteuernden* Ansatzpunkte des Elterncoachings und relativieren somit jegliche Erwartung, es handele sich dabei um eine besonders geschickte Form der *Verhaltens*steuerung. Von Schlippe (2005) bringt es noch einmal auf den Punkt: »Es geht gerade nicht darum, den anderen zu *ändern*, sondern die eigene Entschiedenheit zu demonstrieren, sich destruktiven Entwicklungen entgegenzustellen, ohne bereits vorab zu wissen, in welche Richtung die Entwicklung gehen müsse.« Dies ist »eigentlich« Klartext. Dennoch: Ich bin mir nicht sicher, vermute jedoch, dass es gerade die Erwartung besserer Verhaltenssteuerung ist, die das Thema Elterncoaching so attraktiv macht. Kann man sich wirklich vorstellen, dass eine größere Öffentlichkeit an den Herausforderungen kontextspezifischer Feinabstimmung interessiert ist? Während sich Konzepte der Verhaltenssteuerung (für TV-Produzenten: wunderbar) in ein Super-Nanny-Format verwandeln lassen, dürfte der Regisseur noch geboren werden, der die »Unmöglichkeit instruktiver Interaktion« so aufpeppt, dass sie die Quotenhürde überspringt. Besagte Unmöglichkeit wäre ein Albtraum für Fernsehmacher, für die Entwicklung systemischer Konzepte ein Kernstück (Maturana 1982; Ludewig 1992, 2005). Umso verdienstvoller erscheint mir, dass Omer und von Schlippe (2004) in ihrem auch öffentlichkeitswirksamen Buch *Autorität durch Beziehung* ein Kapitel einfügen, in dem es um die *Problematisierung eines an sich eingängigen Konzepts* (der elterlichen Kompetenz) geht (S. 24 ff.). Und im Anschluss daran gibt es ein Kapitel, in dem Selbstorganisation als eine systemische Perspektive genannt und diskutiert wird, auf den Punkt gebracht in dem Satz: »Die Kunst jeglicher systemischer Arbeit besteht darin, mehr oder weniger explizit nach solchen Geflechten von guten, wertschätzenden Beschreibungen zu suchen« (ebd., S. 28). Genau, möchte man sagen, und: Man kann auch Wilhelm Rotthaus (2004, S. 12) zustimmen, dem auffällt, dass im Vorgängerband *Autorität ohne Gewalt* (Omer u.

von Schlippe 2002) »zumindest beim flüchtigen Lesen Techniken im Vordergrund« zu stehen scheinen. Offensichtlich war es nötig, hier ein wenig gegenzusteuern.

Kurzum, ich fürchte, die Gefahr ist nicht gering, dass sich Elterncoaching als Flaggschiff trivialisierender Interessen vereinnahmen lässt. Dies gerade deshalb, weil Elterncoaching sich noch eher dem Alltag öffnet, als es systemische Therapie schon tut. Schiepeks (1999, S. 30) Definition systemischer Therapie als »Schaffen von Bedingungen für die Möglichkeit selbst organisierter Ordnungsübergänge in komplexen biopsychosozialen Systemen unter professionellen Bedingungen« dürfte zumindest zunächst wenig Reiz auf jemanden ausüben, der auf schnelle Abhilfe in problematischen Situationen hofft. Eine Formulierung wie »Bedingungen für die Möglichkeit« erscheint womöglich im ersten Affekt wie Hohn, wenn im gefühlten Chaos multipler Herausforderungen eine »Ordnung« herbeigewünscht wird, die die grundlegende Angst vor dem Erleben nicht berechenbarer Einflüsse bannt (vgl. Kriz 1997, 2004). Es handelt sich beim systemischen Verzicht auf Vollmundigkeit im Übrigen nicht um endemische Selbstzweifel, sondern um eine Erkenntnis, die auch für andere Bereiche formuliert wurde, auch für den Bereich der Erziehungswissenschaften. Dollase (1999, S. 31) zum Beispiel bemerkt so trocken wie klar: »Grenzen der Erziehung heißt, man muss sich damit auseinander setzen, dass Richtigmachen in der Erziehung Misserfolge bringen kann und Falschmachen Erfolg [...]. Warum ist das so? Die Realität der Sozialisation ist *wissenschaftlich ständig unterbestimmt*, d. h. unaufgeklärt, weil nicht alle Faktoren, die ein bestimmtes Sozialisationsergebnis herstellen, bekannt sind« (Hervorh. im Orig.). Wer hier also sein Heil in digitalisiert-präzisen Anleitungen sucht, wird womöglich umso unsanfter darauf gestoßen, dass es entscheidend auf die Haltung ankommt. Dass sich die gängigen Konzepte der Elternbildung in genau diesem Punkt ebenso wie in ihrem Menschenbild deutlich unterscheiden, hat kürzlich Tschöpe-Scheffler (2005) in einer kritischen Bestandsaufnahme aufgezeigt. Ein Wort wie »Ressourcenorientierung« mag noch so eindeutig klingen: Es macht jedoch einen deutlichen Unterschied, ob damit gemeint ist, jemanden mit Ressourcen zu versorgen, oder ob gemeint ist, dass jemand, etwa Mütter und Väter, als ExpertInnen anerkannt werden, die dabei unterstützt werden können, ihre eigenen Fähigkeiten und Ressourcen (wieder) zu entdecken und einzusetzen (vgl. Tsirigotis 2005).

Elterncoaching, so möchte ich es zusammenfassend auf einen Punkt bringen, ist ein ebenso notwendiges wie vom Zeitgeist umspieltes Unterfangen. Das Notwendige sollte unterstrichen und – auch aus systemischen Perspektiven heraus – gefördert und unterstützt werden. Hier geben etwa die erwähnten Beiträge von Schlippes und seiner KollegInnen wertvolle Impulse. Das Zeitgeistige am Elterncoaching sollte dagegen aufmerksam in Erwägung gezogen, beobachtet, benannt und notfalls gebremst werden. Eine schleichende und ab einer kritischen Menge vielleicht nicht mehr umkehrbare Trivialisierung von Erziehungs- und Elterncoachingskonzepten würde einen Kern systemischer Perspektiven ad absurdum führen. Der Preis der Aufnahme in den Kreis wohlfeil-externen Expertentums bestände in der Aufgabe der Identität. Systemisches Reflektieren als eine starke Alternative zur Reduzierung menschlichen Daseins auf ökonomistisch-effizientes Funktionieren wäre dann eine entkernte Fassade geworden.

Der Aufmerksamkeit für Zeitgeist und trivialisierende Interessen mögen die folgenden Thesen dienen. Der Aufmerksamkeit für das Entwickeln und Überprüfen *systemischer* Perspektiven des Elterncoachings gelten die anschließenden zehn weiteren Thesen.

Thesen zur momentanen Beliebtheit von Elterncoaching

1. Der Wunsch, Eltern gezielt und wirksam zu einem effektiveren Erziehungsverhalten coachen zu können, entspricht dem Wunsch, in einer unübersichtlich erlebten Welt Ordnung schaffen zu können.
2. Dieser emotional motivierte Wunsch korrespondiert mit einem finanzpolitisch motivierten Bedarf nach kostengünstigeren Verfahren in der Jugendhilfe (und entsprechend im Gesundheitswesen).
3. Unter dem Druck emotionaler und finanzieller Vorgaben besteht die Gefahr, Elterncoaching als eine Art saubere chirurgische Aktion misszuverstehen, die ohne Berücksichtigung von Kontexten durchgeführt werden könne.
4. Wenn Elterncoaching ohne Berücksichtigung von Kontexten durchgeführt wird, lässt sich das auch medienwirksam in (in dieser Form unwahrscheinliche und daher staunenswerte) Aktion zusammenfassen.
5. Letzteres verstärkt den emotionalen Druck (»Will ich auch haben«) und auch den finanziellen (»Geht doch!«, »Wer kann das noch kostengünstiger?«).

6. Je mehr sich der Eindruck durchsetzt, Elterncoaching mache weniger Arbeit als die üblichen Formen von Beratung und Therapie, umso höher steigt die Wahrscheinlichkeit, dass die zu erwartende Enttäuschung über ausbleibendes Dauerheil dem Ansehen der Profession schadet.
7. Es besteht die Gefahr, dass Elterncoaching in einen ähnlichen Bedeutungsrahmen gelangt wie die magische Pille.
8. Wenn dies geschieht, ist Elterncoaching zu einem weiteren Symbol dafür geworden, »eigenwillige« Menschen als Störfaktoren in einem turboökonomisierten Leben anzusehen.
9. Elterncoaching wäre dann zu einem Disziplinierungsmittel degradiert. »Systemisch« bedeutete dann nicht: Respektieren des sozialen und des Bedeutungszusammenhangs, sondern: Ausfindigmachen des einfachsten Weges, eine Botschaft unter Nutzung systeminterner Prozesse an die richtige Stelle zu transportieren.
10. Das Ergebnis des Elterncoachings wäre dann: Interesse für den richtigen Weg anstelle Interesse für den Menschen, mit dem zusammen ich etwas erreichen möchte.

Thesen zur notwendigen Rahmung von Elterncoaching

1. Elterncoaching ist eine Möglichkeit, gemeinsam mit Eltern einen für sie gangbaren Weg zu erarbeiten, ihre Kinder wieder als ihre Kinder wahrzunehmen. Ihre Kinder als ihre Kinder wahrzunehmen rückt die Verantwortlichkeiten wieder gerade: Eltern können etwas tun, müssen jedoch auch den Preis des Etwas-Tun-Könnens in Kauf nehmen. Elterncoaching ist Arbeit und macht Arbeit.
2. Elterncoaching berücksichtigt, dass Kinder Vertrauen darein entwickeln müssen, dass es sich für sie lohnt (bzw. es ihnen wenigstens nicht schadet), sich auf die Anregungen ihrer Eltern einzulassen. Im Unterschied zur Dressur ist erfolgreiches Erziehen eine Interaktion, in der Kinder das Risiko leichter tragen können, den Erwachsenen und ihren Anregungen zu trauen. Dieses Vertrauen ist grundsätzlich angeboren, kann jedoch leicht verstört werden. Die Voraussetzungen für Vertrauen müssen dann auf meist mühsame Weise erst wiederhergestellt werden.
3. Elterncoaching stellt zwar auch »technisches« Know-how zur Verfügung, geht jedoch klar davon aus, dass die technischen

Hilfsmittel nur im Zusammenhang mit einer Haltung zieldienlich sind, die die Bereitschaft beinhaltet, sich glaubwürdig, zuverlässig und ehrlich zu verhalten.
4. Das Leitmotiv ist nicht Effizienz, sondern Respekt.
5. Respekt gilt als Motor und nicht als Behinderung.
6. Respektieren heißt: dem Gegenüber auch unter widrigen Umständen zuzutrauen, sich unter geeigneten Bedingungen auch anders verhalten zu können, in diesem Fall: konstruktiver, kooperativer.
7. Elterncoaching stärkt die Bereitschaft und die Fähigkeit von Eltern, zu diesen geeigneten Bedingungen nachhaltig beizutragen.
8. Die Grenzen des Elterncoachings bestehen in der Motivation der Eltern, der Motivation und den Fähigkeiten der Coachs, in der Risikobereitschaft bzw. dem Sicherungsbedürfnis der Kinder und in der nur begrenzten Prognostizierbarkeit nichttrivialer Prozesse.
9. Das Hauptmerkmal seriösen Elterncoachings ist die Bereitschaft, in einem nicht einseitig steuerbaren Geschehen unerschrocken zu respektieren. D.h., jegliche Situation als Ausgangspunkt für einen brauchbaren nächsten Schritt zu akzeptieren und sich konsequent an der Möglichkeit zu orientieren, dass auch *diese* Eltern sich als selbstwirksam erleben können. Und an der Möglichkeit zu orientieren, dass sie daraus Mut, Tapferkeit und Ausdauer für ihr erzieherisches Handeln schöpfen.
10. Die Grundlage für Elterncoaching ist nicht ein Defizit der Eltern oder Kinder, sondern eine Absprache darüber, gemeinsam Möglichkeiten zu finden, wie *diese* Eltern *diese* Kinder für einen guten Weg motivieren können.

Zum Abschluss

Zum Abschluss möchte ich gerne noch einmal Rainer Dollase zu Wort kommen lassen. Er macht in berührenden Worten deutlich, warum »das Nichtverzweifeln so wichtig« ist (2001, S. 74):

»Warum ist das Nichtverzweifeln so wichtig? Kinder und Jugendliche müssen das Gefühl haben, dass wir nicht verzweifeln, wenn sich unsere Zielsetzungen für sie nicht erfüllen. Sie müssen merken, dass wir sie auch dann noch schätzen, wenn sie nicht alles tun, was wir wollen.

[...] Erziehung ist für alle, die daran beteiligt sind, immer auch eine existenzielle Grunderfahrung, und sie macht uns die Grenzen unserer menschlichen Möglichkeiten permanent deutlich. *Wie* wir eine solche Grenzsituation überstehen, das bildet den Nachwuchs. Wer darüber verzweifelt und sich innerlich von seinem Kind, das nicht so wird, wie er es gerne hätte, entfernt, macht einen grundlegenden Fehler in der Erziehung« (Hervorh. im Orig.).

Von der Erkenntnis der Wichtigkeit des Nichtverzweifelns zu der Erfahrung zu gelangen, dieses Nichtverzweifeln mit sinnvollem Handeln (und Lassen) zu füllen: siehe Elterncoaching.

Literatur

Antonovsky, A. (1997): Salutogenese. Zur Entmystifizierung der Gesundheit. Tübingen (DGVT).

Bünder, P. (2005): »Super Nanny« und »Supermamas«. Wie der Gehorsam in der Erziehung wieder an Bedeutung gewinnt. *Informationen für Erziehungsberatungsstellen* 2: 9–13.

Döpfner, M., K. Hahlweg u. N. Heinrichs (Hrsg.) (2005): Abstracts zum Kongress »Prävention psychischer Störungen bei Kindern und Jugendlichen. Stärkung der Erziehungskompetenz.« Ein internationales Symposium zum Stand der Präventionsforschung. Köln, 3./4. Juni 2005. (Siehe auch: http://www. praeventionskongress2005.de [5.6.2005].)

Dollase, R. (1999): Selbstsozialisation und problematische Folgen. In: J. Fromme, S. Kommer, J. Mansel u. K.-P. Treumann (Hrsg.): Selbstsozialisation, Kinderkultur und Mediennutzung. Opladen (Leske und Budrich), S. 23–42.

Dollase, R. (2001): Kernpunkte der Erziehung und ihre Vermittlung. *LAG-Aktuell* (hrsg. von der Landesarbeitsgemeinschaft für Erziehungsberatung Nordrhein-Westfalen e. V.) (November): 63–101.

Freud, S. (1937): Die endliche und die unendliche Analyse. *Internationale Zeitschrift für Psychoanalyse* 23 (2): 209–240.

Kriz, J. (1997): Chaos, Angst und Ordnung. Wie wir unsere Lebenswelt gestalten. Göttingen (Vandenhoeck & Ruprecht).

Kriz, J. (2004): Lebenswelten im Umbruch – Zwischen Chaos und Ordnung. Wien (Picus).

Levold, T. (2002): Elternkompetenzen – Zwischen Anspruch und Überforderung. *Systeme* 16 (1): 2–12.

Loth, W. (1998): Auf den Spuren hilfreicher Veränderungen. Das Entwickeln Klinischer Kontrakte. Dortmund (modernes lernen).

Loth, W. (2005): »Einiges könnte ganz schön anders sein« – Systemische Grundlagen für das Klären von Aufträgen. In: H. Schindler u. A. von

Schlippe (Hrsg.): Anwendungsfelder systemischer Praxis. Ein Handbuch. Dortmund (Borgmann), S. 25–54.
Ludewig, K. (1992): Systemische Therapie. Grundlagen klinischer Theorie und Praxis. Stuttgart (Klett-Cotta).
Ludewig, K. (2005): Einführung in die theoretischen Grundlagen der systemischen Therapie. Heidelberg (Carl-Auer).
Maturana, H. R. (Hrsg.) (1982): Erkennen: Die Organisation und Verkörperung von Wirklichkeit. Ausgewählte Arbeiten zur biologischen Epistemologie. Braunschweig (Vieweg).
Omer, H. u. A. von Schlippe (2002): Autorität ohne Gewalt. Coaching für Eltern von Kindern mit Verhaltensproblemen. »Elterliche Präsenz« als systemisches Konzept. Göttingen (Vandenhoeck & Ruprecht).
Omer, H. u. A. von Schlippe (2004). Autorität durch Beziehung. Die Praxis des gewaltlosen Widerstands in der Erziehung. Göttingen (Vandenhoeck & Ruprecht).
Rotthaus, W. (1998): Wozu erziehen? Entwurf einer systemischen Erziehung. Heidelberg (Carl-Auer).
Rotthaus, W. (2004): Vorwort. In: H. Omer u. A. von Schlippe: Autorität durch Beziehung. Die Praxis des gewaltlosen Widerstands in der Erziehung. Göttingen (Vandenhoeck & Ruprecht), S. 9–13.
Schiepek, G. (1999): Die Grundlagen der Systemischen Therapie. Theorie – Praxis – Forschung. Göttingen (Vandenhoeck & Ruprecht).
Schleiffer, R. (2001): Der heimliche Wunsch nach Nähe. Bindungstheorie und Heimerziehung. Münster (Votum).
Schlippe, A. von (2005): Zwischen Manipulation, Nicht-Wissen und gewaltlosem Widerstand – Spannungsfelder systemischer Praxis (Vortrag auf der 20-Jahr-Feier des Instituts für Beratung und Supervision, Aachen, 22.10.2005.)
Schlippe, A. von (2006): Von der Familientherapie zum systemischen Elterncoaching – Einführung in ein Spannungsfeld. (In diesem Band, S. 9–24.)
Tschöpe-Scheffler, S. (Hrsg.) (2005): Konzepte der Elternbildung – Eine kritische Übersicht. Opladen (Barbara Budrich).
Tsirigotis, C. (2005): Durch den Dschungel der Angebote für Eltern. *Systhema* 19 (3): 355–356.

3. Erziehung – Auf der Suche nach orientierenden Konzepten im Nichtplanbaren

Wilhelm Rotthaus

Vorbemerkung

Erziehung existiert nicht als spezifische Handlungsform. Die ErzieherIn berät, informiert, erklärt, unterrichtet, lobt, tadelt, spricht Mut zu, setzt Grenzen – aber das alles gibt es nicht nur in erzieherischen Kommunikationen. Erst wenn ein Mensch seinen Handlungen des Anregens, Beratens, Informierens, Lobens, Tadelns usw. erzieherische Absicht zuschreibt und diese erzieherische Absicht auf einen oder mehrere andere Menschen (meist, aber nicht nur Kinder und Jugendliche) richtet, findet Erziehung statt. Dabei ist es unwichtig, ob eine entsprechende Handlung überhaupt eine oder welche Wirkung sie hat.

Die »Unerziehbarkeit« des Kindes

Legt man diese Definition von Erziehung zugrunde, dann muss man zu dem Schluss kommen, dass Kinder, wie alle Lebewesen, unerziehbar sind, denn kein Mensch kann durch Außeneinflüsse planvoll und sicher zu einem bestimmten Verhalten veranlasst werden. Diese Feststellung leuchtet nach kurzem Überlegen sofort ein. Denn beispielsweise kann ich mit meinen Ausführungen Sie als Leserin oder Leser selbstverständlich nicht planvoll und sicher dazu veranlassen, genau die Gedanken und Überzeugungen zu entwickeln, wie ich sie habe. Vielmehr entscheiden Sie, ob Ihnen das, was Sie lesen, plausibel erscheint und wie weit Sie dem folgen wollen. Könnte man einen anderen planvoll und sicher durch Außeneinflüsse zu einem bestimmten Verhalten veranlassen, wären Menschen beliebig manipulierbar. Damit würden sie auch kein individuelles Konstanzerleben haben und somit kein Gefühl einer personellen Identität entwickeln können.

Aus der Sicht des Kindes heißt das: Nicht die von außen auf das Kind ausgerichtete (erzieherische) Intervention bestimmt sein Verhalten, sondern die Struktur als Folge seiner Lebensgeschichte und sein inneres Prozessieren bestimmen über das Schicksal der erzieherischen Intervention. So selbstverständlich dies eigentlich ist, so häufig wird dieser Grundtatbestand in der Erziehung übersehen bzw. geleugnet. Dies beruht wahrscheinlich auf der Tatsache, dass Kinder, besonders wenn sie noch klein sind, aufgrund ihrer anthropologischen Grundsituation auf die Fürsorge von Erwachsenen angewiesen sind. Man neigt dann dazu, das Subjekt Kind, seine Einzigartigkeit und seine ganz individuellen Reaktionsweisen zu übersehen.

Die unmittelbare Wirkung erzieherischer Maßnahmen und die Sicherheit, mit der das angestrebte Ziel zu erreichen ist, werden üblicherweise überschätzt. Das hat fatale Folgen. Denn wenn eine erzieherische Maßnahme nicht zu dem gewünschten Erfolg führt (was nicht gerade selten geschieht), dann reagieren Eltern und ErzieherInnen enttäuscht und machen sich Vorwürfe, nicht richtig gehandelt zu haben. Geschieht das häufiger, erleben sie sich als schlechte Erzieher, was wiederum nicht lange aushaltbar ist, mit der Folge, dass sie schließlich die Schuld auf das Kind projizieren und es als verstockt, widersetzlich, oppositionell etc. charakterisieren.

Die Idee, es gebe »richtige« und »falsche« Erziehung, ist erstaunlich weit verbreitet und bestimmt auch das Denken vieler Eltern, gerade wenn sie mit ihrem verhaltensauffälligen Kind zu einer Fachperson kommen. Sie sind dann völlig zerknirscht und sagen: »Ich weiß, ich habe vieles in der Erziehung falsch gemacht.« Dabei kann es allgemein richtige Erziehungsmaßnahmen nicht geben. Diese Idee, es gebe für alle Kinder jeweils passende, »richtige« erzieherische Interventionen, übersieht und leugnet den Subjektstatus des Kindes, eben die Tatsache, dass jedes Kind auf seine Weise reagiert und in seiner spezifischen Art die erzieherischen Interventionen der Erwachsenen verarbeitet.

Tatsächlich ist Erziehung immer wieder »ein Experiment mit ungewissem Ausgang«. Dieses Verständnis von Erziehung führt zu einer völlig neuen und andersartigen Einstellung und Haltung, die die Individualität des einzelnen Kindes respektiert und voll Interesse auf seine spezifische Reaktionsweise orientiert ist. Erziehung wird dadurch spannender und interessanter, zugleich auch weniger belastend, da es nicht ständig um »richtig« oder »falsch« geht. Vielmehr entwickelt sich eine hochinteressante Interaktion zwischen Erwachsenem und Kind, bei der der Erwachsene aufmerksam auf die Reaktion des Kindes achtet und daraus Schlussfolgerungen für die nächste erzieherische Maßnahme zieht. Es entwickelt sich ein erzieherischer Dialog zwischen Erwachsenem und Kind, in dem beide »gleichwürdige Partner« sind.

Natürlich ist dieser Tatbestand von vielen Pädagogen, Soziologen und Psychologen seit langem erkannt worden. Niklas Luhmann (1987, S. 60) hat formuliert: »Im Prinzip nimmt der Erzieher sich also etwas Unmögliches vor«; oder (ebd., S. 61): »Man nimmt ein Können in Anspruch, dass man nicht können kann.« Luhmann spricht in diesem Zusammenhang von einem »Technologiedefizit des Erziehungssystems« und meint damit eben diese Tatsache, dass Erziehung die angestrebten Effekte nicht quasi gesetzesförmig bewirken, also auch nicht mit hinreichender Zuverlässigkeit kontrollieren kann. Hartmut von Hentig (1993) betont mehr den Reiz dieser Situation und formuliert sinngemäß: Wer nicht Freude am unplanbaren Umgang mit Kindern hat, für den ist der Beruf des Erziehers nicht auszuhalten.

Die »Erziehbarkeit« des Kindes

Aber trotz dieses im vorigen Abschnitt ausgeführten Grundtatbestandes sind natürlich erzieherische Einflüsse auf Kinder möglich (wenn auch nicht mit kontrollierbarer Zuverlässigkeit zu erreichen). Das folgt aus der Tatsache, dass der Mensch ein soziales Wesen ist, das auf den anderen Menschen angewiesen ist. Der Mensch als Individuum ist eine Abstraktion. Er ist als Einzelwesen nicht nur lebensuntüchtig, sondern gar nicht lebensfähig. Gerade als Wesen in Sprache braucht der Mensch den anderen. Außenkontakte sind für ihn lebensnotwendig, da sie Lernen und Entwicklung ermöglichen. Diesen Tatbestand fasst Brecht übrigens sehr schön, indem er formuliert: »Zwei Menschen sind die kleinste menschliche Einheit.«

Menschen, die miteinander leben, bilden füreinander die Umwelt. Sie beschreiben den Verhaltensspielraum – die Soziologen sagen: den Möglichkeitsraum – des jeweils anderen, innerhalb dessen bestimmte Verhaltensweisen möglich sind und andere nicht. Auch dies ist ein Tatbestand, der oft übersehen wird, der aber beispielsweise erklärt, warum ein Mensch sich im Kontext A oftmals ganz anders verhält als im Kontext B.

Kommt es nun zu Änderungen in der Umwelt, ändert sich beispielsweise das Verhalten wichtiger Interaktionspartner einer Person, so führt das mit Wahrscheinlichkeit zu einer Änderung im Verhalten auch dieser Person – ohne dass allerdings festgelegt werden kann, zu welchen.

Luhmann hat in diesem Zusammenhang angeregt, den Begriff der Sozialisation durch den Begriff der Selbstsozialisation zu ersetzen. Er kritisiert an dem Begriff Sozialisation, dass er die Vorstellung transportiere, dass bestimmte Umwelteinflüsse bestimmt Reaktionen bei den Menschen auslösen würden und dass die je subjektive Verarbeitung und damit die je unterschiedlichen Reaktionsweisen vernachlässigt oder missachtet würden. Er schlägt deshalb den Begriff der Selbstsozialisation vor, der die Eigentätigkeit des Einzelnen in Reaktion auf seine Umweltreize hervorhebt.

Erziehung ist in diesem Sinne – in seinem wohl überwiegenden Teil – Anregung zur Selbstsozialisation des Kindes. Dieses Verständnis von Erziehung fasst Gregory Bateson (1983) in einem sehr schönen Bild zusammen. Er schreibt:

> »Man kann das Pferd zum Wasser führen,
> aber man kann es nicht zum Trinken zwingen.
> Das Trinken ist seine Sache.
> Aber selbst wenn das Pferd durstig ist, kann es nicht trinken,
> solange Sie es nicht zum Wasser führen.
> Das Hinführen ist Ihre Sache.«

Wir sehen also: Erziehung ist Anregung zur Selbstsozialisation des Kindes. Sie wird möglich durch Änderung der Umwelt des Kindes. In der Umwelt des Kindes ist jedoch der wichtigste und am ehesten zu beeinflussende Teil die ErzieherIn selbst. Es ist also die ErzieherIn, die ihr Verhalten ändern muss, wenn sie das Kind in Richtung ihrer Ziele ändern will. Harry Merl (1993) schreibt dazu: »Bei Veränderung in Systemen muss ich damit rechnen, dass die Veränderung immer anders ausschaut, als ich erwarte. Ich muss die Veränderung bei mir beginnen. Wenn ich sie anfange, verändert sich was. Ich weiß nicht, was sich verändern wird, aber es wird sich verändern.«

Orientierungspunkte für eine gelingende Erziehung

1. «We must be the change in the world.” Dieses Wort von Mahatma Gandhi charakterisiert sehr gut die Anforderung an Eltern und ErzieherInnen. Gerade wenn Verhaltensänderungen von einem Kind erwartet werden, sollten Eltern und ErzieherInnen sich nicht ständig in oft endlos wiederholter Kritik und ständigen Klagen und Forderungen ergehen. Klare Hinweise auf das, was sie für richtig halten und fordern, sind wichtig, sind dem Kind aber nach wenigen Wiederholungen bekannt. Vielmehr sollte man sich auf Überlegungen konzentrieren, welche eigene Verhaltensänderung geeignet sein könnte, eine Änderung im Verhalten des Kindes zu erreichen. Das Prinzip der elterlichen Präsenz ist dafür ein gutes Beispiel. Nicht durch immer wiederholtes Kritisieren, das doch nur zu nutzlosen Auseinandersetzungen führt, wird die Chance auf eine Verhaltensänderung erreicht, sondern durch eine Änderung des Verhaltens der Eltern, die mit großer Nachhaltigkeit zeigen, dass sie als Mutter oder als Vater zugegen sein werden, was immer auch geschieht, und dass sie auch von bestimmten prinzipiellen Forderungen nicht ablassen werden.

Auch im professionellen Rahmen, in Kindergärten, Heimen oder Kinder- und Jugendpsychiatrien, beobachtet man immer wieder, wie schwer es ist, dieses Prinzip, »We must be the change in the world«, durchzuhalten. Meist wird ausführlich und mit hoher Bereitwilligkeit unter Heranziehung vieler einzelner Beispiele über das Verhalten des Kindes und über die Forderungen an das Kind diskutiert. Die Gespräche verebben dagegen häufig, wenn jemand dazu anregt, doch auch einmal darüber nachzudenken, in welcher Weise man das eigene Verhalten ändern könne, um eine Verhaltensänderung beim Kind anzustoßen.

2. *Da es keine »richtige« Erziehung gibt* und jedes Kind aufgrund seiner Persönlichkeit und aufgrund der aktuellen Situation auf erzieherische Maßnahmen anders reagiert, ist es problematisch, Eltern und Erzieherinnen erzieherische Ratschläge zu geben (Ratschläge sind eben immer auch Schläge). Erzieherisches Handeln sollte in der Regel spontan erfolgen und kann auch ruhig einmal in der eigenen späteren Bewertung als »falsch« oder »schlecht« angesehen werden. Das sagt man dann dem Kind, entschuldigt sich gegebenenfalls, und das Kind kann befriedigt feststellen, dass auch der Erwachsene nicht perfekt ist.

Um allerdings sinnvoll spontan handeln zu können, sind angemessene erzieherische Haltungen und Einstellungen wichtig. Diese sind getragen von dem Respekt vor dem Kind und der Anerkennung seiner Autonomie, d. h. vom Ernstnehmen seiner Reaktionen und Entscheidungen. Damit entsteht dann eine gleichwürdige Beziehung zwischen Erwachsenem und Kind, ohne dass der Erwachsene damit seine Elternrolle und Elternfunktion aufgibt.

3. Jeder Mensch, und damit auch jedes Kind, gehorcht in seinem Verhalten zunächst und in erster Linie seiner eigenen Logik, seiner eigenen Selbststeuerung. Er zeigt grundsätzlich das Verhalten, das angesichts seiner je augenblicklichen inneren Struktur – als Folge seiner lebensgeschichtlichen Auseinandersetzung von genetischer Ausstattung und Umweltreizen – richtig und angemessen ist. Auch das für den außen Stehenden auffällige und störende Verhalten ist für das Kind in seiner gegebenen Situation funktional notwendig und subjektiv angemessen. Das gilt auch für sich selbst beschädigendes Verhalten. Auch hier muss der Beobachter zunächst davon ausgehen, dass in der Welt etwa eines Jugendlichen auch dieses Verhalten, beispielsweise die Selbstmordhandlung, die situativ passende Verhaltensweise darstellt und in der Logik des Jugendlichen sinnvoll ist. Es wäre also völlig widersinnig, ihn davon überzeugen zu wollen, dass Selbstmord sinnlos ist.

Die Wahrnehmung und Anerkennung dieser Bedingung erzeugt ein für Erziehung grundlegendes Spannungsfeld im Falle eines erzieherischen Änderungswunsches seitens der ErzieherIn. Selbstverständlich ist die ErzieherIn zu der klaren Botschaft berechtigt und gegebenenfalls aus ethischen Gründen sogar verpflichtet, dass ein bestimmtes Verhalten nicht akzeptiert werden kann, dass sie alles tun wird, es zu verhindern, und dass das Kind aufgefordert wird, dieses Verhalten zu ändern. Daneben muss aber als zweite Botschaft stehen, dass die ErzieherIn durchaus anerkennt, dass dieses Verhalten für das Kind im Augenblick subjektiv wichtig und richtig ist. Die zweite Botschaft ändert nichts an der erzieherischen Forderung, aber sie sichert dem Kind die Anerkennung seiner Würde als eigenständigem, prinzipiell autonomem Wesen.

Diese Wahrnehmung ist Grundlage der erzieherischen Begegnung und Inhalt des erzieherischen Dialogs, etwa möglicherweise folgender Art: »Aus irgendwelchen Gründen, die ich noch nicht verstehe, ist dieses Verhalten für dich jetzt richtig und stimmig gewesen. Ich kann dieses Verhalten aber auf keinen Fall billigen und akzeptieren und werde es, so gut ich es kann, zu verhindern suchen. Aber ich möchte gerne mit dir darüber nachdenken, wie du dein Ziel auf andere, z. B. weniger destruktive Weise erreichen kannst.« Es ist ein Dialog, in dem die ErzieherIn davon ausgeht, dass das unerwünschte Verhalten vom Kind nicht ersatzlos aufgegeben werden kann. Dabei dürfte es hilfreich sein, wenn die Erzieherin versucht, sich in die Systemdynamik des Kindes hineinzudenken, d. h., über die Bedeutung und Funktion des auffälligen Verhaltens nachzudenken, um den bzw. einen Sinn dieses Verhaltens zu erkennen.

4. *Gelingende Erziehung ist gelingende Kooperation* zwischen Erwachsenem und Kind. Und gelingende Kooperation – so hat es Winfried Palmowski sehr schön formuliert – besteht darin, den anderen gut aussehen zu lassen. Wenn dies das Bestreben der ErzieherIn ist, dann richtet sie den Blick auf die Ressourcen des Kindes, auf seine Stärken und das, was es gut macht. Irrtümlicherweise neigen wir zu dem Glauben, Menschen dadurch positiv beeinflussen zu können, dass wir sie auf ihre Fehler hinweisen. In viel stärkerem Maße gelingt uns aber die positive Beeinflussung, indem wir das herausstreichen, was sie gut machen und was ihnen gelingt und eine große Toleranz für Fehler zeigen. Jemanden gut aussehen zu lassen heißt zudem auch, ihm früh Verantwortung zu übergeben, Mitbestimmung und Teilhabe ebenso wie Freiraum und Selbstbestimmung zu ermöglichen.

5. *Eine gleichwürdige Beziehung* zwischen Erwachsenen und Kindern passt gut zu neueren wissenschaftlichen Erkenntnissen, die in zunehmendem Maße die Kompetenz der Kinder wahrnehmen (siehe u. a. Juul 1997). Das beginnt schon bei der Säuglingsforschung: Während der Säugling früher als hilfloses, passiv-symbiotisches Wesen, als unbeschriebenes Blatt, allenfalls fähig zu reflexhaften Reaktionen, angesehen wurde, hat die neuere Forschung erkannt, über welche erstaunlichen Sinnesleistungen der Säugling verfügt und wie er die Interaktion mit den Erwachsenen höchst aktiv gestaltet.

Aber so wichtig und so nützlich es auch ist, die Fähigkeiten von Kindern in viel stärkerem Maße als zu früheren Zeiten zu beachten, so darf das andererseits nicht dazu führen, dass die Erwachsenen die Übernahme von Verantwortung verweigern und damit die Kinder in Überforderungssituationen bringen. So haben die Erwachsenen die Verantwortung dafür, den Kindern unsere ethisch-moralischen Grundsätze zu vermitteln, was nicht ohne ein Setzen von Grenzen und ein Ertragenlassen von Frustrationen möglich ist. Doch muss dies – und das ist entscheidend wichtig – bei grundsätzlicher Gleichartigkeit der Regeln auch für die Erwachsenen geschehen. Neben den Regeln sind familiäre Rituale sowie eine Klarheit und Verlässlichkeit des elterlichen Verhaltens von Bedeutung.

6. Nicht zuletzt muss eine erzieherische Haltung selbstverständlich auch durch emotionale Wärme, durch ein grundsätzliches Wohlwollen, eine Anteilnahme, eine Zuwendung, durch Trost und Körperkontakt, wenn er gebraucht wird, gekennzeichnet sein. Aber auch hier kann man – wie in fast allen anderen Bereichen – des Guten zu viel tun. Es gilt, einen guten Mittelweg zwischen emotionaler Distanz, Desinteresse und unfreundlicher Zurückweisung auf der einen Seite und Überbehütung sowie Einengung und Abhängigmachen durch eine überfürsorgliche Belagerung auf der anderen Seite zu finden.

Literatur

Bateson, G. (1983): Ökologie des Geistes. Frankfurt (Suhrkamp).

Hentig, H. von (1993): Die Schule neu denken. München (Hanser).

Juul, J. (1997): Das kompetente Kind. Hamburg (Rowohlt).

Luhmann, N. (1987): Strukturelle Defizite. Bemerkungen zur systemtheoretischen Analyse des Erziehungswesens. In: J. Oelkers u. H.-E. Tenorth (Hrsg.): Pädagogik, Erziehungswissenschaft und Systemtheorie. Weinheim (Beltz), S. 57–75.

Merl, H. (1993): Systemische Familientherapie. Der praktische Arzt. *Österreichische Zeitschrift Allgemeine Medizin*, 1065–1081.

Omer, H. u. A.von Schlippe (2002): Autorität ohne Gewalt. »Elterliche Präsenz« als systemisches Konzept. Göttingen (Vandenhoeck & Ruprecht).

Omer, H. u. A. von Schlippe (2004): Autorität durch Beziehung. Gewaltloser Widerstand in Beratung und Therapie. Göttingen (Vandenhoeck & Ruprecht)

Rotthaus, W. (2004): Wozu erziehen? Entwurf einer systemischen Erziehung. Heidelberg (Carl-Auer).

Teil II: Elterliche Präsenz: Gewaltfreier Widerstand gegen kindliche Dominanz

4. Gewalt unter Geschwistern und das Konzept des gewaltlosen Widerstands

Haim Omer, Irit Shor-Sapir und Uri Weinblatt

Gewalt unter Geschwistern ist vermutlich die häufigste und am wenigsten beachtete Form von familiärer Gewalt. Oftmals sind die Opfer zu schwach und zu eingeschüchtert, um sich zu äußern. Die Eltern, falls sie sich überhaupt des Ausmaßes der Gewalt bewusst sind, sind häufig extrem abgeneigt, sie aufzudecken. Die Gründe für diese Abneigung sind einleuchtend: Die Aufdeckung geht mit der Angst vor einer Brandmarkung oder einer möglichen Herausnahme des verletzenden Kindes aus dem Haushalt einher. Ebenso fürchten die Eltern, dass das Kind auf die Enthüllung durch noch drastischeres Benehmen reagieren könnte, denn vielfach haben sie nicht mehr das Gefühl, dieses unter Kontrolle zu haben. Darüber hinaus befürchten die Eltern (nicht immer zu Unrecht), von Beratungseinrichtungen und Behörden beinahe automatisch für die Gewalt verantwortlich gemacht zu werden. All diese Faktoren halten viele Eltern davon ab, um Rat nachzusuchen.

Anzeichen für das Ausmaß und die Schwere von Gewalt unter Geschwistern liegen bereits seit langer Zeit vor. Finkelhor und Dziuba-Leatherman (1994) führten am Rande der gehaltvollsten Studie zu Gewalt an Kindern an, dass Gewalt unter Geschwistern die häufigste Form von Gewalt in der Familie ist. Etliche Studien über sexuellen Missbrauch in der Familie ergaben, dass Missbrauch durch Geschwister häufiger ist, länger andauert und nicht weniger traumatisch ist als der durch Eltern (Alpert 1991; Boney-McCoy a. Finkelhor 1995; DeJong 1989; Finkelhor 1980; Laviola 1992; O´Brien 1991; Smith a. Israel 1987). Forschungsergebnisse bezüglich physischer Gewalt sind ähnlich: Gewalt gegenüber Geschwistern hält länger an und ist nicht weniger traumatisch als elterliche Gewalt (Loeber et al. 1983; Steinmetz 1977, 1978; Straus a. Gelles 1990). Nach unserer Erkenntnis hat bislang noch keine Studie diesen Befunden widersprochen. Trotzdem ist das gesellschaftliche und professionelle Bewusstsein bezüglich Gewalt gegen Geschwister minimal. Im Vergleich zu Missbrauch durch Eltern erfassen die Medien die Gewalt durch Geschwister nur geringfügig. Diese Vernachlässigung gilt in ähnlichem Maß für die Fachliteratur. Demnach erschien der Gegenstand des physischen und sexuellen Missbrauchs von Kindern durch Eltern in 7885 Beiträgen aus der Fachliteratur der 1990er-Jahre in der Überschrift, der physische und sexuelle Missbrauch von Kindern durch Geschwister hingegen nur 37-mal (vgl. Omer u. von Schlippe 2004).

Im vorliegenden Beitrag werden die Prinzipien des gewaltfreien Widerstands bei der Behandlung von Gewalt gegen Geschwister präsentiert. Eine gute Behandlung sollte fähig sein, einer Reihe von Anforderungen zu entsprechen. Sie sollte:

a) dem Opfer schnell Sicherheit bieten
b) seinem Gefühl von Hilflosigkeit und geringem Selbstwertgefühl entgegenwirken
c) die Gefahr der Eskalation zwischen Eltern und gewalttätigem Kind minimieren
d) von einem Großteil der Eltern akzeptiert und praktiziert werden können
e) die positiven Elemente in der Beziehung der Eltern oder des schikanierten Kindes und dem gewalttätigen Kind wahren helfen.

Die ersten beiden Bedingungen sind für jede Art von Behandlung äußerst wichtig. Im Falle einer Nichteinhaltung der dritten Bedingung würde man die Familienatmosphäre durch die Behandlung grundlegend beeinträchtigen. Das Scheitern der vierten Bedingung dürfte zu hohen Abbruchraten führen (von denen bei Elterntrainings gewalttätiger Eltern häufig berichtet wird, zusammenfassend s. Omer u. von Schlippe 2002, 2004). Ein Nichteinhalten der fünften Bedingung könnte das Risiko eines Rückfalls steigern, und so würde die Behandlung einen hohen emotionalen Preis für die Eltern, die Opfer und auch für das aggressive Kind kosten.

Viele Behandlungsansätze und viele der intuitiven elterlichen Strategien erfüllen nur einige dieser Bedingungen adäquat. So wählen Eltern oft beispielsweise Strategien, die auf Überredungsversuchen basieren. Sie versuchen durch Argumente, Erklärungen, Flehen, Predigen, Problemlösungsansätze oder Verkündigungen unbedingter Zuneigung, das gewalttätige Kind davon zu überzeugen, mit seinem

Verhalten aufzuhören. Überredungsversuche können auch an das Opfer gerichtet werden, dem dann auferlegt ist, nicht zu provozieren oder mehr zu akzeptieren, zu verstehen oder auch, es auf sich beruhen zu lassen. Dem Aggressor, dem Opfer oder beiden kann auch individuelle Psychotherapie angeboten werden, oder es wird eine Familientherapie mit der Erwartung in Gang gesetzt, dass die therapeutischen Erfahrungen graduell mit einer spontanen Beendigung der Gewalt einhergehen könnten. Jedoch scheitern sowohl Überredung als auch Therapie an der Aufgabe, schnell Sicherheit zu vermitteln und den Opfern zu helfen, ihr Gefühl von Hilflosigkeit zu überwinden. Eine Therapie kann hin und wieder langfristig zu einer Verbesserung der Atmosphäre in einer Familie beitragen, aber sie kann den Opfern keine sofortige Antwort auf ihre physische und emotionale Misere sein. Andere Arten von Überredungsansätzen sind in der Regel ebenfalls nicht hilfreich.

Als Gegenpol zu Überredung oder Therapie werden Strategien genannt, die auf Disziplinierung und Bestrafung basieren. Bestrafung kann unregelmäßig oder geplant eingesetzt werden. Vor allem unregelmäßige Bestrafung führt im Fall von Gewalttätigkeit zu weiterer Eskalation. Auch sind unregelmäßige Bestrafungen nicht effektiv, weil das aggressive Kind dann auf seine Fähigkeit vertraut, sich der Bestrafung entziehen oder die Eltern durch Zermürbungstaktiken dazu bringen zu können, klein beizugeben. Eskalation ist aber auch dann eine Gefahr, wenn Bestrafungen sorgsam geplant sind, ja sogar, wenn sie unter strenger therapeutischer Aufsicht verabreicht werden. Das massive Eskalationspotenzial bei einer Bestrafung könnte einer der Gründe sein für die hohe Abbruchquote sogar bei den besten Verhaltensprogrammen für Eltern aggressiver Kinder. Es zeigt sich, dass diese Abbruchquoten mit zunehmendem Alter des Kindes steigen, am höchsten sind sie bei Eltern von gewalttätigen Erwachsenen (Dishion a. Patterson 1992). An ihnen zeigt sich, dass diese Art von Strategie den Eltern nur unzureichend akzeptabel und praktizierbar erscheint. Das wird am meisten in den Fällen deutlich, in denen das Kind nicht nur gewalttätig gegenüber einem oder mehreren Geschwistern ist, sondern auch gegenüber den Eltern (wir sprechen hier von »battered parent-syndrom«, s. Harbin a. Madden 1979). In solchen Fällen dürften sich die Eltern so eingeschüchtert fühlen, dass sie sich nicht in der Lage sehen, ein Programm durchzuführen, das auf offene Konfrontation und Kampf setzt. Hinzu kommt, dass Bestrafung von

Täter bzw. Täterin nicht unbedingt Schutz für das Opfer bedeutet. Manchmal kann sich die durch die Bestrafung erzeugte Eskalation in noch extremerer Gewalt gegen das Opfer manifestieren.

Das Opfer zu schützen, dem Gefühl von Hilflosigkeit und geringem Selbstwertgefühl entgegenzuwirken, eine Eskalation zu verhindern und die positiven Elemente in der Beziehung zu wahren sind zentrale Ziele des gewaltlosen Widerstands. Wie wir noch zeigen werden, ist gewaltloser Widerstand eine akzeptable und praktizierbare Strategie für einen Großteil der Eltern (Omer u. von Schlippe 2002, 2004).

Die Prinzipien des gewaltlosen Widerstands

Gewaltloser Widerstand ist eine Doktrin, die in der Sphäre soziopolitischer Kämpfe entwickelt wurde. Gruppen, die Opfer von Unterdrückung geworden sind, entwickelten ihn als ein Mittel, um sich zu schützen und eine Veränderung zu bewirken. Es existieren verschiedene Gründe für die Wahl des gewaltlosen Weges: eine moralische Abneigung gegen Gewalt, ein Verständnis davon, dass die andere Seite durch die Nutzung von harten Waffen überlegen ist, und das Bewusstsein, dass gewaltlose Schritte weitaus weniger Schaden anrichten als gewalttätige. Diese Gründe haben ebenso im familiären Kontext ihre Gültigkeit. Wenn wir unsere Prinzipien des gewaltlosen Widerstands präsentieren, stützen wir uns auf die Doktrin und das Lebenswerk seiner Hauptvertreter, insbesondere Gandhis, und auf die Analyse von Gene Sharp (1960, 1973), des wichtigsten Theoretikers und Historikers dieses Ansatzes.

Gewaltloser Widerstand ist eine Form des Kämpfens

Man darf gewaltlosem Widerstand nicht die Einstellung zugrunde legen, dass jede Art von Macht illegitim sei. Gandhi betonte immer wieder, dass soziopolitische Konflikte durch Macht entschieden werden und dass es gefährlich sei, Macht zu tabuisieren oder zu ignorieren. Forderungen oder Flehen, die nicht durch Macht gestützt werden, damit sie bestehen können, haben keinen Einfluss (Sharp 1973). Die Sprache des gewaltlosen Widerstands ist so explizit eine Sprache des Kampfes. Der Doktrin des gewaltlosen Widerstands entsprechend trägt eine Person, die schließlich die Prinzipien des Kampfes aufgibt, zur Erhaltung von Gewalt bei. Dennoch ist der Kampf selbst streng gewaltlos. Derjenige, der gewaltlosen Widerstand anwendet, muss aus diesem Grunde lernen, jegliche Form einer physischen oder verbalen Attacke zu vermeiden und alle Taten oder Ausdrücke, die jemanden demütigen oder verletzen könnten, zu unterlassen.

Indem wir den Spuren der führenden Vertreter des gewaltlosen Widerstands folgen, sollten wir in einer Beratungssituation offen über den Kampf der Eltern gegen geschwisterliche Gewalt sprechen. Um die Bereitschaft für den Kampf zu entwickeln, müssen die Eltern ebenso gewillt sein, das Verhalten des entsprechenden Kindes beim Namen zu nennen. Begriffe wie »Gewalt« oder »Missbrauch« sollten nicht vermieden oder beschönigt werden. In jedem Fall unterscheidet sich der elterliche Kampf zutiefst von dem, was gewöhnlich unter dem Konzept »Kampf« verstanden wird:

a) Die Eltern binden sich nicht nur vor dem Therapeuten, sondern auch vor anderen Unterstützern an eine strikt gewaltfreie und nicht demütigende Einstellung.
b) Der Gegner in diesem Kampf ist *nicht das Kind*, sondern das gewalttätige Verhalten des Kindes. Das Kind wird nicht als »von Natur aus gewalttätig« verdächtigt.
c) Das gewalttätige Kind wird als »vielstimmiges Wesen« angesehen, In ihm wird eine Vielzahl von inneren Stimmen vermutet, die mit dem Einsatz von Gewalt nicht einverstanden sind. Nur sind sie momentan schwach oder schlummern. Doch in einer bestimmten Form der Ansprache wird es möglich, diese anderen Stimmen in dem Kind zu mobilisieren und zu stärken.
d) Die Eltern übernehmen Verantwortung für ihre eigene Seite im Eskalationsprozess: Sie kämpfen nicht nur gewaltfrei, sondern bemühen sich auch, so gut wie möglich, darum zu deeskalieren.
e) Während das Ziel eines üblichen Kampfes das Bezwingen des Gegners mit allen Mittel darstellt, ist es im gewaltlosen Widerstand das vorderste Ziel, sich der Gewalt zu widersetzen und das Opfer zu beschützen. Den Gegner zu besiegen ist ein Ziel, das auf der Annahme gründet, dass ein Kampf ein Nullsummenspiel darstellt: Einer kann nur gewinnen, der andere muss verlieren. Widerstand und Schutz des Opfers sind Ziele, die auf der Annahme basieren, dass der Kampf kein Nullsummenspiel ist, was bedeutet, dass es Ergebnisse wie z. B. den Sieg beider Seiten zulässt. Deshalb ist die Botschaft des gewaltlosen Widerstands keine der Dominanz (»Ich bin der Boss!«, »Du tust, was ich sage!«), sondern eine Verpflichtung (»Ich bin entschieden, mich der Gewalt zu widersetzen!«).

Die elterliche Anwesenheit erhöhen

Eines der Hauptinstrumente des gewaltlosen Widerstands ist der vernünftige Umgang mit der persönlichen und körperlichen Anwesenheit desjenigen, der widersteht. Widerstand bedeutet nicht Abwesenheit, Anonymität oder Rückzug, sondern die Bereitschaft, sich direkt mit der eigenen persönlichen Anwesenheit, der eigenen Präsenz dem Problem zuzuwenden. So ist z. B. während eines Sitzstreiks als Protest eine körperliche Anwesenheit der Teilnehmer, die einen Weg blockieren, per se ein wichtiges Widerstandsinstrument. Widerstand kann auch in Form eines organisierten Marsches zu einem Ort geleistet werden, an dem massive persönliche Präsenz einen Zusammenstoß hervorbringen kann. Beispielsweise bedeutete Gandhis Marsch mit tausenden von Anhängern zu einer Salzmine am Meer einen effektiven Widerstand gegen das britische Salzmonopol.

Elterlicher Widerstand gegen geschwisterliche Gewalt manifestiert sich in erster Linie durch eine verstärkte Präsenz der Eltern. Elterliche Anwesenheit äußert sich durch ein Verhalten der Eltern, das die Botschaft vermittelt: »Ich bin deine Mutter/dein Vater! Du kannst mich nicht loswerden, kannst dich nicht von mir scheiden lassen. Ich werde alles tun, was in meiner Macht steht, um mich nicht überlisten, bestechen oder tyrannisieren zu lassen!« Die Präsenz der Eltern steigt zuallererst dann, wenn sie mehr Zeit mit ihren Kindern verbringen, erreichbarer werden, mehr Interesse zeigen und sich der Taten der Kinder stärker bewusst werden. Sie betreten häufiger die Kinderzimmer, bleiben dort für längere Zeit sitzen, fragen die Kinder öfter nach Ereignissen des Tages und haben einen stärkeren Überblick über ihre Aktivitäten. Eltern können auch durch häufigere Telefonanrufe präsenter werden. So werden die Eltern im Elterncoaching instruiert, ihre Kinder (beide, Täter wie Opfer) mehrmals am Tag anzurufen. Wenn die Eltern unterwegs sind, übermitteln diese häufigen Anrufe ihre Beteiligung anstelle der physischen Nähe.

Das Sit-in

Im Elterncoaching werden klassische Mittel des politischen Protests genutzt. Das Sit-in ist eine Manifestation der elterlichen Präsenz in höchstem Maße. Es sollte nicht sofort begonnen werden, wenn das gewalttätige Verhalten auftritt, sondern später am Tag. Die Verzögerung zielt auf eine Reduzierung des Eskalationsrisikos ab (wir sagen hier: »Schmiede das Eisen, wenn es kalt ist!«). Die Eltern betreten den

Raum des Angreifers zu einem Zeitpunkt, zu dem der Angreifer anwesend ist, und sitzen dort in einer Art, dass sie mit ihrem Körper die Flucht aus dem Raum versperren. Dieses Arrangement ist typisch für gewaltlosen Widerstand: Die Platzierung des Körpers macht deutlich, dass man nicht die Absicht hat, sich zu bewegen. Die Eltern erklären dann ihre Absicht, z. B.: »Wir werden deine Gewalt gegen deinen Bruder/deine Schwester nicht mehr länger hinnehmen. Wir werden sitzen und auf eine Lösung warten, wie die Gewalt gegen deinen Bruder/deine Schwester beendet werden kann. Wir wissen keine Lösung, sind aber entschlossen, nicht mehr so weiterzumachen wie bisher!«

Mit den Eltern wird eingeübt (z. T. in Rollenspielen in der Coachingsitzung), wie sie Argumentationsfallen vermeiden und Provokationen standhalten können. Im Falle einer physischen Attacke durch das Kind verteidigen sich die Eltern, ohne zurückzuschlagen. Falls die Eltern glauben, dass eine hohe Wahrscheinlichkeit besteht, dass das Kind sie attackieren wird, sollten sie ein oder zwei Helfer als Schutzmaßnahme ins Haus einladen. Die Helfer sitzen außerhalb des Raumes, und die Eltern sagen zum Kind: »Weil wir denken, dass du uns angreifen könntest, haben wir X und Y eingeladen, damit sie kommen und Zeuge sind in einem solchen Falle. Sie sitzen in diesem Moment im Wohnzimmer.« Die Anwesenheit von externen Zeugen hat sich bei der Reduzierung physischer Gewalt als höchst effektiv bewährt. Das Sit-in wird abgebrochen, sobald das Kind einen noch so kleinen konstruktiven Vorschlag macht. Voraussetzung ist, dass der Vorschlag akzeptabel ist – das Angebot beispielsweise, die Gewalt im Gegenzug für materielle Leistungen zu stoppen, wird nicht angenommen, während eine vage Aussage wie »Ich werde mir Mühe geben!« mit der Aussage der Eltern: »O. k., wir geben dem eine Chance!« akzeptiert werden kann. Es sollten keine Warnungen ausgesprochen werden, die die Gefahr von Eskalationen steigern könnten. Falls das betreffende Kind keine Lösung anbietet, sollten die Eltern eine Stunde lang im Raum bleiben und ihn dann mit den Worten verlassen: »Wir haben noch keine Lösung gefunden!« – wieder ohne implizite Drohung oder Kritik. Der Sitzstreik sollte wiederholt werden, sobald die Gewalt erneut auftritt. Es gibt Eltern, die bis zu zehn Sit-ins angesetzt haben, doch beginnt in den meisten Familien ein Veränderungsprozess vor dem vierten oder fünften Mal. Das Sit-in ist nicht nur für das Kind ein signifikantes Ereignis, sondern auch für die Eltern. Die Eltern fühlen sich gestärkt, indem sie lernen, nicht überzureagieren, sondern ruhig zu bleiben und durchzuhalten. Sie schildern auch oftmals ihre Überraschung über die eigene Fähigkeit, die Geduldsprobe auszustehen.

Direkte physische Präsenz, wie sie durch den eigenen Körper manifestiert wird, ist vielleicht der beste Weg, anhaltender Gewalt gegen Geschwister zu widerstehen. Auch wenn die Gewalt nicht sofort ein Ende findet und ein Elternteil vielleicht sogar zunächst derjenige ist, der die Schläge bekommt, kann die Entschlossenheit des Elternteils einen tiefen Eindruck auf beiden Seiten, bei Täter wie Opfer, hinterlassen. Ein anderer Weg, während einer Phase der Gewalt elterliche Präsenz zu vermitteln, ist es, das attackierte Kind an der Hand an einen sicheren Ort zu begleiten (z. B. in das Schlafzimmer der Eltern oder das Haus der Nachbarn) und dort mit ihm zu bleiben, bis Hilfe eingetroffen ist oder sich die Situation beruhigt hat. Eltern könnten dagegenhalten, dass sie Schwäche zeigen, weil sie Schläge einstecken oder »weglaufen«. In einem Programm für gewaltlosen Widerstand wird dieser Einwand sehr leicht widerlegt, indem sie ihre elterliche Präsenz später am Tag neu entfalten (z. B. durch ein Sit-in) oder indem sie zusätzliche Maßnahmen des Widerstands ergreifen.

Eskalation verhindern

Die systemische Literatur führt zwei Arten der Eskalation auf: komplementäre (bei der die Unterwerfung die Forderungen erhöht) und symmetrische (bei der die Feindseligkeit neue Feindseligkeit erzeugt) (z. B. Orford 1986). Komplementäre Eskalation ist charakterisiert durch die Dynamik der Erpressung. Je rauer das Kind droht, desto mehr neigt der betreffende Elternteil dazu, Ruhe durch Konzessionen zu erkaufen, die wiederum zu noch extremeren bedrohenden Forderungen führen dürften (Patterson et al. 1984). Im Falle der Gewalt gegen Geschwister manifestiert sich die komplementäre Eskalation oftmals, wenn das gewalttätige Kind droht, dass die Geschwister leiden werden, wenn keine seiner Forderungen erfüllt würden.

Symmetrische Eskalation ist charakterisiert durch einen beiderseitigen Anstieg der Feindseligkeit. In solchen Wechselbeziehungen fühlt jede Seite, dass die andere der »wahre« Aggressor ist und dass man selbst nur aus Selbstschutz handelt. In Fällen von Gewalt gegen Geschwister, immer wenn einer der Elternteile auf das gewalttätige Kind mit Bestrafung reagiert (besonders wenn die Bestrafung physischer Art ist), folgt häufig ein Anstieg der Gewalt. Eine Eskalation trifft oftmals auf, wenn die Eltern das gewalttätige Kind mit einer Beschlagnahme des Eigentums (z. B. PC oder Fernseher) strafen. Aus unserer Erfahrung resultiert die Beschlagnahme von Eigentum oftmals in einem steilen Anstieg der kindlichen Gewalt. Beispielsweise dürfte ein Kind, dessen PC beschlagnahmt wurde, verheerenden Schaden im ganzen Haus in dem unbestreitbaren Gefühl anrichten, im absoluten Recht zu sein. Manche Eltern dürften sich im Elterncoaching besonders ratlos fühlen, wenn sie mit den schlechten Ergebnissen konfrontiert werden, die eine Bestrafung ergibt (»Was sollen wir tun? Sollen wir das etwa durchgehen lassen?«). Sie werden jedoch bald lernen, dass das Programm des gewaltlosen Widerstands eine breite Palette von Maßnahmen für Widerstand anbietet, die effektiver sind und weitaus weniger Eskalation verursachen.

Komplementäre und symmetrische Eskalation ernähren einander. Sobald sich die Eltern den Drohungen des gewalttätigen Kindes unterwerfen, werden sie frustrierter und ärgerlicher und nähern sich allmählich ihrem Siedepunkt. Studien belegen, dass, je hilfloser die Eltern sind, umso größer das Risiko eines Kontrollverlustes ist (z. B. Bugenthal et al. 1989). Umgekehrt, je rauer die beidseitigen Ausbrüche, desto furchterregender werden sie, bis die Eltern den Punkt erreichen, an dem sie erneut gewillt sind nachzugeben. Das elterliche Pendel schwingt kontinuierlich zwischen Nachgeben und Zurückschlagen.

Im Elterncoaching nach dem Modell des gewaltlosen Widerstands wirkt man beiden Formen der Eskalation entgegen. Man unterstützt die Eltern gewalttätiger Kinder darin, Widerstand zu leisten, ohne in destruktive Machtspiele einbezogen zu werden. In der Tat werden sie trainiert, damit zu rechnen, dass das gewalttätige Kind sie auf Konfrontation hin provozieren wird. Man sagt ihnen, dass auch sie höchstwahrscheinlich »Eskalationsgewohnheiten« entwickelt haben, die man allerdings ignorieren und steuern lernen könne. Ein Weg, diesen Gewohnheiten entgegenzuwirken, ist das Prinzip der Verzögerung. Die weit verbreitete Vorstellung, dass die Eltern *sofort* auf jede Art von schlechtem Benehmen reagieren sollten, ist falsch und führt zur Eskalation. Den Eltern wird deshalb vorgeschlagen, ihre Reaktion zu vertagen. Das Prinzip der Verzögerung erlaubt es Aufbrausenden, sich abzukühlen. Eine Verzögerung bedeutet nicht: nachzugeben. Eltern können die Verzögerung beispielsweise mit den Worten einleiten: »Ich mag das nicht und werde darüber nachdenken.« Anschließend bleiben sie still, weil jeder verbale Austausch in einer solchen Situation ein Abrutschen in eine aggressive Attacke verschlimmert. Diese

Stille, der im Laufe des Tages dann der Widerstand folgt, ist ein klares Zeichen dafür, dass Eltern weder die Gewalt tolerieren noch sich auf die Eskalation des Kindes einlassen.

Ein weiterer wichtiger Weg, die Gefahr einer Eskalation zu vermindern, ist es, den elterlichen Annahmen entgegenzuwirken, dass entweder der Elternteil oder das Kind »der Boss« sein müsse (Bugental et al. 1997). Je mehr beide Seiten in Konfliktsituationen solche Überzeugungen unterstützen, desto höher ist das Risiko einer Eskalation. Um dieser Tendenz entgegenzuwirken, wird den Eltern gesagt: »Sie müssen nicht gewinnen, sondern nur durchhalten!« Dieses Basisprinzip des gewaltlosen Widerstands hat sich für einen Großteil der Eltern als annehmbar erwiesen, besonders wenn ihnen aktive Durchhaltemittel angeboten werden. Die Eltern werden ebenfalls hinsichtlich einer vernünftigen Vermeidung von »Pingpong«-Interaktionen trainiert (das sind z. B. sich ständig wiederholende Argumente, gegenseitige Drohungen oder gegenseitiges Anschreien). Eltern denken oftmals, dass sie auf jeden Streitpunkt des Kindes eingehen müssen. Es ist hilfreich, sie von diesem Irrtum zu befreien, etwa, indem sie als Erwiderung auf eine Äußerung des Kindes sagen: »Ich tu das, weil ich es muss!« Wenn sich das Kind beklagt, dass das keine befriedigende Antwort sei, können die Eltern ihre Äußerung nochmals mit gesenkter Stimme wiederholen. Diese Absage an eine Beschäftigung mit Argumenten reduziert das Risiko für eine Eskalation und steigert die Fähigkeit der Eltern, nicht in Konfrontation zu treten. Eine weitere positive Reaktion ist es, sich mit »konstruktiver Stille« zu befassen. Wir definieren sie als eine Stille, die nicht mit einer Abwesenheit der Eltern vom Kind einhergeht, sondern mit dem Verbleib und der Anwesenheit der Eltern.

Ein zusätzliches Instrument zur Reduzierung von Eskalation ist der Einsatz von Mediatoren oder Schlichtern. Freunde und Verwandte, die eine positive Beziehung zu Täter bzw. Täterin haben und gewillt sind, der Familie bei einer Beendigung der Gewalt zu helfen, können als Schlichter auftreten, wenn eine direkte Konfrontation zwischen den Eltern und dem aggressiven Kind die Gefahr einer Eskalation erhöhen würde. Eltern widersetzen sich manchmal einer solchen Einmischung und protestieren mit dem Argument, dass sie stark genug seien, um ein solches Problem allein zu lösen. Doch diese Einstellung ist paradoxerweise eine der Quellen von elterlicher Schwäche und von Eskalation. Es zu überwinden ist daher entscheidend für den Erfolg von gewaltlosem Widerstand.

Die Eltern lernen ebenfalls, sensibel für die Eskalationsfallen zu werden, zu denen sie neigen, und sie zu verhindern. Die Interaktionen zwischen ihnen und dem Kind werden auf ihre eigenen charakteristischen Eskalationshinweise hin analysiert, und alternative Reaktionen entsprechend den Richtlinien des gewaltlosen Widerstands werden ausprobiert.

Ausbruch aus der Isolation

Ein isolierter, unterdrückter Mensch unterliegt Angst und Schwäche, die mit einer Demoralisierung einhergehen. Das ändert sich schlagartig, sobald das Individuum aus der Isolation ausbricht. Viele haben sich in Anbetracht extremer Repressalien über den Mut der gewaltlosen Widerstandsaktivisten gewundert. Gandhi betonte, dass dieser Mut nicht aus der Seele der isolierten Person komme, sondern *aus der gemeinschaftlichen Erfahrung*. Das Auftauchen aus der Isolation hilft ebenfalls, das Unrecht bekannt zu machen und so Unterstützung durch Dritte zu ermöglichen. Dieses wiederum erhöht die Ausdauer der Aktivisten.

Damit Quellen der Unterstützung erschlossen werden können, braucht es eine »Politik der Offenheit«. Aus diesem Grund operieren Bewegungen des gewaltlosen Widerstands in einer Form, die diametral entgegengesetzt ist zu der von Untergrundbewegungen: Statt für Geheimhaltung entscheidet sich der gewaltlose Widerstand für die Öffentlichkeit. Der Versuch, Dinge geheim zu halten, schwächt die Eltern und hilft, das Verhalten des gewalttätigen Kindes aufrechtzuhalten. Eine Basisregel in Bezug auf Familiengewalt ist, dass *Geheimhaltung das Opfersein aufrechterhält*. Das Einbeziehen von Hilfe vonseiten der Verwandten, Freunde und Arbeitskollegen ist somit ein essenzieller Schritt im Übergang zu gewaltlosem Widerstand. Offenheit und Öffentlichkeit sind von wesentlicher Bedeutung, will man Gewalt gegenüber Geschwistern bekämpfen. Gewalt gedeiht im Dunkeln. Die Entscheidung der Eltern, offen mit Gewalt umzugehen, dürfte die Bedingungen ihres Fortbestehens ändern. So kann allein Öffentlichkeit es manchmal für den Täter unmöglich machen, mit dem Missbrauch fortzufahren.

Im Elterncoaching werden die Eltern gebeten, die gesamte Familie (abgesehen von Kleinkindern) über den Kampf gegen die Gewalt zu informieren. Eine mögliche Ankündigung könnte folgendermaßen lauten: »Wir, Papa, Mama und ihr alle zusammen [samt den Kindern sollten alle mit Namen genannt werden] werden der Gewalt nicht länger unterliegen, werden sie nicht mehr länger versteckt halten, nicht mehr länger mit ihr zusammenarbeiten und werden nicht schweigen, wenn wir sie sehen! Jedes Mal, wenn ihr Schlagen, Verletzen, Erpressen oder Drohen bemerkt, müsst ihr es uns sagen. Wir werden nicht strafen, aber wir werden entschlossen handeln, um die Gewalt zu beenden. Wir werden auch das Kind beschützen, das uns etwas mitteilt, und werden nicht zulassen, dass ihm etwas Schlechtes passiert. Außerdem sind hier die Telefonnummern von Personen, die sich einverstanden erklärt haben, uns zu helfen. Im Notfall, falls wir nicht zu Hause sind, oder wenn ihr vorzieht, es jemand anderem zu erzählen, könnt ihr sie anrufen. Das ist kein einfaches Gerede!« Die Eltern erklären, dass sie permanent Berichterstattungen hören möchten und kontinuierlich prüfen werden, ob die Gewalt erneut aufgetreten ist. Das gewalttätige Kind wird ebenfalls eingeladen, teilzunehmen und gegen die eigene Gewalt vorzugehen. Es kann sich auch dem Kampf gegen andere Arten von Gewalt, die vielleicht zu Hause auftreten, anschließen. Auf diese Weise wird eine Unterscheidung zwischen dem gewalttätigen Verhalten und dem betreffenden Kind gezogen: Der Kampf richtet sich gegen das Verhalten und nicht gegen das Kind.

Falls die Eltern gegenüber den Berichterstattungen Zweifel hegen (solche Zweifel sind natürlich und manchmal berechtigt), müssen sie ihre Aufsicht enger fassen, ohne in eine anklagende Haltung gegenüber dem vermuteten Täter zu verfallen oder einen bagatellisierenden Ton gegenüber dem Kind anzunehmen, das sich beschwert. Eine elterliche Antwort auf den Widerspruch eines Kindes, das der Gewalt bezichtigt wird und sich durch ein Geschwister ungerecht denunziert fühlt, kann sein: »Wahr oder nicht, wir werden unsere Aufsichtspflicht besonders gut wahrnehmen, sodass die Möglichkeit, dass solche Dinge passieren, reduziert wird!« Falsche Beschuldigungen existieren, jedoch muss dies nicht zur Verharmlosung einer Beschwerde führen, die vielleicht wahr sein könnte. Eine explizite Aussage der Eltern, dass sie ihre Aufmerksamkeit erhöhen werden, natürlich gestützt durch Taten, wird mögliche Gewaltakte reduzieren, ohne falsche Beschwerden zu belohnen. Das Anliegen der Eltern ist es, Sicherheit zu erhöhen und nicht zu entscheiden, »wer im Recht ist«.

Die Eltern müssen das Opfer dazu ermutigen, von allen Gewaltvorfällen zu erzählen, und ihm helfen, sie zu dokumentieren (durch Aufschreiben oder Bandaufnahmen). Das gewalttätige Kind muss unterrichtet werden, dass Kopien der Dokumentationen existieren, damit Versuche vermieden werden, sie zu zerstören. Sowohl Täter wie Opfer sollten wissen, dass die Dokumentation einer Gruppe von Helfern zur Verfügung steht, die mit dem Anlass vertraut sind und für eine Beendigung der Gewalt einstehen. In unserem Projekt war das schikanierte Kind nicht immer dazu bereit, den Eltern die ganze Geschichte zu berichten. Ein externer Interviewer, der speziell für diesen Fall trainiert wurde, hatte manchmal Erfolg, diesen Widerstand zu überwinden. Im Verlauf der Behandlung, nachdem die Eltern ihre Zuverlässigkeit unter Beweis gestellt hatten, erreichten sie das Vertrauen des Kindes allmählich besser. Die Dokumentation ist auch hilfreich bei der Rekrutierung von zusätzlichen Helfern beim gewaltlosen Widerstand aus dem Kreis der Verwandten und Freunde der Eltern. Das Opfer wird gestärkt, wenn die Fakten vor Zeugen, die sein Recht auf freie Äußerung und Schutz unterstützen, ans Licht gebracht werden. Die Zeugen sollten ihre Bereitschaft, für das Opfer Schutz zu ergreifen, ausdrücken. Der Täter wiederum muss über die Dokumentation aufgeklärt sein, und es muss ihm erlaubt sein, einen Blick darauf zu werfen, wenn er will.

Die Aufdeckung eines Geheimnisses innerhalb der Familie hat nicht die gleiche Auswirkung wie seine Enthüllung außerhalb dieser. In gewisser Hinsicht nimmt das gewalttätige Kind die Familie als selbstverständlich, insbesondere wenn die Eltern als schwach oder hilflos angesehen werden. Das Miteinbeziehen zusätzlicher Personen (von Freunden, Verwandten und von Personen aus dem gesellschaftlichen Umfeld wie Sozialarbeitern, Schulberatern oder Geistlichen) ist daher ein kraftvolles Instrument. Die Entscheidung, außen Stehende in ein Geheimnis einzuweihen, kann sehr hart sein. Aber sogar in Fällen, in denen die Aufdeckung am härtesten ist, sollten die Eltern die Anstrengung unternehmen, zuletzt auch ein paar Personen außerhalb der Familie zu finden (neben dem Therapeuten), die als Zeugen fungieren und Täter wie Opfer sagen, dass sie die Fakten kennen und mit den Eltern zusammenarbeiten, um die Gewalt zu beenden. Das Überschreiten der Familiengrenze ist kritisch für den Wechsel hin zu gewaltlosem Widerstand. In unserem Projekt haben wir enorme Anstrengungen unternommen, um die Eltern davon zu überzeugen, dass der Helferkreis erweitert werden sollte, und es kommt nicht selten vor, dass Gruppen von über 20 Personen als externe Helfer rekrutiert werden.

Die Eltern sollten jeden der Helfer bitten, das gewalttätige Kind persönlich freundlich anzusprechen oder ihm per Telefon, Brief, Fax oder E-Mail mitzuteilen, dass ihnen eine detaillierte Beschreibung der Gewalt bekannt sei. Die Multiplikation von Nachrichten erhöht den Druck der Botschaft. Diese Personen sollten ihre Liebe und Fürsorge (für Täter *und* Opfer) sowie ihre Überzeugung, dass das Kind seine Probleme, die momentan die Gewalt verursachen, überwinden kann, betonen. Wie bereits erwähnt, können manche der Helfer eine positive Beziehung zum Täter haben, die es ihnen erlaubt, als Vermittler aufzutreten. Mediation reduziert sowohl die Eltern- als auch die Kindeskalation und die Isolation des Täters. Die Helfer müssen ebenfalls das Opfer ansprechen und ihm sagen, dass sie von der Gewalt wissen und sich verpflichtet haben, die Eltern zu unterstützen, um der Sache ein Ende zu bereiten. So verstehen die Opfer, dass sie nicht länger allein sind. Die Helfer sollten dem Opfer ihre Telefonnummern geben und sichergehen, dass sie korrekt notiert wurden. Die Unterstützer werden gleichzeitig ermutigt, den Kontakt mit Täter, Opfer und den Eltern kontinuierlich aufrechtzuerhalten.

Darüber hinaus kann die Einbeziehung von Personen öffentlicher Einrichtungen, wie etwa von Sozialarbeitern oder Bewährungshelfern, zu einer Verringerung der Gewalt beitragen. Eltern haben diesbezüglich oft die Sorge, dass die Einbindung einer solchen Instanz dazu führt, dass ihnen das gewalttätige Kind weggenommen wird oder dass es vorbestraft wird und somit seine Chancen für die Zukunft beeinträchtigt werden. Dies ist jedoch sehr viel unwahrscheinlicher, wenn die Eltern mithilfe des Therapeuten auf die Behörde zugehen und einen detaillierten Plan des gewaltfreien Widerstands vorlegen. Häufig unterstützen die dortigen Ansprechpartner die Eltern in ihren Anstrengungen, sobald sie bemerken, dass sich die Familie und der Therapeut dem Problem ernsthaft widmen.

Die Enthüllung des Geheimnisses und die Einbeziehung Familienexterner stoßen beim Täter oft starke emotionale Reaktionen an. So kann es sein, dass er die Eltern des Verrats beschuldigt, aufhört mit ihnen zu sprechen oder gar von zu Hause fortläuft. Daher sollten die Eltern im Gefolge ihrer Entscheidung, externe Unterstützter mit einzubeziehen, ihre Aufsicht verstärken. Darüber hinaus sollten sie sich darauf vorbereiten, den negativen Reaktionen des Kindes standzuhalten, ohne sich dabei auf mögliche Eskalationsangebote einzulassen. Ihre entschiedene Absage an das Kind, sich in Auseinandersetzungen und Diskussionen hineinziehen zu lassen, unter der ständigen Wiederholung »Ich tue dies, weil ich es muss!«, hilft oft, das Eskalationspotenzial der Situation zu verringern. Sollte das Kind die Kommunikation mit den Eltern einstellen, kann es hilfreich sein, von außen Vermittler einzubeziehen.

In vielen der von uns betreuten Fälle führte die Bereitschaft der Eltern, das Geheimnis zu enthüllen und Unterstützer von außen einzubeziehen, zu einem deutlichen Rückgang der Gewalttätigkeit. Nur in einem Fall rannte das Kind von zu Hause weg, wobei es den Eltern gelang, über ein paar Tage hinweg mit ihm in Kontakt zu bleiben. In zwei Fällen hörten die Täter auf, mit ihren Eltern zu sprechen. In beiden Fällen blieben die Kinder jedoch in Kontakt mit mindestens einem Unterstützer. Der andauernde Kontakt erlaubte es, zu vermitteln und den Kommunikationsboykott Stück für Stück aufzuheben.

Einbeziehung der Opfer in das Widerstandsprogramm

Das Bezeugen eines Vorfalls ist ein sehr bedeutendes Mittel des gewaltfreien Widerstands. In Situationen, die sehr stark durch Unterdrückung des Opfers gekennzeichnet sind, kann dies für den Betroffenen die einzig mögliche Form sein, Widerstand zu leisten. Die enorme Bedeutung des Bezeugens für die Unterdrückten wurde in extremen politischen Situationen, wie bei der Rassendiskriminierung in Südafrika, der militärischen Gewaltherrschaft in Chile oder der Ausgrenzung im Warschauer Ghetto, ersichtlich. Das Bezeugen gibt den Opfern das Gefühl, dass ihr Leid anerkannt wird, und kann darüber hinaus potenziell bereichernd für andere sein. Das Bezeugen unterscheidet sich deutlich von der Offenbarung des Leids im therapeutischen Kontext: Dies ist nahezu immer ein persönliches Ereignis unter Ausschluss der Öffentlichkeit, während mit dem Bezeugen immer eine öffentliche Dimension einhergeht. Während der Therapie sollte daher diese öffentliche Dimension betont werden. So könnten beispielsweise die Aussagen des Opfers aufgezeichnet oder mitgeschrieben werden, oder man könnte es um sein Einverständnis bitten, anderen Opfern, potenziellen Unterstützern oder Mitarbeitern davon zu berichten. Dank des Bezeugens beginnt das unterdrückte Kind, sich selbst als Teil des Widerstands zu sehen. Unterdrückte Kinder werden darüber hinaus gefragt, ob sie Ideen haben, wie man sie darin unterstützen könnte, sich selbst zu helfen. Hierfür sollten Pläne für unterschiedliche Situationen aufgestellt werden. Beispielsweise können Ansprechpartner festgelegt werden, die das betroffene Kind anrufen kann, wenn die Eltern nicht zu Hause sind oder ihm nicht helfen können. Darüber hinaus kann im Voraus geplant werden, wo das Kind im Ernstfall Unterschlupf finden kann und wie sich Eltern und das unterdrückte Kind in schwierigen Situationen gegenseitig unterstützen können. Diese Schritte haben einen sehr positiven Effekt auf das Selbstwertgefühl des Opfers.

Die Widerstandsformen des Kindes sollten von den Eltern und den Unterstützern von außen anerkannt werden. Ein Brief des Therapeuten kann ebenso dazu beitragen, Anerkennung und Respekt zu fördern. In unserem Programm wurden solche Briefe, die die Anstrengungen und Leistungen des Kindes hervorhoben, von den Betroffenen oft wie ein Schatz gehütet.

Respektieren des Gegners und Versöhnungsgesten

Anführer wie Gandhi und Martin Luther King verließen sich nicht ausschließlich auf den Verzicht auf Gewalt: Sie verlangten von ihren Anhängern wie von sich selbst, dass die Handlungen des Widerstands, so weit möglich, von aufrichtigem Respekt dem Gegner gegenüber begleitet wurden. Diese Haltung charakterisierte nicht jede Bewegung, die sich dem gewaltfreien Widerstand zuordnen lässt. Manche waren gar der Auffassung, dass auf diese Weise mögliche Unterstützer abgeschreckt würden (Sharp 1973). Dennoch gibt es eine tiefere Logik, die für die Haltung von Gandhi und Martin Luther King spricht. Sie leitet sich ab aus der Einsicht, dass der Gegner *nicht immer* und *nicht total* so ist, wie er sich in der momentanen Situation zeigt. Daher führen durch Respekt und Versöhnung geprägte Handlungen oft dazu, die positiven Stimmen in ihm zu verstärken. Die Vernachlässigung solcher Handlungen oder gar die Beschämung des Gegners würde dagegen die gewaltsamen Stimmen in ihm eher provozieren.

Im Kontext von Eltern-Kind-Beziehungen ist dieses Argument besonders stichhaltig. Unsere grundlegende Annahme ist, dass Eltern ihre Kinder lieben, selbst wenn diese Liebe momentan aufgrund der ausgeübten Gewalt nicht sichtbar sein mag. Handlungen der Eltern, die von Respekt und Versöhnung (was nicht mit Kapitulation gleichzusetzen ist) geprägt sind, bauen folglich auf bereits vorhandenen Gefühlen auf und erhöhen wiederum die Chancen, dass diese Gefühle positive Wechselbeziehungen hervorbringen. Eine herausragende Entdeckung ethologischer Forschung betrifft die überlebensnotwendige Funktion von Versöhnungsgesten in der Eskalationsvermeidung bei Affen und Menschenaffen (de Waal 1993). Im Gefolge eines gewaltsamen Konflikts zwischen zwei Individuen besteht eine hohe Wahrscheinlichkeit, dass der Angreifer, das Opfer oder beide versuchen werden, über Versöhnungsgesten – wie Umarmen, Küssen auf den Mund oder Handreichen – wieder Nähe zueinander herzustellen. Diese Handlungen verringern die Wahrscheinlichkeit, dass die Feindseligkeit wieder aufgenommen wird. Manchmal wird die Versöhnung durch einen an der Gewaltaktion unbeteiligten Dritten eingeleitet. Beispielsweise kann sich die Partnerin eines der zwei Kontrahenten ihnen beiden annähern und sie näher zueinander ziehen. Wenn beide Männchen nebeneinander stehen, verschwindet das Weibchen unauffällig. In dieser Situation beginnt eines der beiden ausnahmslos damit, Versöhnungsgesten zu offerieren. Alternativ zu diesem Verhalten kann das Weibchen des Angreifers dem Opfer gegenüber Versöhnungsgesten anbieten, als ob es im Namen des Angreifers handeln würde. Nach de Waal ist es das Ziel dieser Gesten, nützliche Beziehungen zu bewahren. Es konnte festgestellt werden, dass die Chance auf eine Versöhnung umso höher ist, je enger die Beziehung der beiden Individuen vor dem Konflikt war.

Gesten der Versöhnung können in Eltern-Kind-Beziehungen eine ähnliche Rolle spielen. Kleine Kinder üben solche Gesten spontan gegenüber ihren Eltern nach einem eigenen oder elterlichen Wutausbruch aus (Potegal a. Davidson 1997). Die Erfahrung zeigt, dass solche spontanen Gesten in Bezug auf aggressive Jugendliche eher selten sind. Jedoch können gerade in diesen Fällen Versöhnungsangebote der Eltern (einhergehend mit gewaltfreiem Widerstand) helfen, die Feindseligkeit zu verringern und die Basis der Beziehung auszubauen. In unserem Programm berichteten Eltern oft darüber, dass das Anstoßen von Versöhnungsbewegungen sie keinesfalls schwächte. Im Gegenteil: Die Entschiedenheit, sich der Gewalt zu erwehren, wurde dadurch gestärkt. Die Eltern erzählten, dass die Versöhnungsgesten sie von der Rolle der *bad guys* befreiten und ihnen erlaubten, sich nicht schuldig für die einzelnen Schritte des Widerstands zu fühlen.

Gesten der Versöhnung übermitteln darüber hinaus die Botschaft, dass das gewalttätige Kind vollständig zur Familie gehört. Dies ist vor dem Hintergrund der Aktivierung der gesamten Familie sowie externer Unterstützer im Kampf gegen die Gewalt von besonderer Bedeutung, da Letztere beim aggressiven Kind das Gefühl von Ausgeschlossenheit und Isolation entstehen lassen kann. Versöhnungsgesten sind kein Preis, der nur bei gutem Verhalten ausgezahlt wird, sondern eine gänzlich freie Offenbarung von Liebe und Fürsorge. Manchmal wird auf Versöhnungsgesten genau an den Tagen, an denen die Eltern ihren Widerstand besonders deutlich signalisieren, zurückgegriffen. Vom Kind wird dabei nicht einmal erwartet, dass es diese Gesten annimmt. Stoßen die Eltern auf Ablehnung, können sie sagen: »Ich tue das, weil ich dein Vater/deine Mutter bin und weil ich dich liebe. Aber ich kann nur *meinen* Beitrag leisten, ich kann dich nicht zwingen, ihn zu akzeptieren.« Unserer Erfahrung nach sind solche Gesten der Versöhnung auch dann wirksam, wenn sie vonseiten des aggressiven Kindes abgelehnt werden. Versöhnungsgesten können auch durch Vermittlung einer dritten Person angeboten werden. So kann einem gewalttätigen Kind, das die Kommunikation mit seinen Eltern verweigert, durch einen Freund der Familie eine Nachricht überbracht werden. Vermittler können darüber hinaus erklären, dass die Versöhnungsgeste mit dem vollen Rückhalt der Eltern initiiert wird. Für diese Rolle eignen sich Freunde des Kindes besonders gut. Es ist sehr wahrscheinlich, dass ein Freund, der versucht, das aggressive Kind davon zu überzeugen, dass es nicht unehrenhaft ist, ein Versöhnungsangebot der Eltern anzunehmen, erfolgreicher ist als ein Erwachsener. Ein Bedenken, das Eltern oft gegen Versöhnungsgesten anführen, ist die Befürchtung, dass sie auf diese Weise Schwäche signalisieren könnten. Diese Vermutung verweist auf die Neigung der Eltern, in Kategorien von »Wer ist der Boss?« zu denken. Folglich stellt alles, was nicht unmittelbar Stärke vermittelt, für sie erst einmal Schwäche dar. Indem die Eltern jedoch mit der Zeit mehr und mehr Erfahrung mit gewaltfreiem Widerstand gewinnen, lernen sie auch, zwischen Versöhnung und Unterwerfung zu unterscheiden.

Fallbeispiel

Joe und Rachel suchten Unterstützung im Umgang mit ihrem 15-jährigen Sohn David. David machte, wo immer er war, was er wollte. Seine drei Schwestern Sara, Shira und Judith (17, zehn und fünf Jahre) hatten Angst vor ihm und sahen sich genötigt, seine Launen zu befolgen. Es schien so, als sei er immer auf der Suche nach jemandem, den er drangsalieren konnte. Seine Stimmungen schwenkten schnell um, und seine Wutausbrüche waren vollkommen unvorhersehbar. Er warf urplötzlich mit Gegenständen nach seinem Gegenüber, schlug Türen zu und stieß Stühle und Schränke um. Wenn ihm etwas am Essen seiner Mutter nicht passte, schmiss er es manchmal auf den Boden und schüttete ihr sein Getränk ins Gesicht. Er schlug seine Schwestern und zerstörte ihre Habseligkeiten. Manchmal stieg er auf das Dach des Hauses und drohte, dass er sich umbringen werde. Er schwänzte die Schule und kam oft die ganze Nacht über nicht nach Hause. Er besaß ein Messer, das er oft vor seinen Schwestern und seiner Mutter zückte. Manchmal grummelte er alle erdenklichen beängstigenden Drohungen vor sich hin. Seine Eltern waren ratlos, ob er drauf und dran war, seinen Verstand zu verlieren, oder versuchte, sie einschüchtern. Sie lebten in der Angst, er könne ihre Töchter verletzen oder Selbstmord begehen, und sahen keine Alternative, als einzulenken und ihn zu besänftigen. David war einige Male in medizinischer Behandlung, die jedoch aufgrund seiner sehr beschränkten Bereitschaft mitzuwirken ohne Nutzen blieb. Darüber hinaus war er für ein halbes Jahr in Therapie, jedoch meinten die Eltern, dass sein Verhalten während dieser Zeit eher schlimmer wurde.

Rachel erzählte, dass es den Mädchen aufgrund von Davids Gewalt und Unausgewogenheit elendig erging. Sie beschwerte sich über Joe, den sie diesbezüglich als absolut nutzlos beschrieb. Sie warf ihm vor, lediglich als Ernährer, nicht jedoch als Vater in Erscheinung zu treten. Joe hingegen warf seiner Frau vor, »zu sanft« zu sein und nicht nur gegenüber David, sondern auch gegenüber den Mädchen nicht die gebotene Standhaftigkeit an den Tag zu legen. Rachel entgegnete, dass sie psychisch und körperlich erschöpft sei: »Manchmal möchte ich einfach das Fenster aufreißen und anfangen zu schreien! Ich habe das Gefühl, dass ich meine ganze Kraft aufwenden muss, um bei gesundem Verstand zu bleiben!« Manchmal würde sie sich früh am Tage mit dem Gefühl ins Bett legen, nie wieder aufstehen zu wollen. Der Therapeut hatte den Eindruck, dass Rachel unter Depressionen litt. Überraschenderweise hatten Rachel und Joe jedoch trotz all der Mühsal und der gegenseitigen Vorwürfe eine gute Beziehung zueinander. Joe wurde während der Sitzungen Rachel gegenüber milder, und Rachel erzählte, dass sie sich oft sehr nah fühlten. Die andauernde Auseinandersetzung mit David ließ jedoch wenig Raum, ihr Zusammensein zu genießen.

Neben der wöchentlichen therapeutischen Sitzung führten die Eltern mit einem Mitarbeiter zweimal in der Woche unterstützende telefonische Gespräche.[1] Die Therapie begann mit einer ausführlichen Erklärung der Prinzipien und Techniken des gewaltfreien Widerstands.[2] Daran anschließend wurde ein Unterstützernetz aufgebaut. Zwei Personen hatten eine positive Beziehung zu David: Rachels ältester Bruder, der auch beim Treffen anwesend war, und ein Onkel von Joe, der im Ausland lebte. Die Sitzung wurde aufgezeichnet und die Aufzeichnung dem Onkel zugeschickt. Auf diese Weise konnte er trotz der großen räumlichen Distanz in das Unterstützernetz aufgenommen werden. Diese beiden Personen unterstützten nicht nur die Eltern, sondern dienten ebenso als Vermittler, die dabei halfen, Davids Gefühl der Isolation zu verringern. Rachels Bruder bot an, David in den kommenden Monaten an Wochenenden und Feiertagen bei sich aufzunehmen.

Der Therapeut besuchte die Schwestern zu Hause, um das Gespräch mit ihnen zu suchen. Sara und Shira bestätigten die Ausführungen der Eltern und bereicherten sie. Sara sah die Situation als völlig hoffnungslos an. Sie war davon überzeugt, dass David nicht in der Lage sei, sich zu beherrschen. Es hatte in ihren Augen keinen Sinn, nach Hilfe zu suchen oder die Polizei zu verständigen. Sie sagte, dass sie oft für Eskalationen verantwortlich gemacht werden müsse, da sie David freche Antworten gebe und sich verteidige und so seine Wut nur noch mehr schüre. Shira weinte während eines Großteils des Interviews und sagte, sie lebe in ständiger Angst vor ihrem Bruder. Diese Angst werde existenziell, wenn er anfange, mit seinem Messer zu schwingen. Gleichzeitig hatte sie Angst, David könnte von zu Hause weggenommen werden. Sie glaubte, er werde sich dann umbringen, und die Familie sei dann zerstört. Judith sagte während des Besuchs kein Wort und blieb während des Interviews größtenteils außerhalb des Raumes. Sie war nicht anwesend, als ihre Schwestern über das Programm und die Helfer informiert wurden, aber sowohl die Eltern als auch die Schwestern erklärten sich bereit, sie zu informieren über das, was sie zu tun vorhatten.

Die Schwestern öffneten sich der Idee, im Falle eines Angriffs oder einer Misshandlung wegzurennen, um sich in Sicherheit zu bringen

1 Diese telefonische Unterstützung geht auch in den Sitzungsbericht ein. In der Regel wird sie durch einen trainierten Studenten durchgeführt, der auch während der therapeutischen Sitzungen anwesend ist.
2 Die Eltern erhielten in diesem Projekt eine Kopie des Anleitungshandbuchs für Eltern (Omer u. von Schlippe 2004, S. 229 ff.).

und einen oder mehrere der Unterstützer anzurufen, nur schrittweise. Anfangs sagten sie, sie würden nicht in der Lage sein, dies zu tun, da David sie nicht entkommen lassen würde. Der Vorschlag, dass in einem solchen Fall die andere Schwester einen der Helfer anrufen könnte, zündete bei den Mädchen jedoch einen ersten Funken Hoffnung. Die Möglichkeit der beiden, eine gemeinsame Front des Widerstands mithilfe der externen Unterstützer zu bilden, war für sie komplett neu. Auch die Idee, ein Tagebuch zu führen, das zusammen mit den Eltern einmal in der Woche gelesen und unter den Helfern kursieren würde, stieß auf positive Rückmeldung. Am Ende der Sitzung war die absolute Hoffnungslosigkeit der Schwestern in eine Mischung aus kämpferischer Hoffnung und nachvollziehbarer Besorgnis übergegangen. Der Therapeut rief einige der Unterstützer aus dem Zimmer der Mädchen an. Das Unterstützernetz war nun nicht mehr ausschließlich mit den Eltern, sondern auch mit den Mädchen verbunden.

Der Therapeut und die Eltern bereiteten eine offene Ankündigung vor, in der sie David erklären würden, dass sie seiner Gewalt Widerstand entgegensetzten und dabei in ihren Anstrengungen von Freunden und Verwandten unterstützt werden würden. Die Eltern hatten Angst, David würde in dem Moment, in dem er die Ankündigung hören würde, ausflippen. Sie entschlossen sich, zu diesem Zeitpunkt zwei der Unterstützer im Haus zu haben, um so die Wahrscheinlichkeit einer gewalttätigen Reaktion zu minimieren. Als David die Ankündigung vernahm, erschien er eher verblüfft als wütend und fragte, ob er ins Gefängnis geschickt werden würde. Sie erklärten ihm, dass die Helfer nicht da seien, um ihn ins Gefängnis zu bringen, sondern ihm und der Familie dabei zu helfen, die vorhandenen Schwierigkeiten zu bewältigen. Die Eltern nannten darüber hinaus noch einige der anderen Personen, die mit einbezogen werden würden. Auf den Rat des Therapeuten hin hielten sie diese Unterhaltung sehr kurz. Am nächsten Tag überraschte David sie sogar damit, dass er seinen Schwestern eine Tüte Süßigkeiten schenkte.

Nach ein paar Tagen ungewohnter Ruhe fing David an, seine Schwestern und seine Mutter anzuschreien. Als er sich dann daranmachte, Saras Stifte zu zerbrechen und die einzelnen Teile auf sie zu werfen, griff die Mutter ein und nahm Sara mit in ihr Zimmer, verschloss die Tür und rief den Vater sowie zwei weitere Helfer an. Einer von ihnen, der direkt nebenan lebte, suchte die Familie nach wenigen Minuten auf. David schloss sich selbst in seinem Zimmer ein und verweigerte jede Antwort. Sein Vater und der andere Helfer, der zuvor angerufen worden war, wollten mit David sprechen, doch der ließ es nicht zu. Rachel nahm von beiden eine Nachricht für David entgegen, schrieb sie auf ein Blatt Papier und schob sie unter Davids Zimmertür hindurch. David hob das Blatt Papier auf (eine Ecke des Blattes spitzte anfangs noch auf der Außenseite der Tür durch und verschwand anschließend), aber antwortete nicht. Am Abend suchten Joe und Rachel zusammen mit zwei Helfern David in seinem Zimmer auf und führten ein Sit-in durch. David tobte und sagte, sie würden ihn »niemals unterkriegen«. Der Vater wartete, bis sein Sohn sich beruhigt hatte, und sagte ruhig: »Wir wissen, dass wir dich nicht unterkriegen können, und wir wollen dich nicht besiegen. Wir leisten Widerstand gegen die Gewalt, weil wir keine Alternative haben.« David überraschte seine Eltern, indem er ihnen entgegnete, dass er bereit sei, ein Medikament (Ritalin) zu nehmen. Seine Eltern beendeten den Sit-in und sagten, dass sie diesem Vorschlag eine Chance geben wollten. Er suchte den Psychiater auf und fing an, sein Medikament regelmäßiger einzunehmen als je zuvor.

Nachdem zwei weitere Sit-ins mit den Helfern abgehalten worden waren, nahm die Gewalt ab. David blieb der Schule und seinem zu Hause jedoch nach wie vor häufig fern. Die Eltern und der Onkel einigten sich darauf, dass David nicht nur die Wochenenden, sondern auch drei Tage in der Woche bei Letzterem verbringen sollte. Der Onkel gab ihm kleine Aufgaben, die David bereitwillig ausführte. Darüber hinaus nahmen die Eltern mit der Schule Kontakt auf und ermöglichten einige Hausbesuche von Freunden. An den Tagen, an denen David bei seinem Onkel schlief, brachte dieser ihn morgens zur Schule. An den Tagen, an denen David zu Hause schlief, versuchte Joe, ihn aufzuwecken und pünktlich in die Schule zu schicken. Falls David nicht aufstand, wenn sein Vater ihn rief, kam ein Helfer aus der Nachbarschaft vorbei und half Joe dabei, seinen Sohn aus dem Bett zu bringen. Zweimal halfen die Unterstützer Joe dabei, nach David zu suchen, als dieser um elf Uhr abends noch nicht zu Hause war. Diese Maßnahmen halfen dabei, Davids Tagesablauf in einen regelmäßigen Rhythmus zu bringen. Seine Anwesenheit im Unterricht wurde nach und nach häufiger und gegen Ende des Programms ging er regelmäßig in die Schule.

Nach sechs Wochen Behandlung schien Rachel nicht mehr depressiv zu sein. Zu diesem Zeitpunkt beeindruckte sie den Therapeuten als sehr warme, aufgeschlossene und starke Person. Joe sagte, dass er fast vergessen habe, wie Rachel sein könne. Ein Interview mit den Mädchen zeigte, dass sich beide sicherer fühlten als je zuvor. Shira sagte, es sei ein Wunder, dass sie ihren Bruder zurückgewonnen hätten. Der Familie wurde geraten, die Helfer über die aktuelle Situation auf dem Laufenden zu halten. Es wurden noch zwei Sitzungen anberaumt, eine nach einem Monat, die andere nach drei. In diesen Sitzungen berichteten die Eltern über ihren fortlaufenden Kontakt mit den Helfern. Die physische Gewalt blieb verschwunden. David schrie und fluchte immer noch, aber das Niveau der Angst und Unterdrückung in der Familie war nun deutlich niedriger.

Übersetzung: Katharina Mol, Bochum, und Mirko Zwack, Witten

Literatur

Alon, N. a. H. Omer (2006) : The psychology of demonization. New Jersey/ London (Lawrence Erlbaum). [Dt. (in Vorb.): H. Omer, H., N. Alon, N. u. A. von Schlippe (2006): Psychologie der Dämonisierung. Systemisches Coaching in hoch eskalierten Konflikten. Göttingen (Vandenhoeck & Ruprecht).]

Alpert, J. (1991): Sibling, cousin, and peer child sexual abuse: Clinical implications. (Paper presented at the 99th Annual Convention of the American Psychological Association, San Francisco, CA.)

Boney-McCoy, S. a. D. Finkelhor (1995): Psychosocial sequelae of violent victimization in a national youth sample. *Journal of Consulting and Clinical Psychology* 63: 726–736.

Bugental, D. B., J. B. Blue a. M. Cruzcosa (1989): Perceived control over caregiving outcomes: Implications for child abuse. *Developmental Psychology* 25: 532–539.

Bugental, D. B., J. E. Lyon, J. Krantz a. V. Cortez (1997): Who's the boss? Accessibility of dominance ideation among individuals with low perceptions of interpersonal power. *Journal of Personality and Social Psychology* 72: 1297–1309.

DeJong, A. (1989): Sexual interactions among siblings: Experimentation or exploitation. *Child Abuse and Neglect* 13: 271–279.

Dishion, T. J. a. G. R. Patterson (1992): Age effects in parent-training outcome. *Behavior Therapy* 23: 719–729.

Finkelhor, D. (1980): Sex among siblings: A survey on its prevalence, variety, and effects. Archives of Sexual Behavior 9: 171–194.

Finkelhor, D. a. J. Dziuba-Leatherman (1994): Victimization of children. *American Psychologist* 49: 173–183.

Harbin, H. T. a. D. J. Madden (1979): Battered parents: A new syndrome. *American Journal of Psychiatry* 136: 1288–1291.
Laviola, M. (1992): Effects of older brother-younger sister incest: A study of the dynamics of 17 cases. Child Abuse and Neglect 16, 409–421.
Loeber, R., W. Weissman a. J. B. Reid (1983): Family interactions of assaultive adolescents, stealers, and nondelinquents. *Journal of Abnormal Child Psycholgy* 11: 1–14.
O'Brien, M. (1991): Taking sibling incest seriously. In: M. Patton (ed.): Understanding family sexual abuse. Newbury Parc, CA (Sage).
Omer, H. u. A. von Schlippe (2002): Autorität ohne Gewalt. Coaching für Eltern von Kindern mit Verhaltensproblemen. »Elterliche Präsenz« als systemisches Konzept. Göttingen (Vandenhoeck & Ruprecht).
Omer, H. u. A. von Schlippe (2004): Autorität durch Beziehung. Die Praxis des gewaltlosen Widerstands in der Erziehung. Göttingen (Vandenhoeck & Ruprecht).
Orford, J. (1986): The rules of interpersonal complementarity: Does hostility beget hostility and dominance submission? *Psychological Review* 93: 365–377.
Patterson, G. R., T. J. Dishion a. L. Bank (1984): Family interaction: A process model of deviancy training. *Aggressive Behavior* 10: 253–267.
Potegal, M. a. R. J. Davidson (1997): Young children's post tantrum affiliation with their parents. *Aggressive Behavior* 23: 329–341.
Sharp, G. (1960): Gandhi wields the weapon of moral power. Ahmedabab (Navajivan).
Sharp, G. (1973): The politics of nonviolent action. Boston, MA (Porter Sargent).
Smith, H. a. E. Israel (1987): Sibling incest: A study of the dynamics of 25 cases. *Child Abuse and Neglect* 11: 101–108.
Steinmetz, S. K. (1977): The use of force for resolving family conflict: The training ground for abuse. The Family Coordinator 26: 19–26.
Steinmetz, S. K. (1978): Sibling violence. In: J. M. Eskelaan a. S. N. Katz (eds.): Family violence: An international and interdisciplinary study. Toronto (Butterworths).
Straus, M. A. a. R. J. Gelles (1990): Physical violence in American families: Risk factors and adaptations to violence in 8145 families. New Brunswick, NJ (Transaction).
Waal, F. B. M. de (1993): Reconciliation among primates: A review of empirical evidence and unresolved issues. In: W. A. Mason a. S. P. Mendoza (eds.): Primate social conflict. New York (State University of New York Press), pp. 111–144.

5. Erziehung – erziehen – beziehen oder: Vom Konzept zur Haltung zum Tun zur Haltung

Jürgen Hargens

Einleitende Gedanken

Haim Omers (2000) Buch über *elterliche Präsenz* hat mich sehr angeregt, über Erziehung und Erziehungsberatung nachzudenken, insbesondere deshalb, weil ich glaubte, einige ältere – »gute bekannte« – Ideen (und das ist ein großes Kompliment) darin wieder gefunden zu haben. Schon Keeney (1984, p. 145) hat auf einen interessanten Punkt aufmerksam gemacht, als er über die epistemologische Wende in der (systemischen) Familientherapie schrieb: »Die vielleicht radikalste (oder konservativste) Auffassung ist die, dass sich das für unseren Bereich ›Neue‹ in den Klassikern der Vergangenheit findet.« So bewegt mich die Frage, in welchem Maße und/oder in welchem Rahmen Omers Ideen auch auf die »normale« Erziehung anwendbar sein könnten, zumal das Konzept der *elterlichen Präsenz* in meinen Augen einerseits bestechend ist, andererseits aber auch Anlass zu Missverständnissen sein könnte, und ich fände es schade, wenn solche Missverständnisse dazu beitrügen, Omers Konzept zu verwässern, abzuweisen oder gar zu verwerfen. Omer hat, wie ich ihn verstehe, sein Konzept eher für »schwere Verhaltensauffälligkeiten« entwickelt. Er schreibt (a. a. O., p. X; Übers.: J. H.): »Dies Buch handelt von Eltern, die ihre Autorität in der Familie verloren haben und in denen das Missachten elterlicher Regeln die Norm bildet – wo die Kinder oder Jugendlichen mittels Drohungen, Gewalt, Erpressung, Gleichgültigkeit und Rückzug das Sagen haben.« Ich finde es wichtig, dies im Hinterkopf zu behalten, wenn es darum geht, Omers Ideen auf die »eher normale« Familie mit »eher normalen Problemen« zu übertragen. Schon Haley hat vor Jahrzehnten sinngemäß ausgeführt, dass man, um etwas über normale Entwicklung des Gehens zu wissen und dies zu fördern, nicht unbedingt studieren muss, wie man mit gebrochenen Beinen umgeht. Das bedeutet nun nicht, gar nichts wissen zu müssen über normale und davon abweichende Entwicklungsverläufe. Es heißt für mich, mir des Kontextes bewusst zu sein, in dem ich handle, und zu schauen, ob das, was ich konzeptionell übernehme, ausreichend *kontextangemessen* oder *kontextsensitiv* ist. Nicht alles, was sich im Kontext so genannter schwerer Verhaltensauffälligkeiten als hilfreich und nützlich erweist, entfaltet dieselbe Wirkung im Kontext so genannter normaler Entwicklung.

Macht, Präsenz, Kooperation und Beziehung

Eines der damit verbundenen Dilemmata beschreibt Omer sehr treffend: »Elterliche Präsenz wird unser Prüfstein für die Auswertung aller Schritte sein: Vermittelt die geplante Maßnahme den Sinn einer stabilen und vor allem persönlichen Präsenz, oder funktioniert sie nur als eine Art roher und distanzierter Macht?« (Omer u. von Schlippe 2002, S. 33). Und die Übergänge können, so möchte ich, dies bekräftigend, warnend hinzufügen, sehr fließend sein. Denn wer hat hier die Definitionsmacht?

Das verweist auf ein Weiteres – »Macht« existiert *nie* im luftleeren Raum, sondern stellt die Beschreibung einer bestimmten Beziehungskonstellation dar –, nämlich auf eine Beziehung zwischen »Machthaber« und dem »die Macht Verspürenden«, eine, um die Watzlawick'sche Terminologie aufzugreifen, »komplementäre Beziehung«, wobei »das Verhalten des einen Partners das des anderen (ergänzt)« (Watzlawick et al. 1980, S. 69), oder, um Bateson zu zitieren: »Vielleicht gibt es so etwas wie einseitige Macht nicht« (1981a, S. 625). Diese Wechselseitigkeit oder auch gegenseitige Abhängigkeit verlieren wir, wie mir scheint, allzu oft und allzu leicht aus dem Auge, wenn wir solche verdinglichenden Begriffe wie »Macht« verwenden (vgl. *Zeitschrift für systemische Therapie* 1986).

Ein zweiter Aspekt betrifft die Assoziationen und Konnotationen, die mit dem Begriff der *Präsenz* verbunden sein können. Präsenz als Beschreibung für »anwesend«, »da sein« usw. So bedeutsam dies bei einem Verhalten sein mag, das weit außerhalb des »normalen« Verhaltens liegt, bei einem Konflikt in einer »normalen Familie« könnte Präsenz den Raum zur Selbstständigkeit, zum Entwickeln der eigenen Person etc. durchaus behindern. Da könnte ein anderer Begriff vielleicht passender sein. Nur – welcher?

Auf einen Aspekt weisen Omer und von Schlippe (2002, S. 29) schon hin – »Anwesenheit beruht auf einem ganz anderen Prinzip [als Macht]: dem der Kooperation zwischen Partnern, die zwar in einer Situation ungleich verteilter Macht leben, die jedoch auf der Basis der

›Gleichberechtigung der Stimmen‹ miteinander in Verhandlung treten können.« Dem würde ich widersprechen, denn so, wie man nicht *nicht* kommunizieren kann (Watzlawick et al. 1980, S. 50 ff.), kann man auch nicht *nicht kooperieren.* Darauf hat schon de Shazer (1992, S. 45) in Anlehnung an Erickson hingewiesen: »Jede Familie (ebenso wie jedes Individuum und jedes Paar) versucht, auf einzigartige Weise zu kooperieren. Die Arbeit des Therapeuten [bzw. der InteraktionspartnerIn] besteht darin, jene spezielle Art des Kooperierens, die die Familie zeigt, aus seiner eigenen Sicht zu beschreiben und dann damit zu kooperieren, um Veränderung zuwege zu bringen« (im Orig. die ganze Passage kursiv). Damit stellen »Macht« und »Kooperation« für mich keine Gegensätze dar, sondern sie beziehen sich auf andere Bereiche: Kooperation als übergeordneter Begriff einer Beschreibung von Beziehungen, in denen es unvermeidlich ist zu kooperieren, wobei die jeweilige Form des Kooperierens nichts darüber aussagt, wie diese Kooperation bewertet wird (»läuft«, »ist gut« oder »klappt nicht«). »Macht« stellt demnach eine von vielen möglichen Interaktionsformen dar, in der auf eine »machtspezifische Weise« kooperiert wird.

Deshalb spreche ich nicht von *Kooperation*, sondern von *kooperieren.* Alles, was ich mit Verben beschreibe, beschreibe ich im Handlungsbereich, wäre also meinem Verständnis nach immer im konkreten Tun, in der Interaktion, beobachtbar. Für mich macht dieser kleine sprachliche Unterschied einen wirklichen Unterschied, denn wenn es um Interaktionen geht, bin ich an der Interaktion beteiligt, habe also Einfluss. Verben – »Tu-Wörter« – verweisen auf die damit verbundenen Handlungen und beziehungsgestaltenden Maßnahmen. Anders gesagt, die Verwendung von Verben verweist auf den Interaktionsbereich, auf konkretes Handeln und beschreibt somit immer auch meinen Verantwortungsbereich.

Ich wende dieses Prinzip – auf den Interaktionsbereich achtend – auch auf Erziehung an, weshalb ich lieber von *erziehen* spreche. Wie ich anderenorts geschrieben habe: »Das hat, denke ich, unter anderem den Vorteil, dass ›Erziehen‹ sich immer als ein Handeln zwischen Menschen an bestimmten Orten abspielt. Erziehen bleibt eine bodenständige Tätigkeit. Und eine notwendige dazu ... nach meinem Verständnis geht es beim Erziehen immer um ein Miteinander, um eine Beziehung oder – um beim ... ›Ververben‹ zu bleiben – um ›beziehen‹. Also um ein praktisches Tun, das eingebunden ist und bleibt von meinem Verständnis des anderen, der Kinder, der Mitmenschen und der

Ziele« (Hargens 2002b, S. 15). Mir schwebt daher ein anderer Begriff vor, aber ich habe bisher keinen griffigen gefunden, sondern bin auf solch ein Wortungetüm wie *Kenntlichmachen der elterlichen Sorge und Verantwortung* gestoßen. Dieser Begriff verweist für mich stärker auf das, was mir wichtig ist: Eltern tragen Verantwortung für die Erziehung ihrer Kinder. Diese Verantwortung bedeutet m. E. immer *auch*, dass sie ihren Kindern den Raum gewähren, mit eigenen Entscheidungen verantwortlich umzugehen, und ihnen in den daraus resultierenden Folgen unterstützend (und liebend) zur Seite zu stehen.

Mich erinnert das »Raum gewähren« an eine Definition von Liebe, die Humberto Maturana vertritt. Und Liebe, so denke ich, ist etwas Grundsätzliches in der Beziehung (im Beziehen) von Eltern und Kindern: »Liebe besteht darin, einem anderen in einem spezifischen Interaktionsbereich Raum für seine Existenz in Koexistenz mit einem selbst zu öffnen«, und das »spezifisch Menschliche an der Liebe ist nicht die Liebe, sondern das, was wir als Menschen in der Liebe tun« (Maturana 1985, S. 130). Dies bedeutet für mich, die Sorge auf eine Art zum Ausdruck zu bringen, die den Kindern oder Jugendlichen »irgendwie« verdeutlicht, dass *ihre* Eltern für sie *da* sind, sich um sie *sorgen* und ihnen zugleich *ausreichend Raum zur Verfügung stellen, eigene Erfahrungen zu sammeln.*

Ich »spiele« deshalb mit dem Begriff wie »spielerische Präsenz«, den ich viel interessanter und anregender finde, weil er auch die Komponente des *Spielens* betont, eine Tätigkeit, die wir (»verantwortungsbewussten«) Erwachsenen meist den (»sorgloseren«) Kindern zubilligen. Spielen – das dürfte eine in der Entwicklungspsychologie unumstößliche »Gewissheit« geworden sein – ist eine der wesentlichen Lern- und Entwicklungsformen von Kindern, eine Form, die wir Erwachsenen oft nicht mehr zu schätzen und zu verwenden wissen. Im Grunde schade, denke ich, denn »Spielen« ändert nicht das störende Verhalten, es setzt mich allerdings in einen andere Beziehung zu ebendiesem Verhalten – und das könnte die »Schärfe« nehmen (vgl. Hargens 2002b, S. 31 ff.).

Meine Idee geht eher dahin, mich weniger an konkreten Verhaltensweisen (»Was kann ich tun, wenn es Konflikte mit meinem Kind gibt?«) zu orientieren als an einer Grundposition oder, wie ich es nenne, an der *Haltung*, auch wenn ich, wie schon erwähnt, immer an konkret beobachtbarem Verhalten interessiert bin. Nur – Haltungen sind nicht (direkt) beobachtbar, sondern lassen sich immer nur erschließen. Das öffnet Irrtümern und Missverständnissen Tür und Tor. Aber ist so etwas nicht der Normalfall? Aus der Kommunikationstheorie ist bekannt, dass die Bedeutung der Botschaft immer die EmpfängerIn bestimmt, niemals die SenderIn.

Konflikte oder: Möglichkeiten kooperativ nutzen

Diese Erkenntnis aus der Kommunikationstheorie, wenn ich sie denn ernst nehme, klammere ich oft dann aus, wenn es zu Konflikten kommt. Dann gehe ich davon aus, dass mein Gegenüber, also Sohn oder Tochter, mich nicht verstehen *will*. Anders gesagt, ich unterstelle *böse Motive*. Und ich unterstelle, was ich oft ausklammere und mir nicht eingestehe, dass ich im Recht bin! Ich unterschlage ganz einfach, dass meine Absicht (»Ich möchte dich von meiner Ansicht überzeugen, weil sie doch stimmt«) nicht verstanden wird (»Ich gehe meinen eigenen Weg, und du, Alter, verstehst mich sowieso nicht«). Ich habe also eine Situation konstruiert, in der es nur *einen* Sieger geben kann und darf: nämlich mich! Eine solche Situation hat in der Regel klare Konsequenzen: Ich möchte *nicht* verlieren, und wenn ich doch verliere, dann »Auf in den nächsten Kampf!«. Solche Konstruktionen von so genannten Win-lose-Situationen haben die Tendenz, sich unendlich zu wiederholen. Robert Axelrod (1988) hat im Rahmen spieltheoretischer Überlegungen und Experimente gezeigt, wie sich Kooperieren entwickelt – nämlich nicht aus der Position der Stärke heraus, sondern aus der *Position der Kenntnis der eigenen Stärke* heraus, die es nicht mehr nötig macht, Eskalationen zu befördern.

Zurück zum beschriebenen Konflikt mit meinem – imaginären – Kind. Ich stand bei der Frage: Wer hat Recht? Kommunikationstheoretisch haben beide Recht – es ist wie mit dem zur Hälfte gefüllten Glas Wasser. Halb voll? Halb leer? Es kommt auf den Kontext an, also auf meine momentane Verfassung, meine Absicht, meine Interessen etc. Heute kann es *für mich* halb voll sein, morgen halb leer, und übermorgen interessiert es mich überhaupt nicht. Wie gesagt: für mich. Und das impliziert, dass es für andere eben auch *anders* sein kann.

Das erinnert mich an Gregory Bateson, der Information folgendermaßen definiert hat: »Information ist ein Unterschied, der einen Unterschied ausmacht« (1981b, S. 582). Oft gefällt es mir nicht, Unterschiede stehen zu lassen, zu würdigen oder ernst zu nehmen. Ich möchte Einklang, Übereinstimmung, Harmonie. Jedenfalls ist ein Teil meiner Sozialisation in diese Richtung verlaufen.

Es gibt den dazu konträren und eher bösen Satz: »Wenn du nicht für mich bist [mit mir übereinstimmst], bist du gegen mich [mein Feind].« Und schon zerfällt die Welt in »Schwarz« und »Weiß«. Nur – selbst Münzen haben *drei* Seiten!

Für mich geht es darum, bei Konflikten den *Rahmen* zu definieren, denn Erziehen wie Zusammenleben spielt sich in einem (ausgehandelten bzw. auszuhandelnden) sozialen Kontext ab. Regeln dienen dazu, ein Stück Verlässlichkeit und Sicherheit zu gewährleisten. In diesem Sinne geht es beim Erziehen *auch* darum zu klären, welche Regeln und welche Rahmenbedingungen Gegenstand eines gemeinsamen Aushandelns sein können und welche nicht. Und dies stellt eine wesentliche Aufgabe des Erziehens dar – die kontinuierliche Auseinandersetzung mit Rahmen, Regeln und den daraus resultierenden Konsequenzen. Diese Haltung ist das, was Omers Konzept für mich so überzeugend macht: Ich stehe als Person für den von mir verantwortlich gestalteten Rahmen ein – und zwar nachdrücklich, indem ich von meinem Kind erwarte (was ich auch als eine Art sich selbst erfüllender Prophezeiung verstehen könnte), dass es dazu beiträgt, diesen Rahmen mit-verantwortlich zu gestalten.

Um diese Haltung geht es mir – dem Kind den Raum »zu gewähren«, eigenverantwortlich mitzuwirken, die Regeln, die gelten (zunächst einmal unabhängig davon, wer sie aufgestellt hat) einzuhalten und dazu einen eigenen Beitrag zu leisten. Omer hat dafür u. a. die Idee des »Sit-in« eingeführt. Im »normalen« Alltag ginge es um Gesprächssituationen mit offenem Ausgang – *nicht offen hinsichtlich der Regeln, sondern offen hinsichtlich der Ideen und Möglichkeiten, die mein Kind »erfindet«, und offen hinsichtlich dessen, wie seine Beiträge aussehen können.* Und bei den Gesprächen in solchen Situationen gilt, was Omer für das Sit-in definiert hat – ein Gespräch führen in einer abgekühlten Phase, mit der Bereitschaft zuzuhören, und es innerhalb eines klaren Zeitrahmens beenden, auch wenn noch kein konkretes Ergebnis feststeht.

Darin kommt für mich eine Haltung des Respektierens zur Bedeutung, die mir – nicht nur in erzieherischen Beziehungen – als Basis gilt.

Tolerieren, Respektieren und Akzeptieren

Alle diese Beschreibungen zeigen, dass die Frage der Haltung und der Werte entscheidend ist.

Es kann in diesem Zusammenhang sehr hilfreich sein, zwischen Tolerieren, Respektieren und Akzeptieren zu unterscheiden, denn jeder dieser Begriffe bezieht sich auf einen andern Bereich und impliziert z. T. sehr unterschiedliche Haltungen.

Da wäre zunächst die Idee und der Begriff der Toleranz. Maturana (Maturana u. Pörksen 2002, S. 47) hat die Implikationen der »Toleranz« sehr klar herausgestellt:

> »Das Plädoyer für Toleranz hat aus meiner Sicht einen äußerst unangenehmen Beigeschmack und ist ein Ausdruck dafür, dass man den Weg der *Objektivität ohne Klammern*[1] favorisiert: Wer Toleranz verlangt, der fordert eigentlich dazu auf, die vermeintlich angebracht erscheinende Ablehnung und Abwertung des anderen noch ein wenig hinauszuzögern und aufzuschieben. Wer einen Menschen lediglich toleriert, der lässt ihn für eine gewisse Zeit in Ruhe, hält aber stets, verborgen hinter dem Rücken, sein Messer bereit. Er hört ihm nicht zu, er schenkt ihm keine wirkliche Aufmerksamkeit, seine eigenen Vorstellungen und Überzeugungen stehen im Vordergrund. Der andere liegt zwar falsch, aber man wartet noch ein bisschen mit seiner Vernichtung: Das ist Toleranz. Folgt man dagegen dem Weg der *Objektivität in Klammern*, begegnet man der Weltsicht des anderen mit Respekt; man ist bereit, ihm zuzuhören und sich auf seine Realität einzulassen und ihre grundsätzliche Legitimität zu akzeptieren« (Hervorh. im Original).

Ich stimme Maturana zu, bevorzuge es aber, von *Respektieren* (Verb) zu sprechen, denn dies verweist für mich wieder auf das Prozesshafte oder, um an Bateson zu erinnern, auf die Beziehung im wechselseitigen Miteinander. »Neudeutsch« ist hier meist die Rede von *Kooperieren*, und dazu hat schon de Shazer (1992, S. 47) angemerkt, dass dies immer wieder neu im »Prozess kontinuierlicher Interaktion« entsteht.

Hier kommt eine weitere Unterscheidung ins Spiel. Unterscheidungen bringen, wie Spencer-Brown betont, eine ganze Welt her-

1 *Objektivität ohne Klammern* bezieht sich auf die (erkenntnistheoretische) Position, dass die Wirklichkeit unabhängig und losgelöst von einer BeobachterIn erkennbar ist, wohingegen eine *Objektivität in Klammern* impliziert, dass die BeobachterIn in ihren Beobachtungen mit enthalten ist. Daraus leitet sich ein sehr unterschiedliches Verständnis von »Wahrheit« ab – interessierte LeserInnen seien auf die Schriften Maturanas, von Foersters und von Glasersfelds verwiesen.

vor – in unserem Fall die Unterscheidung zwischen *Respektieren* und *Akzeptieren*. Diese Unterscheidung führe ich für mich auf die konstruktivistische Erkenntnistheorie zurück, dass die »jeweiligen Wirklichkeitskonstruktionen ... ›*gleich gültig*‹, aber durchaus nicht ›*gleich wünschenswert*‹ ... sind« (Hargens u. Grau 1996, S. 236; Hervorh. im Orig.). Genau daraus leite ich die von Anderson und Goolishian (1992) beschriebene Position des Nichtwissens ab, und diese Position »erklärt« meine Haltung der Neugier. Wenn ich auf Eltern neugierig bin – eben aus meiner Position des Nichtwissens und Respektierens heraus –, dann interessieren mich ihre elterlichen Kompetenzen, ihre Erziehungserfolge, aber auch ihre Sorgen und Kümmernisse. Und all dies bleibt für mich in jeder *elterlichen* (Inter-)Aktion erkennbar.

Um die Unterschiede noch einmal zusammenzufassen:

- »Tolerieren« bedeutet eine Art »vorübergehender Zustimmung«, verbunden mit der Idee, dass die anderen letztlich zu meiner Meinung bzw. Position kommen werden.
- »Akzeptieren« bedeutet, das Tun der anderen positiv zu bewerten, anzuerkennen.
- »Respektieren« bedeutet, die anderen als Personen zu würdigen, anzuerkennen, ohne dass deshalb ihr Handeln akzeptiert werden müsste.

In diesem Sinne begreife ich elterliche Präsenz immer als ein »*Respektieren* des Kindes«, das eben den Raum lässt, das Tun des Kindes (wie natürlich auch mein Tun) aus unterschiedlichen Perspektiven zu betrachten.

Elterliche Haltungen

Elterliche Haltung kann sich auf vielerlei Weise ausdrücken. Es gibt demnach nicht *die* elterliche Präsenz oder *das* Verhalten, das anzeigt: »elterliche Präsenz« – so wenig, wie das zirkuläre Fragen ein systemisches Vorgehen oder Verständnis definiert. Haltung ist *mehr* als eine konkrete Handlung. Da Haltung sich allerdings immer nur aus Handlungen erschließen lässt, bleibt Interpretationen Tür und Tor geöffnet. Das stellt ein Spezifikum menschlicher Kommunikation dar – jede Kommunikation wird interpretiert (interpunktiert im Sinne Watzlawicks), und die Bedeutung einer Botschaft bestimmt immer die EmpfängerIn (Walter u. Peller 2002), was allerdings die SenderIn nicht davon »befreit«, sich über die Absicht, mit der sie die Botschaft gesendet hat, im Klaren zu sein. Auch hier gibt es in meinen Augen sehr eindeutige Verantwortungsbereiche.

In meiner Arbeit als Psychotherapeut bzw. Berater und/oder Begleiter zeigt sich elterliche Präsenz als Haltung relativ klar und eindeutig: Elterliche Präsenz zeigt sich für mich *immer*, wenn ich es mit Eltern zu tun habe!

Das mag zunächst überraschen, aber ich schreibe Eltern grundsätzlich drei »Haltungen« zu:

- Eltern lieben ihre Kinder.
- Eltern sorgen sich um ihre Kinder.
- Eltern haben die Kompetenz, ihre Kinder zu erziehen.

Dazu sollte ich anmerken, dass ich in meiner (psychotherapeutischen) Praxis nur dann mit Eltern zusammentreffe, wenn bereits Probleme, Schwierigkeiten, Meinungsverschiedenheiten etc. aufgetreten sind, also wenn es nicht so richtig rund läuft, wenn Ärger im Raume steht, Unzufriedenheit oder gar Verzweiflung, was oft in gegenseitige Vorwürfe (»Du verstehst mich nicht«, »Du bist doch von gestern«) mündet. Diesen emotionalen Hintergrund begreife ich als *Ausdruck der elterlichen Sorge* – die Eltern sind enttäuscht, verzweifelt, unzufrieden, weil ihr Kind (»bisher!«) nicht das schafft oder erreicht, was sie ihm *wünschen*.

Dies ist zweifelsohne eine der vielen möglichen Konstruktionen – für mich eine, die sich für mich im beraterischen Alltag als überaus hilfreich erwiesen hat. *So gesehen, drückt elterliche Sorge immer auch elterliche Liebe mit aus* und stellt für mich auch so etwas wie Präsenz dar. Darüber hinaus denke ich, dass solches emotionales Engagement eben auch nur dort auftritt, wo emotionale Investitionen bestehen, z. B. in der Familie. Denn sonst wäre mir der andere doch irgendwie gleichgültig, und ich würde mich nicht so emotional engagieren. Allerdings – und da liegt eine der Herausforderungen –, Engagement allein hilft nicht unbedingt, Probleme zu lösen oder aufzulösen.

In diesem Sinne stellt das Aufsuchen fremder Hilfe immer auch einen Aspekt elterlicher Präsenz dar. Denn nicht jeder zeigt den Mut und die Bereitschaft, für den Erziehungsprozess die Verantwortung auch dann zu übernehmen, wenn er sich nicht so entwickelt wie gewünscht. In einer solchen Situation neue und andere Möglichkeiten auszuprobieren, Unterstützung einzufordern – das stellt ein Zeichen von Stärke dar.

Selbstverständlich können andere – auch andere Fachleute – dies ganz anders sehen (nach meinem Verständnis interpretieren sie anders), denn es geht eben nicht um Wahrheit, sondern darum, wie Unterstützung aussehen kann, die hilft, die erzieherischen Ziele anzusteuern. Das, so glaube ich, könnte einer der Gründe sein, die es manchmal schwer machen, elterliche Präsenz auch zu erkennen. Mir hat dabei Batesons Idee, »Beziehung kommt vor allem« geholfen. Präsenz – sei es aus Sicht der Eltern oder der Kinder – begreife ich als Interaktion, als ein Beziehungsspiel. Wobei, das möchte ich ergänzen, die Beschreibung meist vonseiten Dritter, der so genannten Fachleute, erfolgt und im Grunde nicht von den am Interaktionsspiel Beteiligten. Was die Frage aufwerfen könnte, ob es auch so etwas wie therapeutische Präsenz – im Sinne eines Beziehungsspieles – gibt. Zumindest als eine Form der Beschreibung der »therapeutischen Beziehung«.

Ich hoffe, ausreichend betont zu haben, dass ich von der *unerschütterlichen Annahme* ausgehe, dass Eltern ihre Kinder lieben – auch wenn sich diese Liebe durchaus nicht immer gleich in bzw. aus ihrem Verhalten erschließt. Das bedeutet für mich, davon auszugehen, dass Eltern *immer* präsent sind. Aber Präsenz ist eben »nur« ein Konstrukt – und für mich eines, das mir hilft, Eltern zu respektieren. Und dieses Respektieren stellt in meiner Arbeit eine gute Grundlage dar, die Beziehung zu den Eltern stärker positiv zu rahmen und zu würdigen, was dann wiederum helfen kann, die elterlichen Ressourcen und Kompetenzen stärker in den Blick zu bekommen.

Aus einer anderen Perspektive betrachtet: Angenommen, ich würde zweifeln, also ich würde unterstellen oder annehmen, Eltern seien nicht präsent, dann, so scheint mir, packte ich die Eltern möglicherweise in eine »Schublade«, in die sie meiner Überzeugung nach *nicht* gehören, nämlich in die eher defizitorientierte Schublade: Sie sind ja »nicht präsent«. Und eine solche Konstruktion macht es mir schwerer, eine »positiv kooperierende Beziehung«[2] mit ihnen zu gestalten.

Für mich wäre demnach *elterliche Präsenz* immer gegeben – allerdings in durchaus (sehr) unterschiedlichen Spielarten. Und was eine Präzisierung der Spielarten in meinen Augen notwendig machte, wäre

2 Kooperieren ist, wie ich bereits angemerkt habe, unvermeidlich. Wenn ich hier von »positiv kooperierend« spreche, dann meine ich eine Form des Kooperierens, die eher »hilfreich« im Sinne von zieldienlich scheint.

so etwas wie die *Nützlichkeit*. Nutzen – in meinem Verständnis – definiert sich über die Annäherung an das erwünschte (und vereinbarte?) Ziel. Die Frage lautet daher für mich: *Wie zieldienlich ist das gezeigte Verhalten?* Die Antwort auf diese Frage impliziert allerdings in meinen Augen eine notwendige Vorklärung: Wer hat wie über die Ziele entschieden? Und wer war wie an den Zielverhandlungen beteiligt? Das erinnert mich an eine Aussage von de Shazer (1996, p. 70) als Erwiderung auf die Frage nach der Arbeit mit so genannten Multi-Problem-Familien:

»Zuallererst, glaube ich, ist es völlig normal und vernünftig für jede Familie, dass jeder eine andere Meinung über die Regeln hat; ich glaube, das ist überaus vernünftig. Das sehe ich auch nicht als Problem. Wir begreifen solche Familien als Multi-*Ziel*-Familien.«

Ziele und Präsenz

Um es noch einmal zu betonen – meine Begegnung mit Eltern erfolgt im Rahmen meiner professionellen Arbeit, und die ist orientiert an den Zielen meiner KundInnen (Hargens 2004a, b). Wenn ich Omers Idee der Präsenz und daraus abgeleiteter Vorgehensweisen unter dem Aspekt der Ziele noch einmal »vor meinem inneren Auge« vorbeiziehen lasse, dann haben die von ihm beschriebenen Möglichkeiten für mich alle den Zweck, Ziele zu etablieren und Wege ihrer Umsetzung zu finden. Wobei – und das ist in meinen Augen ein ganz wesentlicher Punkt – *eine notwendige und eindeutige Entscheidung vonseiten der Eltern darüber getroffen wird (schon getroffen worden ist), welche Ziele verhandelbar sind und welche nicht.* Diesen Punkt – sich über den Rahmen klar zu werden wie darüber, welche Aspekte des Rahmens verhandelbar sind – kann ich nicht genügend betonen. Denn wie oft habe auch ich als Vater gewissermaßen mit »Versprechungen« gelockt, um meine Kinder zu »verführen«, einen unverhandelbaren Rahmen anzuerkennen.

Ein Beispiel:

- Zimmer aufräumen oder Ausgangszeiten festsetzen wären solche Rahmen. Innerhalb welcher Bandbreite sind Verhandlungen über Ziel und Wege möglich?
- Aufräumen: Wie sieht das Kriterium »aufgeräumt« aus? Wer legt es fest? Wann muss dieses Kriterium erfüllt sein?
- Und die unerlässliche Frage: Was, wenn diese Kriterien nicht erfüllt werden?

An genau diesem Punkt ist Omers Konzept für mich sehr, sehr hilfreich und einleuchtend. Bei »Nichterfüllung« bleiben mir als Vater letztlich drei Möglichkeiten: strafen, nachhaken oder schleifen lassen.

Strafen: Die Frage nach Sinn und Nutzen bleibt sowie die danach, welche Beziehungsform durch Strafen begünstigt wird – zumal meist (erst) dann zu Strafen gegriffen wird, wenn sich alle bisher eingeleiteten Maßnahmen als Fehlschlag erwiesen haben. Anders gesagt: Strafen scheinen ein deutliches Signal dafür zu sein, dass ich es nicht geschafft habe, mein Ziel zu erreichen. Insofern sind Strafen vermutlich Ausdruck der eigenen Hilflosigkeit (wie auch des Interesses und Wunsches, etwas [positiv] zu ändern!).

Nachhaken: Die Frage nach dem »Wie« bleibt bestehen. Und an genau diesem Punkt finde ich Omers Konzept hervorragend. Ich zeige mein Interesse und meine Überzeugung, indem ich *ständig* nachfrage, auf Angebote warte und *ruhig* bleibe. Diese »Ruhe« ist in meinen Augen ein ganz entscheidender Aspekt, denn damit, so denke ich, drücke ich auch aus, dass ich die Autonomie und Kompetenz meines Kindes respektiere. Anders formuliert: praktiziertes Wertschätzen auch in »Krisen«.

Schleifen lassen: Für mich kommt darin zum Ausdruck, dass ich mich abwende, mich nicht kümmere, also eine Form der Präsenz gewählt habe, die das Kind »alleine« lässt und kein Respektieren und Wertschätzen vermitteln kann. Insofern, denke ich, würde diese Variante es eher begünstigen, dass das Kind weiterhin ein Verhalten zeigte, das »gegen die Regeln« verstößt – nicht aus »Böswilligkeit«, sondern als Versuch, einen Orientierungsrahmen zu finden.

Die Konsequenz, die sich für mich daraus hinsichtlich des Konzepts elterlicher Präsenz ergibt, ist offensichtlich. Ich denke, es könnte nützlich sein, elterliche Präsenz auf einer Skala anzusiedeln von 1 = »wenig erkennbar« bis 10 = »klar und deutlich erkennbar«.

Und bei dem Konzept der »Präsenz« ist mir sehr wichtig, daran zu denken, dass es sich um unterschiedliche Personen-in-Beziehungen handelt: Eltern und Kinder. Diese unterscheiden sich zum Teil sehr, und manchmal vergesse auch ich selber, an diese Unterschiede zu denken und sie zu nutzen. An anderer Stelle habe ich drei mir bedeutsam erscheinende Unterschiede beschreiben (Hargens 2002b):

1. Zeitperspektive
Kinder sorgen sich mehr um das Hier und Jetzt, während Erwachsene – auch aufgrund ihrer Lebenserfahrung (ein überaus *guter* Grund!) – weit(er) nach vorne schauen.

2. (Positive) Vergesslichkeit
Kinder sind meist wenig nachtragend, verzeihen und vergessen schnell, wohingegen ich als Erwachsener oft noch jahrelang kleine »Kränkungen« sehr gefühlsecht beschreiben kann.

3. Fähigkeit, mit allem zu spielen
Kinder sind ungeheuer fähig, alles in ihr Spiel einzubeziehen und die spielerische Leichtigkeit – die sehr ernsthaft ist – zu nutzen, wohingegen Erwachsene Spielen oft als wenig ernsthaft betrachten und somit selber »*leicht* zu einer *Schwere* kommen«.

Diese Eigenschaften und Fähigkeiten von Kindern lassen sich gut nutzen – und das tue ich in meinem professionellen Alltag in der Begegnung mit Eltern und Kindern immer und immer wieder und immer mit Freude, und zwar mit Freude an den dabei zutage tretenden Kompetenzen aller Beteiligten! Denn wenn Kinder etwas können, so hat das immer auch mit dem familiären Kontext (z. B. der elterlichen Unterstützung u. Ä.) zu tun. *Das Verdienst kommt allen zu!* Das ist die unmittelbare und sofortige Anknüpfung an die Kompetenzen aller, und eine solche Anknüpfung trägt für mich die Implikation in sich, *Präsenz vorauszusetzen!* Ich habe auch dazu Beispiele beschrieben (Hargens 2002a).

Genau dieser Punkt ist es, der mich an Omers Konzept interessiert und fasziniert: Er hat für diese Haltung einen Begriff gefunden, erfunden oder geschaffen: elterliche Präsenz. Und mir ist wichtig, diesen Begriff aus der elterlichen Domäne herauszunehmen und in den familiären Erziehungsalltag hineinzustellen – eine grundlegende Haltung, Annahme oder ein unüberwindliches Vor-Urteil zu schaffen zur Unterstützung einer zieldienlichen Arbeit.

Präsenz und Kompetenz

Aus dem Geschriebenen ergibt sich hoffentlich, dass es mir wichtig ist, an *Kompetenzen* anzusetzen, diese herauszuarbeiten und zu bekräftigen – auch im Sinne einer sich selbst erfüllenden Prophezeiung als einer Art Erwartungserwartung. Denn wenn erst einmal Probleme benannt und beschrieben werden, schiebt sich meist das *Gespenst der Verzweiflung* in den Vordergrund, gewinnt (eher negativen) Einfluss und stellt sich oft als Hindernis auf dem Weg zum Ziel dar. Und dieses *Gespenst* bietet zugleich aber auch eine wunderbare Möglichkeit, die *Probleme zu externalisieren*, woraufhin dann ein *Familienteam* gecoacht werden kann, das diesem Gespenst nicht nur die Stirn bieten, sondern es auch überwinden kann (Freeman et al. 2000; White u. Epston 1990).

Da Sprache Wirklichkeiten (mit er)schafft, konstruieren die Begriffe, die wir verwenden, auch die Wirklichkeit (mit), in der wir uns bewegen. Und eine Wirklichkeit, die gekennzeichnet ist von Lernchancen, wäre für mich eine ganz andere als eine, die gekennzeichnet ist von Problemen. Deshalb frage ich mich, weshalb »wir« – die soziale Sprachgemeinschaft – von Problemen reden und nicht von Aufgaben, Herausforderungen, überwindbaren Hindernisse, Lernchancen o. Ä.?

Deshalb habe ich auch zwei, drei »Lieblingsübungen«, wenn ich es mit Menschen in Lernkontexten zu tun habe. Auch »Therapie« ist für mich ein Lernkontext, genauer: ein Arbeitskontext, denn das Erreichen (eigener) Veränderungen ist harte Arbeit und hat nichts Krankhaftes (wie es der Begriff »Therapie« suggerieren könnte) an sich.

Ich möchte dies auf die Arbeit mit Elterngruppen beziehen. Die Eltern werden gebeten, sich zu zweit zusammenzusetzen, und zwar so, dass immer zwei Personen aus unterschiedlichen Familien zusammenkommen. Die Aufgabe besteht darin, dass eine Person befragt wird. Und die FragerIn möchte nun wissen, was der befragte Elternteil gut kann, wenn es um Erziehung geht, was er als eigene Kompetenz begreift. Die FragerIn gibt sich dabei nicht mit allgemeinen, meist vagen Beschreibungen zufrieden, sondern fragt nach, was die Person genau *tut*, wenn sie diese Kompetenz zeigt. Und schreibt dies auf. Nach zehn oder 15 Minuten endet diese Befragung. Dann liest die FragerIn vor, was sie gerade alles gehört und gelernt hat bezüglich dessen, was der befragte Elternteil gut kann. Und der Elternteil hört nur zu, darf nichts erwidern – höchstens am Ende »Danke« sagen.

Dann werden die Aufgaben gewechselt, und der zweite Durchgang beginnt.

Glauben Sie mir – jeder Elternteil hat Kompetenzen und Fertigkeiten. Auch wenn er das gar nicht glauben mag. Wertschätzendes Nachfragen fördert das zutage. Immer! Und das ist oft oder manchmal eine ganz neue Erfahrung. In diesen Handlungen, die Eltern tun, wenn sie ihre Kompetenz verwirklichen, drückt sich für mich elterliche Präsenz aus.

Omers Konzept der elterlichen Präsenz hat mich angeregt, mich immer auf die Suche zu begeben, diese Präsenz zu finden, auch wenn sie auf den ersten Blick nicht vorhanden scheint. Und das Konzept hat sich dabei als hilfreiche Beschreibung erwiesen, die es mit Leben zu füllen gilt. Ich fände es schade, wenn dieses Konzept zu einer Kochbuchanleitung verkäme. Aber da seien die Eltern und ihre Kinder davor.

Literatur

Anderson, H. u. H. Goolishian (1992): Der Klient ist der Experte: Ein therapeutischer Ansatz des Nicht-Wissens. *Zeitschrift für systemische Therapie* 10 (3): 176–189.

Axelrod, R. (1988): Die Evolution der Kooperation. München (Oldenbourg).

Bateson, G. (1981a): Die Wurzeln ökologischer Krisen. In: G. Bateson: Ökologie des Geistes. Frankfurt a. M. (Suhrkamp), S. 627–633.

Bateson, G. (1981b): Form, Substanz und Differenz. In: G. Bateson: Ökologie des Geistes. Frankfurt a. M. (Suhrkamp), S. 576–597.

Freeman, J., D. Epston u. D. Lobovits (2000): Ernsten Problemen spielerisch begegnen. Narrative Therapie mit Kindern und ihren Familien. Dortmund (modernes lernen).

Hargens, J. (2002a): Die ersten Sekunden nutzen ... und was ich darüber hinaus noch gelernt habe. Kinder und Jugendliche in der Therapie. In: M. Vogt-Hillmann u. W. Burr (Hrsg.): Lösungen im Jugendstil. Systemisch-lösungsorientierte Kreative Kinder- und Jugendlichentherapie. Dortmund (Borgmann), S. 151–165.

Hargens, J. (2002b): Kinder, Kinder ... oder: Wer erzieht wen ... und wie? Dortmund (Borgmann).

Hargens, J. (2004a): Aller Anfang ist ein Anfang. Gestaltungsmöglichkeiten hilfreicher systemischer Gespräche. Göttingen (Vandenhoeck & Ruprecht).

Hargens, J. (2004b): Ziele und was so alles noch dazukommt ... Einige Anmerkungen und Gedanken zum Prozess des Ziele (Er-)Findens. *Zeitschrift für systemische Therapie* 22 (3): 179–183.

Hargens, J. u. U. Grau (1996): Sprache: Sprechen, versprechen, versprochen. Theoretische Anmerkungen zur lösungsorientierten Kurztherapie. In: W. Eberling u. J. Hargens (Hrsg.): Einfach kurz und gut. Zur Praxis der lösungsorientierten Kurztherapie. Dortmund (Borgmann), S. 225–244.

Hoyt, M. (ed.) (1996): Constructive therapies. Vol. 2. New York/London (Guilford).

Keeney, B. P. (1984): Notizen aus dem epistemologischen Untergrund. *Zeitschrift für systemische Therapie* 2 (7): 145–146.

Maturana, H. R. (1985): Reflexionen über Liebe. *Zeitschrift für systemische Therapie* 3 (3): 129–131.

Maturana, H. R. u. B. Pörksen (2002): Vom Sein zum Tun. Die Ursprünge der Biologie des Erkennens. Heidelberg (Carl-Auer).

Omer, H. (2000): Parental presence. Reclaiming a leadership role in bringing up our children. Phoenix (Zeig, Tucker & Co).

Omer, H. u. A. von Schlippe (2002): Autorität ohne Gewalt. Coaching für Eltern von Kindern mit Verhaltensproblemen. Göttingen (Vandenhoeck & Ruprecht).

Shazer, S. de (1992): Muster familientherapeutischer Kurzzeit-Therapie. Paderborn (Junfermann).

Shazer, S. de (1996): Solution building and language games. A conversation. In: M. Hoyt (ed.): Constructive therapies. Vol. 2. New York/London (Guilford), pp. 60–86.

Walter, J. L. u. J. E. Peller (2002): Lösungsorientierte Kurztherapie. Ein Lehr- und Lernbuch. Dortmund (modernes lernen).

Watzlawick, P., J. H. Beavin a. D. D. Jackson (11990): Menschliche Kommunikation. Bern/Stuttgart/Toronto (Huber).

White, M. u. D. Epston (1990): Die Zähmung der Monster. Heidelberg (Carl-Auer).

Zeitschrift für systemische Therapie (1986): Themenheft: Zur Frage der »Macht«-Metapher.

6. »Es ist mehr als Liebe« – Welches Wissen Eltern zum Begriff der elterlichen Präsenz beisteuern und was man daraus machen kann

Cornelia Hennecke, Robert Hennes und Marion Scholz

Krisenintervention für Eltern zur Wiedererlangung ihrer elterlichen Präsenz – Ein Praxiskonzept

Im Rahmen von KJHG-Hilfen zur Erziehung gem. § 27 Abs. 3 haben wir als familientherapeutische Praxis in den letzten Jahren etwa 100 Familien in ihren Veränderungsprozessen begleitet. Den Ausgangspunkt für die meist im cotherapeutischen Setting gestalteten Prozesse bildeten zum größten Teil Verhaltensweisen eines Kindes oder Jugendlichen, die im familiären Zusammenleben oder auch in der Schule Stress erzeugten. Zu Beginn therapeutischer Prozesse definierten sich seltener Eltern als die Bedürftigen, etwa weil sie unterschiedliche Vorstellungen von Erziehung hatten und darüber in Auseinandersetzung gerieten oder weil sie mit ihren Handlungsprogrammen der Kindererziehung im Alltag nicht das erreichten, was sie sich eigentlich vorstellten und deshalb bereits in erheblichen Selbstabwertungsprozessen gefangen waren. Um diese Themen ging es meist erst, wenn sich eine vertrauensvolle Arbeitsbeziehung zwischen Therapeuten und Eltern herausgebildet hatte. Andererseits stellte sich der zeitliche und auch fachliche Hilfebedarf gerade in Krisensituationen oft sehr unterschiedlich dar: Zeitweise erschien kontinuierliche sozialpädagogische Unterstützung angezeigt, während in anderen Phasen eher therapeutisches Vorgehen nachhaltige Veränderungen wahrscheinlicher machte. So beschäftigte uns in der Praxis wiederholt die Frage, wie die für ein konstruktives Arbeitsbündnis wichtige personelle Beziehungskontinuität und der flexible Einsatz fachspezifischer Kompetenz in Verbindung zu bringen sein könnten, ohne dass ein »Überhang« von Helferkompetenz organisiert würde. Zudem gestaltete sich in der Jugendhilfepraxis der dementsprechend flexible Einsatz von Hilfen aufgrund der Richtlinien der Kostenbewilligung meist als schwieriger denn gewünscht, sodass gerade im Kontext der Krisenintervention effizientes Vorgehen durchaus entwicklungsbedürftig erschien.

Im Jahr 2002 gaben uns die Ideen von Haim Omer und Arist von Schlippe zum Konzept des gewaltfreien Widerstandes und der elterlichen Präsenz, wie sie sie in Ihrem Buch *Autorität ohne Gewalt. Coaching für Eltern von Kindern mit Verhaltensproblemen* dargelegt haben, wichtige Impulse für die Gestaltung hilfreicher und möglichst schnell einsetzbarer Interventionen in Krisensituationen. In der Folge entwickelten wir in enger Kooperation mit dem Jugendamt Pankow in Berlin und der in Pankow tätigen Jugendhilfestation der *casablanca GmbH* ein Konzept zur Krisenintervention. Eine zentrale Idee des Konzeptes ist, dass die kontinuierliche Unterstützung der Eltern im Sinne einer stabilen Arbeitsbeziehung in enger Kooperation therapeutischer und sozialpädagogischer Fachkräfte erfolgt.

Zu Beginn arbeiten Familientherapeuten die zentralen Konfliktkonstellationen mit den Eltern heraus, und es wird ein entsprechender Kontrakt zur Veränderung der Situation auf Initiative der Eltern geschlossen. Auf dieser Basis werden mögliche Vorgehensweisen bezüglich Krisenintervention mit den Eltern diskutiert und vereinbart. Im Laufe dieser Sequenz lernen die Eltern eine mit den Therapeuten zusammenarbeitende sozialpädagogische Fachkraft kennen, die ihnen in der Umsetzungsphase von mehreren Monaten die nötige zeit- und ortsnahe Unterstützung gibt. Ein monatliches Treffen der Eltern, der begleitenden sozialpädagogischen Fachkraft und der Therapeuten dient in dieser Phase dann der Metareflexion und Prozessoptimierung. Verläuft die auf ein halbes Jahr befristete Krisenintervention erfolgreich, kann die Zusammenarbeit abgeschlossen werden, oder die vollzogenen Veränderungen können bei Bedarf im Rahmen eines therapeutischen Prozesses über den Zeitraum von etwa einem weiteren halben Jahr vertieft bzw. nachhaltig gesichert werden. Ziel des Konzeptes ist es, mit Eltern möglichst schnell Initiativen zu erarbeiten, die es ihnen ermöglichen, die eskalierenden Konfliktsituationen zwischen Eltern und Kindern zu unterbrechen und diese mit nachhaltig wirksamen Veränderungen der Kommunikationen zu verbinden.

Ein zentrales Thema war gerade in der Kontraktphase die inhaltliche Auseinandersetzung mit den Eltern zum Begriff der elterlichen Präsenz und zur zunächst schlüssig und einfach klingenden Grundhaltung: »Ich bin da, und ich bleibe da.« Häufig verbanden sich damit sehr interessante und differenzierende Gespräche, die vielleicht am ehesten mit der Beschreibung »It's simple, but not easy« kurz zusammengefasst wären. Es entstanden dementsprechend viele Fragen, sowohl aus der Perspektive der Eltern wie der Therapeuten, so z. B.:

- Wie gestalte ich meine elterliche Präsenz in Abhängigkeit vom Lebensalter meines Kindes?
- Bzw. aus Therapeutensicht: Welches Verhalten von Therapeuten ermutigt Eltern, einen zu ihrem Wesen und zu ihrer familiären Kultur passenden Stil elterlicher Präsenz zu entwickeln?
- Wie gehe ich mit Unsicherheiten in der Rolle als Mutter oder Vater oder auch Stiefelternteil um?
- Bzw. wie tue ich das als TherapeutIn?
- Inwiefern kann ich die Beziehung zu meinem Kind positiv gestalten, wenn nur noch Stress in der Begegnung erlebt wird?
- Bzw. was tun wir als Therapeuten, wenn sich in der Therapiesituation unglückliche Muster gemeinsamer Kommunikation mit Eltern oder einer Familie zeigen und auch zu offenem Stress miteinander führen?
- Ist Präsenz nur ein anderes Wort für Autorität oder gar Kontrolle? Geht es dabei um etwas »neues Altes« oder wirklich um etwas anderes?

Wir erlebten eine große Vielfalt in den Gesprächen mit den Eltern – z. T. auch mit den Kindern – und natürlich in unserem eigenen Diskurs. Als eine Voraussetzung konstruktiver Bündnisse schien es immer wieder erforderlich, dass die Pluralität von Meinungen bejaht wurde und die beteiligten Menschen bereit waren, sich sowohl in ihrer Unterschiedlichkeit und ihrem Bedürfnis nach Autonomie anzuerkennen als auch ihrem Bedürfnis nach gegenseitiger Wertschätzung und Zugehörigkeit Ausdruck zu geben.

Je stärker wir selbst unsere Aufmerksamkeit in der therapeutischen Arbeit mit den Eltern auf die Gestaltung »elterlicher Präsenz« in der Beziehung zu den Kindern lenkten und mit Methoden experimentierten, die darauf abzielten, die positiven Kommunikationen zwischen Eltern und Kindern zu mehren, desto mehr interessierten uns die impliziten Bilder und Beschreibungen der Eltern selbst zu diesem Begriff. Angenommen, Eltern verfügen schon (bevor sie den Fuß auf die Schwelle einer familientherapeutischen Praxis setzen oder den Elternratgeber von Omer und von Schlippe (2004, S. 229 ff.) in die Hand bekommen) über eine Kundigkeit bezüglich elterlicher Präsenz – dann könnte es ein Aspekt der therapeutischen Arbeit sein, diese Kundigkeit mit den Eltern herauszuarbeiten und in passende Handlungskonzepte in spezifischen Anforderungssituationen zu übersetzen.

So entstand die Idee, einige Eltern, die familientherapeutisch mit uns in der Vergangenheit zusammengearbeitet hatten, zu interviewen.

Wir wollten mehr darüber erfahren, wie sich das Konstrukt der elterlichen Präsenz aus ihrer Sicht darstellt.

Familie Albrecht[1]

Familie Albrecht ist eine Regelfamilie mit zwei Kindern, der zehnjährigen Anna und dem achtjährigen Paul. Der Vater ist 42 Jahre, die Mutter 35. Beide waren langjährig als Postzusteller tätig und sind seit zwei Jahren arbeitslos. Die Familie erhielt von Oktober 2002 bis Juni 2004 eine Familientherapie mit zwei Therapeuten.

Die Eltern hatten sich wegen ihrer Verunsicherung bezüglich der Verhaltensauffälligkeiten der Kinder an das Jugendamt gewandt: Paul zeigte heftige Wutausbrüche vor dem Hintergrund einer ADS-Diagnose. Anna verhielt sich provozierend und oppositionell vor allem gegenüber dem Vater, der darauf auch mit Wutausbrüchen reagierte und in der Not seine körperlichen Kräfte einsetzte. Zwischen den Geschwistern zeigte sich eine ausgeprägte Rivalität. In der Therapie standen die Auseinandersetzung mit unterschiedlichen Erziehungskonzepten und die zukünftige Gestaltung ihrer Beziehung als Eltern zu den Kindern sowie die Etablierung einer Verhandlungskultur zwischen Eltern und Kindern im Vordergrund. Am Ende fühlten sich die Eltern in ihrem Zusammenwirken gestärkt, und das familiäre Zusammenleben hatte sich aus der Sicht aller spürbar verbessert.

Familie Baum

Eine allein erziehende 32-jährige Mutter hatte mit ihrem elfjährigen Sohn Ralf große Probleme. Er setzte seine Wünsche in aggressiver Form gegenüber der Mutter durch. Zum Vater gab es keinen Kontakt. Eine enge Beziehung bestand zur Großmutter, die sich in den zurückliegenden Jahren maßgeblich für die Erziehung des Enkelkindes zuständig gefühlt hatte und noch fühlte. Die Familientherapie, die auf Initiative der Großmutter zustande gekommen war, ging von September 2001 bis Januar 2003. Es arbeiteten zwei Therapeuten in unterschiedlichen Settings.

Erreicht wurde, dass die Mutter sich in ihrer Verantwortung und Beziehungsgestaltung zum Sohn gestärkt fühlte und sich die Beziehung zu ihrer Mutter klärte. In der Folge stand die Großmutter in ihrer Rolle gegenüber dem Enkelsohn nicht mehr mit der Mutter in Konkurrenz.

1 Die Namen aller Familien sind geändert.

Familie Claßen

Die allein erziehende 35-jährige verwitwete Mutter lebte mit ihren zwei Söhnen zusammen, die zu Beginn der Therapie 17 und 15 Jahre alt waren. Der Vater war 1997 gestorben. Der Anlass der Therapie ergab sich aus der massiven Schulverweigerung und dem erheblich aggressiven und oppositionellen Verhalten des Jüngeren, Martin. Die Schule lehnte eine weitere Beschulung ab. In der Familientherapie mit zwei Therapeuten von November 2002 bis Juni 2004 standen die Bearbeitung der Krisensituation, die Stärkung der Mutter und die Perspektivklärung für Martin im Vordergrund. Am Ende der Therapie war die Kommunikation zwischen Mutter und Sohn klarer, eindeutiger und emotional zugewandter. Eine Verhandlungskultur begann sich zu etablieren. Immer wieder gab es heftige Stresssituationen, in denen es der Mutter gelang, Eskalationen zu verhindern oder schneller zu unterbrechen. Martin hatte in einem Schulprojekt seinen Platz gefunden.

Familie Decker

Familie Decker ist eine Regelfamilie mit vier Kindern, zwei Jungen: zu Therapiebeginn zwölf und sieben Jahre alt, und zwei Mädchen: vier und drei Jahre alt. Der 43-jähriger Vater arbeitet als Wirtschaftsprüfer, die 39-jährige Mutter hat Afrikanistik studiert und ist jetzt Hausfrau. Bei beiden Jungen – dem älteren Alex und dem jüngeren Tim – war fachärztlich ADS diagnostiziert worden. Der intrafamiliäre Stresspegel war enorm, Schule war ein großes Thema, und zwischen dem Ältesten und dem Vater gab es schwer wiegende Konflikte. Die Familie nahm deshalb von Januar 2002 bis Juli 2003 an unserem ADS-Familien-Gruppen-Projekt teil. Am Ende des therapeutischen Prozesses formulierten die Eltern einen Zuwachs an erzieherischen Kompetenzen und Veränderungen in ihren Haltungen speziell gegenüber äußeren Systemen. Insbesondere die Beziehung zwischen dem Vater und Alex hatte sich positiv verändert.

Familie Engel

Eine 39-jährige Mutter lebt mit ihrem ADS-diagnostizierten zehnjährigen Sohn Peter zusammen. Der 35-jährige Vater hat regelmäßig Umgang mit ihm. Sie arbeitet als promovierte Biologin in der Forschung. Peter hat erhebliche Schwierigkeiten, sich am Nachmittag zu organisieren. Mit der Mutter gibt es fast jeden Abend Konflikte, weil viele Dinge nicht erledigt sind. Nach einer einzelnen Familientherapie mit Mutter und Sohn ab Oktober 2002 nimmt die Familie einschließlich des getrennt lebenden Vaters ab März 2003 bis September 2004 am ADS-Familien-Gruppen-Projekt teil. Im Therapieverlauf werden die Beziehungen des Jungen zu beiden Elternteilen geklärt. Es gibt einen Zuwachs an Stressbewältigungsstrategien bei Mutter und Sohn. Außerdem hat sich ein soziales Unterstützungsnetz für beide gebildet, aus dem der Vater sich allerdings ausklinkte.

Fragen: Was wir wissen wollten

Die Entwicklungsprozesse der Familien wiesen darauf hin, dass sich am Ende des therapeutischen Zusammenwirkens die Generationsgrenzen und die familiären Rollen (Vater, Mutter, Kind, Geschwister, Großeltern) klarer darstellten als vorher. Die deutliche Präsenz der Eltern schien aus verschiedenen Blickwinkeln wahrnehmbar: aus Sicht von Vater und Mutter im Denken, Fühlen, Handeln, aber auch aus Sicht des Kindes oder der Kinder sowie äußerer Systeme. Wir versuchten, Fragen herauszuarbeiten, die die für uns wesentlichen Dimensionen wie persönliches Erleben, Verhalten, Interaktion und Beziehung zum Konstrukt »elterliche Präsenz« abdeckten.

Folgende Fragen wurden den Eltern gestellt:

1. Was verstehen Sie unter elterlicher Präsenz?
2. Was hilft Ihnen, gegenüber ihrem Kind Präsenz zu zeigen?
3. Was tun Sie, um gegenüber Ihrem Kind präsent zu sein?
4. Was glauben Sie, wie sich Ihre elterliche Präsenz auf Ihr Kind auswirkt?
5. Woran erkennt Ihr Kind, dass Sie für es präsent sind?
6. Was würden Sie anderen Eltern raten, wie sie präsenter werden könnten?
7. Was hat Sie im Rückblick auf den familientherapeutischen Prozess in Ihrer elterlichen Rolle gestärkt bzw. gefestigt?
8. Was befürchten Sie, wodurch Sie in Ihrer elterlichen Präsenz geschwächt werden könnten?
9. Welches andere Wort, welchen anderen Begriff würden Sie für »elterliche Präsenz« verwenden?

Die ca. 40-minütigen Interviews wurden mit Tonband aufgezeichnet und anschließend in schriftliche Form gebracht.

Ergebnisse: Welche Antworten immer wieder auftauchten

Die verschriftlichten Interviews untersuchten wir nach wiederkehrenden Äußerungen der Eltern, um möglichst die Quintessenz in Bezug auf die jeweilige Frage zu sondieren. Auf der anderen Seite war es uns wichtig, möglichst nah am »Material«, also an den unmittelbaren Beschreibungen der Eltern, zu bleiben. Deshalb haben wir zahlreiche wörtliche Zitate zusammengefasst.

Zu Frage 1: Was verstehen Sie unter elterlicher Präsenz?

Bereits bei den Antworten auf die erste Frage sprechen die Eltern über ganz verschiedene Aufgaben, die ihre Rolle gegenüber den Kindern von ihnen verlangt. Die interviewten Eltern waren dank der Therapie vermutlich auch darin geübt, sich mit ihrer Rolle aktiv auseinander zu setzen. Für die meisten ist Präsenz mit sinnlich erfahrbarem Erleben verbunden:

> Ja, immer für die Kinder da sein ... egal was es macht, den Kindern zuhören. (Frau Albrecht)

Funktionen in Bezug auf das Kind bzw. die Kinder werden benannt, und die Verknüpfung von Fördern und Fordern im elterlichen Verständnis wird sichtbar:

> Wenn ich zu Hause mit meinem Kind Gespräche führe, da bin für ihn, dass ich, wenn er bestimmte Sachen nicht hinkriegt, ihn auffangen kann. (Frau Claßen)
>
> Da sein für die Kinder und so, einfach da sein und eine Möglichkeit bieten und sich im Hintergrund halten, also ein Versuch, im System ein wenig glättend zu wirken oder auch Anregungen zu geben, das ist meine Art, wie ich es denke. (Frau Decker)
>
> Ja, dass man vorhanden ist als Eltern, dass man wahrgenommen wird als Elternteil, das ist wichtig. Und dass man da ist für notwendige Führung, für die Kinder in Reichweite, so jedenfalls zur Verfügung steht als Elternteil: also Ratgeber, Führer, Begrenzer ist. (Herr Decker)
>
> ... wenn es selber das Bedürfnis hat, ich brauch die Eltern, aber auch wenn es Schwierigkeiten gibt. Das muss es selber nicht erkennen, aber dass die Eltern das erkennen, also als Hilfe ... auch als Anregung ... und auch zu erkennen, dass es für das Kind gut ist, Talente zu entfalten, dem Kind die Möglichkeit gibt, sich zu entwickeln und da auch für das Kind da zu sein. (Frau Engel)

Auffällig ist, dass die physische, sinnliche Seite von Präsenz sich in den Beschreibungen sofort mit der Ebene der Beziehung zum Kind verbindet. Ohne Kontakt und Interaktion miteinander scheint der Begriff schnell sinnentleert.

Zu Frage 2: Was hilft Ihnen, gegenüber ihrem Kind Präsenz zu zeigen?

Bei der Frage zu den Bedingungen für präsentes Verhalten beschreiben die Eltern wesentliche Aspekte in der Beziehung zu ihren Kindern. Dabei treten die Hauptdimensionen »emotionale Bindung« und »erzieherische Struktur« (vgl. Nickel 1979) in Vorschein:

> Meine Liebe, hinter meinem Kind zu stehen, zum Beispiel, sich in mein Kind hineinversetzen zu können, wenn es ihm schlecht geht. (Frau Albrecht)
>
> Ich muss auch so Vertrauen zu meinem Kind haben. Ich kann doch nicht nur auf andere Leute hören und sagen: Paul ist schuld, und Paul sagt: Nee, Papa, das war ja so. Da muss ich doch zuerst auf mein Kind hören. (Herr Albrecht)
>
> Was mir hilft dabei?... Keine Ahnung ... mein Wesen, so wie ich bin, weil ich das schon immer so gekannt habe, weil das eigentlich das Natürlichste ist, was man so macht. (Frau Claßen)

Eine andere Antwort betont die Wechselseitigkeit in der Beziehung:

> ... also, wir sind jetzt ein richtig gutes Gespann ... ja, das ist beiderseitig: Ich kann besser auf ihn zugehen, und er kann besser auf mich zugehen. (Frau Baum)

Die erzieherische Handlungsebene wird angesprochen:

> ... offen über die Dinge reden – ... also so, wenn Alex anruft ... dass, wenn man nicht körperlich präsent ist, dann doch da ist. (Herr Decker)
>
> ... man hat ja den Rahmen abgesteckt, und man hat Regeln gemacht. Die wissen sie ungefähr, die wissen ja alle; da kann man sich auch schon mal zurücklehnen und gucken, was da kommt. (Frau Decker)
>
> Was mir hilft? Über die Dinge sprechen. Ja, auch um zu erkennen, ob mein Kind Probleme hat, ob es mich braucht oder ob es in einer Sackgasse ist und es einen braucht ... nicht dass man dann alles macht für das Kind ... Auch manchmal Grenzen ziehen ... indem ich Grenzen setze, zeige ich auch Präsenz ... Aber auch, indem ich mich immer wieder rückversichere und nicht, dass man sich immer nur für Probleme interessiert, sondern auch schöne Dinge miteinander macht. (Frau Engel)

Präsenz hat viel mit Kommunikation zwischen Eltern und Kind zu tun. Das ist der eine Aspekt. Der andere ist die elterliche Verantwortung für Regeln, Grenzen und das wiederholte Präsentieren sicherer Strukturen. Dabei scheint für Eltern die Möglichkeit zur Reflexion im vertrauensvollen Gespräch mit anderen wesentlich zu sein.

Zu Frage 3: Was tun Sie, um gegenüber Ihrem Kind präsent zu sein?

Hier wird explizit die Handlungsebene erfragt. Die Eltern brachten neben allgemeinen Beschreibungen auch viele Beispiele:

> Ich bin Ansprechpartnerin, jeden Tag. (Frau Albrecht)
> Ich gehe mit Paul auf den Sportplatz alle vierzehn Tage. (Herr Albrecht)
> Zum Beispiel mit Paul, da haben wir mit der Lehrerin wöchentlich Kontakt gehabt, falls es Probleme gab. Oder wir sind mal vorbeigegangen, oder er hat ein Mitteilungsheft, wo dann drinstand, dass alles in Ordnung ist. Oder wir sind zur Elternversammlung gegangen, und das merkt doch Paul, dass Eltern und Schule zusammenarbeiten. (Herr Albrecht)
> Na, ich sag ihm, dass ich ihn lieb habe, dass ich für ihn da bin und dass – wenn er Probleme hat – bloß anrufen braucht, und das klappt. (Frau Baum)
> Ich tue ihn ansprechen, wenn Probleme sind ... ich lasse ihn nicht unter den Tisch fallen, und wenn es hart auf hart kommt, dann renne ich nicht davor weg. (Frau Claßen)

Wichtig scheint für die Eltern, aktiv die Beziehung zum Kind zu gestalten und nicht nur auf das Kind zu reagieren:

> ... dass man die Kinder sucht und sich nicht abkapselt so – da klar zu sagen, ich übergebe euch die Verantwortung dafür [in diesem Fall für eine Partyorganisation]. (Herr Decker)
> Bestimmte Sachen sind eure Bereiche, die müsst ihr allein regeln, und da misch ich mich nicht ein. Das wäre jetzt einfach für mich zu viel, und das sind eure Aufgaben, da kümmere ich mich nicht mehr drum, das ist euers ... Ja, ich muss das abwägen, das ist ein Balanceakt des Abwägens ... (Frau Decker)

Strukturen werden vor allem von Eltern mit ADS-Kindern als immens wichtig betrachtet:

> Also, ich bemühe mich, einen regelmäßigen Tagesablauf zu haben und dass man regelmäßige Zeiten hat, wo man zusammenkommt. (Frau Engel)

Präsenz ist auch im Konfliktfall ein Thema:

> ... auch wenn es Streit gibt, bleibe ich mit meinem Kind in Dialog und zeige ihm: Du bist mir wichtig. (Frau Engel)

Auf der Handlungsebene zeigt sich, ob Präsenz lebendige Wirklichkeit ist oder eine Kopfgeburt, frei nach Erich Kästner: »Es gibt nichts Gutes, außer man tut es!«

Zu Frage 4: Was glauben Sie, wie sich Ihre elterliche Präsenz auf Ihr Kind auswirkt?

Alle befragten Eltern stimmen darin überein, dass sich elterliche Präsenz prinzipiell positiv auf die Entwicklung der Kinder auswirkt. Die Kinder werden in ihrer Persönlichkeit gestärkt und erlangen emotionale und strukturelle Sicherheit:

> Dass unsere Kinder ehrlich zu uns sein können ... dass sie so Vertrauen zu uns haben. (Frau Albrecht)
>
> Na, ich hoffe mal, dass ihn das ein bisschen selbstbewusster macht und stärkt, wenn er weiß, dass ich hinter ihm stehe. (Frau Baum)
>
> Ich denke, die Eltern sollten ihr Kind dabei unterstützen, so für seinen weiteren Lebensweg, dass er eben was aus sich machen kann. (Frau Baum)

Es gibt aber auch Zweifel und Zukunftsängste bei einzelnen Eltern:

> ... sonst könnte ich ihn schon auf der Straße suchen ... wenn ich nicht so präsent wäre, möglicherweise wäre er schon in einem Heim und wäre auch schon ein paar Mal weg gewesen ... obwohl er soviel Mist macht, auch Sachen hinkriegt. (Frau Claßen)

Der Aspekt der Sicherheit klingt in folgenden Äußerungen an:

> Na, ganz banal: gut! ... Das ist eine Frage der Kommunikation, die den Kindern angeboten wird, dass man Freude und Schmerz mitteilen kann und Feedback holen; dass man darauf auch angewiesen ist, dass

sie das auch brauchen. Ja, dann denk ich schon, dass man die Frage der Beeinflussung der Entwicklung der Kinder mitprägt ... Ja, und dann ist elterliche Präsenz auch, dass sie sich geborgen fühlen in einem Rahmen, in dem sie sich ausagieren können und ihre Erkundungen machen, wenn sie sich sicher fühlen irgendwo durch die Eltern in deren Netz. (Herr Decker)

Wir versuchen auch, eine gewisse Überzeugung unseren Kindern weiterzugeben ... dass sie das Gefühl haben, sie kommen in einen sicheren Hafen. (Frau Decker)

Kommt drauf an, wie viel Präsenz man zeigt. Wenn man zu viel anwendet, dann hat er die Nase voll, damit meine ich, dass man ein gutes Maß findet. Man darf gegenüber dem Kind auch nicht ständig präsent sein, man darf nicht über jede Minute Rechenschaft verlangen ... und für Peter ist es einfach wichtig, dass er merkt, dass sich einer für ihn ständig interessiert. (Frau Engel)

Die Abhängigkeit vom Lebensalter der Kinder fordert von Eltern einen flexiblen, adaptiven Umgang mit ihrem inneren Präsenzkonstrukt. Das bedeutet auch, dass elterliche Präsenz keine feste Gestalt hat, sondern im Prozess immer wieder hergestellt werden muss. Eltern können also einen eigenen Entwicklungsprozess in ihrer Rolle gar nicht umgehen.

Zu Frage 5: Woran erkennt Ihr Kind, dass Sie für es präsent sind?

Im Wesentlichen werden in zirkulärer Perspektive von den befragten Eltern eine Vielzahl von Beschreibungen ihres Handelns formuliert (das ist ja bei zirkulären Fragen oft so):

Dass ich eben für ihn da bin und ich mich für ihn einsetze. (Frau Baum)

Und beispielhaft:

Da hab ich extra einen Termin vorverlegt [um zum Vorspiel der Tochter in der Musikschule erscheinen zu können] ... dass man die Arbeit so ummodelt, dass man da auch präsent sein kann oder zu diesem Zeitpunkt einen Ansprechpartner organisiert. (Herr Decker)

Im Auto! – ... dass sie bei Problemen so Hilfe kriegen, wie z. B. hatte ich unterwegs einen Anruf von Alex gekriegt, die wollten zum Konzert und haben sich mit anderen verabredet, aber irgendwie später. Wir haben gesagt, was er machen muss, so über Handy, da war er beruhigt, und dann hat auch alles geklappt. (Herr Decker)

Eltern Decker erzählen auch, wie wichtig ihnen die Einbettung in die Großfamilie ist, damit ihre Kinder Verwandtschaft erleben können bzw. sie innerhalb des größeren Systems als »abgeschlossene« Familie wahrgenommen werden:

> ... dieses Familienbild, ja wenn die Familie geschlossen irgendwo mal auftritt zu irgendeinem Fest, so etwas ist wichtig, dass alle einfach nur da sind. – ... wir haben eine Ahnenecke, wo alle Bilder hängen, die sich jeder angucken kann. (Frau Decker)
>
> ... und da ist dann die Gruppe von Bekannten, die auch für die Kinder da sind ... die Kinder brauchen dann auch andere Parteien. (Herr Decker)

Letzteres erinnert an die Kultur von Patenschaften, die ihre Nützlichkeit für die Kinder nicht nur in Form von Geschenken erweisen, sondern vor allem im Fall des Konflikts zwischen Eltern und Kindern eine wertvolle Moderationsfunktion übernehmen können.

> Ich denke, dadurch dass ich ihn frage ... auch dass ich mal was erzähle ... er kann mich anrufen ... dass er seinen Vater ansprechen kann ... also dass er merkt, man kümmert sich um ihn. (Frau Engel)

Interessant wäre an dieser Stelle, die Kinder selbst zu befragen. Wie erleben sie den Unterschied zwischen präsenten und nichtpräsenten Eltern?

Zu Frage 6: Was würden sie anderen Eltern raten, wie sie präsenter werden könnten?

Die Frage greift eine weitere Perspektive der Betrachtung des Konstrukts »elterliche Präsenz« auf. Diese Perspektive geht auf die Überlegung zurück, dass man anderen Personen vor allem das raten würde, was zu ihnen selbst passt, wo gute Erfahrungen vorliegen. Es werden viele Bespiele geschildert:

> Ich glaub, ich würde ihnen raten, sich fachliche Hilfe zu holen ... mit dem Lehrer in Verbindung setzen ... mit dem Kinderarzt in Verbindung setzen und klären, was man machen kann. (Herr Albrecht)
>
> Die sollen jetzt eine Therapie machen. (Frau Baum)

Der Aspekt der Kooperation scheint ein Nebeneffekt zu sein: Je mehr sich Eltern mit ihrer Position gegenüber dem Kind auseinander setzen und Bewusstsein erlangen, desto stärker entwickelt sich auch der Vernetzungsgedanke:

> Ich mein, es hilft auch, die Familie ringsum mit einzubeziehen – sich Hilfe holen. (Frau Claßen)
>
> ... macht es vielleicht in einem größeren Rahmen, manchmal ist es ja so, dass man mehr erfährt über sein Kind ... Holt euch Unterstützung von anderen. (Frau Engel)

Unterstrichen wird die Lernbarkeit von elterlicher Präsenz:

> Dass man lernt zuzuhören, dass man seine Kinder beobachten soll ... zu lernen, den Kindern zu zeigen, wo die Grenzen sind ... ganz tief in sich gehen. (Frau Albrecht)
>
> Man geht bewusster mit dem Kind um, verständnisvoller. – ... war ein verdammt langer Prozess ... da habe ich meine Beziehung zu meinem Sohn wieder aufgebaut. (Frau Baum)
>
> Auf jeden Fall nicht aufgeben, auch wenn die Leute ihnen sagen, schmeiß das Kind raus, oder gib es ins Heim. (Frau Claßen)
>
> Es geht bei mir mehr um die Qualität als um die Quantität, und es ist natürlich auch vom Alter des Kindes abhängig. (Frau Engel)

Einzelne Verhaltensweisen scheinen als besonders effektiv beurteilt zu werden:

> Klar reden hilft viel. (Frau Claßen)
>
> Organisiert regelmäßige Zeitpunkte, wo ihr euch trefft, das Abendessen zum Beispiel ... Überfordert eure Kinder nicht. (Frau Engel)
>
> Sonntagsausflüge machen gemeinsam. (Herr Albrecht)

Die Ideen der Eltern basieren auf ihren praktischen Erfahrungen. Bemerkenswert ist, dass die meisten Eltern die Öffnung der Familie nach außen, entweder hin zu professionellen Unterstützern oder zu anderen äußeren Systemen, wichtig finden. Erziehung braucht ein gewisses Maß an Gemeinschaft. Diesen grundlegenden Gedanken haben wir u. a. in unserem Projekt »Unternehmen lernende Familien« aufgegriffen (Hennecke 2000).

Zu Frage 7: Was hat Sie im Rückblick auf den familientherapeutischen Prozess in Ihrer elterlichen Rolle gestärkt bzw. gefestigt?

Der Rückblick auf den familientherapeutischen Prozess ist ein verständliches Interesse der Autoren. Was aus unserer Arbeit wirkt sich entwicklungsfördernd auf die Eltern in ihrer Rolle aus? Wenn wir mehr darüber erfahren, können wir für die zukünftige Arbeit unser Inventar an Interventionen erweitern. Die Antworten der interviewten Eltern sind abhängig davon, wie lange die Therapie zurückliegt, und sie sind von unterschiedlichem Abstraktionsgrad:

> Ich kann nun zum Jugendamt gehen und sagen, dass ich Hilfe brauch. Das habe ich hier gelernt, dass auch viele andere Familien sich Hilfe holen. (Herr Albrecht)
>
> Es hat gut getan, mit Ihnen zu reden, damit ich mal Rückhalt bekommen habe ... also in meiner Meinung gestärkt zu werden gegen die Meinung meiner Mutti ... weil ich gegenüber meinem Sohn mehr Verantwortung übernommen habe. (Frau Baum)
>
> Die Einzelgespräche waren wichtig für mich ... und dass ich im Prinzip mit dem Gesprächsinhalt alleine war und mich damit auseinander gesetzt habe ... ich tu es bewusst ... bestimmte Sachen habe ich gelernt: mich zurückzunehmen, obwohl man ja im Inneren kocht. (Frau Claßen)
>
> Präsenter kann man auch werden, indem man sich mehr zurücknimmt ... Die Kinder lernen, was ist der Unterschied zwischen Mutter und uns ... dass man letztendlich doch selbstbewusst wird, wenn man Kinder erzieht ... wenn man authentisch ist. (Frau Decker)
>
> Wenn Eltern zufrieden sind und glücklich, dann werden es auch die Kinder automatisch, weil sie dann eben zu sich selber stehen und auch ihren Schwächen. (Frau Decker)
>
> Also wir waren damals in einem Denkprozess, wo wir erst mal klar wurden, dass viele Sachen von draußen, Meinungen und Überzeugungen, an uns heran getragen wurden, die für uns relevant wurden in der Beurteilung unserer Verhaltensweisen. Es hat uns geholfen, bestimmte medizinische Indikationen zu ignorieren ... dass sie [die Kinder] nicht krank sind, dass sie nicht irgendwo abartig sind, sondern dass sie ganz normale, zwar besondere Kinder mit Talenten sind, aber ich glaub, das war das Wichtigste, dass wir weg sind von irgendwelchen gesellschaftlichen Gedankenspielen. (Herr Decker)
>
> Ja, das ist so eine Haltung bei uns, das haben wir gelernt, und das haben wir uns da [im therapeutischen Projekt] erarbeitet. (Frau Decker)
>
> Eine Stärkung der Position: Sie [die Mutter] ist ruhiger geworden ... Da ist eine gewisse Gelassenheit im Umgang mit diesen Dingen eingezogen. (Herr Decker)

Bei den befragten Eltern hat der familientherapeutische Prozess zu einer aktiven Auseinandersetzung mit der Elternrolle und ihrer Ausgestaltung geführt. Darüber konnten Haltungen geklärt und Verhaltensweisen verändert werden.

Zu Frage 8: Was befürchten Sie, wodurch Sie in Ihrer elterlichen Präsenz geschwächt werden könnten?

Bei dieser Frage produzierten die meisten Eltern sehr schnell »Horror«-fantasien bezüglich der Zukunft ihrer Kinder:

> ... dass mein Kind in der Gosse landen könnte. (Herr Albrecht)
>
> ... kommt sie vielleicht auf die schiefe Bahn. (Frau Albrecht)
>
> ... dass er mir untergeht, dass er sein Leben nicht in den Griff kriegt. (Frau Claßen)
>
> ... dass alles den Bach runtergeht oder aber auch, dass er den falschen Kontakt kriegt. (Frau Engel)
>
> Wenn er an die falschen Leute kommen würde, die ihn dann zu, weiß ich, was, verleiten würden, was es heutzutage so alles gibt, und ich dann nicht auf ihn einwirken könnte, weil ich ja genau weiß, er würde dann nicht auf mich hören, das, glaube ich, wäre schwach. (Frau Baum)
>
> Wenn ich nun geschwächt wäre in meiner elterlichen Präsenz, dann wäre was unterbrochen; wenn man zeitweilig nicht da ist, geht das ja, aber wenn man für lange Zeit nicht da ist, dann wird's schwierig. (Herr Decker)
>
> ... wenn man z. B. emotional geschwächt ist, dass man da nicht mehr diese Brücken bauen kann zum Kind, dass man sich da als Vater helfen lassen sollte. (Herr Decker)
>
> Meine Befürchtung ist, dass ich mein Ziel nicht erreiche. Sie [die Kinder] sollen mit ihren Schwächen leben lernen und wissen, wo ihre Stärken sind, und nicht jedem Trend hinterherlaufen. (Frau Decker)

Es war für uns erstaunlich, dass die Eltern vordergründig die Vorstellung von schwacher elterlicher Präsenz an der Entwicklung der Kinder festmachten und nicht etwa an Kritik durch äußere Systeme oder eventuellen persönlichen Krisen. Ist dieses Verständnis ein Ausdruck engagierter Verantwortlichkeit? Oder zeigt sich hierin, dass Eltern sich auch von Kindern psychisch abhängig fühlen und nicht nur umgekehrt?

Zu Frage 9: Welches andere Wort, welchen anderen Begriff würden Sie für »elterliche Präsenz« verwenden?

Die meisten Eltern wählten als alternative Begriffe solche, die überwiegend Emotionen ausdrücken:

> Elternliebe ... Liebe, Hoffnung, Dasein. (Herr Albrecht)
>
> Elternverantwortung, ich muss doch meinem Kind beibringen, leben zu lernen. (Frau Albrecht)

> Mutterliebe oder Elternliebe. (Frau Baum)
> *Es ist mehr als Liebe.* (Frau Claßen)

Einige mochten »Präsenz« auch nicht ersetzen:

> Die Rolle der Eltern, Präsenz trifft das schon. (Frau Decker)
> Vorhandensein, Präsenz – einmal das Vorhandensein, das auch die Tätigkeit und bestimmte Verhaltensweisen mit einschließt. (Herr Decker)
> Präsenz ist gut, nicht zu verwechseln mit nur körperlicher Präsenz. (Frau Decker)

»Elterliche Präsenz« ist auf jeden Fall ein mehrdimensionaler Begriff in der Widerspiegelung einer komplexen Wirklichkeit.

Schlussfolgerungen

In den Äußerungen der Eltern werden aus unserer Sicht in bemerkenswerter Weise alle Aspekte elterlicher Präsenz beschrieben: die emotionale Erlebensseite, die Handlungsebene sowie der systemische Aspekt der Vernetzung (vgl. Omer u. von Schlippe 2004).

Im *Erleben* möchten sich die Eltern in ihrer Individualität präsent spüren, sozusagen das Hier und Jetzt erfassen. Der Selbstwert in der Elternrolle ist wichtig und die Überzeugung, in dieser Rolle über persönliche Kompetenzen zu verfügen. Sich dies auf der Gefühlsebene immer wieder bewusst zu machen, auch vor dem Hintergrund von durchlebten Problemen und Eskalationen, ist eine Herausforderung für Eltern. Der therapeutische Prozess kann hier Unterstützung (Ressourcensicht) bieten.

Erlebt wird vor allem auf dem Hintergrund praktischer Erfahrungen im *Verhalten*. Wenn es gelingt, die elterlichen Kompetenzen in einer Situation praktisch umzusetzen und körperlich aktiv da zu sein, dann wirkt das Handeln auf das Erleben zurück. Als wichtig wurde von einigen Eltern immer wieder hervorgehoben, Interesse für das Kind zu haben und zu zeigen sowie aktiv und altersentsprechend für das Kind zu sorgen.

Systemisch bedeutsam ist vordergründig die wechselseitige Unterstützung durch den jeweils anderen Elternteil. Biologisch, psychisch und sozial gehören ja immer zwei dazu, ein Kind hervorzubringen. Die sozialen Realitäten gestalten sich heute vielfältiger als die klassische Regelfamilienkonstellation, was auch die Lebensverhältnisse der interviewten Eltern widerspiegeln. Neben persönlichen Quellen – wie z. B. Verwandten, Freunden oder Bekannten als Unterstützern im Erziehungsprozess – spielen Institutionen (Schule, Freizeitvereine etc.) bis hin zu Systemen professioneller Helfer (z. B. Familientherapeuten) eine Rolle. Wesentlich scheint es, tragfähige Allianzen und fruchtbare Kooperationsformen zu entwickeln.

»Elterliche Präsenz« ist somit ein komplexes Konstrukt, das viele Aspekte umfasst und von Eltern in vielfältiger Weise gelebt wird. Aus Klientensicht sind damit ganz basale Dinge in der Eltern- Kind- Beziehung gemeint, die immer wieder reproduziert werden müssen.

Das Zusammenleben von Eltern und Kindern ist – das mag banal klingen – ein Prozess, und am Ende ist »alles nur Beziehung«. Gleichermaßen braucht es »mehr als Liebe« dafür, sich in diesem Prozess als aktiv Beteiligter und Gestaltender gut und erfolgreich zu fühlen.

Für die Eltern war es von großer Bedeutung, die ihren Möglichkeiten und ihrer Persönlichkeit entsprechenden Formen zu finden, für ihr Kind oder ihre Kinder als Eltern präsent zu sein.

Die Elterninterviews gaben uns wesentliche Impulse, auch neu bzw. vertiefend über therapeutische Präsenz nachzudenken und dementsprechend für uns und unseren Kontext gemäße Formen in Therapie und Beratung zu entwickeln. Sie haben uns ermutigt, das eingangs kurz beschriebene Konzept zur Krisenintervention mit guten Ideen, im konstruktiven Dialog mit den in der Praxis beteiligten Eltern, Fachkollegen und anderen Bündnispartnern sowie einer Prise Leidenschaft weiter auszugestalten.

Literatur

Hennecke, C. (2000): ADS – Unternehmen Lernende Familien. *Systhema* (14) 1: 67–77.

Hennecke, C. (2001): Chaos oder Ressourcenerweiterung? Systemische Gruppenarbeit mit mehreren Familien. Zeitschrift für systemische Therapie (19) 1: 11–16.

Hennecke, C. u. R. Hennes (2004): »Wir sind die Experten für den Alltag!« Therapeutische Gruppenarbeit mit mehreren Familien bei ADS-Diagnose eines Kindes. Systhema (18) 1: 23–30.

Nickel H. (1979): Entwicklungspsychologie des Kindes- und Jugendalters. Bern/Stuttgart/Wien (Hans Huber).

Omer, H. u. A. von Schlippe (2002): Autorität ohne Gewalt. Coaching für Eltern von Kindern mit Verhaltensproblemen. »Elterliche Präsenz« als systemisches Konzept. Göttingen (Vandenhoeck & Ruprecht).
Omer, H. u. A. von Schlippe (2004): Autorität durch Beziehung. Die Praxis des gewaltlosen Widerstands in der Erziehung. Göttingen (Vandenhoeck & Ruprecht).

7. Coaching für Eltern – unverzichtbarer Baustein in der systemischen Kindertherapie[1]

Karl Heinz Pleyer

Coaching für Eltern sehen wir als methodische Bereicherung in der systemischen Arbeit mit Kindern. Herkömmliche Vorgehensweisen der systemischen Familientherapie setzen überwiegend auf die Konversation mit den Klienten. Zweifellos hat sich ihr Methodenrepertoire als außerordentlich hilfreich dafür erwiesen, neue Sichtweisen zu erzeugen und kreative Lösungen anzustoßen. Wenn aber Klienten zu der festen Überzeugung gelangt sind, selbst schon lange nichts mehr bewirken zu können, oder wenn ihre beabsichtigten Veränderungsschritte von tief sitzender (oft nicht bewusster) Angst blockiert werden, dann sind die methodischen Grenzen des (rein verbalen) Dialogs schnell erreicht. Hier haben sich Methoden bewährt, die dem System mehr anbieten als nur Information. Beim Coaching verlässt der Therapeut die Tribüne des neutralen, lediglich kommentierenden Beobachters. Er bietet energetische Unterstützung an, indem er gezielt die Kräfteverhältnisse beeinflusst. Coaching braucht eine entschiedene Positionierung an der Seite der Eltern und kooperative Arbeitsbündnisse mit einem hohen Maß an gegenseitiger Verbindlichkeit. Coaching schließt direktives Anleiten (im Konsens mit den Eltern) und eine Schutz gebende Begleitung mit ein, die u. U. auch längerfristig angelegt sein muss.

Kindliche Symptombildung und Hilflosigkeit der Eltern als Teufelskreise

Eltern, die ihre Kinder zu uns in die Therapie bringen, haben über einen längeren Zeitraum erlebt, dass eigene Lösungsversuche gescheitert sind. Sie haben den Glauben verloren, die gewünschten Ziele aus eigener Kraft erreichen zu können, und sind in einen Zustand geraten, der als »parentale Hilflosigkeit« (Pleyer 2003) bezeichnet worden ist. Im Umgang mit dem Problemkind konnten wir bei solchen

1 Hier vorgetragene Vorgehensweisen kennzeichnen die systemisch konzipierte Arbeit in der kinderpsychiatrischen *Tagesklinik für Kinder* Viersen.

Eltern a) eine verzerrte Wahrnehmung der Botschaften des Kindes, b) Konfliktvermeidung, c) eine Tendenz zur Verantwortungsabgabe und d) Kooperationsdefizite auf der Elternebene beobachten. Kindliche Symptombildung und parentale Hilflosigkeit verstehen wir als rekursiv aufeinander bezogene Bewältigungsversuche, die sich in Teufelskreisen zu »cotraumatischen« Beziehungsmustern (Pleyer 2004) verfestigen können.

Anhand eines Fallverlaufes[2] soll im Folgenden exemplarisch verdeutlicht werden, wie sich Coaching für Eltern als unverzichtbarer Baustein in eine teilstationäre systemische Kindertherapie einfügt und wie die erwähnten Merkmale der »parentalen Hilflosigkeit« unsere wichtigsten Arbeitsfelder markieren: Wahrnehmung schulen, Entscheidungen treffen und Position beziehen, Konflikte eingehen und Kooperation einüben.

Ein Bündnis suchen mit den Eltern

Zentrales Anliegen in den ersten Kontakten ist das aktive Herstellen einer affektiven Rahmung für ein späteres Arbeitsbündnis, das durch hohe Verbindlichkeit gekennzeichnet ist.

Die Eltern des 13-jährigen Christian bitten telefonisch um eine teilstationäre Therapie für ihr Kind. Umfassendes schulisches Leistungsversagen, oppositionelles Verhalten und Gewalt gegen Mitschüler und Lehrer hätten zum Rauswurf aus der Schule geführt. Zu Hause tyrannisiere er die Familie mit überzogenen Forderungen und Gewaltandrohungen. Christian habe seine Mutter sogar mit einem Messer bedroht. Beide Eltern beschreiben sich als hilflos, verzweifelt und am Ende ihrer Kraft.

In Vorgesprächen erfragen wir Problembeschreibungen und Lösungsvorstellungen. Wir hören geduldig und respektvoll die Klagen und Zukunftsbefürchtungen. Die Schwierigkeiten hätten für den gut intelligenten Jungen mit der Einschulung begonnen. Von Konzentrationsschwierigkeiten, Legasthenie und oppositionellem Verhalten sei die Rede gewesen. Im Alter von neun Jahren habe sich die Situation durch eine Inhaftierung des Vaters dramatisch verschlimmert. Für die Mutter sei dies ein Schock gewesen. Mit voller Berufstätigkeit, Haushalt und Alleinerziehung ihrer drei Kinder sei sie überfordert gewesen. Von Ängsten und Schlaflosigkeit geplagt, habe sie nur noch mechanisch

2 In der Darstellung werden Aspekte des Coachings besonders hervorgehoben. Aspekte der Kindertherapie oder z. B. der Arbeit auf der Paarebene sind verkürzt dargestellt oder ausgeblendet.

funktioniert. Sie habe mit niemandem reden können und keinerlei Unterstützung gehabt. Die Kinder seien in Schule und Nachbarschaft ausgegrenzt worden und sehr belastet gewesen. Christian habe sich zunehmend entfremdet und habe gelernt, sich »durchzuschlagen«. An vieles könne und wolle sie sich nicht mehr erinnern; es sei eine furchtbare Zeit gewesen.

Als der Vater krank, arbeitslos, gedemütigt und sozial isoliert aus der Haft zurückgekommen sei, habe Christian keinerlei Respekt vor ihm gezeigt. Auf seine Versuche, erzieherisch aktiv zu werden, habe Christian mit Jugendamt und Polizei gedroht. Die Mutter sei dazwischengegangen, weil sie befürchtete, dass Konflikte tatsächlich eine Reinhaftierung oder eine Herausnahme der Kinder nach sich ziehen könnte.

In weiteren Gesprächen konzentrieren wir uns auf Ressourcen bzw. Belastungsfaktoren, die eine Therapie begünstigen bzw. behindern könnten, und fragen nach erfolgreichen vorausgegangenen Lösungsversuchen. Wir versichern den Eltern, ihre Sichtweisen genau verstehen zu wollen, um im Falle einer späteren Zusammenarbeit »Schulter an Schulter« an ihrer Seite stehen können. Wir lassen keinen Zweifel daran, die Überwindung der parentalen Hilflosigkeit als zentrales Behandlungsziel zu verstehen. Am Schluss unserer Befragungen bestehen wir auf einer dezidierten, wenn auch vorläufigen Formulierung der Veränderungsziele für das Kind.

Christians Eltern sind sich einig: Ihr Junge solle lernen, wieder auf seine Eltern zu hören, Respektlosigkeiten und Gewalthandlungen zu unterlassen, in der Schule mitzuarbeiten und Freunde zu finden, die die Eltern akzeptieren können.

Sicherheit geben und Hoffnung machen

Wir äußern Respekt davor, mit welchen Anstrengungen die Eltern um ihr Kind kämpfen, anstatt es aufzugeben. Wir bestätigen, dass sie mit ihrer Anfrage bei uns prinzipiell an der richtigen Adresse sind. Eltern nehmen in der Regel mit Erleichterung zur Kenntnis, dass sie hier »in guter Gesellschaft« sind mit anderen Eltern, die auch keine Lösung mehr wissen, und dass hier Kinder mit ganz ähnlichen Schwierigkeiten sind. Eltern, die gewohnt sind, dass man ihnen mit verdeckten Vorbehalten oder mit offener Ablehnung begegnet, brauchen explizites Verständnis für ihre Befindlichkeit. Nur so erzeugen wir Hoffnung, dass sich das Wagnis lohnt, wieder zu kooperieren.

Vorbereiten auf unsere Arbeitsbedingungen

Werden aus den ersten Informationen keine Kriterien erkennbar, die eine Zusammenarbeit von vornherein ausschließen, werden ein Überblick über die Therapieangebote gegeben und das Arbeitskonzept erläutert. Vor allem werden ausführlich und in aller Deutlichkeit die Bedingungen beschrieben, die wir für eine erfolgreiche Arbeit für unverzichtbar halten. Eltern sollen erfahren, was sie hier erwartet, und die Chance haben, sich für oder gegen eine Zusammenarbeit zu entscheiden.

Das Kind muss nicht an der Lösung mitarbeiten

Wir gratulieren den Eltern zu einem so starken und mutigen Sohn. Dem Jungen gegenüber signalisieren wir gleich zu Beginn Verständnis und Zustimmung zu seiner demonstrativen Zurückhaltung in den Vorstellungsgesprächen. Wir betonen, dass wir selbst grundsätzlich keine Erwartungen an die Kinder richten. Kinder haben unsere Erlaubnis, sich ausschließlich um ihre eigene Entwicklung zu kümmern. Zunächst sind für uns die Eltern diejenigen, die hier nach neuen Lösungen suchen. Anfänglicher Widerstand eines Kindes ist kein Grund, an einem Therapieerfolg zu zweifeln.

Ein Kind kann nur aufgenommen werden, wenn die Eltern sich in eigener Verantwortung dafür entscheiden.

Präsenzregel

Die Entschlossenheit der Erziehungsverantwortlichen zu einer aktiven Zusammenarbeit mit uns erklären wir für unabdingbar, aber auch ausreichende Kraft und volle Konzentration. Deshalb ist vorher zu klären, ob eventuell bestehende »andere Baustellen« das Erreichen der Veränderungsziele infrage stellen. Grundsätzlich muss ein Erziehungsverantwortlicher für uns unmittelbar telefonisch erreichbar sein. Besonders in der Anfangszeit muss mindestens ein Elternteil abkömmlich sein, der notfalls sofort herkommen kann.

Therapie als Mannschaftsspiel

Wir erläutern unser Verständnis von »Therapie als Mannschaftsspiel« der (erwachsenen) Fachleute, in dem jeder seine verabredete Position auszufüllen hat. Eltern sind Experten für ihre Kinder und deshalb ebenso Mannschaftsmitglieder wie Erzieher und Therapeuten. Zusammenspiel und Kooperation sind nicht als Voraussetzung, sondern als gemeinsames Lern- bzw. Übungsziel definiert. Dabei werden die gewohnten Lösungsstrategien der Eltern ernst genommen und auf ihre Zieltauglichkeit hin überprüft.

Eltern sind mitverantwortlich für das Therapieprogramm

Eltern sind Auftraggeber, die nicht nur die Ziele festlegen, sondern die über alle geplanten Maßnahmen, die ihr Kind betreffen, entscheiden müssen. Unsere Aufgabe sehen wir darin – und definieren wir auch so –, an den Zielen der Eltern mitzuarbeiten. Leitmetapher für unsere Positionierung ist der »verlängerte Arm«. Wir vollziehen ausschließlich das, was Eltern wollen, und vermeiden eigene pädagogische oder therapeutische Vorgaben. Wir versichern dem Kind, dass es hier keine Regeln gibt, die nicht ausdrücklich von den Eltern gewollt oder gebilligt sind. Wir erwarten von den Eltern von Beginn an, dass sie die Zusammenarbeit mit uns sofort beenden, wenn sie mit einer der Maßnahmen nicht einverstanden sind oder wenn sie sich keine Hilfe davon versprechen. Ihre Verantwortung ist es dann, sofort neue Bedingungen mit uns aushandeln.

Offenheitsregel in der Beziehung zwischen Eltern und Therapeuten

Nichts darf ohne Wissen bzw. hinter dem Rücken der Eltern geschehen. Es gibt keine Geheimnisse zwischen uns und dem Kind, es sei denn, dass es die Eltern ausdrücklich wünschen oder erlauben.

Therapie als Übergangsritual mit neu festgelegten Ressourcen und Privilegien

Wir erklären die Aufenthaltsdauer zur Übergangszeit, in der vieles in der Familie anders sein soll als gewohnt. Die Chancen, Veränderungen zu erreichen, sind in hohem Maße davon abhängig, ob die häuslichen Lebensbedingungen und Regeln während der Behandlung veränderbar sind oder nicht. Für die Behandlungszeit sind deshalb Regeln zu vereinbaren, die in der Tagesklinik genauso verbindlich wie zu Hause sein sollen. Danach werden sie möglicherweise nicht mehr benötigt. Dies setzt eine ausführliche Ressourcenanalyse voraus. Anstatt mit den Eltern über die abgenutzte Schraube wirkungsloser Strafen zu diskutieren, fordern wir dazu auf, detailliert aufzulisten, welche Privilegien dem Kind zur Verfügung stehen. Wir regen an, Freizügigkeit und freien Zugriff auf die Ressourcen der Familie zu überdenken und neu zu definieren. Dies zwingt die Eltern, zu prüfen, in welchem

Maße sie ihnen zustehende Entscheidungsverantwortung dem Kind übertragen. Wir bitten die Eltern, unsere Vorschläge ausführlich miteinander zu besprechen und uns über beabsichtigte Änderungen genau zu informieren.

Einstimmigkeitsgebot

Vielfach haben sich Mütter oder Väter mit ihren Vorstellungen seit langem isoliert. Auf der Elternebene findet keine Kooperation (mehr) statt. Im Falle der Uneinigkeit bestehen wir auf einer Entscheidung, wer von beiden Eltern »am Lenkrad sitzen« soll und wie die Rolle des »Beifahrers« zu definieren ist. Dies vereinfacht einerseits die Verständigung bei den täglichen Telefonaten über erzieherische Interventionen. Es kommt andererseits ebenso dem Interesse des Kindes entgegen, unterschiedliche elterliche Erwartungen transparenter zu machen. Ein »Fahrerwechsel« kann das Thema der elterlichen Kooperation sehr forcieren, es kann die Wahrnehmung dafür schärfen, wer von beiden Eltern die besseren Chancen hat, das gewünschte Verhalten beim Kind zu erreichen, und kann den Lernprozess gegenseitiger Unterstützung beschleunigen.

Lösungshypothesen auf Konsensfähigkeit überprüfen

Wir teilen den Eltern unsere Gedanken mit, um prüfen zu können, ob wir das Wichtigste verstanden haben und ihre Zustimmung finden. Im Falle von Christian sind beide Eltern mit folgenden Formulierungen von uns einverstanden:

> Die gesamte Familie hat leidvolle Erfahrungen mit gemeinsam erlebter Ausstoßung gemacht. Christian hat gelernt, sich nur noch auf sich selbst zu verlassen. Er verleugnet seine Schwächen (z. B. Legasthenie), um seine Selbstsicherheit und das Selbstbild des starken Jungen nicht zu gefährden. Die Eltern befürchten, dass er so seine Zukunftschancen verspielt. Sie sind sich aber uneins in der Wahl der richtigen Erziehungsmittel. Sie vermeiden Konflikte, um die Familie zusammenzuhalten. Sie brauchen neue Hoffnung, damit sie durch Zusammenarbeit und gegenseitige Unterstützung ihre Hilflosigkeit überwinden und ihre Souveränität als Eltern zurückgewinnen können. »Schuld«, »schlechtes Gewissen« und »um Verzeihung bitten« scheinen lohnende Themen in der Familie zu sein.

Chemieprüfung

Bevor die Behandlung beginnen kann, ist sorgfältig zu prüfen, ob die emotionalen Vorbedingungen für eine vertrauensvolle Kooperation auf beiden Seiten gegeben sind. Wir betonen als Vorbedingung, dass wir Kinder nur dann aufnehmen, wenn wir sicher sind, dass wir 1.) die Eltern gut verstanden haben und 2.) Respekt für ihre Sichtweisen und Veränderungsziele aufbringen können; 3.) wenn wir ihre Auftragsformulierungen für praktisch umsetzbar halten; 4.) wenn umgekehrt die Eltern unsere Vorgehensweise akzeptieren; wenn wir das Gefühl gewinnen, dass 5.) die Eltern auch zu uns persönlich Vertrauen haben und dass 6.) die persönlich zuständige Betreuerin und seine Lehrerin soviel Sympathie für das Kind aufbringen können, dass sie mit ihm arbeiten können. Wir betonen, dass wir auf keinen Fall anfangen, solange Vorbehalte oder ablehnende Gefühle im Raum stehen. Vorbedingung für die Zusammenarbeit ist ein »Ja« auf einer ganz persönlichen Ebene. Deshalb bekommt jeder an der Behandlung Beteiligte die Möglichkeit, im persönlichen Gespräch seine eigene »Chemieprüfung« vorzunehmen. Ein explizit formuliertes »Nein« schließt eine Mitarbeit am Therapieprozess aus.

»Bejahungsritual« am Anfang der Therapie

Wir sind von der Überzeugung geleitet, dass wir die Bereitschaft der Eltern, mehr Verantwortung für ihr Kind zu übernehmen, besser unterstützen, wenn unsere Arbeitsbeziehungen nicht durch institutionelle Regularien, sondern vor allem durch klare persönliche Positionierungen definiert sind. Die Aufnahmesitzung beginnt deshalb mit der Versicherung, dass der verantwortliche Therapeut, die zuständige Betreuerin und die zuständige Lehrerin ein ausdrückliches persönliches Ja zum Kind und zur Familie gegeben haben. Damit soll ausgedrückt werden, dass alle die Behandlungsziele mittragen und entschlossen sind, das Kind mit seinen Stärken und Schwächen anzunehmen, es im Sinne der Ziele der Eltern zu betreuen. Vor allem wird explizit formuliert, dass wir uns auf der menschlichen Ebene eine Verständigung mit den Eltern vorstellen können und bereit sind, »Schulter an Schulter« mit ihnen zusammenzuarbeiten. Wir gratulieren der ganzen Familie und drücken unsere Zuversicht aus, dass wir positive Veränderungen für erreichbar halten.

> Christians Eltern lassen Vertrauen erkennen. Allerdings äußern sie Skepsis bezüglich seines »harten Schädels« und sehen voraus, dass wahrscheinlich daran alles scheitern werde. Christian bestätigt, dass er gegen seinen Willen hier ist, die getroffenen Entscheidungen seiner El-

tern nicht akzeptiert und kein Interesse hat, an den Veränderungszielen mitzuwirken. Wir versichern, dass wir Christians Haltung nachvollziehen können, und betonen, dass wir ihn aufnehmen, weil seine Eltern dies so beschlossen haben.

Verhaltensregeln als notwendige und hinreichende Arbeitsziele

Ohne Anwesenheit des Kindes werden jetzt die Verhaltenserwartungen der Eltern operationalisiert. Wir benötigen wenige ausformulierte Regeln, die praktikabel, plausibel und nachvollziehbar sind.

Christian soll:

1. Aufträge und Aufforderungen der Betreuerin sofort und ohne jede Diskussion ausführen
2. mit Kindern und Erwachsenen respektvoll reden, andere nicht beleidigen
3. auf keinen Fall prügeln; wenn er bei Konflikten mit Kindern Hilfe braucht, soll er sich an die Betreuerin wenden.

Haus- und Gruppenregeln für die Kinder werden ergänzend erläutert. Sie beziehen sich auf das, was zum Zusammenleben in Gruppen üblich ist. Wir erwarten, dass die Eltern ihr Kind zur Einhaltung dieser Regeln verpflichten.

Erzieherische Konsequenzen vereinbaren

Die zuständige Betreuerin muss wissen, was sie im Falle der Nichteinhaltung tun soll. Diese Aufgabe erzeugt Spannung. Eltern zeigen sich ratlos und wiederholen die Überzeugung, dass ihr Kind gegen Strafen immun ist. Es seien Racheakte zu befürchten, wenn sie ihren Willen durchsetzten. Sie versuchen, uns als Experten herauszufordern und Verantwortung an uns zu delegieren. Hier ist für die Behandler disziplinierte Zurückhaltung geboten. Aufgabe der Betreuerin ist es, nicht lockerzulassen, bis ein Ergebnis formuliert ist. Wenn dies erreicht ist, zeigen wir uns zuversichtlich, ermutigen und sagen unsere Unterstützung zu, wenn es zu Widerstand kommen sollte. Hilflosigkeit von Eltern erklären wir zum normalen und für uns akzeptablen Zustand. Angestrebt wird eine verbindliche Formulierung, an die sich im weiteren Verlauf alle Seiten halten müssen:

Christian soll bei kleineren Verstößen auf seine Regeln hingewiesen und ermahnt werden. Bei mehr als drei kleineren Verstößen soll er die Regel fünfmal abschreiben (auch um sich im Schreiben zu üben).

Bei schwereren Verstößen bzw. bei völliger Verweigerung werden die Eltern angerufen. Sie sollen dann telefonisch versuchen, Christian zur Regeleinhaltung zu bewegen. Wenn er sich weiter weigert, müssen sie persönlich kommen. Bei weiterer Weigerung nehmen sie den Jungen mit nach Hause. Werden andere Kinder verletzt oder wird der Ablauf erheblich gestört, muss Christian sich öffentlich entschuldigen. Für die Vor- und Nachbesprechung der jeweiligen erzieherischen Maßnahmen stehen wir zur Beratung zur Verfügung.

Beauftragung des Kindes durch seine Eltern

Ist das Procedere hinreichend beraten, beziehen wir das Kind ein. Die Eltern erläutern ihm die Vereinbarungen in unserer Anwesenheit. Ergänzend werden sie gebeten, die Regeln zu Hause schriftlich zu fixieren und ihrem Kind am nächsten Tag mitzugeben. Anschließend bitten wir zu prüfen, ob Christian alles verstanden habe oder ob es noch Fragen gebe. Dies versuchen sie mit der Bemerkung zu umgehen, Christian sei nicht dumm, er verstehe sehr genau. Wir bestehen auf einer direkten Befragung durch die Eltern, um Spannung bewusst herbeizuführen.

Auf die Frage der Mutter: »Hast du verstanden, was wir von dir wollen?«, wendet der Junge sich demonstrativ ab. Auf unser Insistieren hin fragt sie erneut. Christian wendet sich weiterhin demonstrativ ab. Dies bringt den Vater sichtlich in Anspannung. Verärgert und laut fragt er jetzt: »Hast du verstanden?« Irritation beim Jungen. Daraufhin wendet sich der Vater mit dem Oberkörper drohend dem Jungen zu und fordert: »Sieh mich an, wenn ich mit dir rede.« Daraufhin dreht sich Christian zu ihm. Mit einer Mischung von Erschrockenheit und Irritation presst er ein »Ja« heraus. Der Mutter fällt es sichtlich schwer, nicht zu intervenieren.

Um die Situation wieder zu entspannen, bedanken wir uns und kommentieren die Situation mit der Feststellung, dass Christian den Vater offensichtlich ernst nimmt, dass die Mutter ihren Mann durch ihre Zurückhaltung sehr unterstützt hat und dass wir jetzt sicher sind, anfangen zu können.

Übergabe des Kindes in die Obhut seiner zuständigen Betreuerin

Da jetzt die Regeln und Aufträge konkretisiert sind, fordern wir die Eltern auf, ihr Kind der Obhut der Betreuerin zu übergeben. Wir bitten sie jedoch, noch so lange präsent zu bleiben, bis sie das Gefühl haben, dass der Junge ihren Anordnungen folgt. Wir bekräftigen noch einmal, dass sie auch in den nächsten Tagen bereitstehen müssen für den Fall, dass Christian ihre Präsenz brauchen sollte.

Spannung induzieren, Konflikte coachen

Wir fragen die Eltern, ob Christian jetzt sofort am gemeinsamen Mittagessen teilnehmen soll. Sie bejahen es und schicken sich an, sich zu verabschieden. Die Betreuerin begleitet den Jungen daraufhin in den Essraum und stellt ihn den anderen Kindern als neues Gruppenmitglied vor.

> Die Aufforderung der Betreuerin, den für ihn vorgesehenen Platz einzunehmen, wird verweigert. Er wolle nicht mit den anderen essen, er habe keinen Hunger. Antwort der Betreuerin: »Da muss ich deine Eltern fragen.« Sie wendet sich ohne Kommentar an die Eltern, die im Gehen begriffen sind, schildert die Situation und bittet zu entscheiden, was zu geschehen habe. Beide Eltern schauen sich schulterzuckend an. Der Vater meint, Christian könne vielleicht heute Abend zu Hause essen.

Wir beharren darauf, dass die Teilnahme an Mahlzeiten Pflicht für alle ist, es sei denn, die Eltern wünschen aus wichtigen Gründen eine Ausnahmeregelung.

> Die Mutter kommentiert jetzt, Christian wolle schon wieder seine Sonderrolle: Nein, er solle am Essen teilnehmen. Christian protestiert lautstark, dass er nicht essen werde, und macht Anstalten davonzurennen. Sein Vater schnappt ihn und hält ihn fest. Mit ruhigem, aber bedrohlichem Ton sagt er: »Du wirst tun, was wir dir sagen. Du gehst jetzt zum Essen.« Daraufhin bricht Christian in wütende Beschimpfungen und Drohungen aus und versucht, sich zu befreien, die Eltern zur Seite zu schubsen, um sich den Weg ins Freie zu bahnen. Der Vater aber hält ihn fest.

Wir positionieren uns im Rücken der Eltern und ermuntern sie, sich jetzt Zeit zu lassen und durchzusetzen, was sie für richtig halten.

> Die Eltern einigen sich nach kurzem Disput, dass Christian jetzt seinen Platz am Tisch einnehmen soll. Er brauche ja nicht zu essen, wenn er keinen Hunger habe.

Wir bieten der Mutter an, sich mit an den Tisch neben ihren Jungen zu setzen. Dem Vater schlagen wir vor, sich vor die Türe zu stellen und die Szene zu bewachen.

Die Eltern akzeptieren. Die Mutter zieht Christian kommentarlos am Arm in den Essraum. Vor den anderen Kindern ist Christian dies sichtlich peinlich. Kommentar der Betreuerin an die anderen Kinder: »Ich möchte euch Christian vorstellen. Er ist neu bei uns. Er kennt die Regeln noch nicht und braucht noch die Hilfe seiner Eltern. Einige von euch kennen das. Es ist ihnen anfangs genauso ergangen.« Christian scheint jetzt Wert darauf zu legen, sich der Kindergruppe »cool« zu präsentieren und zu zeigen, dass er alt genug und autonom ist, die Regeln von sich aus zu befolgen. Er isst schweigend, ignoriert seine Mutter und beobachtet wach die Umgebung, bis die Tafel aufgehoben wird.

Der Arm tut, was der Kopf sagt

Diese Szene hat Pilotfunktion für das weitere Vorgehen. Wir gratulieren den Eltern zu ihrem Erfolg, loben ihre Entschlossenheit und teilen unsere Überzeugung mit, dass sie zusammenstehen, wenn es darauf ankommt. Offensichtlich respektiere Christian ihren Willen, wenn sie nur deutlich und entschlossen genug auftreten. Abschließend sagen wir voraus, dass diese Prozedur sich in der nächsten Zeit wiederholen wird, und besprechen, wie sie sich dann verhalten können. Wir betonen unsere Zuversicht, auf dem richtigen Weg zu sein.

Christian gegenüber wird betont, dass wir grundsätzlich nur das tun, was die Eltern wollen. Wir tun dies, weil wir vor beiden, Mutter und Vater, Respekt haben und sehen können, dass sie ihr Kind lieb haben. Wir unterstützen Eltern, die mutig sind und ihren Kindern zeigen, was sie für richtig halten. Im Übrigen könne Christian sicher sein, dass alle Kinder hier in derselben Lage waren oder sind wie er jetzt. Niemandem ist es erlaubt, ihn auszulachen.

Einüben von Präsenz

Die Eltern verabschieden sich jetzt von ihrem Jungen, der mimisch unmissverständlich Trotz und Widerstand zum Ausdruck bringt. Die Betreuerin weist ihn danach in das weitere Tagesgeschehen ein. Ein gleichaltriger Junge übernimmt die Aufgabe, Christian mit der Umgebung vertraut zu machen und ihn zu den spielenden Kindern mitzunehmen. Christian wirkt unschlüssig. Er geht zwar mit, ohne sich zu widersetzen, zeigt jedoch kein Spielinteresse. Als nach etwa einer Stunde die Kindergruppe zum Gruppengespräch zusammengerufen wird, weigert sich Christian demonstrativ. Als seine Betreuerin ihn darauf hinweist, dass sie jetzt seine Eltern informieren muss, wird er aggressiv und beschimpft sie aufs Ordinärste. Die Aufforderung, sofort mitzukommen, um mit den Eltern zu telefonieren, beantwortet er mit einem Wutausbruch. Er schreit, wirft Stühle um, schubst die Betreuerin zur Seite und rennt aus dem Haus. Er bleibt aber in Sichtweite.

Die Eltern, über Handy gerufen, erscheinen nach etwa einer Dreiviertelstunde. Bevor sie mit Christian in Kontakt treten, bitten wir sie zu einer Vorbesprechung. Sie wirken resigniert: Sie hätten gewusst, dass es so kommen werde, wahrscheinlich habe alles keinen Zweck. Wir erklären, dass Christians Widerstand voraussehbar war. Es beunruhige uns keineswegs, dass er eine einzelne Aktion noch nicht ernst nehme. Er sei ja hier, weil er dies erst allmählich lernen solle. Wir empfehlen dann, ihn für heute mit nach Hause zu nehmen und dafür zu sorgen, dass er keinen Moment allein bleibt. Die Eltern sollen sich darin abwechseln, mit ihm über das Geschehene zu reden und ihm ihre Ziele ausführlich zu erläutern. Wichtig sei uns auch, dass sie sehr genau zuhören und darauf achten sollten, worum es Christian gehe. Im Übrigen mögen sie ihn darauf vorbereiten, dass er sich am nächsten Tag vor Kindern und Erwachsenen entschuldigen muss.

Das Entschuldigungsritual

Allgemein gilt die Regel, dass Beschimpfungen und Angriffe gegen Erwachsene oder gewaltsame Übergriffe auf Kinder eine öffentliche Entschuldigung vor der Kindergruppe erfordern. Christians Eltern bezweifeln, dass er dazu bereit sein werde. Für die Bedenken des Vaters, ob eine öffentliche Blamage dem Jungen schaden könne, nehmen wir uns ausgiebig Zeit. Schließlich einigen sich beide Eltern darauf, zuzustimmen.

Als die Eltern am nächsten Morgen mit einem demonstrativ verstockten Jungen erscheinen, signalisieren sie Unsicherheit. Um seine Flucht zu verhindern, hält der Vater Christian am Arm und platziert ihn zwischen sich und seine Frau. Die Betreuerin erklärt der versammelten Kindergruppe, dass Christian sich jetzt wegen der gestrigen Vorfälle zu entschuldigen habe. Dies wird von den Kindern mit Anspannung, aber zugleich mit großem Ernst zur Kenntnis genommen. Aufforderungen der Eltern, erst zaghaft, dann ärgerlich und laut, bleiben ohne Erfolg. Christian bleibt stumm und abweisend. Wir beenden nach wenigen Minuten die Veranstaltung mit dem Hinweis, dass die Kinder zur Schule müssen.

In der Nachbesprechung ohne Christian wirken die Eltern erschöpft und resigniert. Der Vater ist sich sicher, dass Christian sich niemals zwingen lassen werde, und die Mutter befürchtet, Christian habe sich bereits innerlich von seinen Eltern abgewendet. Es habe wohl keinen Zweck. Wir versichern, dass wir akzeptierten, wenn sie die Behandlung jetzt abbrechen wollten, geben allerdings zu bedenken, dass heute noch kein Erfolg erwartet werden konnte. Es reiche für heute aus, dass Christian sehen konnte, dass seine Eltern ernst machen. Man müsse auch akzeptieren, dass er Zeit brauche. Es stehe außer Frage, dass er sie liebe und brauche. Jetzt gehe es darum, ihn davon zu überzeugen, dass sie in Zukunft auch weiter entschlossen wären, ihren Job als Eltern auszufüllen. Wir betonen wiederholt unseren Respekt vor ihrer Einsatzbereitschaft und stellen fest, dass das Ganze bis jetzt ein guter Erfolg war. Wir lassen keinen Zweifel daran, dass es nur die Alternativen gebe, im vereinbarten Programm weiterzumachen oder die Behandlung komplett abzubrechen. Wir ergänzen, dass wir es respektierten, wenn sie ihrem Jungen nicht zumuten wollten, sich öffentlich zu entschuldigen.

> Der Vater rechtfertigt nochmals sein Gefühl der Lähmung mit seiner Angst, in der Auseinandersetzung mit Christian in Wut geraten zu können. Christian habe erneut gedroht, sich ans Jugendamt zu wenden. »Dann stecken die mich wieder ins Gefängnis, und das wäre eine Katastrophe.« Die Mutter stellt sich an die Seite ihres Mannes: Er sei zwar gewalttätig gewesen, weil man ihn gehänselt habe, habe aber weder ihr noch den Kindern jemals etwas getan. Das könne er gar nicht.

Wir betonen, Misshandlungen natürlich nicht billigen zu können. Allerdings unterstützten wir sie ganz entschieden, sich bei Christian durchzusetzen. Wir wiederholen unsere Zuversicht, dass sie auch ohne Gewalt Erfolg haben werden. Aus der Überzeugung heraus, dass sie hierbei unsere Unterstützung brauchten, bieten wir eine Koalition gegen mögliche Angriffe von außen an. Wir versichern, dass sie nichts zu befürchten hätten, weil wir mit der ganzen Autorität der Klinik auf ihrer Seite stünden, falls der Junge seine Drohung wahr machen und das Jugendamt etc. einschalten sollte. Wir fragen auch, ob sie nicht lieber präventiv werden und den Jungen selbst beim Jugendamt vorführen wollten. Dann wird noch beraten, was jetzt zu Hause mit Christian zu geschehen habe. Wir ermutigen wiederum, ihn nicht allein zu lassen, sondern viel mit ihm zu reden. Im Übrigen empfehlen wir, ihn auf die Wiederholung der Prozedur am nächsten Morgen vorzubereiten.

Als die Eltern mit Christian die Tagesklinik verlassen haben, hören wir draußen ein lautstarkes Wortgefecht. Wir sehen aus der Entfernung, wie der Vater den Jungen festhält, als der wegrennen will. Christian beschimpft seinen Vater: »Knastbruder ... du hast mir überhaupt nichts zu sagen ... bist ja blöd, kannst ja nicht einmal schreiben ...« – etc. Christian versucht, sich loszureißen, tritt nach dem Vater, bis dieser das Gerangel mit einer kräftigen Ohrfeige beendet. Wir beobachten, dass die Mutter demonstrativ an die Seite ihres Mannes geht. Christian steigt laut weinend, aber widerstandslos mit ins Auto. Später rufen wir an und teilen mit, dass wir die Szene mitbekommen haben. Wir gratulieren ihnen, so spontan und deutlich gewesen zu sein und dass sie zusammengestanden haben. Wir betonen unseren Respekt vor ihrer Entschlossenheit, ihren Jungen nicht einfach laufen zu lassen.

Zum zweiten Anlauf erscheinen die Eltern deutlich entschlossener und selbstbewusster als zuvor. Nach Eröffnung der Runde spult Christian überraschend spontan, jedoch mit abweisender Miene und abfälligem Unterton eine Entschuldigungsfloskel ab. Die Betreuerin verweigert die Annahme und löst die Runde auf mit dem Kommentar, dass die Kinder hier bereits gelernt haben, wie sich Entschuldigungen anhören, die ehrlich gemeint sind.

In der Nachbesprechung wiederholen die Eltern zunächst Zweifel, Ratlosigkeit und Resignation. Dann aber kippt langsam ihre Stimmung. Wir versuchen nicht, zu klären, ob sich Unmut und Ärger mehr auf ihren Jungen, auf sich selbst oder auf uns richten. Wir verweisen lediglich auf die Möglichkeit, abzubrechen. Allerdings seien sie aus unserer Sicht heute einen entscheidenden Schritt weitergekommen. Wir verabschieden uns mit der Einladung, morgen früh zur gewohnten Zeit mit ihrem Jungen zu erscheinen, um die Prozedur zu wiederholen.

Am nächsten Morgen erscheinen die Eltern mit finsteren Mienen. Sie wirken entschlossen. Als sei jetzt ein Hebel umgelegt, blickt Christian seine Betreuerin direkt an und bittet sichtlich bewegt um Entschuldigung. Diese versichert, so sei es für sie in Ordnung und vergessen. Eltern und Junge entspannen sich, als sei eine Last von ihren Schultern gefallen. Die Kindergruppe reagiert entspannt. Einzelne äußern Anerkennung.

In der Nachbesprechung hören wir, dass es gestern zu Hause noch einmal heftig Krach gegeben habe. So deutlich sei der Vater noch nie geworden. Auch er habe um Verzeihung gebeten. Beide Eltern hätten bis in die Nacht geredet. Sie seien jetzt sicher, auf dem richtigen Weg zu sein. Sie bereuen, die Zügel allzu lange losgelassen zu haben. Wir gratulieren, nicht ohne die mahnende Voraussage, dass ihr Junge auch weiterhin prüfen werde, ob sie es wirklich ernst meinen.

Abgesehen von Belanglosigkeiten, orientiert sich Christian in den nächsten Monaten an den Vorgaben seiner Eltern. Wir achten darauf, dass sie auch in alltäglichen Konfliktsituationen nicht nachlassen, präsent zu sein, um ihrem Sohn spürbar Orientierung und Schutz zu geben. Aus Gruppen- und Einzeltherapien hören wir von gewachsenem Selbstbewusstsein des Jungen. Er könne sich besser aus Konflikten zurückziehen, die ihn nichts angehen. Er zeige sich kompetent in Situationen, die früher in Prügeleien gemündet seien. Die Lehrerin berichtet von sichtbaren Lernfortschritten. Christian bleibt über Wochen ohne aggressiven Wutausbruch und wird als akzeptiertes Gruppenmitglied beschrieben.

Als wir nach etwa fünf Monaten die Entlassung erstmals thematisieren und konkrete Schritte für die schulische Rückführung vorbereiten, verändert sich sein Verhalten. Er wirkt sichtlich angespannt. Es kommt vermehrt zu kleineren Konflikten, alte Muster tauchen wieder auf. Christian lehnt die Schule ab, die seine Eltern vorgeschlagen haben. Die Eltern haben verschiedene Beratungen eingeholt, zeigen sich selbst noch sehr unsicher. Sie sind sich auch nicht wirklich einig und diskutieren mit Christian. Drei Tage vor der Entlassung kommt es zum Eklat.

> Auf eine eher harmlose Ermahnung hin schreit Christian seine Betreuerin an, schubst sie zur Seite und rennt davon. Die herbeigerufenen Eltern fangen ihn ein. Es kommt erneut zu einer heftigen Attacke, diesmal gegen beide Eltern. Wir können nicht verhindern, dass der Vater ihm zum zweiten Mal eine Ohrfeige verpasst. Das Entschuldigungsritual wird wiederholt. Christian weint heftig und spricht zum allerersten Mal offen in der Gruppe von seiner Angst, wieder Außenseiter zu werden wie früher.

In der Nachbesprechung wird ausführlich thematisiert, welche Rolle die erneut aufgetretene Unsicherheit der Eltern für Christians Angstbewältigung gespielt haben mag. Daraufhin einigen sie sich, ihrem Sohn in aller Deutlichkeit mitzuteilen, für welche Schule sie sich entschieden haben. Sie wollen auf seine Angst eingehen und ihm Schutz und Unterstützung versprechen.

Bei der Entlassung betonen die Eltern, gelernt zu haben, dass Christian ihre Erwartung ernst nimmt, wenn sie beide sich einig sind und entschlossen hinter ihm stehen. Sie haben nach langem inneren Hin und Her die Sicherheit gewonnen, Krisensituationen aus eigener Kraft bewältigen zu können. Dankbar nehmen sie zur Kenntnis, dass sie sich nach der Entlassung im Bedarfsfall jederzeit wieder an uns wenden können. Nach sechs Monaten kommen sie zur routinemäßigen Nachsorge. Allen in der Familie gehe es gut. Christian gehe inzwischen gern zur Schule. Seit Jahren hätten sie kein so harmonisches Familienleben erfahren wie in den letzten Monaten.

Literatur

Pleyer, K. H. (2003): Parentale Hilflosigkeit. Ein systemisches Konstrukt für die therapeutische und pädagogische Arbeit mit Kindern. Familiendynamik 28 (4): 467–491.

Pleyer, K. H. (2004): Co-traumatische Prozesse in der Eltern-Kind-Beziehung. Systhema 18 (2): 132–149.

8. Bei Haim sah alles so leicht aus ...

Petra Girolstein, Elfriede Schnitzspan und Susanne Flath

Bei Haim Omer sah alles so leicht aus. Er sprach mit den Eltern, überzeugte sie von seinem Vorgehen und motivierte sie zur Durchführung von Sit-ins, Telefonaktionen und Unterstützertreffen. Haim Omer selbst beeindruckt durch äußerste Präsenz: Mit allen Sinnen, seinem gesamten Körperausdruck und einer immer zugewandten Sprache begleitet er Klienten und ihre Beraterinnen. Selbst seine »Taubigkeit« (Zitat Haim) und die damit verbundenen Verständnisprobleme schmälern diesen Eindruck nicht.

Die Haltung von Präsenz schien ein Aha-Erlebnis auszulösen, das sich durch alle Bereiche der Arbeit zog: Es war die Antwort auf die Sehnsucht nach Handlungsfähigkeit, auf die Frage nach dem richtigen Platz, auf die allgemeine Verunsicherung im Kreise von Eltern, Lehrerinnen, Erziehern und Beraterinnen, eigentlich aller am Erziehungsprozess Beteiligten. Wie diese tief greifende Verunsicherung entstehen konnte und wie sie sich heute aufrechterhält, haben Haim Omer und Arist von Schlippe (2002, 2004) ausführlich beschrieben.

Durch das Aha-Erlebnis euphorisiert, begannen wir, das Konzept in nahezu alle unsere Arbeitsbereiche einzubeziehen: in unsere ambulante Jugendhilfeeinrichtung im Rahmen von Elterncoachings, in die Tagesgruppen bei der Entwicklung der Haltung »erzieherische Präsenz«, in die Supervision von Lehrerinnen- und Erzieherteams und in die Familienberatung als punktuelle Inputs, wo immer sie zu passen schienen (und, da die Begeisterung »das Passen« fördert, recht häufig). Wir freuten uns an neuem Grün in unserem Garten, ließen Wildwuchs zu, vergaßen manchmal unsere Wurzeln, staunten über das Neue, das entstand, litten, wenn manches verkümmerte und nicht wachsen wollte, und entdeckten Pflanzen, die keiner gesät hatte und mit denen niemand sich auskannte. Ein Teil dessen, was um uns mit uns (und vielleicht auch ohne uns) entstand, sei im Folgenden beschrieben.

Erik und der Chef des Hauses

Mit Eriks Familie bedienten wir eine der ersten Anfragen nach Elterncoaching. Erik war 16 Jahre alt und ging seit einem Jahr nicht zur Schule. Gemeinsam mit seinen beiden Halbschwestern lebte er im Haushalt der Mutter und des Stiefvaters. Seit die Eltern sich vor zehn Jahren getrennt hatten, lebte der leibliche Vater mit seiner zweiten Frau nur wenige Kilometer entfernt. Erik schlief tagsüber, um abends aufzustehen, Freunde zu treffen, in der Nacht Musik zu hören und Essen zu kochen. Am Familienleben nahm er kaum mehr teil, und wenn, dann kam es zu verbal und körperlich eskalierenden Auseinandersetzungen vor allem mit dem Stiefvater, der ihm seine Lebensweise vorwarf.

Der erste Schritt unserer Arbeit war, Eriks Vater und seine Frau, die bis dahin von Eriks Besorgnis erregender Entwicklung nichts wussten, zu informieren und in den Prozess einzubeziehen. Zusammen mit Freunden aller Elternteile formulierte das so entstandene Unterstützerteam einen Brief an Erik. Ihm wurde mitgeteilt, dass alle ihn liebten und sich deshalb wünschten, dass er wieder am Familienleben teilnehme. Seine verbalen und körperlichen Attacken (die genau beschrieben wurden) würden sie nicht länger hinnehmen, sondern alles dafür tun, dass er sie unterlasse.

Als dieser Brief bei einem Treffen der vier Elternteile mit Erik von seinem leiblichen Vater verlesen wurde, geriet Erik außer sich vor Wut. Er verlangte von seiner Mutter, den Vater aus dem Haus zu werfen, verbrannte den Brief, schrie und beleidigte vor allem seinen Vater.

In den darauf folgenden Wochen fanden mehrere Sit-ins statt, die von seinen leiblichen Eltern in Eriks Zimmer durchgeführt wurden. Wieder kam es zu Eskalationen, indem der Junge einmal aus dem Fenster seines Zimmers sprang und ein anderes Mal Möbelstücke demolierte. Gleichzeitig wurde der Raum außerhalb des Elternhauses von den Unterstützern besetzt, indem sie Erik per Telefonketten suchten, wenn er weggelaufen war, und ihm in den Häusern seiner Freunde, bei denen er Unterschlupf suchte, Mitteilungen zukommen ließen. Die Botschaft an Erik lautete: »Wir sind immer da, wir lassen uns nicht abschütteln. Wir möchten dich in unserem Familienkreis nicht verlieren. Wir werden dich nicht angreifen, doch wir tun alles dafür, dass du dein zerstörerisches Verhalten unterlässt.«

Eriks Reaktion auf diese geballte (vierfache!) Elternkraft ging in zwei Richtungen: Einerseits kanalisierte seine Wut sich gegen den Vater, ging doch sein Wiederauftauchen in der Familie mit den Aktionen einher, die Erik (zumindest vordergründig) als gegen sich gerichtet empfand. Erik griff ihn körperlich an, bewarf seine Frau mit Eiern und schäumte vor verbalen Verunglimpfungen. Andererseits mäßigte Erik sein Verhalten im Alltag: Er begann, nur noch bis Mittags zu schlafen, und versuchte sich einige Tage an einem Praktikum. Er räumte sein Zimmer auf und begann, mit seiner Mutter normal zu sprechen. Es gelang, Eriks Vater in seiner gewaltfreien Haltung zu unterstützen, sodass er den immer wiederkehrenden Provokationen standhielt.

In diesem Prozess der Veränderung überraschten uns Eriks Mutter und ihr Ehemann mit einem plötzlich aufbrechenden Konflikt. Eriks Stiefvater war aufgebracht darüber, was Erik sich immer noch erlaubte, ihm ging die Veränderung zu langsam vonstatten, und er hatte genug davon, sich Erik gegenüber zurückzuhalten. Was war geschehen?

Mit unserem Fokus auf den leiblichen Banden und der Verantwortung der Eltern ihrem Sohn gegenüber, auch mit dem (unserem!) Wunsch danach, den abwesenden Vater in die Entwicklung des pubertierenden Jungen einzubeziehen, hatten wir die Bedeutung des Stiefvaters unterschätzt. Von uns in der zweiten Reihe platziert, rief er uns nun in Erinnerung, dass es sein Terrain war, auf dem sich alles abspielte, sein Haus, in das die Mutter und Erik eingezogen waren und in dem auch seine beiden kleinen Kinder wohnten, die alles miterlebten und darauf reagierten. »Wer ist der Chef des Hauses?«, war die Frage, der wir zu wenig Beachtung geschenkt hatten.

Eriks Mutter wollte keine weiteren Sit-ins mit ihrem Exmann. Eriks Vater hingegen setzte seine Kontaktangebote seinem Sohn gegenüber fort. Nach einigen Wochen kam es zur gemeinsamen Reparatur von Eriks Computer. In der Folge tauschten die beiden sich aus über PC-Programme und -spiele. Eriks Kontakt zu seinem Vater veränderte sich von vehementer Ablehnung hin zu vorsichtiger Annäherung.

Erik behielt seinen gemäßigten Tagesablauf bei. Er geht weiterhin nicht zur Schule. Es gibt weniger Konflikte zu Hause. Seine Mutter war mit diesem Maß an Veränderung zunächst zufrieden.

Bescheidenheit

»Auch eine 20 %-Veränderung ist eine Veränderung!« Diesen Satz von Haim Omer riefen wir uns in Erinnerung. Es geht nicht um allumfassende Lösungen, sondern um Verbesserungen, und was eine Verbesserung bedeutet, bestimmen nicht wir, sondern die Beteiligten im System. In Eriks Familie war der Wunsch groß, dass Erik mit seinem aggressiven Verhalten den anderen Familienmitgliedern gegenüber aufhöre und seinen destruktiven Tagesrhythmus umstelle. Die Betonung der Verantwortung des leiblichen Vaters hingegen entsprach nicht der Familiendynamik zu diesem Zeitpunkt, schon gar nicht die Herabwürdigung des Stiefvaters, mit welcher Rolle als »Chef des Hauses« nicht Rechnung getragen wurde. Die Mutter in ihrer engen Verbundenheit mit Erik ließ Raum für die Väter, zunächst für den leiblichen Vater neben sich und später für den Stiefvater an ihrer Seite. Dabei nahm sie zum ersten Mal eine Haltung ihrem Sohn gegenüber ein, die ihn nicht schonte und vor den Vätern schützte. Den nächsten Schritt zu gehen und Eriks Anpassung auch außerhalb der Familie zu fordern, indem er zur Schule gehe oder eine Ausbildung beginne, entsprach nicht dem Tempo der Familie.

Karla im Netz der HelferInnen

Dass die Wirksamkeit der Haltung des gewaltfreien Widerstandes nicht nur von der jeweiligen familiendynamischen Situation abhängig ist, sondern auch von dem Einfluss anderer am Prozess beteiligter Systeme, zeigte eindrucksvoll die Arbeit mit Karlas Familie.

Obwohl Karla erst 13 Jahre alt war, lebte sie bereits ihr eigenes Leben. Sie hielt sich meist außerhalb der Familie auf und genoss viel Anerkennung im Kreise der anderen, meist älteren Jugendlichen. Sie blieb nächtelang von zu Hause weg, verwandelte jeden Raum im Haus binnen kurzem in grenzenloses Chaos, bestahl ihre Mutter, den Stiefvater und den kleinen Halbbruder und verhielt sich in höchstem Maß respektlos vor allem gegenüber ihrem Stiefvater. Der Vater Karlas lebte seit Jahren in Afrika und hatte in der Entwicklungshilfe eine Aufgabe gefunden, die ihn ganz und gar einnahm. Mit Karla hatte er regelmäßigen, guten brieflichen Kontakt.

Karla bestimmte das Familienleben vollkommen. Ständig waren alle damit beschäftigt, ihre eigenen Sachen zu kontrollieren und vor ihr in Sicherheit zu bringen. Nachts waren die Eltern auf der Suche nach ihr, und tagsüber gab es lautstarke Auseinandersetzungen, bei denen sie stets das letzte Wort behielt. Karlas Mutter und ihr Mann schienen zermürbt und am Ende ihrer Kräfte, vielleicht auch am Ende ihrer Paarbeziehung. Eigentlich sollte Karla stationär untergebracht werden, das Elterncoaching erschien ihnen als letzte Chance zur Rettung der familiären Situation.

Die Eltern waren bereits geübt in der Praxis mit Telefonketten und im nervigen Suchen ihrer Tochter. Allerdings hatten sie dies nur punktuell und immer mit schlechtem Gewissen getan, unsicher, ob es legitim sei, die Privatsphäre Karlas zu verletzen und ihre Freunde in ihre Sorge und Suche mit einzubeziehen. Das Coaching gab ihnen die Sicherheit, das Richtige zu tun, sodass sie mit neuem Elan eine Ankündigung formulierten, Verwandte und Freunde in den Unterstützerkreis einbezogen und engagiert an den Beratungen teilnahmen.

Der Raum, den Karla fern der Familie füllte, war im Laufe der Jahre schon sehr groß geworden. Als die Eltern sich anschickten, ihn ihrerseits mehr und mehr zu füllen, sich im Alltag nicht mehr von ihr provozieren ließen und da gemeinsam auftraten, wo Karla sie in der Vergangenheit hatte gegeneinander ausspielen können, nahm die Häufigkeit von Karlas Diebstählen und ihrem respektlosen Verhalten zunächst ab. Karla schien hin- und hergerissen zwischen der Hoffnung darauf, doch noch einen Platz in der Familie zu finden, und der Angst davor, ihre Macht zu verlieren und den Eltern gegenüber zu unterliegen. Nachdem es den Eltern – mit großen Schwierigkeiten, aber dennoch – gelungen war, auf ihre Provokationen respektvoll gelassen, doch bestimmt zu reagieren, und da dies vom Kreis der Unterstützer begleitet wurde, griff sie zu einer »großen Trumpfkarte« und ließ sich vom Jugendamt in Obhut nehmen.

Wir verstanden diese machtvolle Geste Karlas (nachdem wir uns noch einmal, so weit möglich, vergewissert hatten, dass weder Misshandlung noch Missbrauch in der Familie vorlagen) als neue Etappe im Spiel, das hieß: »Wollt ihr mich wirklich, und seid ihr für mich da?« Während wir dabei waren, die Eltern zu begleiten, die sich kraftlos und enttäuscht fühlten, nahm das Heim, in dem Karla sich aufhielt, in anderer Weise Einfluss. Karla kam und ging, wann sie wollte, sie durfte rauchen, was ihr zu Hause verboten war, und schwänzte, von den Betreuern unbemerkt, die Schule. Als sie einmal am späten Abend bei den Eltern auftauchte und dort übernachten wollte und die erstaunte Mutter in der Einrichtung anrief, hatte dort niemand Karlas Wegbleiben bemerkt. Nach einer Woche veranlasste das Jugendamt ihre Rückkehr nach Hause. An dieser Stelle sei ausdrücklich bemerkt, dass diese Erfahrung mit Jugendhilfeeinrichtungen nicht die übliche ist, sondern alle beteiligten Fachleute zu Entsetzen veranlasste. Doch für Karla bedeutete diese Erfahrung eine Vergrößerung des ihr eigenen Raumes: Sie hatte einmal mehr erfahren, dass es ihr gelingt, die Eltern »auszuschalten«, und dass ihr von anderer Seite Räume zugebilligt wurden, in denen sie in destruktiver Weise tun und lassen konnte, was sie wollte.

Ganz anders verlief die Zusammenarbeit mit der Schule: Nachdem die Eltern erst mit wochenlanger Verzögerung darüber informiert worden waren, dass Karla mehrfach zu spät gekommen war und auch die Schule geschwänzt hatte, fand ein Gespräch mit der Klassenlehrerin statt. Sie wurde über das Konzept des gewaltfreien Widerstandes informiert und gebeten, daran mitzuwirken, indem sie Karlas Mutter bei jedem Fernbleiben oder Zuspätkommen unverzüglich informiere und dies auch Karla ausdrücklich mitteile. Die Lehrerin schien erleichtert über diese Erlaubnis, die Eltern einzubeziehen und selbst aktiv zu werden. Sie hatte sich schon große Sorgen um ihre Schülerin gemacht, sich aber bisher nicht getraut, etwas zu unternehmen. Schon zwei Tage später fand eine Konferenz aller in der Klasse unterrichtenden Lehrer statt. Gemeinsam beschlossen sie, ein dichtes Informationsnetz mit Karlas Eltern zu bilden. Das Mädchen wurde schließlich dazugebeten, denn sie sollte hören, dass alle Lehrerinnen in großer Sorge um sie seien und beschlossen hätten, ihre Eltern zu unterstützen, indem sie diese über alle Regelverletzungen informierten. Sie täten dies, um Karla dabei zu helfen, sich wieder besser zu fühlen, und damit sie in der Schule die Leistungen bringen könne, zu denen sie fähig sei.

Die Wirkung dieser »Lehrer-Ankündigung« war schnell und eindrucksvoll: In den darauf folgenden Wochen ging Karla rechtzeitig und regelmäßig zur Schule und beteiligte sich wieder am Unterricht.

Gleichwohl zeigten sich immer mehr die tiefe Ermüdung der Eltern und Karlas Unwohlsein in ihrer häuslichen Umgebung. Zu lange schon, so schien es, lebte Karla in ihrer eigenen Welt, ungeübt darin, sich an Regeln zu halten. Im Laufe des Elterncoachings hatte es immer wieder Versöhnungsgesten gegeben und gute gemeinsame Momente. Als mehr Ruhe einkehrte, wurde in einer nicht feindlichen, sondern eher traurig-suchenden Atmosphäre die Möglichkeit der vorübergehenden Fremdunterbringung in einem Heim, das alle gemeinsam aussuchen sollten, thematisiert. So stand am Ende der Maßnahme das, was am Anfang vermieden werden sollte, doch vor einem gänzlich veränderten Hintergrund: Karla ging nicht, weil sie als Strafe gehen musste, und auch nicht, weil sie aus Rache die Eltern verließ, sondern man einigte sich gemeinsam und tränenreich auf diese Lösung als die Möglichkeit, zur Ruhe zu kommen, den Kontakt zueinander neu zu suchen und neue Konfliktlösungsstrategien zu finden.

Enttäuschungsarbeit

Bei der Begleitung von Karlas Eltern spielte »Enttäuschungsarbeit« eine wichtige Rolle. Sie – wie die meisten der Eltern, die wir kennen lernten – setzten große Hoffnungen in das Konzept gewaltfreien Widerstandes: In den Beratungen anerkannt, respektiert und motiviert, fühlen sie sich handlungsfähig und tun vielleicht dasselbe wie vorher (wie Karlas Eltern bei den nächtlichen Suchaktionen), jedoch mit einer anderen inneren Haltung (»Das ist richtig!«), die sich auch nach außen mitteilt. Sie wirken ruhiger, klarer, mehr bei sich und dem Kind zugewandter als vorher. Doch dieser Zustand ist labil. Werden sie nicht in umfassender Weise auf mögliche Rückschläge und Eskalationen vorbereitet, sind sie schnell enttäuscht und drohen, die Motivation zu verlieren.

Doch noch mehr wirkten die Rückschläge auf uns. »Enttäuschungsarbeit« fiel uns leicht, waren wir selbst darauf vorbereitet – und bereitete uns unendliche Schwierigkeiten, wenn wir selbst zu große Erwartungen in das Konzept und unsere Arbeit gesetzt hatten. *Disappointment-work* aufseiten der Helferinnen, die stabile Vernetzung und der kontinuierliche Austausch untereinander scheinen uns die wichtigsten Stützen unserer Arbeit. Gemeinsam finden wir einerseits zurück zur Bescheidenheit und lernen, zu unterscheiden zwischen unseren Hoffnungen und Zielen und dem systemischen Verstehen der jeweiligen Familie mit ihrer eigenen Dynamik. Andererseits erlauben wir uns verrückte Ideen und ungewöhnliche Interventionen. Je hoffnungsloser die Lage, desto mehr ist unsere Kreativität gefordert.

Paul und sein Steckbrief

Paul war schon 17 Jahre alt, als wir ihn kennen lernten. Er und seine Familie kannten bereits alle sozialen Institutionen der Region, viele Kolleginnen und Kollegen hatten sich an Pauls unangepasstem Verhalten ausprobiert. Er lebte bei seinem Vater in chronischem Streit mit der getrennt lebenden Mutter. Seine Drogenkarriere war vorangeschritten, und zu Hause schien er kaum mehr zu halten. Nach dem Beginn des Elterncoachings verschwand er und tauchte in der Drogenszene unter. Bei der Frage danach, wie er zu suchen sei, entstand die Idee eines Steckbriefs. Doch ein solcher Steckbrief implizierte die Verbindung mit Verbrechen und Strafe, während die Botschaft die Sorge um ihn sein sollte und das Angebot, gemeinsam zu einer guten Lösung zu kommen.

Der Vater erfand schließlich eine Banderole, auf die Pauls Foto aufgedruckt wurde sowie die Aufforderung »Der Typ soll sich bei seinem Vater melden!«. Mit dieser Banderole versah er Apfelsaftflaschen, die von Freunden und Bekannten in der Umgebung der Szene verteilt werden sollten. Schon am Morgen nach der allerersten Verteilungsaktion kehrte Paul zu seinem Vater zurück, bezog sein Zimmer und verkündete, wieder zur Schule zu gehen.

Jana und Nadine und das Prinzip der kleinstmöglichen Intervention

Sit-ins und Unterstützermeetings sind reizvolle und mutige Schritte, wo immer sie passen. Doch häufig sind es die kleinen Interventionen, die überraschende Wirkung zeigen.

Nadine (16) lebte seit einem Jahr in einer Jugendhilfeeinrichtung, nachdem sie sich in einer heftigen Auseinandersetzung mit Mutter und Stiefvater geweigert hatte, nach Hause zu gehen. Das Jahr der Trennung hatte Beruhigung in die Familie gebracht, es gab keine heftigen Konflikte mehr. Doch wenn Nadine auf Wochenendbesuch nach Hause kam, dominierte sie die Atmosphäre völlig: Der Stiefvater zog sich zurück und vermied es, gleichzeitig mit ihr im Haus zu sein, während die Mutter ständig dabei war, gefährliche Themen zu meiden, die beiden zu unterhalten und zu kontrollieren und auseinander zu halten. Der Stiefvater, der seit Nadines erstem Lebensjahr zur Familie gehörte, war tief gekränkt wegen Nadines Respektlosigkeit und ihrer Weigerung, Kontakt mit ihm zu haben.

Bereits nach zwei Gesprächen mit den Eltern bat Nadine über die Mutter, mit daran teilnehmen zu dürfen. Aus dem, was als Coaching angelegt war, entwickelte sich ein klassisches familientherapeutisches Gespräch, in dem deutlich wurde, wie sehr alle drei unter der verfahrenen Situation litten. Nadine wünschte sich sehr, vom Stiefvater als Tochter anerkannt und nicht an die Mutter »abgeschoben« zu werden, der Vater sehnte sich danach, den Platz einzunehmen, den er sich selbst verweigert hatte, indem er die Rolle eines Freundes eingenommen hatte, und die Mutter hatte es seit langem satt, ständig zu vermitteln.

Was erst dramatisch schien, entpuppte sich als »Präsenzkonflikt« der leichteren Art. Nach vier Gesprächen hatten die Beziehungen sich so gewandelt, dass die Familie gemeinsame Urlaubspläne machte.

War in Nadines Familie die Kommunikation nahezu erstorben, so gab es sie in Janas (16) Familie im Übermaß. Janas Eltern hatten feste ehrgeizige Vorstellungen vom Lebensweg ihrer Tochter. Als gebildetes und erfolgreiches Paar sprachen und diskutierten sie oft mit ihrer

Tochter. Wortreich erklärten sie ihr ihre Haltungen und Sichtweisen, mit dem Erfolg, dass Jana immer tauber wurde und sich immer mehr unangepasste Verhaltensweisen einfallen ließ, die jeweils von den Eltern ausführlich kommentiert wurden. Janas Schulleistungen hatten sich rapide verschlechtert, sie trieb sich in zweifelhafter Gesellschaft herum, hielt sich an keine Ausgehzeiten, rauchte stark und verweigerte mehr und mehr das Familienleben.

In der Beratung begannen die Eltern zu unterscheiden, was »normale« jugendliche Verhaltensweisen sind und was Besorgnis erregende Entwicklungen, auf die sie einwirken wollten. Sie füllten den *big basket* mit Verhaltensweisen Janas, die sie nicht gutheißen, jedoch zunächst tolerieren können, den *flexibility-basket* mit Problemverhalten, dem sie sich später zuwenden würden, und den *red basket* mit einigen wenigen Schwierigkeiten mit Jana, denen sie ausdrücklich entgegentreten wollten (»Körbearbeit« nach Greene 2001). Solcherart fokussiert, nahmen die Eltern die Anregung, nicht mehr zu predigen, sondern ihren Standpunkt mit wenig Worten konsequent zu vertreten, bereitwillig an. Sie wurden unterstützt darin, bei der nichtpredigenden, bescheiden präsenten Haltung zu bleiben, auch wenn Jana ein beträchtliches Maß an Provokationen »nachlegte«. Die bildungsorientierten, dem Leben zugewandten Eltern blieben gelassen bei Janas Wunsch, die Schule zu verlassen und Leichenbestatterin zu werden. Sie verboten das Rauchen in ihrem Haus und ließen Jana wissen, dass sie selbstverständlich nicht kontrollieren könnten, ob sie außerhalb ihres Hauses rauchen würde. Die Eltern verzichteten auf Überzeugungsarbeit Jana gegenüber und diskutierten weniger miteinander über den Umgang mit der Tochter, sondern teilten sich die Bereiche auf und überließen sie dem jeweils Verantwortlichen.

Fern jeder Dramatik normalisierten sich die Familienbeziehungen binnen weniger Wochen. Mittlerweile gibt es nur noch »normale« Konflikte mit Jana, die ihren Berufswunsch aufgegeben hat und nach für sich passenden Alternativen sucht.

Erzieherische Präsenz

»Lass mich in Ruhe, blöde Fotze! Du hast mir gar nix zu sagen!« Schreiend und um sich tretend, beleidigte Ingo (zehn) schon seit Tagen und Wochen die Betreuerinnen der Tagesgruppe. Wir wussten, wie die Situation der psychisch kranken Mutter in der Auseinandersetzung mit dem getrennt lebenden Vater mal wieder eskalierte, und konnten Ingos Explosionen nur zu gut erklären. Hinnehmen wollten wir sie nicht. Was aber bedeuten die Prinzipien gewaltlosen Widerstandes in der Tagesgruppe? Ist elterliche Präsenz übertragbar auf »erzieherische Präsenz«? Für die Zusammenarbeit von Institutionen mit Eltern bei aggressivem Verhalten der Kinder bietet Omer und von Schlippe (2004, Kap. 8) gute Beispiele. Doch eine Zusammenarbeit in diesem Sinne war hier nicht möglich, die Mutter zu sehr mit ihrer eigenen Befindlichkeit beschäftigt und der Vater, verclincht mit der Familie und dem Jugendamt, zu keiner Kooperation bereit.

Dieses mangelnde Netzwerk im System macht den Prozess erzieherischer Präsenz nicht leichter, jedoch auch nicht unmöglich. Pädagogische Fachkräfte, mit denen die Kinder einen großen Teil ihres Alltags verbringen, repräsentieren – auch unabhängig davon, ob elterliche Präsenz vorhanden ist oder nicht – Präsenz in ihrer speziellen professionellen Dynamik der Beziehung mit dem Kind. Die Resilienzforschung (vgl. z. B. Mattejat u. Lisofsky 2005) unterstreicht die Bedeutung von Bezugspersonen außerhalb der Familie, die verlässlich eine warme und zugewandte Beziehung zu dem Kind leben – um mit den Worten der erzieherischen Präsenz zu sprechen: Personen, die da sind, sich nicht zurückzuziehen und gleichermaßen geben, fördern und fordern, dem Kind ein Gegenüber bieten, das seinen Erlebensraum strukturiert und ihm Orientierung gibt.

In der therapeutischen biografischen Arbeit mit Erwachsenen treffen wir immer wieder auf Personen (den Lehrer, die Nachbarin, den Freund des Vaters, die Erzieherin im Hort oder den Fußballtrainer), die durch ein präsentes Beziehungsangebot Hauptrollen im Lebensfilm der Protagonisten erlangten, auch wenn ihre eigentliche Rolle noch so peripher schien.

Wie also können wir die Chancen erzieherischer Präsenz nutzen? Eine der von Ingo beschimpften Pädagoginnen wollte seine Beleidigungen und körperlichen Attacken nicht länger hinnehmen und entschied sich zu einem Sit-in. Allein mit ihm in einem Raum sagte sie ihm, dass sie sein Verhalten (das sie genau beschrieb) nicht länger dulden und alles dafür tun werde, dass er sich anders verhalte. Sie sagte ihm auch, dass sie verstehe, dass die Situation im Moment schwierig für ihn sei (und beschrieb auch dies mit kleinen Beispielen). Es müsse aber andere Möglichkeiten geben, dies zu zeigen, als andere Menschen zu verletzen und zu beleidigen. Ingo hörte sich alles erstaunlich still an. Er brachte keinen Lösungsvorschlag, blieb aber in der Stunde, die das Sit-in dauerte, ruhig und reagierte nicht, wie befürchtet, mit seiner zerstörerischen Wut. Die Erzieherin beendete die Stunde, indem sie sagte, dass sie noch keine Lösung gefunden hätten und weiter danach suchen müssten.

In den darauf folgenden Tagen und Wochen war Ingos Verhalten deutlich gemäßigter. Die Erzieherin verhielt sich mit besonderer Aufmerksamkeit ihm gegenüber und brachte ihm einmal ein kleines Geschenk mit. Ingos Verhalten wurde nicht unauffällig, spielte sich aber auf einem Niveau ein, das ein weiteres Sit-in nicht nötig machte.

Nachhilfe im Systemischen

Ingo verhalf uns zu einer weiteren Erfahrung: Am Tag nach der intensiven Stunde mit ihm fühlte die Erzieherin sich überfordert und energielos und wirkte wie am Ende ihrer Kräfte. Erst jetzt wurde deutlich, wie viel Anspannung es sie gekostet hatte, das Sit-in durchzustehen. Sie war in Furcht vor Ingos Übergriffen und einer weiteren Eskalation seines Verhaltens gewesen. Sie und das Team hatten versäumt, im Vorfeld des Sit-in zu überlegen, was geschehen und wie sie darauf reagieren könnte. Es gab keine expliziten Unterstützer, die im Falle von Gewalttätigkeiten selbstverständlich zur Stelle gewesen wären. Sie hatte gut für Ingo und schlecht für sich selbst gesorgt. Das Kind hatte präsente Begleitung erfahren, während die Erzieherin sich einsam und ausgeliefert gefühlt hatte. Wieder einmal wurde deutlich, dass die Dynamik des Geschehens nicht nur auf die Adressaten des Vorgehens einwirkt, sondern gleichermaßen auf die involvierten Fachkräfte. Dass das relevante System das professionelle Netz mit umfasst, es keine instruktive Interaktion gibt und die Betrachterin ihr Bild mitgestaltet, hatten wir an anderer Stelle schon einmal gelernt.

Support im Lehrerzimmer

In der Supervision des Kollegiums schilderte die junge Lehrerin Sandra aufgebracht, was sie tags zuvor erlebt hatte: In der Pausenaufsicht rief sie eine Gruppe von Jungen aus der dritten Klasse zur Ordnung. Einer der Neunjährigen baute sich vor ihr auf, drohte ihr mit einem Stein und beschimpfte sie als dicke Kuh, die ihren Mund halten solle. Außer sich vor Empörung drehte sie sich um und verließ den Schulhof, um sofort mit den Eltern des Jungen zu telefonieren und sie zu einem Gespräch zu bestellen. Sie hatte sich bereits mehrere Strafen überlegt, fühlte sich aber immer noch schlecht und ahnte, dass die Bestrafung alleine keine gute Lösung wäre. Sie fürchtete eigentlich die nächste Begegnung mit den Jungen und war unsicher, wie sie sich verhalten solle.

Im Rollenspiel probierten die Kolleginnen und Kollegen aus, wie sie reagieren könnte. Es ergaben sich die Möglichkeiten des Predigens und langen, verständnisvollen Erklärens (»Ich weiß, dass du dich schlecht fühlst, und würde gerne mit dir darüber reden ...«; »Ich will dir sagen, wie ich mich dabei fühle ...«). Würde der Junge inmitten seiner Freunde bei seiner respektlosen Haltung bleiben, zöge dies eine Abfolge komplementärer Eskalation nach sich. Andere Ideen sollten helfen, als Siegerin aus der Situation hervorzugehen (»Was bildest du dir ein, so mit mir zu reden ...?«; »Ich werde dafür sorgen, dass die Klassenfahrt ohne dich stattfindet ...«). Würde der Schüler nicht nachgeben, so könnte das nächste Zusammentreffen mit ihm noch unangenehmer werden und in einen Kreislauf symmetrischer Eskalation münden.

In keiner der Szenen hatte Sandra einen wirklich guten Platz. Den hätte sie, erkannte sie plötzlich, wenn sie sich unterstützt und in ihrer Empörung nicht allein fühlte. Flugs entwickelten die Kolleginnen folgendes Szenario: In der akuten Situation sollte Sandra die Unverschämtheit als solche kommentieren, jedoch nicht näher darauf eingehen und den Jungen für den nächsten Tag bestellen. Dann sollte sie möglichst schnell einem Kollegen davon erzählen (um sich zu entlasten und Mitwisser zu schaffen) und auf jeden Fall die Klassenlehrerin des Jungen unterrichten. Am nächsten Tag sollte die Klassenlehrerin dem Jungen gleich sagen, dass sie davon wisse, und auf den Termin hinweisen. Den sollten Sandra, die Klassenlehrerin und vielleicht andere Fachlehrer gemeinsam wahrnehmen und dem Jungen sagen, dass sie ein solches Verhalten auf keinen Fall dulden würden. Je nachdem, wie der Junge reagierte, sollte die Klassenlehrerin ihm ein Gespräch darüber anbieten, wie er das Geschehene bereinigen könne.

Die Straf- und Rachegedanken Sandras traten in den Hintergrund. Sie fühlte sich handlungsfähig und unterstützt und nahm mit ihrer neuen Haltung auch körperlich einen anderen Platz ein. Der Rollenspieler, der den Jungen dargestellt hatte, sagte spontan, dass er es sich dreimal überlegen würde, sie noch einmal zu beschimpfen, wenn sie ihm so gegenüberträte.

Präsenz am Bobbycar

Manchmal scheint es, je bescheidener die Anregungen, desto effektiver wirken sie sich auf das Geschehen aus.

Boris arbeitete als Erzieher in einem Kinderhort. Seit mehreren Tagen schon forderte der sechsjährige Dennis ihn heraus, indem er mit seinem Bobbycar immer wieder gegen den Zaun bretterte, der davon kaputtging. Auf Ermahnungen und Befehle reagierte er nur kurz, um mit seinem Spiel fortzufahren, sobald Boris ihm den Rücken zudrehte. Boris wusste nicht mehr, was er noch tun sollte (außer ihm das Auto wegzunehmen, woraufhin, darin waren sich alle sicher, Dennis ein neues zerstörerisches Werkzeug gefunden hätte), war den ganzen Tag mit Dennis beschäftigt (was die Kolleginnen mit zusätzlichen Kindern belastete) und ärgerte sich über sich selbst, dass er sich von einem Sechsjährigen derart bestimmen ließ.

Das Spiel hieß »Ich will dein Verhalten so kontrollieren, dass du dich ohne mein Beisein angepasst verhältst« contra »Du kannst mich nicht kontrollieren, denn wenn du wegguckst, mach ich was ich will«. Boris verabschiedete sich von dem Wunsch, die Kontrolle über Dennis (den er sehr mochte) haben zu wollen, und fragte sich, was er *tun* könne, damit Dennis anders mit dem Spielzeug umginge. Gesprochen hatte er bereits im Übermaß. Die Lösung war sehr einfach: Er müsste dabeibleiben und durch seine Präsenz keine Chance geben, etwas zu zerstören. Damit würde Dennis bekommen, was er *eigentlich* wollte, nämlich Boris' Aufmerksamkeit, und Boris könnte jetzt erfolgreich das tun, was er auch vorher schon tat, nämlich sich um Dennis kümmern. In der Realität wirkte diese undramatische Intervention so, dass Dennis schon bald die Lust an seinem Bobbycar-Zaun-Spiel verlor, sich zu anderen Kindern gesellte und Boris seine Aufmerksamkeit auf die so gewonnene Kindergruppe richten konnte.

Die Wurzeln und der Dünger

Je mehr Erfahrung wir sammeln mit der Haltung der erzieherischen und elterlichen Präsenz und des gewaltfreien Widerstandes, desto mehr verliert sie an Zauberkraft. Wir spüren wieder unsere (systemischen und psychotherapeutischen) Wurzeln und lassen sprießen, was passt. In den Fällen machtvoll aggressiver und zerstörerischer Jugendlicher sind die Haltung, die Methoden und Ideen Haim Omers außerordentlich hilfreich. In vielen anderen Fällen genügt allein die

Haltung, die wie neuer Dünger aus den betagten Wurzeln neue Triebe hervorbringt, die manchen vorhandenen Ästen gleichen, sich ohne neue Impulse jedoch nie so entwickelt hätten.

Die Haltung der Präsenz durchzustehen ist, wie beschrieben, nicht einfach und bedarf immer wieder der Erinnerung an Bescheidenheit, Enttäuschungsarbeit, Unterstützersysteme und des Zulassens kreativer Ideen.

Neue Fragen entstehen

Was bedeutet das Konzept für den Bereich der öffentlichen Jugendhilfe? Professionelle Pädagogen scheinen in ähnlicher Weise verunsichert wie die Eltern. Doch Kinder und Jugendliche in der Jugendhilfe benötigen noch mehr als andere verbindliche Autorität und menschliche Präsenz. Würde es nicht so übertrieben klingen, könnte man nachdenken über den (sich vollziehenden?) Paradigmenwechsel in der Pädagogik, der ähnlich revolutionär sein könnte wie der von Guntern (1980) beschriebene in der Psychotherapie.

Was eigentlich ist mit den Stiefvätern? Noch vor zwei Jahrzehnten forderten systemische Fachleute vehement deren Zurückhaltung, sie sollten nicht den Platz beanspruchen, der einzig dem leiblichen Vater vorbehalten war. Gerade beim Elterncoaching begegnen uns vermehrt Stiefväter, die sich an diese Prämisse hielten, aber keinen anderen wirklichen Platz in Bezug auf die Kinder gefunden haben und in ihrer undefinierten Rolle Angriffsfläche für die pubertierenden Stiefkinder boten.

Welche Bedeutung kann das Konzept für die Schule haben? In Zeiten, in denen Ganztagspräsenz der Lehrerinnen gefordert wird und Schule einen immer größeren Raum im Leben der Kinder (und ihrer Eltern) einnehmen wird, könnte es Orientierung bieten für diejenigen, die ihrerseits Schülern Orientierung geben sollen.

Literatur

Greene, R. (2001): The explosive child. New York (Harper Collins).

Guntern, G. (1980): Die kopernikanische Revolution in der Psychotherapie oder der Wandel vom psychoanalytischen zum systemischen Paradigma. Familiendynamik 5 (1): 2–41.

Mattejat, F. und B. Lisofsky (Hrsg.) (2005): »... nicht von schlechten Eltern«. Bonn (Psychiatrie-Verlag).

Omer, H. (2001): Gewaltfreier Widerstand: Elterlicher Umgang mit kindlicher Destruktion. Systhema 15 (2): 119–136.
Omer, H. (2003): Gewaltfreier Widerstand im Umgang mit Kindern mit Zwangsstörungen. Systhema 17 (3): 215–230.
Omer, H. u. A. von Schlippe (2002): Autorität ohne Gewalt. Coaching für Eltern von Kindern mit Verhaltensproblemen. »Elterliche Präsenz« als systemisches Konzept. Göttingen (Vandenhoeck & Ruprecht).
Omer, H. u. A. von Schlippe (2004): Autorität durch Beziehung. Die Praxis des gewaltlosen Widerstands in der Erziehung. Göttingen (Vandenhoeck & Ruprecht).

9. »Keine Lust auf diesen blöden Diabetes!« Elterliche Präsenz und Typ-I-Diabetes bei Kindern und Jugendlichen

Barbara Ollefs und Arist von Schlippe

Diabetes und elterliche Präsenz

In welcher Beziehung stehen der juvenile Diabetes und das elterliche Erziehungsverhalten? Mit welchen Belastungsfaktoren werden Eltern und Kinder bzw. Jugendliche im familiären Alltag vor dem Hintergrund des Diabetes konfrontiert, und in welchem Wechselspiel stehen die Krankheit und elterliche Präsenz? Welche Implikationen lassen sich dadurch für die therapeutische Praxis in der medizinischen und psychosozialen Betreuung von betroffenen Kindern, Jugendlichen und ihren Familien ableiten?

Der Beitrag möchte anhand von Fallbeispielen einen Einblick in familiäre Dynamiken geben, die mit dem Typ I (d. h. insulinpflichtigen) Diabetes im Kindes- und Jugendalter einhergehen können. Daran anknüpfend wird vorgestellt, wie einzelne Module aus dem Elterncoaching im gewaltlosen Widerstand (Omer u. von Schlippe 2002, 2004) in der Betreuung von diabetesbetroffenen Kindern, Jugendlichen und ihren Eltern Anwendung finden können.

Mögliche psychosoziale Belastungsfaktoren chronischer Erkrankungen

Im Kindes- und Jugendalter handelt es sich in aller Regel um einen Diabetes mellitus vom Typ I (Szczepanski u. Muck 1997), auch juveniler Diabetes genannt. Es kommt zu einer progressiven Zerstörung der Insulin produzierenden Zellen in der Bauchspeicheldrüse. Die Erkrankung hat eine wesentlich genetische Komponente, die infolge von Infektionskrankheiten ausgelöst wird. In Deutschland leben ca. 20 000 Kinder und Jugendliche mit dieser Diabetesform, jährlich kommen etwa 2000 neu hinzu (Hürter u. Lange 2001), wobei die Anzahl der Neuerkrankungen zunimmt. Die wichtigste therapeutische Maßnahme beim juvenilen Diabetes stellt die Insulinsubstitution dar, begleitet von vier- bis sechsmaligen Blutzuckerbestimmungen pro Tag.

Auch wenn die Errungenschaften des medizinischen Fortschritts der letzten Jahre überhaupt die Lebenserwartung von Diabetesbetroffenen mit denen von Gesunden, unter der Vorraussetzung einer lebenslangen guten Blutzuckereinstellung, gleichsetzt, ist die Krankheit gleichwohl für die betroffenen Jugendlichen und Kinder eine besondere Herausforderung und stellt eine Belastung dar, weil sie eine sich selbst disziplinierende Ausdauerleistung verlangt.

Aber nicht nur das erkrankte Kind oder der Jugendliche allein ist davon betroffen, sondern auch die übrigen Familienmitglieder werden mit zahlreichen Anforderungen und Schwierigkeiten des alltäglichen Umgangs konfrontiert. Im Gegensatz zu einer Akuterkrankung, deren Krankheitsverständnis in der Regel von einer völligen Genesung gekennzeichnet ist, müssen sich chronisch kranke Kinder, Jugendliche und ihre Familien mit den Symptomen, der Therapie und möglichen Einschränkungen im Alltag *langfristig* auseinander setzen. Im Folgenden wird eine Auswahl an psychosozialen Belastungsmerkmalen bei Typ-I-Diabetes auf der Ebene der Kinder und Jugendlichen skizziert. Unsere hier vorgestellten Erfahrungen sind vor dem Hintergrund unserer familienmedizinischen Arbeit (s. a. Ollefs u. von Schlippe 2005) in der Pädiatrie des Kinderhospitals Osnabrück entstanden und knüpfen an die praktischen Erfahrungen in der Betreuung diabetesbetroffener Kinder, Jugendlichen und ihrer Familien an:

- Die therapeutischen Behandlungsprozeduren – wie tägliches Insulinspritzen und tägliche Blutzuckerkontrollen durch »Fingerpieks« – lösen Schmerzen, Hilflosigkeitsgefühle, Wut und Ängste aus. Kleinere Kinder verstehen die schmerzhaften Therapiemaßnahmen noch überhaupt nicht. All diese Prozeduren *müssen* erfolgen, obwohl zunächst keine körperlichen Beschwerden wahrgenommen werden, denn Diabetes tut nicht weh. Gleichwohl lässt die Krankheit »keine andere Wahl«, d. h., der Diabetes zwingt den betroffenen Kindern und ihren Familien eine hohe Selbstdisziplin auf. Ein Kind oder Jugendlicher »bezahlt« die gewonnene Freiheit und Flexibilität einer an der natürlichen Insulinsekretion angepassten Behandlung mit ca. 11 000 Einstichen pro Dreijahreszeitraum.[1]

1 Bei 5 Insulingaben plus 5 Blutzuckerkontrollen pro Tag sind es 3650 Einstiche pro Jahr, d. h. fast 11 000 »Piekse« in drei Jahren.

- Typ-I-Diabetes bleibt ein Leben lang, d. h., die körpereigene Insulinproduktion kann nicht mehr aktiviert werden, und die Betroffenen bleiben immer von der Insulinsubstitution abhängig. Egal wie selbst diszipliniert, sorgfältig und ausdauernd die Therapie bei Diabetes durchgeführt wird: Er bleibt lebensbegleitend und ist lediglich in seinem Verlauf beeinflussbar.
- Selbst bei optimaler Einstellung und Therapiedurchführung kann es immer wieder zu Blutzuckerschwankungen (beispielsweise durch die Hormonumstellung während der Pubertät) kommen.
- Erkennen von Hyper- und Hypoglykämien (Unter- und Überzuckerungen): Welches sind die spezifischen Körperwarnsignale? Wie muss ich auf die jeweilige Situation mit welcher Behandlung reagieren?
- Das Verständnis vom Diabetes, verbunden mit den langfristigen Risiken einer unzureichenden Stoffwechseleinstellung, ist beim Kind je nach psychischem Entwicklungsstadium noch sehr unterschiedlich. Verbote und Gebote können daher nicht vollständig verstanden werden, zumal Übertretungen nicht zu sofortigen Krisen führen.
- Verhalten in der Schule, gegenüber Mitschülern und Lehrern, Verhalten in der Freizeit, im Sportverein, gegenüber Freunden, Situationen in der Familie: Traue ich mich, während des Unterrichts zu spritzen oder meinen Blutzucker zu kontrollieren? Wie reagiere ich auf abwertende »Sprüche« anderer wie: »Guck mal, der Fixer!«, »Igitt, die steckt uns mit Aids an!«.
- Gelernt werden muss der Umgang mit Emotionen, die mit dem Diabetes in Verbindung stehen, z. B. Angst vor Kontrollverlust, Angst und Panik vor Hyperglykämien, den Schamgefühlen gegenüber anderen Menschen, sich mit dem Diabetes zu offenbaren. Ärger und Wut über die Ungerechtigkeit des Diabetes und die damit verbundenen Einschränkungen.
- Ständig besorgte Aufsicht der Eltern birgt die Gefahr der eingeschränkten Selbstständigkeit in sich, andererseits drohen Überforderung durch die und Alleingelassenwerden mit den Therapienotwendigkeiten (selbst »fitte«, verantwortungsbewusste Zwölfjährige sind in der Regel mit der ständig alleinigen Verantwortung für ihre Therapie noch überfordert und brauchen die Präsenz der Eltern »in der zweiten Reihe« auch über die Pubertät hinaus).
- Insbesondere weibliche Jugendliche mit Diabetes neigen zu einem kritischeren Körperselbstbild, als es nichtbetroffene Gleichaltrige haben (Seiffge-Krenke 1996).
- Arztbesuche bedeuten Zeitaufwand und reduzieren die Freizeit.

Die beschriebenen dauerhaften Anforderungen gehen mit bestimmten körperlichen, besonders aber auch psychischen und sozialen Prozessen als Umgebungsbedingungen der Krankheit auf der individuellen Ebene des Kindes bzw. Jugendlichen selbst einher, betreffen aber auch die Familie als Ganzes: Niemand ist ganz allein krank, immer sind auch andere Menschen mit betroffen (s. ausführlich Theiling u. von Schlippe 2003). Aus dieser Perspektive ist Krankheit nicht nur ein persönlich-körperliches, sondern auch ein soziales Phänomen. In der systemischen Therapie wird hier der *Muster*begriff verwendet. Dieser beinhaltet, dass zwischen Bewusstsein, Kommunikation und körperlichen Vorgängen keine Kausalbeziehungen hergestellt werden können (Luhmann 1988; von Schlippe 2003). Die Familie verursacht keine körperliche Krankheit. Die Interaktionsmuster, die sich um ein Phänomen herum entwickeln, sind dabei nicht »schuld« an dem Phänomen, doch ist das eine ohne das andere oft nicht mehr denkbar (Simon 1995).

Körperliche Prozesse und Kommunikationsprozesse haben sich über Jahre hinweg gemeinsam entwickelt. Die Familie hat ein Regel- und Rollensystem entwickelt, in dem die Krankheit ihren Platz unter den Themen der Familie erhalten hat und das auf die Familie zugeschnitten ist – auch wenn das Muster vielleicht, was die körperliche Ebene der Krankheit betrifft, nicht gut funktionieren mag. Die Eltern befinden sich in dem schwierigen Spagat, einerseits als Therapeuten ihrer Kinder für eine gute Stoffwechsellage zu sorgen und sich andererseits um ein altersentsprechendes Aufwachsen und Entwickeln zu kümmern. Folgende Herausforderungen an Eltern lassen sich zusammenfassen:

- Wie mache ich aus »Ich muss meinem eigenen Kind wehtun« ein »Ich helfe meinem Kind mit dem täglichen Spritzen«, also wie gehe ich mit dem Widerstand gegen die Injektionen um (v. a. bei kleineren Kindern)?
- Erziehungsfragen klären: versorgen, aber nicht verwöhnen; auf diabetesspezifische Bedürfnisse und Notwendigkeiten eingehen, aber nicht bevorzugen vor den Geschwistern; stützen, aber nicht Verantwortung abnehmen.
- Wie kann ich beruhigt schlafen? Welche verlässlichen Hypoglykämie-Signale hat mein Kind?
- Umgang mit den Geschwisterreaktionen: Wie begegne ich Neid und dem Gefühl der Vernachlässigung (Gefahr von »Schattenkindern«)?

- Ferner: Umgang mit Heimlichkeiten wie: Süßigkeiten naschen, Blutzuckermanipulation, heimlichem Spritzen, Ausdauerproblemen bei der Therapie.
- Akzeptanz von und Umgang mit Blutzuckerschwankungen trotz optimaler Mühe bei der Therapie.
- Enttäuschung und Wut über eigene unerfüllte Hoffnungen.
- Emotionale Konflikte, etwa das eigene Erleben, Belastungen nicht länger auszuhalten; Druck, dem Kind ständig seine Angst und Sorge verbergen zu müssen; Angst vor Folgeerkrankungen; das Gefühl, allein mit der Situation dazustehen; Schuld- und Versagensgefühle.
- Entwicklung eines neuen Umgangs mit eigenen, lieb gewonnenen Nahrungsgewohnheiten.
- Einschränkung und Verzicht hinsichtlich der Spontaneität im Alltag. Jegliche Aktivität muss vorab geplant werden: Wie gelingt es, die Spritz-, Kontroll- und Essenszeiten so zu gestalten, dass die Diabetestherapie nicht die Alltagsabläufe bestimmt, sondern sie in den Alltag integriert wird?
- Wer übernimmt die Zuständigkeit und Verantwortung für die Therapie, wenn die Eltern Zeit für sich, für die Partnerschaft brauchen?
- Sukzessive Vorbereitung auf die mit zunehmenden Alter selbstständigere Therapiedurchführung; Balance zwischen Fordern und aber nicht Überfordern, zwischen notweniger Aufsicht bzw. Kontrolle und altersgemäßer Selbstständigkeit.

Chronische Krankheit kann elterliche Präsenz gefährden

Die oben beschriebenen Belastungsfaktoren können Eltern in ihren Erziehungsvorstellungen beeinträchtigen und sie in ihren Handlungen lähmen. Krankheitserfahrungen können Familien die *Power* nehmen (Cohen 1999). Die chronische Krankheit kann das Gleichgewicht in der Familie so massiv verschieben, dass es zu einer Beeinträchtigung bzw. gar zu einem Verlust der elterlichen Präsenz kommen kann (Omer u. von Schlippe 2002). Damit kann eine chronische Erkrankung das elterliche Präsenzpotenzial (zusätzlich) bedrohen, insbesondere bei ohnehin erziehungsunsicheren Eltern. Die Eltern können sich beispielsweise durch Schuldgefühle wegen ihres Anteils an der so genannten psychosomatischen Verursachung hoher Blutzuckerwerte gebunden fühlen. Sie wagen nicht, ihre elterliche Autorität einzusetzen, verlieren so ihre »persönliche Stimme« und rücken zunehmend an den Rand der Familie, in deren Zentrum mehr und mehr die Krankheit steht. Die Eltern möglicherweise scheuen den

Konflikt mit einem kleinen diabetesbetroffenen Kind, aus Sorge und Angst, weil sie meinen, ihrem Kind entstünden ohnehin schon so viele Nachteile durch die chronische Erkrankung.

Da aber in Familien die Bedürfnisse von Kindern und Erwachsenen immer wieder unweigerlich kollidieren, sind Auseinandersetzungen zwischen Eltern und Kindern als etwas Natürliches anzusehen, die wichtig sind für den kindlichen Entwicklungsverlauf. So setzt etwa Juul (2000) die Fähigkeit, Konflikte durchzuhalten, als angeboren voraus: Kinder lernen in der gesunden Auseinandersetzung, ihr Verhältnis zu Mitmenschen zu klären wie auch Verantwortung für das eigene Leben zu übernehmen, anstatt anderen die Schuld für Misserfolge zu geben.

Die zwischen dem chronisch kranken Kind bzw. Jugendlichen und den Eltern nicht geführten Auseinandersetzungen können sich darin zeigen, dass die Eltern – oder auch ein Elternteil – immer wieder den Forderungen ihres Kindes nachgeben, das Kind seine Forderungen steigert, die Eltern in ihrer Unsicherheit und Hilflosigkeit weiter nachgeben, womit eine Form der gegenseitigen Eskalation entstehen kann, die in Anlehnung an Bateson (1981) als »komplementär« (Nachgiebigkeit erzeugt gesteigerte Forderungen) bezeichnet wird (Omer 2001). Diese Form der Gegenseitigkeit kann in Familien mit einer chronischen Krankheit auftreten oder sich auch bei anderen psychischen Belastungen (Konzentrationsstörungen, Hyperaktivität, oppositionellem oder dominanzorientiertem Verhalten des Kindes) zeigen.

Das folgende *Beispiel* einer komplementären Eskalation zwischen einer Mutter und ihrem diabetesbetroffenen Sohn soll verdeutlichen, wie eng der juvenile Diabetes mellitus, das Verhalten des betroffenen Kindes und die Kommunikation der Familie miteinander verknüpft sein können.

> Der siebenjährige Patrick, der seit seinem zweiten Lebensjahr diabetesbetroffen war, kam aufgrund zunehmend bedrohlich werdender Unterzuckerungen in die Klinik. Den Schwestern und Ärzten fiel auf, dass er keinerlei Zuständigkeiten für sein Diabetesmanagement übernahm, was für sein Alter eher ungewöhnlich war. Umso auffälliger waren diese Unselbstständigkeit und sein offen vorgetragenes Desinteresse an seinem Diabetes, da es zu seinem sonstigen eloquenten, intelligenten und willensstarken Verhalten im Widerspruch stand: So »konnte« er keine Blutzuckerkontrollen vornehmen und hatte sich bislang noch niemals selbst sein Insulin injiziert.

Im Gespräch mit den Eltern begegnete uns eine völlig hilflose und hochgradig erschöpfte Mutter, die von den täglichen Konflikten mit ihrem Sohn um den Umgang mit dem Diabetes völlig zerrieben und frustriert wirkte.

Sie berichtete, zu ihrem Sohn von frühester Kindheit an eine besonders enge Bindung gehabt zu haben. Mit der Diabeteserstmanifestation habe sie zunächst versucht, Patrick vor seiner Krankheit zu schützen und ihm jegliche Unannehmlichkeiten, die mit dem Diabetes in Zusammenhang standen, weitgehend fern zu halten. So habe sie ihm immer wieder nachgegeben, auch aus Mitleid mit ihm, »weil ihm im Leben durch den Diabetes ohnehin schon so viel zugemutet wird«.

Mit zunehmendem Alter hatte sie immer wieder zaghafte Versuche gestartet, ihn zu mehr Selbstständigkeit im Umgang mit seinem Diabetes zu bewegen, was Patrick mit totaler Verweigerung und Vorwürfen ihr gegenüber quittiert hatte. Sie habe sich seinen Forderungen in solchen Konfliktsituationen immer wieder gefügt. Mittlerweile setze er sie mithilfe seines Diabetes immer wieder unter Zugzwang, beispielsweise indem er sich weigere, nach erfolgter Insulingabe zu essen, um damit eine Hypoglykämie zu provozieren. Oder er verweigere seine Insulingabe, was einen Blutzuckeranstieg zur Folge habe, sodass sie aus Sorge und Angst um seine Gesundheit immer wieder nachgebe.

Patrick habe mittlerweile im Kontakt mit ihr »das Zepter in die Hand genommen«, während sie resigniert habe. Aus Erschöpfung sei sie nicht mehr in der Lage, ihrem Sohn gegenüber ihren Standpunkt zu vertreten. Zunehmend habe sich die früher liebevolle Beziehung zu ihrem Sohn abgekühlt; die Momente gemeinsamer Freude und inniger Verbundenheit seien immer weniger geworden. Ihrerseits hätten sich mittlerweile Enttäuschung, Resignation, Schuldgefühle und Frustration eingestellt. Sie habe daher den Kontakt zu Patrick nur noch auf seine Versorgung und die notwendigen diabetesbezogenen Tätigkeiten reduziert. Patrick reagiere zunehmend mit Forderungen und Dominanzverhalten. Ihr Mann, der beruflich viel unterwegs sei, habe sie in der Vergangenheit wenig unterstützt.

Zur Familie gehörte noch eine 16-jährige Tochter, die in die 11. Klasse des Gymnasiums ging und von den Eltern als problemlos, selbstständig und selbstbewusst geschildert wurde. Im Zusammensein mit seinem Vater wirkte Patrick kooperativer.

Aufgrund seiner Präsenz in der Klinik wurde dem Vater (den wir ausdrücklich immer wieder eingeladen und eingebunden haben) die hier skizzierte familiäre Dynamik bewusster. Auf dieser Basis erklärte er sich bereit, zukünftig seine Frau im Umgang mit dem Diabetes zu entlasten und die Diabeteszuständigkeit zusammen mit Patrick für die nächsten Wochen ganz zu übernehmen, zumal seine Frau eine bereits bewilligte Kur antreten wollte. Als er beide Eltern als an einem Strang ziehend erlebte, konnte sich auch Patrick auf einen Veränderungsprozess einlassen: sich selbst spritzen zu lernen bzw. seine Blutzuckerwerte selbst zu ermitteln. Er nahm zusammen mit den Eltern sowohl an Ernährungs- als auch an Diabetesberatungen teil, wobei die neu gewonnenen Informationen alle Beteiligten auf den gleichen Wissensstand brachten.

Durch den interdisziplinären Teamaustausch und die damit verbundenen Absprachen zum Umgang mit ihm – Vermittlung von steter therapeutischer Präsenz auch im Sinne klarer Anweisungen – hat Patrick neue Fähigkeiten entwickelt, seinem Diabetes in altersangemessener Weise zu begegnen. Diese positiven Erfahrungen stärkten ihn in seiner Selbstwirksamkeit, also der Sicherheit, selbst Einfluss auf das Geschehen nehmen zu können, was ihn wiederum motivierte, seinen Diabetes stärker anzunehmen. Die Eltern haben mit Überraschung und Erleichterung feststellen können, dass ihr Sohn während seines Krankenhausaufenthaltes eine große Veränderung hin zu mehr Aktivität im Umgang mit seinem Diabetes entwickelte und von seinem fordernden Verhalten abrückte. Sie erlebten ihn von einer neuen, da kooperationsbereiteren Seite, die sie in ihrer Hilflosigkeit bislang nicht hatten an ihm wahrnehmen können. Vielmehr hatten sie in der Vergangenheit ihren Sohn zunehmend selektiv wahrgenommen und waren ihm oft in einer misstrauisch-feindseligen Haltung begegnet.

Vor dem Hintergrund positiver Erfahrungen im Kinderhospital entwickelten sie Zuversicht, Kraft und Motivation, ihre elterliche Präsenz wieder mehr zu aktivieren und reagierten offen interessiert auf unsere Unterstützungsangebote wie Gespräche zu psychosozial familiären Themen. Im Rahmen dieser Gespräche wurde beiden Elternteilen deutlich, dass sie über den Krankenhausaufenthalt ihres Sohnes hinaus noch weitere langfristige familientherapeutische Einbindung benötigten, um besser auf mögliche Krisen zu Hause vorbereitet zu sein.

Die im Fall beschriebene komplementäre Form der Eskalation ist asymmetrisch und wird von einer Dynamik von Erpressung und Nachgeben bestimmt. In diesem Prozess werden sich Eltern umso mehr die Ruhe durch das Nachgeben »erkaufen«, je extremer das kindliche Verhalten ausgeprägt ist. Das Kind nimmt in diesem Prozess die Botschaft wahr, dass die Eltern zu schwach sind, seinen »Drohungen« standzuhalten, und erlebt damit ein Autoritätsvakuum in der Familie. Es lernt, durch Druckausübung seinen Willen zu bekommen. Die Eltern ihrerseits gewöhnen sich an das Nachgeben.

Elterliche Hilflosigkeit

Das Fallbeispiel verdeutlicht die elterliche Hilflosigkeit, die sich zunehmend im Kontakt mit Patrick entwickelte. In Anlehnung an Seligmans Konstrukt der »erlernten Hilflosigkeit« (1979) hat Pleyer (2004) den Begriff der »parentalen Hilflosigkeit« vorgeschlagen. Er stellt den Versuch dar, das bei Eltern typische Erleben und Verhalten im Umgang mit dem beklagten Symptomverhalten ihres Kindes in vier zentralen Merkmalen zu beschreiben (s. u.). Die parentale Hilflosigkeit ist ein über einen längeren Zeitraum erlebter Zustand, der sich deutlich von einer vorübergehenden Ratlosigkeit in schwierigen Erziehungssituationen absetzt. Sie ist aber auch nicht gleichzusetzen mit einer generellen Erziehungs- bzw. Beziehungsunfähigkeit oder gar Lebensuntüchtigkeit der Eltern. Die Hilflosigkeit zeigt sich bei den Eltern auf der Ebene der Kognitionen (u. a. als Verlust der parentalen Wirksamkeitsüberzeugung, also des Glaubens etwas ausrichten zu können), der Affekte (emotionale Verflachung, Energieverlust und resignative Kapitulation) und im konkret beobachtbaren Lösungs- und Erziehungsverhalten. Parentale Hilflosigkeit stellt sich somit als Folge oder Begleiterscheinung eines nachhaltig erlebten Scheiterns in dem Versuch, erwünschte Erziehungsziele bzw. Verhaltensänderungen beim Kind zu erwirken, dar.

Pleyer zufolge lassen sich vier zentrale Merkmale der parentalen Hilflosigkeit unterscheiden:

1. verengte und selektive Art der elterlichen Wahrnehmung für in Bezug auf Kinder
2. Konfliktvermeidung im Umgang mit dem Symptomverhalten und Vermeidung von Präsenz (i. S. v.: den kindlichen Forderungen nachgeben)
3. Tendenz, die Erziehungsverantwortung zu umgehen oder sie an andere zu delegieren und damit verbundene Erwartung von Lösungen seitens der Therapeuten, Lehrer und Ärzte
4. Tendenz, sich in der Erziehung zu isolieren und Kooperation mit anderen Erziehungspartnern zu vermeiden und keine eindeutige Position zu beziehen.

Die elterliche Hilflosigkeit und die damit einhergehenden Bewältigungsmechanismen beschränken ihre Wirkung nicht nur auf das eigene, individuelle elterliche Erleben. Die Hilflosigkeit hat auch immer Auswirkungen auf das Erleben des Kindes – mit entsprechender

Rückwirkung. Das Muster gemeinsamer Oszillationen körperlicher, psychischer und sozialer Prozesse wird hierbei von der elterlichen Hilflosigkeit geprägt. Auch wenn die drei Ebenen psychische Befindlichkeit, Körper und Kommunikation sich nicht gezielt anregen, stellen sie dennoch füreinander Umwelten dar (Kriz 1997). Bei einem diabetesbetroffenen Kind bzw. Jugendlichen können diese Prozesse auf der körperlichen Ebene mit entsprechenden Symptomen (z. B. Blutzuckererhöhungen) einhergehen.

Im kindlichen Erleben kann parentale Hilflosigkeit als Kompetenzverlust der Eltern und gegebenenfalls als Beschneidung ihrer vitalen Bedürfnisse wahrgenommen werden. Die komplementäre Form der Eskalation ist unserer Erfahrung nach häufig zwischen Eltern im Kontakt mit ihren *jüngeren* chronisch erkrankten Kindern anzutreffen. Vielfach ist sie seitens der Eltern mit der Hoffnung verknüpft, das fordernde Verhalten ihres Kindes könne sich mit der Zeit »auswachsen« oder könne »spontanheilen«, und mit zunehmenden Alter werde das Kind »zur Vernunft kommen«.

Daher ist es an dieser Stelle im Kontakt mit den Eltern hilfreich, genau nach den Dynamiken der Eskalation zwischen Eltern und Kind zu fragen. Dabei haben sich die folgenden Fragen bewährt:

- Auf welche Weise sprechen Sie in der Familie Regeln, Zuständigkeiten und Verantwortlichkeiten ab?
- Unterscheiden Sie im Gespräch mit Ihrem Kind zwischen einer Bitte und einer Anweisung? Wie hört es sich bei Ihnen bzw. Ihrem Partner an, wenn Sie eine Bitte, und wie, wenn Sie eine Anweisung an ihr Kind richten?
- Wie reagiert Ihr Kind auf eine Anweisung?
- Werden Regeln in Ihrer Familie eingehalten? Wenn nicht, eher nicht von den Eltern oder von den Kindern
- Wie reagiert welches Familienmitglied, wenn Absprachen bzw. Regeln nicht eingehalten werden? Auf welche Weise steigert wer seine Reaktion? Was sind typische Verhaltensketten?
- Geht es letztlich um die Frage: »Wer ist der Boss?«
- Wenn Sie sich an das letzte Jahr mit Ihrem Kind erinnern: Sind die Streite und Eskalationen häufiger und heftiger geworden?
- Wer leidet in der Familie am meisten, wer am wenigsten darunter?

Wird die Dynamik von immer stärker werdenden kindlichen Forderungen und zunehmend nachgebendem Verhalten seitens der Eltern geprägt, kommt es zum Schwinden der elterlichen Präsenz. Mit elterlicher Präsenz ist die Vermittlung folgender Botschaft von Eltern an ihre Kinder gemeint:

> »Wir sind deine Eltern und sind da und bleiben da als Freunde, Beschützer, Begleiter, Zuhörer, Schützer der Familie, aber auch als Grenzensteller, Schrankensteller, Erzieher, Bremser. In diesen Funktionen können wir nicht abgeschüttelt werden, wir können nicht umgangen oder ausgetrickst werden, wir sind da und bleiben da.«

Elterliche Präsenz heißt, eine zentrale Rolle im Leben des Kindes zu spielen, Anwesenheit zu vermitteln und zwar als Mutter bzw. Vater mit eigenen Gedanken, Gefühlen, Wünschen und Handlungen. Die elterliche körperliche Anwesenheit ist vor allem für kleinere Kinder eine existenzielle Erfahrung. Im weiteren Entwicklungs- und Reifungsprozess des Kindes bzw. Jugendlichen rückt die körperliche Präsenz zugunsten einer geistigen elterlichen Präsenz in den Hintergrund.

Der Verlust elterlicher Präsenz geht mit einer Reduzierung von elterlichen Handlungsmöglichkeiten einher und kann zur Beeinträchtigung der Eltern-Kind-Bindung führen.

Bei chronisch komplementären Konflikten kann sich die Eltern-Kind-Beziehung derart massiv verschlechtern, dass sie den Boden für die symmetrischen Formen von Eskalationen bereitet (Bateson 1981).

Die symmetrische Eskalation wird durch ein gegenseitiges Hochschaukeln von Feindseligkeiten bestimmt. Bei solchen Interaktionen haben beide Seiten das Gefühl, dass der andere der Aggressor ist und man selbst lediglich versucht, sich gegenüber den Angriffen zu verteidigen. Hier spielt die Verzerrung der Wahrnehmung des Gegenübers durch die massiven Konflikte eine wesentliche Rolle. Der äußerste Grad von Feindseligkeit entsteht aus dem Gefühl heraus, beiderseits in eine Falle geraten zu sein, und die Angst herrscht, den Kampf und damit das Gesicht zu verlieren. Das folgende *Fallbeispiel* verdeutlicht die symmetrische Form von Eskalation.

> Die 13-jährige Michelle, seit fünf Jahren diabetesbetroffen, wurde mit einer entgleisten Blutzuckereinstellung (d. h., die Blutzuckerwerte waren zu hoch, extrem schwankend und nur eingeschränkt durch Insulingaben lenkbar) eingewiesen.
>
> Die Mutter berichtete, dass sie nach der Diagnosestellung Michelle sehr verwöhnt habe, zumal sie damals noch so jung gewesen sei. Vor allen der Vater, der sich in den ersten Jahren um den Diabetes geküm-

mert hatte, schien alle therapeutischen Maßnahmen wie Blutzuckerkontrollen, Insulingaben und Abwiegen der Nahrungsmittel auf sich genommen zu haben, um Michelle zu schonen. Michelle, ein zum Rückzug neigendes Kind, hatte auf diese Weise nicht gelernt, mit dem Diabetes in altersangemessener Weise umzugehen.

Über die Jahre trennten sich die Eltern, begleitet von heftigen Streitigkeiten, und Michelle blieb bei der Mutter, die versuchte, ihre Tochter dazu zu bewegen, mehr Zuständigkeit für den Diabetes zu übernehmen. Michelle reagierte auf die Anstrengungen der Mutter mit zunehmender Gereiztheit und Verschlossenheit. Mit dem Hinweis: »Ich kann für mich und den Diabetes alleine sorgen, halt du dich da raus, es ist meine Sache!«, versuchte sie, ihre Mutter zunehmend aus der Diabetes-»Sache« zu verdrängen. Die Mutter, getrieben von Wut darauf, dass ihr Exmann Michelle so sehr verwöhnt hatte, und erfüllt von Schuldgefühlen wegen der (von ihr ausgegangenen) Trennung, begegnete dem Rückzugsverhalten ihrer Tochter zunächst mit Nachgiebigkeit, dann mit vermehrten Forderungen und »nervenden Fragen« nach den Blutzuckerwerten. Michelle reagierte auf diese als intrusiv erlebten Kontrollversuche mit Ausweichen, Lügen und Heimlichkeiten (z. B. unkontrolliertem Schokoladenverzehr ohne Insulingaben, Vernachlässigung der Blutzuckerkontrollen etc.). Das Mutter-Tochter-Vertrauen wurde auf diese Weise erheblich belastet. Misstrauen, Ärger und Wut vergifteten immer mehr die Atmosphäre.

Die Phasen resignativen Ärgers seitens der Mutter: »Dann mach doch alles alleine, ist ja nicht meine Gesundheit, die du ruinierst!«, wurden durch zwischenzeitliche Kontakte in der diabetologischen Ambulanz und durch die Konfrontation mit den schlechten Blutzuckerwerten unterbrochen. Schuld- und Schamgefühle wegen der schlechten Stoffwechsellage bewogen die Mutter dann, sich wieder mehr zu kümmern, was bei der Tochter auf Ablehnung stieß. Dieser Widerstand löste bei der Mutter wieder Enttäuschung, Entrüstung und Ärger aus. Durch Freundinnen bestärkt, sich von der Tochter »nichts mehr gefallen zu lassen«, versuchte sie nun, ihrer Tochter aufzuzeigen, wer »das Sagen im Haus hat«. Dies führte zu nur noch mehr heftigen Konflikten, harten Auseinandersetzungen mit Anschreien und Drohungen auf beiden Seiten. Die Beziehung verschlechterte sich auf der Basis dieser symmetrischen Eskalation massiv. Gutes Einvernehmen und stimmige Kontakte zwischen Mutter und Tochter ereigneten sich vor diesem Hintergrund immer seltener. Die Mutter war mehr zu gemeinsamen Aktivitäten bereit, die ihnen in früheren Zeiten Freude bereitet hatten, denn sie befürchtete, auf diese Weise ihre Tochter noch für das »schlechte Verhalten« zu belohnen.

Michelle berichtete, zuletzt überhaupt keinen Einfluss mehr auf ihre Blutzuckerwerte gehabt zu haben. Das Ignorieren des Diabetes sei für sie eine positive Strategie gewesen, da sie sich auf diese Weise nicht mehr mit den extrem schwankenden und viel zu hohen Blutzuckerwerten habe auseinander setzen müssen.

Während des weiteren Aufenthaltes, bei dem Mutter und Tochter vom unserem Diabetesteam Diabetesschulungen und praktische Hilfen im Umgang mit Diabetes erfuhren, offenbarte sich Michelles Scham, ihren Diabetes gegenüber Freunden und Mitschülern einzugestehen.

Im Rahmen des Krankenhausaufenthaltes haben wir kein Elterncoaching im gewaltlosen Widerstand durchgeführt, weil die psychosozialen Strukturen im Kinderhospital (es kann keine nachstationäre bzw. ambulante Beratung oder Therapie angeboten werden) eine intensive Betreuung nicht vorsieht. Gleichwohl fließen Elemente davon in unsere praktische Arbeit mit ein.

Am Beispiel Michelle soll skizziert werden, wie auch unter den beschriebenen Umständen einzelne Interventionen aus dem Elterncoaching im gewaltlosen Widerstand angewendet werden können. Die Gespräche und Unterstützungsangebote haben dabei auf mehreren Ebenen der Eskalation entgegengewirkt.

Interventionen aus dem Elterncoaching in gewaltlosem Widerstand

1. Ankündigung

Die drei Wochen vor dem Einweisungstermin von Mutter und Tochter gegebene Einwilligung zum Krankenhausaufenthalt und die damit verbundene beiderseitige Hoffnung auf Besserung der Blutzuckereinstellung konnten, auch wenn sie nicht explizit so ausgesprochen wurde, als Ankündigung einer Veränderung im Umgang mit dem Diabetes verstanden werden. Immerhin berichteten beide im Erstgespräch, dass sich die Blutzuckerwerte nach der Entscheidung zur stationären Aufnahme verbessert hätten. Möglicherweise hatte die Hoffnung auf Besserung dazu beigetragen.

2. Time-in

Mutter und Tochter haben im Kinderhospital wieder mehr Zeit miteinander verbracht, nachdem sie sich zuvor zunehmend aus dem Weg gegangen waren. Die gemeinsamen Diabetesschulungen, Ernährungsberatungen und praktischen Hilfestellungen haben Mutter und Tochter in ihrem Wissen über den Diabetes auf einen Gleichstand und zu einer grundsätzlichen Klarheit bezüglich eines adäquaten Umganges gebracht.

Michelle hat wieder öfter ihre Blutzuckerkontrollen durchgeführt und sich bemüht, die mit dem Diabetes verbundenen Maßnahmen zu treffen. Ihre Mutter hat die »Gardinenpredigten« und die Beschimpfungen reduziert, die heftigen Streitigkeiten zu Hause wurden seltener, und beide waren wieder etwas versöhnlicher gestimmt. Während des weiteren Verlaufes haben Mutter und Tochter Vereinbarungen über den weiteren Umgang mit dem Diabetes festgelegt wie: Führen eines Blutzuckerprotokolls, das von der Mutter alle zwei Tage eingesehen werden darf, und das Abkommen, dass die Mutter die spätabendlichen Insulingaben übernimmt, damit Michelle früher einschlafen kann. Diese Absprachen wurden in der nachfolgenden Zeit eingehalten.

3. Versöhnungsgesten

Durch die Verbesserung der Atmosphäre war der Boden für Versöhnungsgesten und die Wiederaufnahme von gemeinsamen Aktivitäten bereitet worden. Michelle und ihre Mutter sind zusammen ins Schwimmbad gegangen, haben Stadtbummel unternommen und wieder mehr Zeit miteinander verbracht.

4. Deeskalationsstrategien

Mit der Mutter allein haben wir besprochen, wie zukünftigen heftigen Streitigkeiten besser vorgebeugt werden kann: indem Reaktionen hinausgezögert werden und »das Eisen erst geschmiedet wird, wenn es kalt ist«, d. h., dass in Phasen heftiger Gefühlsausbrüche nicht versucht werden sollte, Lösungen herbeizuführen. In diesem Zusammenhang wurde sie darin bestärkt, wieder vermehrt Anwesenheit in Michelles Leben zu zeigen, auch ihre *körperliche* Anwesenheit zu intensivieren, um auf diese Weise aus dem Spiel »um die Macht« auszusteigen. Der Mutter war deutlich geworden, dass es zu früh war, Michelle schon in die Selbstständigkeit zu entlassen, und es zu einer schrittweisen Abgabe von »Diabeteszuständigkeit« an die Tochter noch über lange Zeit mütterliche Präsenz benötigen würde.

5. Aktivierung des sozialen Unterstützungssystems

Die Familie verfügte kaum über verlässliche Beziehungen und über nur wenige soziale Kontakte. Zur sozialen Unterstützung Michelles im Umgang mit dem Diabetes haben wir Mutter und Tochter ermutigt, Freunde und Verwandte z. B. zu Schulungen einzuladen. Diese Einladung war verknüpft mit der Hoffnung, dass durch den Einbezug wohl meinender Dritter es der Mutter leichter gemacht werde, mit dem Diabetes konstruktiver umzugehen und Michelle weniger schambesetzt mit dem Diabetes zu verfahren lerne (z. B. lerne, sich auch im Schwimmbad offen zu spritzen). Auf dieses Angebot haben beide ausweichend reagiert. Erst ein halbes Jahr später – im Rahmen eines routinemäßigen Kontaktes in der Diabetessprechstunde mit unserer Diabetesberaterin – hat Michelle eine Freundin aus der Schule mitgebracht. Zu diesem Zeitpunkt hatte sich der familiäre Umgang mit dem Diabetes aus unserer Perspektive entspannt und erheblich verbessert, und Michelle schien weniger von Schamgefühlen belastet zu sein. An dieser Stelle wurde uns bewusst, wie tief die Scham bei Michelle saß, dass es ihr erst jetzt in Zeiten der Besserung möglich war, überhaupt Dritte einzubeziehen. Die Mutter hatte auf unsere Anregung hin den Klassenlehrer (Michelle hatte zwischenzeitlich auf die weiterführende Schule gewechselt) früh in den Diabetes einbezogen. Da dieser sehr aufgeschlossen, interessiert und engagiert reagiert hatte, war der Umgang mit dem Diabetes am Vormittag in der Schule nun nicht mehr problematisch.

Was bedeuten die beschriebenen Erfahrungen für die Betreuung von diabetesbetroffenen Kindern bzw. Jugendlichen und ihren Eltern?

Die Betreuung von Kindern bzw. Jugendlichen mit einem juvenilen Diabetes mellitus und ihren Familien macht es notwendig seitens des Fachpersonals bzw. der TherapeutInnen, eine *langfristige* Perspektive einzunehmen. Manchmal brauchen Professionelle einen »langen Atem«, um Familien mit einem juvenilen Diabetes zu begleiten. Die alleinige Fixierung auf medizinische Parameter (wie die Blutzuckereinstellung) reicht nicht aus, weil sie nur *eine* Fassette der familiären Wirklichkeit und des Umgangs mit der chronischen Krankheit aufzeigt. Beispielsweise zeigen jüngste repräsentative Langzeitstudien, dass bei 80 % der diabetesbetroffenen Jugendlichen im Zuge der Pubertät der HbA1c-Wert (ein Maß zur Erfassung der Blutzuckereinstellung über die letzten drei Monate) erhöht ist (Seiffge-Krenke 2001). Neben körperlichen Veränderungen spielen entwicklungsbezogene psychosoziale Aspekte – z. B. sich gegenüber »Erwachsenenerwartungen« abgrenzen zu wollen, eine eigene Identität und einen eigenen Umgang mit der chronischen Krankheit zu entwickeln – eine bedeutsame Rolle.

Die Beziehung zwischen Professionellen und dem vermeintlich »nicht einsichtigen« Patienten kann in solchen Phasen einer erheblichen Belastungsprobe ausgesetzt sein, wenn der Fokus auf Laborwerte eingeengt ist. Gefühle von Ohnmacht, Verärgerung und Wut können seitens der BehandlerInnen, vergleichbar der parentalen Hilflosigkeit, in eine eingeschränkt selektive Wahrnehmung und Fixierung auf die HbA1c-Werte münden. Vor diesem Hintergrund kann sich zwischen den Professionellen und den betroffenen Jugendlichen bzw. Familien eine komplementäre Eskalation entwickeln, ähnlich der, die oben für innerfamiliäre Konflikte beschrieben wurde: Das Therapeutenteam fordert in anklagender Weise mehr Verantwortungsübernahme und Disziplin ein, während der Jugendliche bzw. die Familie immer mehr in die Defensive rückt, was dann zu einem Beziehungsabbruch und einem damit häufig verbundenen noch schlechteren Verlauf der chronischen Erkrankung führen kann.

In extremen Fällen werden auch die Therapeuten vom Gefühl der Hilflosigkeit angesteckt, denn im Umgang mit einer chronischen Krankheit kann es viele Rückschläge und »Durststrecken« geben, d. h., bezogen auf den Diabetes, dass die Blutzuckerwerte über Jahre zu hoch sind, was zu der Sorge Anlass gibt, dass irreparable Schäden eintreten können.

Der Etablierung eines persönlichen Unterstützungssystems ist daher auch für die therapeutische Sicherung und Ankerung vonnöten. Verbunden mit einer interdisziplinären Betrachtungsweise, kann dadurch die »Enttäuschungsarbeit« bei Professionellen erleichtert werden, was wiederum den Blick für bislang unentdeckte Ressourcen beim Patienten, seiner Familie und im eigenen Team weitet. Die therapeutische Präsenz erfährt auf diese Weise wieder Ermutigung und Stärkung.

Therapeutische Grundhaltungen im Umgang mit Eltern von Kindern und Jugendlichen, die von einer chronischen Krankheit betroffen sind

Die therapeutische Haltung, wie sie beim Elterncoaching in gewaltlosem Widerstand eingenommen wird, ist auch auf den Umgang mit Eltern von diabetesbetroffenen Kindern und Jugendlichen übertragbar, weil sie anschlussfähig ist an das Erleben von Eltern und die Optionen für das Finden neuer Wege aus der Krise vermehrt.

I. Die Reduktion von Schuldgefühlen bei den Eltern, die sie in ihrer elterlichen Präsenz schwächt

Von zentraler Bedeutung ist eine therapeutische Grundhaltung, welche die beobachtbaren Probleme zwischen Eltern und Kind einfach als vorhanden ansieht. Damit sich Eltern nicht angeklagt fühlen, ist der Gebrauch einer verstehend-wertschätzenden Sprache für die Vorkommnisse in der Familie hilfreich. Eltern sind nicht »schuld« an den Konflikten, die sich um den Diabetes ranken. Der Diabetes geht, wie beschrieben, mit einem Potenzial an Unsicherheiten und Belastungen für die Eltern in der Erziehung ihrer Kinder einher, welches das normale Erziehungsrepertoire überfordern kann. Der Diabetes kann dabei der berühmte *Anlass* sein, der die Eltern in ihrem Handlungsspielraum an die Grenzen bringt. Eine mit dem Diabetes möglicherweise einhergehende Eskalation zwingt beiden Seiten eine Dynamik auf, die optionseinschränkend wirkt und dazu nötigt entweder komplementär oder symmetrisch zu handeln; daher wird ein dritter Weg gebraucht.

II. Elterliche Dominanzorientierung verstärkt bei eskalierenden Konflikten eher das Problem, als es zu lösen

In der Eskalation zwischen Eltern und Kind verstärkt eine elterliche Dominanzorientierung (»Das darf ich mir als Mutter nicht mehr gefallen lassen, ich muss mich unter allen Umständen nun durchsetzen«) eher das Problem, als es zu lösen, weil sie auf der Akzentuierung der Machtdimension beruht. Die Betonung der »Anwesenheit«, der körperlichen Präsenz im Leben ihres Kindes ermöglicht Eltern eine Haltung, die auch dann erfolgreich ist, wenn ein Machtkampf verloren wurde, sie sich aber nicht haben verleiten lassen, zu entwerten, zu attackieren oder gar zu schlagen.

III. Wenn es zu längerfristigen Problemen im Umgang mit dem Diabetes in der Familie kommt, ist ein Konflikt zwischen den Eltern auf der Paarebene etwas »Normales«

Krisen in Paarbeziehungen gehen häufig mit einer Neigung zu rigidem gegensätzlichem Handeln auf der Elternebene einher. Während ein Elternteil im Konflikt »Gas gibt«, also Druck ausübt, wird der andere Teil »auf die Bremse treten«, d. h. eher in die Defensive gehen. Diese unterschiedlichen Versuche, die Situation zu meistern, berühren häufig die jeweiligen unterschiedlichen Sozialisationserfahrungen aus der Herkunftsfamilie. Die Chancen für eine größere eheliche Zufriedenheit stehen gut, wenn neue Lösungsideen greifen und das Konfliktpotenzial sich verringert.

IV. Die Vermittlung von Hoffnung, dass sich die Situation bessert

Neben der Thematisierung schwieriger Verhaltensweisen des Kindes kommt auch der Frage nach besonderen Fähigkeiten und Ausnahmen eine hervorgehobene Bedeutung zu, da die Fokussierung allein auf negativ gefärbte Themen den Beratungsprozess paralysieren kann. Die angemessene Betonung der Stärken des Kindes seitens der Therapeuten kann die elterliche Wahrnehmung wieder erweitern und den Glauben an einen Ausweg aus der festgefahrenen Situation nähren.

Gerade zu Beginn eines Beratungsprozesses, der von starker elterlicher Hilflosigkeit geprägt ist, bildet die Vermittlung von Zuversicht, Hoffnung und der Erwartung auf Besserung der Situation die Basis, von der aus die Eltern wieder Mut schöpfen können, Zeit und Kraft in den anstehenden Veränderungsprozess zu investieren.

V. Isolation und Scham sind die eigentlichen Gegner, die elterliche Schuldgefühle und Hilflosigkeit verstärken

Viele hilflose Eltern scheuen sich, über die Konflikte und Geschehnisse zu Hause zu reden, um sich und ihr Kind vor einem schlechten Image zu schützen. Isolation und Scham verstärken jedoch das Problem. Dagegen sind die Vermittlung einer starken therapeutischen Unterstützung und die Offenlegung der Sorgen ein erster Schritt und stärken die Mobilisierung eigener Kräfte, erleichtern das Verständnis der Verhaltensmuster und tragen zur Wiederherstellung von Selbstwirksamkeit bei. Die Mobilisierung von Unterstützern im Kontext eines juvenilen Diabetes kann beispielsweise durch die bloße Einladung von Familienmitgliedern, Verwandten oder Freunden der Familie zu Gesprächen und Schulungen erfolgen. Denn die elterliche Hilflosigkeit geht häufig mit einer Schwächung der elterlichen Energien einher. Das betroffene Kind benötigt jedoch gerade in Zeiten von Krisen eine hohe Präsenz, die ein Maximum an Energie seitens der Eltern (die viele nicht haben) einfordert. Um dieses »Energiedefizit« auszugleichen, kann die Einbindung von Unterstützern für die Familie entlastend sein, wenn sie als Vermittler zwischen Eltern und Kind fungieren oder an den Diabetesschulungen teilnehmen, um Eltern und Kinder in einem adäquaten Umgang mit dem Diabetes zu fördern. In unserer Klinik werden z. B. speziell für Betreuer von diabetesbetroffenen Kindern und Jugendlichen (Lehrer, Erzieherinnen, Sportübungsleiter, Familienhilfen) Diabetesschulungseinheiten angeboten, damit diese auf praktische Weise Hilfe und Unterstützung im Alltag von Familien geben können.

Die Eltern stellen aus der Perspektive der Kinder die Welt bereit. Machen Kinder die Erfahrung, dass die Eltern in ein breites soziales Gefüge eingebunden sind, dann stärkt dies die elterliche Präsenz in den Augen der Kinder. Erleben sie jedoch, dass die Probleme mit dem Umgang mit dem Diabetes bei den Eltern scham- und schuldbesetzt sind und mit einer Isolation einhergehen, dann kann dieser Umgang die elterliche Präsenz zusätzlich schwächen. Das Zur-Seite-Stellen von hilfreichen Dritten kann dann *ein* Weg sein, die Eltern wieder zu stärken.

Abschlussbemerkung

Die Idee vom gewaltlosen Widerstand in der Erziehung hat gerade in der Beratungsarbeit für Eltern mit Jugendlichen etwas Hoffnungstragendes, weil das Konzept einen Weg aus der Krise aufzeigt, auch wenn Eskalationen schon Teil der Alltagsrealität und der Alltagssprache in Familien geworden sind. Die Erfahrungen zeigen, dass der Umgang ihrer Kinder mit dem Diabetes in der Pubertät die Eltern vor besondere Herausforderungen stellt und oft von chronischen und zermürbenden Streitigkeiten begleitet wird.

In solchen Situationen sind Eltern vielfach mit ihrer Kraft am Ende, wenn sie um Beratung anfragen.

Ein afrikanisches Sprichwort besagt: »Um ein Kind aufzuziehen, bedarf es eines ganzen Dorfes.« Unsere familienmedizinische Erfahrung bestätigt diese Aussage, nämlich dass Belastungen leichter getragen werden können, wenn Familien auf verlässliche und tragende Beziehungen zurückgreifen können. Zu beachten ist im Kontext chronischer Krankheit von Kindern und Jugendlichen, dass die Aktivierung von Unterstützern mit einer Stärkung des ohnehin oft fragilen Selbstwertgefühls von diabetesbetroffenen Familien einhergeht.

Der hier vorgestellte Ansatz des gewaltlosen Widerstands und die damit verbundene Betonung der Aktivierung von Unterstützern zur Stärkung Einzelner hat in unserer zur Individualität neigenden Gesellschaft, in der Erziehung häufig als Privatsache angesehen wird, eine neue Aktualität erfahren. Das Konzept der elterlichen Präsenz hilft BeraterInnen und Eltern dabei, diese Privatheit und die damit verbundene Isolation zu überwinden. Dabei ist die Stärkung der elterlichen Präsenz mithilfe des gewaltlosen Widerstandes nicht als »Sprint«, also als ein kurzfristiger Akt, sondern als »Marathon«, ein auf langfristige Kraftanstrengungen ausgerichtetes Unternehmen, zu verstehen.

Literatur

Bateson, G. (1981): Ökologie des Geistes. Frankfurt a. M. (Suhrkamp).

Cohen, M. (1999): Familiy coping with childhood chronic illness: A research review. *Families, Systems and Health* 17 (2): 149–164.

Hürter, P. u. K. Lange (2001): Kinder und Jugendliche mit Diabetes. Berlin/Heidelberg/New York (Springer).

Juul, J. (2000): Grenzen, Nähe, Respekt. Hamburg (Rowohlt).

Kriz, J. (1997): Systemtheorie. Eine Einführung für Psychotherapeuten, Psychologen und Mediziner. Wien (Facultas-Universitätsverlag).

Luhmann, N. (1988): Selbstreferentielle Systeme. In: F. B. Simon (Hrsg.): Lebende Systeme. Berlin/Heidelberg (Springer); S. 47–53.

Ollefs, B. u. A. von Schlippe (2005): Der »Luftiku(r)s« – Ein familienmedizinisches Angebot für Kinder und Jugendliche mit Asthma bronchiale. In: A. von Schlippe u. S. Theiling (Hrsg.): Niemand ist allein krank. Osnabrücker Lesebuch zu chronischen Krankheiten im Kindes- und Jugendalter. Lengerich (Pabst).

Omer, H. (2001): Gewaltfreier Widerstand: Elterlicher Umgang mit kindlicher Destruktion. *Systhema* 15 (2): 119–136.

Omer, H. u. A. von Schlippe (2002): Autorität ohne Gewalt. Coaching für Eltern von Kindern mit Verhaltensproblemen. »Elterliche Präsenz« als systemisches Konzept. Göttingen (Vandenhoeck & Ruprecht).

Omer, H. u. A. von Schlippe (2004). Autorität durch Beziehung. Die Praxis des gewaltlosen Widerstands in der Erziehung. Göttingen (Vandenhoeck & Ruprecht).

Pleyer, K. H. (2004): Co-traumatische Prozesse in der Eltern-Kind-Beziehung. *Systhema* 18 (2): 132–149.
Schlippe, A. von (2003): Chronische Krankheit im Kontext sozialer Systeme. *Systhema* 17 (1): 20–37.
Seiffge-Krenke, I. (1996): Chronische kranke Jugendliche und ihre Familien. Belastung, Bewältigung und psychosoziale Folgen. Stuttgart (Kohlhammer).
Seiffge-Krenke, I. (2001): Diabetic adolescents and their families. Stress, coping, and adaption. Cambridge (Cambridge University Press).
Seligmann, M. (1979): Erlernte Hilflosigkeit. Weinheim (Beltz).
Simon, F. B. (1995): Die andere Seite der Gesundheit. Heidelberg (Carl-Auer).
Szczepanski R. u. K. Muck (1997): Praktische Aspekte in der pädiatrischen Diabetologie. *Zeitschrift für Allgemeine Medizin* (73): 676–681.
Theiling, S. u. A. von Schlippe (2003): Diabetesbetreuung bei Kindern und Jugendlichen nach systemisch-familienmedizinischem Konzept. In: S. Altmeyer u. F. Kröger (Hrsg.): Theorie und Praxis der Systemischen Familienmedizin. Göttingen (Vandenhoeck & Ruprecht).

10. Elterliche Präsenz und gewaltloser Widerstand in der Praxis von Erziehungs- und Familienberatung

Olaf Düring

Die folgenden Überlegungen beruhen auf den Erfahrungen mit dem Modell der elterlichen Präsenz und des gewaltlosen Widerstands, die in den letzten drei Jahren im Rahmen der Arbeit einer Erziehungs- bzw. Familienberatungsstelle[1] gemacht wurden. Nach einer Einführung in das Thema werden Erfahrungen in der Beratungsarbeit hauptsächlich anhand von Fallbeispielen geschildert, im darauf folgenden Teil werden Schwierigkeiten in der Umsetzung des Modells diskutiert. Dies geschieht auf dem Hintergrund einer Vielzahl positiver Erfahrungen mit diesem Konzept, die unsere Beratungsarbeit bereichert haben.

Probleme mit rebellischen Jugendlichen sind in der Menschheitsgeschichte und Erziehungsberatung schon oft aufgetaucht. Neu ist möglicherweise auch nicht das Ausmaß (i. S. von Häufigkeit und Heftigkeit), in dem sich aggressives Verhalten gegen die Eltern richtet und zum Problem wird. Es gibt meines Wissens keine verlässlichen Statistiken zu der Frage, ob Gewalt gegen Eltern durch die eigenen Kinder in den letzten Jahrzehnten zugenommen hat. Schon immer beklagte die ältere Generation den moralischen Verfall der Jugend. Neu ist vermutlich vor allem das Ausmaß der Verunsicherung, das Erleben von Ohnmacht und Hilflosigkeit, die Resignation gegenüber als übermächtig erlebten Kindern: Eltern, die vor dem Trotzverhalten ihres Dreijährigen kapitulieren und sich in einen Machtkampf verstricken, in dem sie zwischen Nachgiebigkeit und Feindseligkeit hin- und herpendeln, oder Eltern, die es nicht wagen, sich über das Verbot ihres neunjährigen Sohnes, seine Schultasche kontrollieren zu lassen, hinwegzusetzen (mit dem Verweis auf den Wert des Respekts vor der Autonomie ihres Kindes).

Neu ist auch die therapeutische Perspektive, die die Misshandlung der *Eltern* in den Mittelpunkt rückt und dabei nach Wegen sucht, die Eltern und Kindern weiterhilft. Es ist schließlich nicht davon auszuge-

---

1 AWO-Familienberatungsstelle, Johannisstr. 37/38, 49074 Osnabrück.

hen, dass nur die Eltern leiden und dass es einer Jugendlichen, die ihre Mutter mit dem Messer bedroht, gut geht. Die Erfahrung, mit Gewalt eine Erwachsene zu besiegen und zu demütigen, von der sie eigentlich Halt und Orientierung benötigt, dürfte ihrer weiteren psychosozialen Entwicklung nicht förderlich sein.

Einige Vorläufer, die die eben skizzierte Perspektive einnahmen, hat es jedoch gegeben, und die Zahl der Publikationen in dieser Richtung nimmt zu (Omer u. von Schlippe 2002, S. 77–81). Besonders hervorzuheben sind Watzlawick et al. (1988), die vor ca. 30 Jahren ein sehr ähnliches Vorgehen bei Krisen zwischen Eltern und ihren rebellischen Kindern entwickelten. Sie schulten die Eltern in »wohlwollender Sabotage«, um ihnen zu helfen, damit eine Situation zu erzeugen, »in der sich die Eltern ganz offen hilflos und nachgiebig benehmen, indirekt aber die Initiative ergreifen und beibehalten, gegen die der Jugendliche sich nicht auflehnen kann.« Schon damals scheint es Probleme gegeben haben, die Eltern von einem solchen Vorgehen zu überzeugen: »Wie man sich leicht vorstellen kann, zögern andere Eltern (besonders Mütter) sehr, sie [die wohlwollende Sabotage] auszuführen oder sie auch nur in Erwägung zu ziehen. Die Unwilligkeit, ›etwas vorzutäuschen‹ oder ›Theater zu spielen‹ ist der häufigste Weigerungsgrund, gefolgt von der Beteuerung, nicht so herzlos sein zu können« (ebd., S. 170). Die Beratung richtete sich also auch damals schon als »Coachingansatz« an die Eltern, setzte gewaltfreie Musterunterbrechungen ein bei bestehenden Lösungsversuchen, die das Problem am Leben erhalten, und erhöhte die erlebte Selbstwirksamkeit bei den Eltern – Merkmale, die sich beim gewaltlosen Widerstand wieder finden. Das Modell von Omer und von Schlippe ist demgegenüber ausgearbeiteter und systematisiert, setzt andere Akzente und besticht durch seine innere Logik.

Erfahrungen in der Beratungspraxis

Die Idee der elterlichen Präsenz als zentraler Rahmenbedingung für die Gestaltung einer guten Beziehung zwischen Eltern und Kindern verändert die Beratungsarbeit. Die Perspektive des Elterncoachings ist in der Erziehungsberatung zwar nicht neu, wird aber beim Modell der elterlichen Präsenz bzw. des gewaltlosen Widerstands besonders akzentuiert. Kommt ein Beratungskontrakt zustande (s. u.), erfahren die meisten Elternteile darüber eine Stärkung (i. S. v. Information,

Ernstnehmen ihrer Ängste, Ermutigung etc.), die einen konstruktiveren Umgang mit den Konflikten unterstützt.

Die Idee der Präsenz als Haltung fließt in viele Beratungsprozesse ein (nicht nur dann, wenn es explizit um Gewalt gegen die Eltern geht), gibt neue Impulse und akzentuiert das Beratungssetting und die gestellten Fragen. So eröffnet die Frage nach den »blinden Stunden« (den Zeiten, von denen Eltern nicht wissen, wo sich ihr Kind aufhält) neue Denkmöglichkeiten, die sich wieder einbetten lassen in eine systemische Herangehensweise (»Wer von Ihnen ist etwas besser informiert …?«, »Würde es für Sie einen Unterschied machen, wenn Sie mehr im Bilde darüber wären …?«, »Glauben Sie, es hätte einen Einfluss auf Ihr Kind, wenn es wüsste, dass Sie wissen, wo es sich aufhält …?« Etc.).

Schwieriger gestaltet es sich mit den weiteren Interventionen des gewaltlosen Widerstands wie dem Sit-in, dem Nachgehen und Aufsuchen etc. Es kristallisiert sich für uns als ein Hauptproblem heraus, die Eltern zum gewaltlosen Widerstand zu motivieren, sodass es bisher nur in wenigen Fällen zu einem Beratungsverlauf kam, zu dem rückblickend aus Beraterperspektive[2] gesagt werden könnte, dass die Prinzipien des gewaltlosen Widerstands konsequent zur Anwendung kamen.

So machte sich neben dem weiterbestehenden Engagement und Interesse auch Ernüchterung breit. Die Stolpersteine in der Umsetzung des Konzepts werden weiter unten reflektiert, zunächst sollen unsere bisherigen Erfahrungen in der Klientenarbeit mit dem Modell der elterlichen Präsenz bzw. des gewaltlosen Widerstands anhand von Fallbeispielen illustriert werden.

Dabei kann man zusammenfassend die folgenden drei Kategorien unterscheiden.

Es bleibt beim Erst- oder Zweitkontakt, es kommt zu keinem Beratungskontrakt oder zu einem frühen Abbruch durch die Klienten

Familie H. ist ein Beispiel für einen Fall, bei dem es nicht gelang, die Eltern zu einer Arbeit mit dem Modell zu motivieren. Der 16-jährige Sohn O., Ältester von vier Geschwistern in einer türkischen Familie,

2 Die Begriffe Therapeut und Berater werden hier nicht unterschieden; zur Vereinfachung wird die männliche Form gewählt, gemeint sind natürlich auch weibliche Therapeutinnen und Beraterinnen.

bestahl seine Eltern (Bargeld, Hochzeitsschmuck der Mutter), bedrohte und erpresste sie und schlug seine Geschwister, die sich in ihren Zimmern verbarrikadierten, wenn ihr ältester Bruder im Haus war. Die Eltern mühten sich erfolglos, über Nachgeben und Überreden Verhaltensänderungen zu erreichen. Gleichzeitig räumte die Mutter sein Zimmer auf, ermahnte ihn täglich zum Zähneputzen. Zwischen Mutter und Sohn gab es vor dem Vater zu verbergende Heimlichkeiten. So hatte O. wiederholt hohe Handykosten verursacht (600 € in zehn Tagen). Die Mutter nahm O. das Handy ab, erzählte aber ihrem Mann nichts davon.

Zum Erstgespräch waren die Mutter und O. gekommen, nach einiger Zeit bat die Mutter ihren Sohn, kurz nach draußen zu gehen und dort zu warten, weil sie auch mit dem Berater allein sprechen wolle. Es entspann sich ein Machtkampf darum, in dessen Verlauf O. seine Mutter in respektloser und aggressiver Art bedrohte (»Du wirst schon sehen ...«), schließlich aber den Raum verließ. Erst dann schilderte die Mutter die Probleme, in seiner Gegenwart habe sie »Angst gehabt«, davon zu erzählen. Zum Zweitgespräch kamen beide Elternteile, es ging um eine weitere Kontaktaufnahme und Exploration. Es wurde ausführlich das Konzept der elterlichen Präsenz und des gewaltlosen Widerstands besprochen, sie zeigten dabei Skepsis und betonten ihre Angst davor, dass andere im Rahmen von sozialer Unterstützung von ihrem Problem erfahren könnten. Auch hätten sie den Wunsch, dass ein Berater mit ihrem Jungen sprechen solle, auch wenn das im Moment sicher nicht gehe. Den Eltern wurde Infomaterial zur elterlichen Präsenz mitgegeben, und es wurden zwei weitere Termine vereinbart.

Nach dem Gespräch hatte ich als Berater das Gefühl, die Eltern nicht genügend erreicht zu haben, und tatsächlich erschienen sie nicht mehr zu den vereinbarten Terminen.

War der kulturelle Kontext ausschlaggebend? Ist das Modell der elterlichen Präsenz zu schnell eingeführt worden? Wurde das Problem nicht ausreichend gewürdigt? Ist auf die Erwartungen oder Befürchtungen der Eltern nicht genug eingegangen worden? Denken oder spüren die Eltern, dass sie nicht über ausreichende psychische oder soziale Ressourcen verfügen? – Fragen, die in dieser oder ähnlicher Form auch bei anderen Beratungsabbrüchen auftauchen:

So im Fall einer allein erziehenden Mutter eines 16-jährigen Jungen, der gegenüber der Mutter und auch dem Mobiliar (u. a. zerstörte er einen Fernseher und einen PC) mehrfach gewalttätig geworden war und nur über das Herbeirufen der Polizei zu bändigen gewesen sei.

Aus Angst vor einem weiteren »Ausflippen« wagte die Mutter keinerlei Begrenzungen mehr und ließ sich von ihrem Sohn erpressen (z. B. zu einem Handyvertrag, den die Mutter nach vorangegangenen negativen Erfahrungen eigentlich nicht mehr abschließen wollte). Mit der Mutter wurden vier Gespräche geführt, in deren Verlauf keine tragfähige Beratungsbeziehung hergestellt werden konnte. Die Mutter schwankte zwischen Bagatellisierungs- und Ausstoßungstendenzen. Nach dem Gespräch, in dem es auch um ihre eigene Bereitschaft zur Verantwortungsübernahme gegangen war, erschien sie nicht mehr zu den weiteren vereinbarten Terminen.

Die Haltung der elterlichen Präsenz oder einzelne Elemente des gewaltlosen Widerstands fließen in die Beratungsarbeit ein

Dies ist die häufigste Variante, die unsere Beratungspraxis in den letzten Jahren bereichert hat. Die Auseinandersetzung des Beraters mit der Bedeutsamkeit der elterlichen Präsenz, den Prinzipien der Deeskalation und den Handlungsmöglichkeiten des gewaltlosen Widerstands beeinflussen auf mehr oder weniger subtile Weise die Form der Beziehungsgestaltung und die Beratungsinhalte. Die Frage nach den »blinden Stunden«, die Exploration der sozialen Unterstützungsmöglichkeiten (mit der impliziten Botschaft: »Du bist nicht allein«), die Haltung des Respekts vor dem Leid der Eltern, all dies sind Beispiele für Akzentuierungen, die in den Beratungsprozess einfließen. Mit den Klienten wird nicht das komplette Paket des gewaltlosen Widerstands geschnürt, teilweise wird das Konzept auch gar nicht explizit gemacht. Ein ausführlicheres *Fallbeispiel:*

Frau G., halbtags als Verkäuferin beschäftigt, lebt als allein erziehende Mutter mit ihren Kindern Hendrik (17 Jahre, Fachoberschüler) und Johanna (15 Jahre, 10. Klasse Realschule) zusammen. Sie meldete sich in der Beratungsstelle aufgrund der Schwierigkeiten mit ihrer Tochter: Deren Freundeskreis bestehe seit einem halben Jahr aus »Obdachlosen« (später stellte sich heraus, dass die Autonomenszene gemeint ist), sie kleide sich dementsprechend, vernachlässige die Körperhygiene und halte sich an keinerlei Absprachen mehr. Es gebe Hinweise auf Drogenkonsum (Marihuana). In der Schule sei es zu einem Leistungsabfall gekommen, der Schulbesuch sei nicht mehr regelmäßig. Kürzlich sei Johanna vier Tage lang verschwunden gewesen. Die Mutter habe die Polizei eingeschaltet, die Johanna aufgegriffen habe. Nach den jeweils eintägigen Zwischenstationen Inobhutnahme und Kinder- und Jugendpsychiatrie sei Johanna wieder nach Hause gekommen.

Die Eltern hatten sich getrennt, als Johanna ein Jahr alt war, die Mutter hat das alleinige Sorgerecht. Sie sei bis jetzt keine neue längere

Beziehung eingegangen, während der Vater seit einigen Jahren wieder in einer neuen Partnerschaft lebe. Die Vater-Kind-Kontakte erfolgten nicht regelmäßig. Wenn, dann komme der Vater in die Wohnung der Mutter und beschäftige sich mehr mit dem Sohn.

Zwei Wochen nach dem Erstkontakt eskalierte die Situation weiter: Johanna blieb wieder Nächte ohne Absprache weg. Es kam zu einer gewalttätigen Auseinandersetzung, bei der sich die Mutter schlagen und mit dem Messer bedrohen ließ. Danach wandte sich Johanna wieder an die Inobhutnahme, aus der sie nach zwei Tagen verschwand. Sie wurde erst Tage später vom Bundesgrenzschutz im Bahnhofsbereich aufgegriffen und wieder zur Mutter gebracht.

Mit der Mutter ließ sich im Beratungskontext ein guter Kontakt herstellen, sie wirkte einerseits erschöpft und depressiv-resigniert, auf der anderen Seite wütend und gekränkt (»Die gehört eingesperrt!«). Auf die Vorstellung der Ideen der elterlichen Präsenz und v. a. des gewaltlosen Widerstands reagierte sie (und später ihr Exmann) verhalten und skeptisch. Die Gründe für die Skepsis ließen sich ebenso wie ein wohl formulierter Beratungskontrakt nicht gut herausarbeiten. Als Beratungsziel wurde eher vage die Unterstützung bei der Verbesserung der familiären Kommunikation und Beziehungen vereinbart.

In den nächsten Monaten fanden zahlreiche Beratungskontakte in verschiedenen Settings und Konstellationen statt: Mutter-Tochter-Gespräche, Elterngespräche, Einzelkontakte mit Mutter bzw. Vater, gemeinsame Hilfeplangespräche mit dem Jugendamt und Familiengespräche mit jeweils einem Kind. Johanna verweigerte zwar Einzelkontakte sowie die Teilnahme an Gesamtfamiliengesprächen, zeigte sich aber in den anderen Settings kooperativ.

Darüber kam es zu einer Verbesserung der elterlichen Kooperation (gegenseitige Information, Austausch, gemeinsames Auftreten vor Johanna) und auch zu einer verstärkten Präsenz des Vaters. In den emotionsgeladenen Eltern-Kind-Sitzungen konnte ansatzweise an tiefer gehenden Konflikten und Kränkungen gearbeitet werden (z. B.: »Du hast immer meinen Bruder bevorzugt …«). Veränderungswünsche und Ängste wurden geäußert, familiäre Konflikte wurden deutlicher. Die Mutter-Tochter-Gespräche waren hilfreich dafür, Verständnis für die Konfliktdynamik zu bekommen und Ideen für ein konstruktiveres Miteinander zu entwickeln. In den Einzelgesprächen mit den Elternteilen stellten diese biografische Bezüge her. Immer wieder wurden die Eltern ermutigt, auf bestimmten Regeln des Zusammenlebens zu bestehen. Am nachhaltigsten schien dies Wirkung zu zeigen, als von »amtlicher Seite« in einem Hilfeplangespräch die Jugendamtsvertreterin jegliche weiteren Jugendhilfemaßnahmen ablehnte und den Eltern empfahl, den »Druck zu erhöhen« und nötigenfalls Johanna vor die Tür zu setzen, falls sie sich nicht an Spielregeln des Zusammenlebens halte. Dies sollte in der Haltung vermittelt werden: »Ich liebe dich, aber so kann ich nicht mehr …« Zudem wurde empfohlen, dass die Eltern das gemeinsame Sorgerecht beantragen sollten.

All dies führte allmählich zu Verhaltensänderungen bei Johanna, es kam zu keinen weiteren gewalttätigen Konflikteskalationen, und die Beratung wurde nach insgesamt neun Monaten beendet. Ein halbes Jahr später meldete sich Frau G. telefonisch, um zu erzählen, dass sich die Dinge gut entwickelt hätten. Johanna lebe weiterhin bei ihr und gehe zur Schule. Das Zusammenleben sei zwar nicht konfliktfrei, es gelinge aber besser, bei Problemen im Gespräch zu bleiben. Rückblickend hätten ihr am meisten die Unterstützung ihres neuen Partners sowie die Ermutigung in der Beratung, eigene Bedürfnisse ernster zu nehmen, geholfen.

Insgesamt steht dieser Fall für eine bei uns häufige Form der »Mischberatung«, in der »traditionelle« systemisch orientierte Beziehungsarbeit, mediative Elemente und die Ideen der elterlichen Präsenz Bedeutung erlangen. Die Frage »Was wirkt wie?« lässt sich nicht so einfach beantworten, besonders wenn man die rückblickende Einschätzung der Mutter betrachtet.

Die Eltern sind zu einem Vorgehen nach den Prinzipien des gewaltlosen Widerstands motivierbar, in der Beratungsarbeit kommt es zu einer stringenteren Umsetzung des Modells

Familie L. (Mutter: 48 Jahre, Erzieherin, seit der Geburt des Sohnes Hausfrau; Vater: 51 Jahre, Lehrer; Sohn T.: 16 Jahre, 9. Klasse Gymnasium) meldet sich in der Beratungsstelle an, weil eine »Krisensituation« bestehe. Der 16-jährige Sohn T. »gleitet uns aus den Händen«, er »lehne alle familiären Dinge ab« und halte sich an keine Vereinbarungen mehr. Er fordere und provoziere nur noch, drohe den Eltern mit Abhauen und kriminellen Handlungen. Die Mutter werde von ihm angeschrieen und körperlich bedroht (»baut sich vor mir auf«). Bei Konflikten raste er aus und zerstöre auch schon mal Mobiliar. Seit einem Jahr bewege er sich in einer Clique von kriminellen Jugendlichen bzw. jungen Erwachsenen, die hauptsächlich aus Türken bestehe. Er habe einen Hang zu Waffen entwickelt, trage verbotene Messer und Baseballschläger mit sich rum. T. sei auch schon polizeilich wegen des Sprühens von Graffiti auffällig geworden, zurzeit laufe ein Verfahren. Schulisch sei T. abgesackt, wiederhole jetzt die 9. Klasse. Wenn er sie wieder nicht schaffe, müsse er ohne Schulabschluss abgehen.

Relevante anamnestische Informationen: T. sei ein »mehr als erwünschtes Kind« gewesen, es bestand vorher ein lang nicht erfüllter

Kinderwunsch. Über eine Hormonbehandlung habe es schließlich geklappt. Sie seien sehr fürsorgliche Eltern gewesen, »die Scheinwerfer waren nur auf den Sohn gerichtet«. Die Mutter gab (bis heute) ihre Berufstätigkeit auf. T. sei schon immer sehr durchsetzungsstark gewesen, im Nachhinein betrachtet, sei man oft zu nachgiebig und verwöhnend gewesen. So sei ein Spitzname ihres Sohnes »Graf Rotz«. Die kindliche Entwicklung sei normal verlaufen. Vor ca. zwei Jahren hätten die jetzigen Probleme angefangen. Im Fußballverein und in der Schule sei es zu Konflikten gekommen, auf die T. sehr gekränkt mit Rückzug und (auto)aggressivem Verhalten reagiert habe. In einer Situation habe die Mutter ihn in seinem Zimmer bei dem Versuch vorgefunden, sich mit einem Schal zu strangulieren. Der Versuch einer ambulanten Psychotherapie sei an seiner mangelnden Bereitschaft gescheitert.

Zum Zeitpunkt des Erstgesprächs war T. nicht mehr bei den Eltern. Nach einem heftigen Konflikt zwischen Mutter und Sohn wegen eines Springmessers, das T. bei sich hatte und das die Mutter ihm abnehmen wollte, kam es zu einer »Schubserei«. T. sei abgehauen und für mehrere Tage unauffindbar gewesen. Als er wieder aufgetaucht sei, sei es in Absprache mit dem Jugendamt zu der Zwischenlösung gekommen, dass T. eine Zeit lang zu der Familie eines Freundes zieht. Vom Jugendamt sei auch die Empfehlung gekommen, sich an die Beratungsstelle zu wenden.

Zu den Eltern ließ sich ein tragfähiger und guter Kontakt herstellen. Ihr Erleben war einerseits durch Sorge und Angst um die weitere Entwicklung ihres Sohnes geprägt, andererseits durch Wut, Hilflosigkeit und auch Resignation.

An T. wurde auch ein Beratungsangebot übermittelt, das er zumindest in der Form annahm, dass er zu einem Einzelgespräch erschien. Er sei nur gekommen, weil ein Freund ihm dazu geraten habe und weil er hoffe, dadurch seinem Ziel, eine eigene Wohnung zu bekommen, näher kommen wolle. Er hasse seine Eltern, er berichtete von kränkenden und verletzenden Erfahrungen mit ihnen. Jede weitere Beratung, sei es in Form von Einzelkontakten oder Teilnahme an Familiengesprächen, lehnte er ab.

Im Erst- und Zweitgespräch mit den Eltern wurden u. a. die Ideen des gewaltfreien Widerstands vermittelt, von denen die Eltern sich angesprochen fühlten, sodass sie sich auf dieses Vorgehen einließen. Angesichts des aktuellen Kontaktabbruchs wurde als erster Schritt an der Suche nach sozialer Unterstützung gearbeitet.

Beim dritten Termin nach drei Wochen war T. wieder zu Hause, allerdings nicht ganz komplikationsfrei und mithilfe einer Intervention: T. war zwar nach Hause gekommen, am gleichen Tag waren die Konflikte aber wieder eskaliert und er war wieder verschwunden. In der Zeit vorher hatten die Eltern Namen und Telefonnummern von T.s Freunden recherchiert. Sie riefen diese Freunde an, zeigten ihre Sorge und baten darum, andere Freunde und T. selbst über die Anrufe zu informieren. Die Freunde zeigten sich überraschend kooperativ, es kam eine kleine Telefonkette in Gang. Zwei Tage später kam T. nach Hause und teilte im Nebensatz mit, dass er jetzt hier lebe.

In der weiteren Beratung wurde mit den Eltern intensiv an Deeskalationshaltungen und -verhalten gearbeitet, das Herstellen von Öffentlichkeit und sozialer Unterstützung fortgeführt und ein Sit-in vorbereitet und durchgeführt (Omer u. von Schlippe 2004).

Gerade die Einbeziehung der sozialen Ebene erwies sich als sehr hilfreich. Die Eltern öffneten sich bei Freunden und spürten eine deutliche Entlastung, aus dem Zwang zur (in solchen Fällen typischen schambedingten) Geheimhaltung herauszukommen. Die Familie des Bruders der Mutter, die in Süddeutschland lebt, wurde mit einbezogen, die 20-jährige Kusine entwickelte sich über Telefon und E-Mail zu einer hilfreichen Vermittlerin. Auch führten die Eltern offene und kooperative Gespräche mit der Schule.

Ein Sit-in zum Thema Aggressivität gegen die Mutter erwies sich auch als hilfreich. Die Eltern berichteten, dass es wider Erwarten »unspektakulär« verlaufen sei. Es sei zu keiner Eskalation gekommen, nach fünf Minuten machte T. einen konkreten Vorschlag (er werde jeweils weggehen, wenn er extreme Wut spüre), den die Eltern akzeptierten, wonach sie den Raum wieder verließen. Seitdem kam es nicht mehr zu inakzeptablem aggressiven Verhalten der Mutter gegenüber.

Im weiteren Verlauf gestaltete sich die Eltern-Kind-Beziehung nicht komplikationslos, aber gebessert. T. blieb zu Hause, redete mit seinen Eltern, es gab wieder gemeinsame Mahlzeiten. Zwei Monate nach Beratungsbeginn kam es noch einmal zu einem heftigen Konflikt, der aber unter Vermittlung der Kusine deeskaliert werden konnte. Zum Hauptkampffeld wurde die schulische Situation, die Eltern versuchten aus Sorge um den drohenden Schulabgang, mit Druck und Überredung das Lernverhalten zu beeinflussen. In der Beratungsarbeit ging es darum, die Unmöglichkeit, einen Jugendlichen zum Lernen zu motivieren, zu akzeptieren und nach Wegen zu suchen, im Kontakt und in der Beziehung den schulischen Weg zu begleiten.

Drei Monate nach Beratungsbeginn hatte sich die Situation deutlich entspannt. Die Arbeit mit dem Modell der elterlichen Präsenz war in diesem Fall sicherlich hilfreich. Die Eltern wünschten sich noch eine Weiterführung der Beratung in Form einer niederfrequenteren Begleitung für die nächste Zeit, um die erreichte Beziehungsverbesserung zu stabilisieren. Die Mutter äußerte: »Wahnsinn, was sich in den letzten drei Monaten alles verändert hat, wie im Zeitraffer.«

Über die Schwierigkeiten mit der elterlichen und beraterischen Präsenz

Die letzte Fallschilderung zeigt, was in relativ kurzer Zeit an Verhaltensänderung oder Problemverbesserung erreicht werden kann, wenn die Eltern zu einem Vorgehen nach den Prinzipien des gewaltlosen Widerstands bereit sind und ein entsprechender Beratungskontrakt zustande kommt. Bei vielen Fällen, in denen es aus meiner Sicht indiziert sein könnte, gelingt dies aber nicht. Warum? Für die Schwierigkeit, die Klienten in unserer Beratungsstelle für Interventionen des gewaltlosen Widerstands zu gewinnen, soll im Folgenden nach Gründen gesucht werden.

Kulturdifferenz?

H. Omer entwickelte und evaluierte sein Modell in Israel, einer Nation, deren Politik in jüngerer Zeit nicht gerade von Gewaltfreiheit oder Bemühungen um Deeskalation geprägt ist. Es ist bemerkenswert, dass gerade hier ein therapeutisches Konzept entwickelt wird, in dem der Verzicht auf Gewalt eine zentrale Rolle spielt. Den historischen, kulturellen oder sozialen Rahmenbedingungen kann hier nicht weiter nachgegangen werden, aber es stellt sich die Frage nach der Übertragbarkeit des Modells auf andere Kulturkreise. Omer selbst sieht hier keine grundlegenden Unterschiede und postuliert eine kulturübergreifende Universalität und verweist auf seine Erfahrungen in verschiedenen Ländern und Kontinenten[3]. Dennoch ist zu bedenken, dass eine Übertragung der mit israelischen Eltern gemachten Erfahrungen auf andere Kulturkreise Fragen aufwirft, die gegebenenfalls zu Modifikationen oder Nuancierungen im Vorgehen führen. Elterliche Präsenz und gewaltloser Widerstand haben viel stärkere und unmittelbarere Bezüge zu Werthaltungen als viele andere Therapieformen. Zudem bleiben durch die Veröffentlichungs- und Vernetzungsteile des Konzepts die Themen nicht mehr allein im intimen Therapieraum, sondern Eltern sind aufgefordert, sich im öffentlichen Raum zu zeigen. Hier könnte eine Erklärung für unsere Erfahrung mit der schwierigen Motivier-

3 Vortrag von H. Omer im Rahmen der Fortbildungsveranstaltung *Die Kunst des gewaltfreien Widerstands gegenüber destruktivem Verhalten von Kindern* vom 19. bis 22.02.2004 in Osnabrück.

barkeit deutscher Eltern liegen. Israelische Eltern könnten angesichts ihrer gesellschaftlichen Rahmenbedingungen und Erfahrungen sensibler und empfänglicher für die Bedeutsamkeit der Gewaltfrage sein und damit eher bereit, im Beratungskontext damit zu arbeiten. Auch ist daran zu denken, inwieweit historisch-gesellschaftlich herausgebildete Opfer- vs. Tätertraditionen als ein Aspekt des Selbstbilds die Bereitschaft zum gewaltlosen Widerstand moderieren.

Zum Beratungskontext

Ein anderer Kontextaspekt bezieht sich auf die Institution Erziehungsberatung im Gegensatz zu dem universitären klinischen Rahmen, in dem das Modell entstand. Beratungsstellen sind keine Spezialambulanzen, sondern eine Art Hausarztpraxen für die verschiedensten Erziehungs- und Familienprobleme. Auf Beraterseite bedeutet dies, dass die zeitlichen und energetischen Ressourcen für diesen besonderen Problembereich begrenzt sind und die Erfahrungsgewinnung ein langsamerer Prozess ist.

Auf Klientenseite bedeutet dies, dass die Eltern mitunter nicht eigeninitiativ mit dem Wunsch kommen, an eigenen Haltungs- und Verhaltensänderungen zu arbeiten. Vielmehr sind sie oft geschickt und kommen mit der Erwartung, dass wir nun das Kind bzw. den Jugendlichen so »zurechtbiegen«, dass er wieder »in der Spur« läuft. Diese Zugangsvariablen finden sich zwar bei vielen anderen Fragestellungen in der Erziehungsberatung. Bei den hohen Ansprüchen an das Engagement und die Veränderungsbereitschaft seitens der Eltern beim Vorgehen nach elterlicher Präsenz und gewaltlosem Widerstand ist es aber entsprechend schwieriger, den Dreh zum Elterncoaching hinzubekommen als bei anderen Themen, die einen »weicheren« Prozess ermöglichen.

Vielleicht ist es auch von Bedeutung, an welcher Stelle der Veränderungsbemühungen die Beratungsstelle aufgesucht wird: am Ende einer langen Kette von fehlgeschlagenen Versuchen (von Therapie, stationärer Kinder- und Jugendpsychiatrie, Jugendhilfemaßnahmen etc.) oder gleich als erste Hilfeinstanz. Ersteres scheint für die Mehrzahl der Eltern in dem Projekt in Israel zuzutreffen, das sich explizit an hilflose Eltern wendet. Letzteres gilt für die Mehrzahl unserer Klienten, bei denen es um hoch eskalierte gewalttätige Konflikte zwischen Eltern und Kind geht. Bedarf es in Analogie zur Suchttherapie einer noch stärkeren Frustration und Hoffnungslosigkeit, damit der unkonventionelle Weg des gewaltlosen Widerstands als »allerletzter Versuch« gewagt wird?

Beratungsneuland

So banal dies ist, es verdient doch Erwähnung: Naturgemäß besteht ein nur geringer Erfahrungsschatz auf Beraterseite, der durch das »Feuer des Anfängers« nur bedingt ausgeglichen werden kann (was für den Beratungsprozess auch nicht unbedingt förderlich sein muss, s. u.). Zudem werden lieb gewonnene Beratungsprinzipien wie Allparteilichkeit und Nondirektivität durch das Modell der elterlichen Präsenz infrage gestellt bzw. erfahren eine Modifikation. Es ist ein Umdenken erforderlich, vielleicht analog zum Unterschied zwischen Paartherapie und Mediation. Insofern trifft ein nicht ganz sattelfester Berater auf verunsicherte, orientierungslose und mitunter sehr erschöpfte und resignierte Eltern. Das muss allerdings kein Nachteil sein, wenn es gelingt, eine gute therapeutische Beziehung herzustellen.

Zur Parallelität von Eltern- und Berateranforderungen

Der Verlust der elterlichen Präsenz fällt nicht vom Himmel und ist oft das Ergebnis von langen (mitunter »lebenslangen«) destruktiven Machtkämpfen zwischen Eltern und Kind. Das Eskalationsniveau steht auf einer Stufe, auf der bei anderen Verfahren zum Konfliktmanagement schon die Segel gestrichen würden (z. B. hat eine Mediation auf so hohem Eskalationsniveau i. d. R. keinen Sinn). Entsprechend hoch sind die Anforderungen an die Eltern, eine (zunächst) einseitige Musterunterbrechung zu initiieren und durchzuhalten. Der Weg des gewaltlosen Widerstands erfordert Energie, Zeit, Mut und die Bereitschaft und Fähigkeit zu deeskalierendem Verhalten mit allen seinen Implikationen wie Frustrationstoleranz oder Verzicht auf den Sieg.

Welche dieser Anforderungen und Elemente des gewaltlosen Widerstands in welcher Weise auf der Seite des Therapeuten bedeutsam und hilfreich für den therapeutischen Prozess sind, soll in den Elternanforderungen gegenübergestellt werden (siehe Tabelle »Gegenüberstellung von Eltern- und Beraterantforderungen«).

	Eltern	Berater
Zeit und Energie	für die »heiße Phase« hoher Einsatz und Kraftanstrengungen erforderlich	Bereitschaft und Möglichkeit, die Eltern intensiv mit hohem Engagement zu unterstützen, z. B. durch kurzfristige Termine, Handybereitschaft etc.
soziale Unterstützung	Scham überwinden, sich öffnen; Familienmitglieder, Freunde, Nachbarn einbeziehen	gegebenenfalls Vernetzung mit anderen Institutionen; Unterstützerkonferenzen; sich mit seiner Arbeit zeigen und unterstützen lassen: Teamarbeit, Supervision etc.
Mut	a. Ängste (vor Suizid, Abhauen etc.) nicht handlungsleitend sein lassen, aus der Erpressbarkeit herauskommen b. »Zivilcourage«; sich sozial ungewöhnlich verhalten (in Disco auftauchen, Abholaktionen etc.)	a. Mut zum kalkulierten Risiko b. Sozial ungewöhnliche Aktionen initiieren und unterstützen
Verzicht	a. Verzicht auf die Pflicht zum Siegen b. Verzicht auf Rache c. Verzicht auf allumfassende Lösung d. Verzicht auf Kontrollillusionen; »Ich kann nur mein eigenes Verhalten kontrollieren«	a. der Versuchung widerstehen, den Wunsch der Eltern nach autoritärer Durchsetzung als Auftrag anzunehmen b. konstruktiver Umgang mit der eigenen Wut und Empörung (»uneinsichtige« Eltern, »böse« Kinder ...) c. Selbstverständnis als Begleiter zur Problemverbesserung, Verzicht auf »Heilung«
langer Atem	Beharrlichkeit und Frustrationstoleranz	Beharrlichkeit und Frustrationstoleranz
Information	Verstehen der Grundgedanken des Modells	umfassende Kenntnisse und Verinnerlichung des Modells; Fähigkeit zur angemessenen Weitervermittlung
Selbstwert und Selbstwirksamkeit	»Was ich als Vater oder Mutter tue, ist richtig!« »Ich bin als Vater oder Mutter in meinem Handeln effektiv!«	»Was ich als Therapeut tue, ist richtig!« »Ich bin als Therapeut in meinem Handeln effektiv!«

Gegenüberstellung von Eltern- und Berateranforderungen

Diese Therapeutenanforderungen würde ich als Basisvariablen für das Gelingen des gewaltlosen Widerstands bezeichnen, an denen zu arbeiten sich lohnt.

Besonders hervorzuheben ist dabei die Variable »Zeit und Energie«: Abgesehen von seiner methodischen Notwendigkeit, hat an dieser Stelle das therapeutische Engagement Modellcharakter und ist hilfreich für die therapeutische Beziehung. In der alltäglichen Beratungspraxis mit sich immer mehr ausweitenden Aufgabengebieten ist es aber schwer, ausreichende Räume dafür zur Verfügung zu stellen, ohne dass die andere Arbeit darunter leidet. Hilfreich können hier arbeitsorganisatorische Veränderungen und eine Beschränkung der Anzahl der Fälle gewaltlosen Widerstands sein. Schließlich ist es auch eine Frage des eigenen Interesses und der Einsatzbereitschaft.

Ein weiterer hervorzuhebender Punkt ist die Deeskalationshaltung. Es liegt nach meiner Erfahrung (auch settingbedingt) eine Verführung darin, sich mit den Eltern in einer Weise zu solidarisieren, indem man mit ihrem Wut- und Kränkungsanteil mitgeht und sie zwischen den Zeilen darin unterstützt, den Sieg im (destruktiven) Machtkampf davonzutragen. Auch in die therapeutische Beziehung können sich Elemente eines Machtkampfs einschleichen, wenn man Eltern von der »richtigen« Haltung oder dem »richtigen« Vorgehen zu überzeugen versucht. Die Verinnerlichung der Prinzipien des gewaltlosen Kampfes ist an diesen Stellen besonders wichtig, auch hier kann Supervision hilfreich sein.

Schließlich ist die Auforderung zum Mut nicht zu unterschätzen. Gerade wenn es um sich selbst schädigendes Verhalten des Jugendlichen geht oder Suiziddrohungen im Raum sind, ist es ein Balanceakt, Chancen und Risiken des gewaltlosen Widerstands abzuwägen. Die Exploration der elterlichen Katastrophenfantasien und die Erarbeitung von konkreten Handlungsoptionen »für den Fall, dass ...« können entlasten, ebenso wie die Vergegenwärtigung von Fachwissen z. B. bezüglich Risikofaktoren für Suizidalität.

Beißt sich die Katze in den Schwanz?

H. Omer schlägt vor, nach neuen Wegen zu suchen, Eltern zu respektieren und ihnen unseren Respekt auszudrücken, und mahnt an: »Das Denken in Kausalzusammenhängen ist tief in uns verwurzelt, und gerade in der Arbeit mit Eltern geraten Berater schnell in die Position, implizit oder explizit kausale Zuschreibungen zu machen, in der Form, die Eltern seien in irgendeiner Weise verantwortlich für oder gar schuldig an dem beklagten Zustand« (Omer u. von Schlippe 2002, S. 85). Das ist aus der Praxis nur zu bestätigen. Bei manchen

Klienten kann man sich einfach nicht den Gedanken verkneifen, dass fehlende oder schwach ausgebildete psychosoziale Kompetenzen der Eltern zu den Verhaltensproblemen der Kinder bzw. den destruktiven Interaktionsmustern beigetragen haben.

Das Problem ist aber meines Erachtens weniger die Frage der Schuldzuschreibung als der Zweifel, ob diese fehlenden Kompetenzen nicht genau die sind, die für die Interventionen des gewaltlosen Widerstands benötigt werden oder zumindest hilfreich sind (z. B. Frustrationstoleranz, Affektkontrolle, Empathiefähigkeit). Ein Sit-in, das in bekannte Eskalationsmustern mündet, weil die Eltern trotz ausreichender Instruktion ihr Verhalten nicht ausreichend steuern können, hat sicherlich nicht den beabsichtigten Lerneffekt. Vielleicht schätzen manche Eltern ihre Fähigkeiten zur Affektkontrolle realistisch ein, wenn sie ein Vorgehen nach den Methoden des gewaltlosen Widerstands mit der Begründung ablehnen, dass sie das nicht schaffen würden.

Selbst wenn man davon ausgeht, dass basale psychosoziale Fähigkeiten grundsätzlich vorhanden und nur aufgrund der Konflikteskalation nicht verfügbar sind: Bestimmte Interventionen des gewaltlosen Widerstands induzieren Stressmuster, die bekanntlich sehr veränderungsresistent sind. Von daher ist die Maxime »Schmiede das Eisen erst, wenn es kalt ist« in ihrer Bedeutung nicht zu unterschätzen.

Nach meiner Einschätzung sind diagnostische Überlegungen bezüglich der psychischen Basiskompetenzen der Eltern hilfreich für die Indikationsstellung des gewaltlosen Widerstands. Gewinnt man den Eindruck, dass sie nicht ausreichend zur Verfügung stehen, sind möglicherweise andere Unterstützungsformen hilfreicher.

Erschöpfung oder »Ja ... aber«-Spiel?

Nach der Lektüre des Handbuchs zum gewaltfreien Widerstand (Omer u. von Schlippe 2004, S. 229 ff.) sagte ein Vater: »Das ist ja schön und gut und vielleicht auch hilfreich, aber wissen Sie auch, wie erschöpft ich bin?« Tatsächlich erfordert gewaltloser Widerstand Kraftanstrengungen, Umfeldbedingungen und zeitliche Ressourcen, die mitunter nicht nur aufgrund der familiären Konflikte den Eltern nicht zur Verfügung stehen. Dies muss dann akzeptiert werden.

Auf der anderen Seite kann es auch eine Variante eines »Ja ... aber«-Spiels sein (Gührs u. Nowak 1995), mit dem die Verantwortungsübernahme vermieden wird. In einer ähnlichen Form kann sich dies zeigen, wenn die Eltern die Veränderungsverantwortung an das Kind delegieren aus dem vordergründigen Ungerechtigkeitsempfinden heraus: »Wieso soll *ich* denn etwas tun, wo *es* doch aggressiv ist und Therapie braucht!«

Eine weitere Variante in der Verantwortungsdelegation (in diesem Fall an Therapeuten und Kind) besteht in der Elternerwartung, dass sich der Therapeut oder ein anderer Retter mal das Kind vorknöpfen solle, um es »zur Vernunft zu bringen«.

»Spiele« dieser Art gibt es auch in anderen Problemkontexten. Die hohe Dringlichkeit des Handelns der Eskalationssituation und die ungewohnt aktive und direktive Therapeutenrolle erhöhen aber das Risiko, auf Spiele einzusteigen, welche die Eltern in der Passivität lassen und die die Bereitschaft zur Anstrengung für den gewaltlosen Widerstand minimieren.

Ein weiteres Konzept der Transaktionsanalyse mit einem Bezug zu destruktiven Machtkämpfen in Familie und Beratung ist das »Dramadreieck« mit den drei Rollen des »Anklägers«, des »Retters« und des »Opfers«. Im »Rettungsspiel« durchlaufen dabei die Interaktionspartner die verschiedenen Rollen mit den dazugehörigen Positionen und Gefühlen. Die Rettung selbst gelingt nie und endet gewöhnlich in neuer Anklage. So kann z. B. die familiäre Interaktion in folgendem Dramadreieck gefangen sein: Der Vater ist der Ankläger, die Mutter die Retterin, und die Kinder sind die Opfer. Ausgehend von dieser Grundsituation, können die Rollen dann so gewechselt werden, dass der Vater zum Opfer der Mutter wird, wenn sie ihn anklagt, die Kinder zu hart anzugehen; schließlich wird die Mutter zum Opfer der Kinder, wenn diese ihre Parteinahme ausnutzen usw.[4]

Auch die Beratungsarbeit (im Allgemeinen und auch hier wieder besonders im Falle von Elternmisshandlungen) ist gefährdet, wenn sich die Beteiligten in den Rollen des Dramadreiecks verstricken: Der Therapeut ist der »Retter«, die Eltern sind die hilflosen »Opfer« ihrer gewalttätigen Kinder (seien diese »Ankläger« oder »Täter«). Läuft das

---

4 Die Transaktionsanalyse bietet in diesem Zusammenhang auch ein Erklärungsmodell für die spätere Gewaltbereitschaft der Kinder: »Nun beginnt die Zeit der Vergeltung für eine Kindheit in der ›Opfer‹- Rolle, und die Kinder werden zu ›Anklägern‹ der Eltern. Je ausgeprägter die Eltern als ›Retter‹ und ›Ankläger‹ fungieren, umso härter wird die Rache der Kinder ausfallen, und umso eher werden die Kinder ihre Eltern an allen möglichen Arten von Schwierigkeiten auflaufen lassen: Mittelklasse-Kinder werden häufig schlecht in der Schule, verweigern die Mitarbeit, werden drogenabhängig und/oder lassen sich verhaften und einsperren« (Steiner 1982, S. 178).

Rettungsspiel erst mal, findet man sich schnell in anderen Positionen wieder, z. B. wird der Therapeut zum Ankläger der »uneinsichtigen« Eltern und dann zum Opfer der Eltern, die sich nicht genug unterstützt fühlen und den Therapeuten kritisieren usw.

Es ist also wichtig, dieses Dramadreieck über sorgfältige Auftragsarbeit, Ressourcenorientierung und Achtung der elterlichen Eigenverantwortung zu vermeiden. Der hohe Grad der therapeutischen Aktivität und des Engagements bei der Konzeptvermittlung oder der Erarbeitung der Interventionen des gewaltlosen Widerstands macht es aus meiner Sicht doppelt notwendig, sehr bewusst damit umzugehen.

Noch einmal zum hohen Aufforderungscharakter von Gewalt- oder Misshandlungsproblematiken im Allgemeinen und Situationen von Eltern- oder Kindesgefährdung im Besonderen: Die Ausgangssituation gestaltet sich oft so, dass auf der einen Seite Eltern sind, die sich in einer akuten Krisensituation befinden und in ihrer Wut, ihrer Angst um sich und um das Kind die Erwartung haben, dass möglichst schnell »etwas passiert«. Was das »Etwas« sein könnte, ist häufig relativ offen und reicht von »Die gehört eingesperrt« über Zwangseinweisungen in die Kinder- und Jugendpsychiatrie bis hin zu magischen Heilserwartungen – Hauptsache, es wird schnell gehandelt. Auf der anderen Seite der Therapeut mit einem fertigen Konzept in der Tasche, das zahlreiche handlungsorientierte und konkrete Rezepte enthält, voller Interesse und Neugier, ob sie wirksam sind.

Angesichts des hohen Handlungsdrucks kann schnell übersehen werden, was in der systemischen Therapie Allgemeingut ist: die Dynamik von Verändern und Bewahren. Die unbewusste Doppelbotschaft von vielen Familien in der Beratung lautet: »Verändere etwas, ohne etwas zu verändern!« Hört der Therapeut nur die Botschaft »Verändere etwas« und zieht in die Richtung des gewaltlosen Widerstands, dann können umso eher die bewahrenden Kräfte der Eltern aktiviert werden, und der Beratungsprozess wird schleppend oder bricht ab. Das ist zumindest die Erfahrung in unserer Beratungsstelle mit Eltern, die keine »Kunden« im Sinne de Shazers sind. Erst wenn der bewahrende Anteil genügend Würdigung erfahren hat, können sich die Eltern auf den gewaltlosen Widerstand einlassen. Der scheinbare Handlungsdruck und der hohe Leidensdruck machen es aber schwer, das Tempo zu verlangsamen, mehr in die Position der therapeutischen Skepsis zu gehen oder an der Bedeutung des Symptoms zu arbeiten.

Gerade bei Letzterem, der positiven Symptomkonnotation, ist es eine Kunst, den möglichen Lösungsanteil oder die Sinnhaftigkeit des Problems in einer Weise zu beschreiben, die von den Eltern angenommen werden kann.

Literatur

Gührs, M. u. C. Nowak (1995): Das konstruktive Gespräch. Ein Leitfaden für Beratung, Un-terricht und Mitarbeiterführung mit Konzepten der Transaktionsanalyse. Meezen (Christa Limmer).

Omer, H. u. A. von Schlippe (2002): Autorität ohne Gewalt. Coaching für Eltern von Kindern mit Verhaltensproblemen. Göttingen (Vandenhoeck & Ruprecht).

Omer, H. u. A. von Schlippe (2004): Autorität durch Beziehung. Die Praxis des gewaltlosen Widerstands in der Beziehung. Göttingen (Vandenhoeck & Ruprecht).

Steiner, C. (1982): Wie man Lebenspläne verändert. Die Arbeit mit Scripts in der Transaktionsanalyse. Paderborn (Junfermann).

Watzlawick, P., J. H. Weakland u. R. Fisch (1988): Lösungen. Zur Theorie und Praxis menschlichen Wandels. Bern (Hans Huber).

11. »Er/Sie hört mich ja nicht« – Stärkung der elterlichen Stimme und Präsenz angesichts von Hörschaden und Behinderung

Cornelia Tsirigotis

> »Kinder brauchen Erziehung. […] Sie haben ein Recht auf Eltern, die Orientierung geben und Richtung weisen, auch und sogar gerade dann, wenn die Kinder sich nicht (immer) daran halten. Umgekehrt haben die Eltern die Pflicht, diese Aufgabe zum Wohl ihrer Kinder zu übernehmen, gleichgültig, ob die Kinder dem folgen. Auch Wegweiser werden nicht aus der Landschaft entfernt, weil manche Autofahrer nicht den ihnen gewiesenen direkten Weg wählen« (Rotthaus 2004, S. 10).

Wie schaffen es Eltern heute, angesichts der vielfältigen Herausforderungen und Botschaften, die sich mit »richtiger« Erziehung beschäftigen, eine klare, Orientierung gebende Stimme zu erheben? Welche Umstände lassen sie verstummen? Was brauchen sie, wenn sie ihrer Stimme und ihrer Präsenz durch Lebensumstände wie Behinderung, Krankheit oder Hörschaden ihres Kindes beraubt werden, um diese Stimme wiederzuerlangen und zu stärken? Und ganz entscheidend: Was können Beratungs- und Helfersysteme in diesem Kontext präventiv dazu beitragen, dass die elterliche Stimme angesichts widriger Umstände stark bleibt oder gestärkt wird?

Diese und mehr Fragen waren Leitmotive, mich mit dem Konzept der elterlichen Präsenz auseinander zu setzen und daraus Hilfen zu gewinnen für meinen Arbeitskontext Beratung und Unterstützung von Familien mit hörgeschädigten und z. T. mit Cochlea-Implantat[1] versorgten Kindern. Dabei ging es mir darum zu untersuchen, was in diesem Kontext unter elterlicher Präsenz zu verstehen ist und wie sie dafür nutzbar gemacht werden könnte, das Selbstwirksamkeitserleben von Eltern zu stärken. Sich als Eltern präsent zu zeigen heißt im Wortsinn: »da« zu sein. Wie geschieht dieses Da-Sein, wie wird es für Kinder erlebbar und für die Eltern selbst spür- und erfahrbar?

---

1 Ein Cochlea-Implantat (im weiteren CI) ist eine elektronische Hörhilfe, die ins Innenohr implantiert wird. Mit ihrer Hilfe können nach einer entsprechenden intensiven Rehabilitation hochgradig hörgeschädigte Kleinkinder besser hören lernen als mithilfe von Hörgeräten. Ob und wie viel besser, das ist von vielen Faktoren abhängig.

Als professionelle Helferin besteht meine Aufgabe darin, Eltern einen Raum für Selbstwirksamkeitserleben zu schaffen. In diesem Sinne konzentriert sich systemische Therapie, wie ich sie verstehe, darauf, einen für die jeweiligen (benannten) Hilfesuchenden stimmigen Rahmen zu entwickeln und anzubieten, der »sie anregt, sich in ihren Angelegenheiten als selbstwirksam zu erleben« (Loth 2005, S. 90). Selbstwirksamkeit heißt für mich, dass Eltern sich ihren Aufgaben gewachsen fühlen (»Ich bin voll da«, »Ich kann etwas machen, in geschütztem Rahmen ausprobieren«) und als Eltern mit ihrem Kind die »gute Geschichte« (Ziegler u. Hiller 2004) wieder ans Tageslicht befördern zu können. »Wir sagen, wir können Eltern am besten unterstützen, untaugliche Muster umzukrempeln, wenn sie sich durch uns überzeugend bestätigt fühlen in ihrem Leid, in ihren Werten und in ihren Leistungen. Herausforderung und Unterstützung sind so die beiden Seiten derselben Medaille: Je stärker unsere empathische Unterstützung der Eltern ist, umso größer ist unsere Fähigkeit, mit ihnen gemeinsam an der Erarbeitung neuer Möglichkeiten zu arbeiten« (Omer u. von Schlippe 2002, S. 7 f.).

Arbeitskontext

Es soll hier im Wesentlichen um zwei verschiedene Arbeitskontexte gehen. In die Frühförderung für hörgeschädigte Kinder kommen die Familien ab dem Zeitpunkt, zu dem der Hörschaden ihres Kindes erkannt ist. Das kann bereits in frühem Säuglingsalter sein, ebenso kann es passieren, dass der Hörschaden erst viel später festgestellt wird und dass die Familie, um Klarheit zu bekommen, schon verschiedene Stellen aufgesucht hat. Die Frühförderung begleitet die Familien bis zur Einschulung und erarbeitet mit ihnen einen Rahmen für förderliche Entwicklungsbedingungen (s. auch Tsirigotis et al. 2004).

Der zweite Arbeitskontext ist eine ambulante Rehabilitationseinrichtung, die Familien nach Versorgung eines hochgradig hörgeschädigten Kindes mit einem Cochlea-Implantat besuchen. Vorausgegangen ist meist eine längere, oft sehr schwierige Phase, die für die Familien von Zweifel, Verunsicherung und auch dem Druck gekennzeichnet ist, eine schwierige Entscheidung treffen zu müssen. Auf der medizinisch-technischen Seite liegt der Fokus eher auf der Diagnostik und Überprüfung der bestmöglichen Hörgeräteversorgung. Die nach der Implantation erforderliche Rehabilitation findet teilstationär statt und beinhaltet neben dem Hör- und Sprachtraining für die Kinder auch Angebote für die Eltern wie Elterngesprächskreise und Einzelgespräche (ausführlicher Tsirigotis 2002a).

Muster um den Hörschaden

Mit der Diagnose »Hörschaden« entstehen in der Familie vielfältige Belastungen und großer Druck. Die Behinderung bestimmt nicht nur den Tagesablauf – Termine bei Ärzten, Akustikern, KrankengymnastInnen –, sie bestimmt vor allem einen großen Teil der Kommunikation in der Familie: »Hätten wir doch ...«, »Was wäre, wenn ...?«, »Warum ich?«. Zu dem Meer von widersprüchlichen Gefühlen und Erfahrungen, die mit dem Diagnoseschock verbunden sind, kommt hinzu auch ein Karussell von sich widersprechenden Botschaften und Verschreibungen der unterschiedlichen Fachleute, die oft von Vertrösten (»Das wächst sich aus ...«) bis Vorschreiben (»Sie müssen ...«) reichen. Die Familie kann so in einen Zustand der »erlernten Hilflosigkeit« gelangen (Seligmann 2004), zu dem die Fachleute kräftig beitragen und der von der Umwelt (»Wie kommt das denn?«, »Hätten Sie nicht ...«) und der Großfamilie (»Wir haben euch ja immer schon gesagt ...«) verstärkt werden kann.

Die Eltern verlieren zunehmend das Gefühl, ihr Leben selbst gestalten und in ihrer Familie Entscheidungen selbst treffen zu können.[2] Das übernimmt jetzt die Behinderung oder der Hörschaden, um die herum ein Netz von Kommunikationen entsteht. Behinderung und Hörschaden werden zu einem signifikanten Bestandteil der gesamten Interaktion, nicht nur der familiären. Dieses »organisierende Prinzip der Interaktion« (Steinglass 1998) verselbstständigt sich. Auch hier gilt, was von Schlippe (2003, S. 30) über Familien mit chronisch kranken Kindern schreibt: »Über den sprachlichen Austausch entwickeln die Mitglieder eines sozialen Mikrosystems eine gemeinsame ›Umwelt von Bedeutung‹, von Sinn um die chronische Erkrankung herum. Diese sozial geschaffene Umwelt kann mehr Einfluss auf das Erleben der Familienmitglieder bekommen als die Krankheit selbst.« Die Muster, die rund um die Behinderung oder den Hörschaden entstehen, sind denen in Familien von chronisch kranken Kindern ähnlich (ausführlicher Tsirigotis 2004).

2 Zum Kohärenzgefühl von Eltern behinderter Kinder s. auch (Hintermair) 2002

Der Räuber: Mr. Hörschaden raubt die elterliche Stimme ...

Die Diagnose steht wie eine unsichtbare Wand zwischen den Eltern (vor allem der Mutter) und ihrem Baby. Bei den sehr früh als hörgeschädigt erkannten Kindern (z. B. im Hörscreening kurz nach der Geburt) kann diese Wand ebenso eine normale Bindungsentwicklung behindern wie bei Kindern, die aufgrund von sichtbaren Auffälligkeiten wie Ohrenmissbildungen oder Lippen-Kiefern-Gaumenspalten einen sofortigen Schock bei Eltern auslösen. Hilfreich sind auch hier die Überlegungen von Pleyer (2003, 2004, 2006), der beschreibt, wie traumatische Erfahrungen – und die Behinderung des Kindes wirkt auf Eltern mehr oder weniger traumatisierend – parentale Hilflosigkeit erzeugen können: Die Eltern »denken immer daran, Tag und Nacht«. Bei den später als hörgeschädigt erkannten Kindern führen Kommunikations- und Entwicklungsbeeinträchtigungen zu Verunsicherung und Hilflosigkeit. Oft verstummen Eltern angesichts der Diagnose (»Er/Sie hört mich ja nicht«) und hören auf, mit ihrem Kind zu sprechen und die als *Motherese* bezeichnete intuitive Interaktion fortzusetzen. Sie haben dann ihre Stimme im wahrsten Wortsinn verloren. Technische Versorgung wie z. B. mit Hörgeräten und Therapieverschreibungen wie Krankengymnastik oder Logopädie können dazu führen, dass die Elternrolle sich verändert, dass Eltern zu Therapeuten, zu Beobachtern, (Hör-)Testern und GutachterInnen bei allen Entwicklungsschritten werden. Zuweilen finden sie ihre Kompetenz darin wieder, im Helfer- und Therapeutenkarussell eine organisierende oder kontrollierende Rolle einzunehmen.

Der Verlust des Gefühls elterlicher Kompetenz und elterlichen Selbstwirksamkeitserlebens spielt sich auf verschiedenen Ebenen ab. Kompetenz bezieht sich eher auf Wissen, Fähigkeiten und Fertigkeiten:

- »Ich weiß nicht, wie ich mit meinem behinderten Kind umgehen soll.«
- »Ich weiß nicht, was auf uns zukommt.«

Dagegen bewegt sich das Erleben von Selbstwirksamkeit auf der Ebene des Fühlens und Könnens bzw. der Verlust auf der des Nichtkönnens und Sich-unzulänglich-Fühlens:

- »Ich kann ihm/ihr das nicht erklären, er/sie hört mich ja nicht.«
- »Das geht alles nicht.«

- »Das hatten wir uns anders vorgestellt …«
- »Wir sind ohnmächtig.«

Die Assistenten von Mr Hörschaden

Verstärkt wird dieser Stimm- und Präsenzverlust durch affektbesetzte Kognitionen wie:

- Mitleid, weiches Herz: »Mein armes Kind …«
- Trauer: »Ich hatte ganz andere Vorstellungen vom Leben mit einem Kind.« – »Warum trifft es ausgerechnet uns?«
- Schuld: »Hätten wir doch nicht …!« – »Hätten wir doch früher …!«
- Schuldzuweisung: »Hätten die uns gesagt …« – »Die machen ja alle nicht …«
- Störungsspezifisches Wissen: »Wenn ich mich rumdrehe, hört er/sie nichts.« (Siehe auch Tsirigotis 2004.)

Deutlich wird hier, wie schon oben beschrieben wurde, dass es nicht allein die Hörschädigung des Kindes selbst ist, die Probleme verursacht, sondern der »Hörschaden im Kopf der Eltern«. Der Hörschaden steht sozusagen wie eine unsichtbare Wand zwischen Eltern und Kind (s. auch die Abbildung). Das Gefühl, nicht gehört werden zu können, sich nicht verständlich machen zu können, führt dazu, Alltägliches nicht mehr zu sagen, nichts zu erklären, es mit einer resignierten Haltung als sinnlos zu empfinden, »überhaupt etwas zu sagen« (ein Phänomen, das ja auch bei Eltern hörender Kinder vorkommt, wenn die Kinder dann einfach nicht machen, was man sagt). Auch die peinliche Vorstellung, was die Nachbarn sagen, wenn es immer so laut ist, oder die Angst, dass das Jugendamt das Kind wegnimmt, wenn es so brüllt, führen dazu, die eigene Stimme nicht mehr zu erheben. Was spüren Kinder von diesen bewussten oder unbewussten Botschaften, und wie übersetzen sie die erlebte Unsicherheit der Eltern für sich und ihre Handlungen?

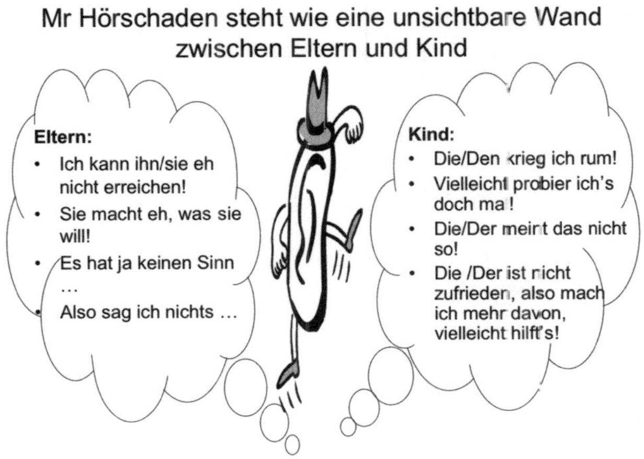

Wichtig ist mir zu betonen, dass die beschriebenen Phänomene nicht zwangsläufig und immer und in diesem kettenartigen Ablauf entstehen *müssen.* Entscheidend ist jedoch, dass es zu einem gefühlten Verlust von Handlungsfähigkeit kommen kann, der mit parentaler Hilflosigkeit einhergeht.

Wie zeigt sich Präsenz?

»Präsent zu sein bedeutet, jemand zu sein, jemand mit seinen eigenen Gedanken, Gefühlen und Wünschen. Nur eine Figur, die persönlich präsent ist, kann das Kind sich sicher und nicht allein fühlen lassen. Demgegenüber wird der Elternteil, der zum Echo der kindlichen Wünsche wird, das Kind in einem leeren Raum zurücklassen« (Omer u. von Schlippe 2002, S. 30).

Präsenz zeigt sich – wie gesagt – in einer Haltung des Da-Seins und des Bereitseins für die Übernahme elterlicher Aufgaben. Hier kann eine Metapher dienlich sein, die W. Loth (1998, S. 42) ursprünglich für professionelle Hilfen beschrieben hat und die mir auch für viele andere Bereiche zwischenmenschlichen Umgangs zu passen scheint. Er verwendet den Begriff des »Beisteuerns«:

»Beisteuern ist nicht das gleiche wie Steuern. Es ist aber auch nicht das gleiche wie einfach dabeizusitzen. Beisteuern meint die Kompetenz, sich erkennbar, verantwortlich und anschlussfähig daran zu beteiligen, Perspektiven zu weiten und neue Möglichkeiten zu erschließen, ohne dies einseitig und allein entscheidend tun zu können.«

Demnach könnte elterlich präsentes Handeln eine Form des Beisteuerns sein, das nach folgenden Gesichtspunkten funktionieren könnte:

- *Verantwortlich sein:* »Ich bin dein Vater«, »Ich bin deine Mutter«, »Ich bin da«, »Wir sind da«, »Wir geben dir Orientierung«, »Da geht's lang«.
- *Erkennbar sein* (für das Kind): »Meine Eltern sind da«, »Die sind da für mich, trösten mich etc.«, »Die meinen das so, wie sie es sagen«, »Die lassen jetzt nicht mit sich spaßen«.
- *Anschlussfähig sein,* das heißt im Hörgeschädigtenkontext mit adäquater, kongruenter (auch in Bezug auf nonverbale Mittel) Kommunikation und Eltern-Kind-Interaktion.
- *Blick (Perspektiven) erweitern:* »Guck mal da!«: die Welt zeigen, auf Schönes aufmerksam machen, Orientierung geben, Grenzen zeigen, auf Stolpersteine hinweisen.
- *Möglichkeiten erschließen*: Das geht, und dieses auch. Das andere geht nicht! Folgendes könnten wir probieren ...
- *Anerkennen, dass das Kind nicht einseitig bestimmbar ist*: im Bewusstsein dessen handeln, dass das Kind eine andere Persönlichkeit ist, in dessen Kopf ich nicht schauen kann und dessen Verhalten ich nicht durch instruktive Interaktion bestimmen kann (s. auch Loth u. von Schlippe 2004).
- *Nicht allein entscheiden:* Unter Berücksichtigung der wichtigen anderen Beteiligten wird vermittelt, an einem Strang zu ziehen, womit dem Kind Entscheidungsmöglichkeiten angeboten werden: Das ist verhandelbar; hier sind die Grenzen; und das passiert innerhalb.

Weiterhin scheint mir eine erforderliche elterliche Haltung auch unerschrockenes Respektieren (Hargens 1995) der Persönlichkeit des Kindes zu sein, nämlich sich einzulassen auf das Kind mit der Frage: »Was bist du für eine/einer?« Weiter gehend heißt respektieren: »... dem Gegenüber auch unter widrigen Umständen zuzutrauen, sich unter geeigneten Bedingen auch anders verhalten zu können, in diesem Fall: konstruktiver, kooperativer« (Loth 2006, S. 25 ff.) in diesem Band). Das bedeutet nicht, alles an seinem Kind zu akzeptieren, sondern mehr eine Haltung des Verstehens, »Wir verstehen, warum du das willst!«, und zugleich der Orientierung, z. B. »Das geht nicht! Das ist gefährlich! Das ist so!«, einzunehmen.

Wie können wir früh dafür sorgen, Stimme zu stärken, damit Eltern sie gar nicht erst verlieren?

Elterliche Präsenz bedeutet, »dass die Eltern bei dem Kind wieder ihre Stimme erheben und immer wieder neu beginnen zu kommunizieren und vor allem zu verhandeln« (Omer u. von Schlippe 2002, S. 23).

Im Rahmen der Frühförderung und im Kleinkindkontext besteht die Möglichkeit, früh über die Stärkung der elterlichen Stimme nachzudenken. Präventive Arbeit im Sinne Lösungs- und Ressourcenorientierung besteht für mich darin, Stimme zu erhalten bzw. »Stimmenwiedergeber« zu suchen, wenn sie geraubt wurde. Die Metapher des Eingangzitates von Rotthaus, dass auch Wegweiser nicht aus der Landschaft entfernt werden, obwohl die Autofahrer sich nicht immer daran halten, kommt bei Eltern sehr gut an. Ebenso anschlussfähig ist das Plexiglasmodell eines »Mr H.«, des Hörschadens als weiteren Familienmitglieds, das die unsichtbare Wand zwischen Eltern und Kind sowie den Stimmenräuber verdeutlicht (sog. Externalisierung nach White u. Epston 1994).

In erster Linie geht es um ein (Wieder-)Einnehmen der beschriebenen Haltung »Wir sind deine Eltern, wir müssen so handeln«. Hier wäre sie kleinkindgerecht und hörgeschädigtenspezifisch zu übersetzen in: »Ich kann sprechen, ich darf sprechen, ich darf meinem hörgeschädigten Kind etwas sagen.« Die Eltern können ermutigt werden, aus den Kommunikationsmustern rund um Hörschaden und Behinderung auszusteigen und Räume für neue Kommunikationen zu schaffen, z. B. in Elterngruppen. Hier lässt sich das Kompetenzerleben stärken und störungsspezifisches Ressourcenwissen nutzen. Letzteres ermöglicht, aus einer resignierten Haltung »Ich kann ihm nichts erklären«, auszusteigen und zu der Idee zu gelangen: »Zum Erklären brauche ich Hilfsmittel, Zeit, Gebärden, nonverbale Kommunikation.« Das macht die Kommunikation nicht unbedingt leichter, aber es ermöglicht sie. Schwere kann sich so in kontextbezogene Schwierigkeit verwandeln, und die größere Schwierigkeit mit hörgeschädigten Kleinkindern im alltäglichen Umgang kann anerkannt und gewürdigt werden. Darüber hinaus geht es darum, den Blick auf die vorhandenen elterlichen Stärken zu richten und die ganz normale Erziehungsarbeit sowie die Aufgabenbewältigung zu würdigen und auf diese Weise Zutrauen in die eigenen Fähigkeiten als Eltern zu vermitteln.

Raum für Selbstwirksamkeit entsteht durch das Würdigen des Geleisteten, der bewältigten Schwierigkeiten, des familiären Zusammenhalts und der Bereitschaft, der Behinderung oder dem Hörschaden offen gegenüberzutreten. Selbstwirksamkeit muss erlebt und gefühlt werden. So ist es beraterische Aufgabe, einen Rahmen zu schaffen, um Eltern spüren und erfahren zu lassen: Wo erleben sie sich als gut? Was genießen sie an und mit ihrem Kind? Dann entsteht auch wieder das Gefühl, das Recht zu haben, Eltern zu sein: »Wir lassen uns doch nicht auf der Nase rumtanzen!« Es ist einfacher, im Kontext von Frühförderung und früher Begleitung einen Rahmen zu schaffen, in dem sich die negativen Muster gar nicht erst so tief einprägen können und in dem früh Handlungsalternativen lebbar werden.

Ein *Beispiel:*
Familie Schmetz ist eine junge Familie mit zwei Kindern. Die Tochter ist fünf, der Sohn Mirko drei Jahre alt. Bei ihm wurde mit eineinhalb Jahren ein hochgradiger Hörschaden diagnostiziert, und er wurde mit einem Cochlea-Implantat versorgt. Es ist meistens Frau Schmetz, die in die Rehabilitation kommt und auch Gespräche in Richtung Erziehungsberatung sucht. Sie sucht bei Fachleuten Rat: so bei der Kindergärtnerin, in deren integrativen Gruppe Mirko seit zwei Jahren betreut wird, oder bei der Frühförderin, die die Familie wegen des Hörschadens betreut. Jeder sagt ihr, was er für richtig hält. Außerdem liest Frau Schmetz viel und sieht im Fernsehen *Super Nanny*, zum Teil mit der Tochter zusammen. Sie wird dadurch nicht sicherer. Ihre eigenen Vorstellungen von Erziehung als freundschaftlichem Erzeugen von Erkenntnisgewinn beim Kind lassen sich bei der Tochter einigermaßen gut umsetzen, bei Mirko helfen sie nicht. Das Leben mit Mirko gestaltet sich als fortwährender Machtkampf. Frau Schmetz ist frustriert, weil sie die Rolle der Erzieherin (»Löwenbändigerin«, »Monster«) innerlich ablehnt. Mirko will sich morgens nicht anziehen lassen oder nicht die Zähne putzen. Die Eltern haben das Gefühl, sie vergewaltigen das Kind. Sie empfinden Mirko als Monster, sich selbst allerdings auch. Eines Morgens erzählt Frau Schmetz, Mirko sei so laut. Sie könne ihm z. B. nicht begreiflich machen, dass er leise sein solle, wenn sie telefoniere. Eindeutige gebärdlich-körpersprachliche Signale? Sie druckst herum: »Darf ich das? Darf ich meinem hörgeschädigten Kind sagen, es soll leise sein?« Wer sitzt da im inneren Team? Eine, die den kleinen hörgeschädigten Jungen bedauert, der seinen eigenen Lärm nicht voll wahrnimmt, aber sehr gut seine nervige Wirkung kennt und nutzt? Was hat sie mit der hörenden Tochter gemacht, als die klein war? Der hat sie gesagt, sei solle leise sein. Wer macht die orientierende Erzieherin und Wegweiserin Mirko

gegenüber stumm? Der braucht sie doch auch, die Orientierung. Ist es nicht ihr Recht *und* ihre Pflicht, ihren kleinen hörgeschädigten Jungen nachhaltig darauf aufmerksam zu machen, dass es Situationen gibt, in denen er leise sein muss? Zuweilen ist sie so fertig und schaukelt sich die Situation so hoch, dass ihr »die Hand ausrutscht.«

Wir malen ein inneres Team. Darin sitzen:

- eine freundliche, erklärende Freundin ihrer Kinder, die mit ihnen tobt und schmust ...
- das weiche Herz – er ist doch so klein, so süß, so arm ...
- die Löwenbändigerin als Monster – das ist so furchtbar, warum machen die das nicht von selbst ... ich komme mir vor wie ...

Wer soll zurzeit die Leitung in diesem Team haben, was die Erziehung der Kinder angeht? Alle Mitglieder dieses Teams sind wichtig und sollten respektiert werden. Wie könnte sie sich bei den unterschiedlichen Teammitgliedern für ihre wichtigen Beiträge bedanken? Wie könnte eine orientierende, klare Mutter aussehen? Frau Schmetz arbeitet in der nächsten Zeit an ihrer Rolle als Mutter. Sie bespricht sich mit ihrem Mann darüber. Gemeinsam stellen sie fest, dass sie es sich einfacher vorgestellt hatten, Eltern zu sein. Auch hierbei ist es wichtig, ihren Suchprozesses ebenso zu würdigen wie auch die Lockerheit, mit denen ihr Erziehungskonzept bei der älteren Tochter gelungen ist. Jetzt gilt es festzustellen, dass die Familie etwas Neues braucht.

Auch diese Geschichte zeigt:

> »Das Hauptmerkmal seriösen Elterncoachings ist die Bereitschaft, in einem nicht einseitig steuerbaren Geschehen unerschrocken zu respektieren, d. h., jegliche Situation als Ausgangspunkt für einen brauchbaren nächsten Schritt zu akzeptieren und sich konsequent an der Möglichkeit zu orientieren, dass auch diese Eltern sich als selbstwirksam erleben können. Und an der Möglichkeit, dass sie daraus Mut, Tapferkeit und Ausdauer für ihr erzieherisches Handeln schöpfen« (Loth 2006, S. 25 ff. in diesem Band).

Literatur

Hargens, J. (1995): Kurztherapie und Lösungen – Kundigkeit und Respektieren. *Familiendynamik* 20 (1): 32–43.

Hintermair, M. (2002): Kohärenzgefühl und Behinderungsverarbeitung. Heidelberg (Median).

Loth, W. (1998): Auf den Spuren hilfreicher Veränderungen. Das Entwickeln Klinischer Kontrakte. Dortmund (modernes lernen).

Loth, W. (2005): »Für systemische Therapie eröffnen sich neue Wege«. *Systhema* 19 (1): 86–92.

Loth, W. (2006): Elterncoaching: Modus oder Mode? – Einige Überlegungen und Thesen. (In diesem Band, S. 25–35.)

Loth, W. u. A. von Schlippe (2004): Die therapeutische Beziehung aus systemischer Sicht. *Psychotherapie im Dialog* 5 (4): 341–347.

Omer, H. u. A. von Schlippe (2002): Autorität ohne Gewalt. Coaching für Eltern von Kindern mit Verhaltensproblemen. »Elterliche Präsenz« als systemisches Konzept. Göttingen (Vandenhoeck & Ruprecht).

Omer, H. u. A. von Schlippe (2004): Autorität durch Beziehung. Die Praxis des gewaltlosen Widerstands in der Erziehung. Göttingen (Vandenhoeck & Ruprecht).

Pleyer, K. H. (2003): Parentale Hilflosigkeit. Ein systemisches Konstrukt für die therapeutische und pädagogische Arbeit mit Kindern. *Familiendynamik* 28 (4): 467–491.

Pleyer, K. H. (2004): Co- traumatische Prozesse in der Eltern-Kind-Beziehung. Systhema 18 (2): 132–149.

Pleyer, K. H. (2006): Coaching für Eltern – Unverzichtbarer Baustein in der systemischen Kindertherapie. (In diesem Band, S. 102–117.)

Rotthaus, W. (2004): Vorwort. In: H. Omer u. A. von Schlippe (2004): Autorität durch Beziehung. Die Praxis des gewaltlosen Widerstands in der Erziehung. Göttingen (Vandenhoeck & Ruprecht), S. 9–13.

Schlippe, A. von (2003): Chronische Krankheit im Kontext sozialer Systeme. *Systhema* 17 (1): 20–37.

Seligmann, M. E. (2004): Erlernte Hilflosigkeit. Weinheim (Beltz).

Steinglass, P. (1998): Multiple family discussion groups for patients with chronic medical illness. *Families, Systems and Health* 16 (1/2): 55–70.

Tsirigotis, C. (2002a): Ankommen im Alltag – Eltern in der CI-Rehabilitation. Überlegungen zu einer lösungs- und ressourcenorientierten Beratung von Eltern im Cochlear-Implant-Rehabilitationszentrum Rheinland in Aachen. *Hörgeschädigtenpädagogik* 56 (2): 54–65.

Tsirigotis, C. (2002b): Im Fluss des Lebens schwimmen – Überlegungen zur empirischen Studie »Kohärenzgefühl und Behinderungsverarbeitung« aus der Sicht der Praxis. *Hörgeschädigtenpädagogik* 56 (6): 252–259.

Tsirigotis, C. (2004): Gruppen mit Eltern behinderter Kinder – Störungswissen und elterliche Kompetenzen als Ressource in der Gruppe nutzen. *Systhema* 18 (1): 31–43.

Tsirigotis, C., S. Beer, C. Jürgensen u. B. Krumbach (2004): Frühförderung hörgeschädigter Kinder: Einen Rahmen für förderliche Entwicklungsbedingungen schaffen. *Hörgeschädigtenpädagogik* 58 (6): 236–245.

White, M. u. D. Epston (1994): Die Zähmung der Monster. Literarische Mittel zu therapeutischen Zwecken. Heidelberg (Carl-Auer).

Ziegler, P. u. T. Hiller (2004): Verliebt, verlobt und dann …? Paartherapie – lösungsorientiert. Dortmund (Borgmann).

Teil III: »Marte Meo«[1]: Videogestützte Entwicklungsberatung

12. »Den Initiativen des Kindes folgen« – Eine Long Distance SuperVision mit der Familie eines autistischen Jungen aus Spanien[2]

Maria Aarts

Seitdem ich angefangen habe, mit Videointeraktionsanalysen zu arbeiten, senden mir Menschen, die aufgrund der Entfernung nicht die Chance haben, von mir persönlich trainiert zu werden, Videokassetten mit der Bitte um Supervision.

Diese Analysen auf Distanz nahmen an Anzahl zu, und ich nannte diese Vorgänge »*L*ong *D*istance *S*uperVision« (»FernSuperVision«). Die Filme werden zu mir geschickt, und ich antworte meist per E-Mail und sende so meine supervisorische Meinung zurück.

Plötzlich wurde mir klar, dass diese E-Mails etliche detaillierte Informationen über die entwicklungsfördernde Unterstützung und supervisorische Erfahrungen enthalten. In ihnen sind wertvolle Informationen eingebettet für jeden, der an der Marte-Meo-Methode interessiert ist bzw. mit ihr arbeitet. Ich hatte auch positive Reaktionen von Trainees, die während meiner Kurse mit einem Teil der Fernsupervision umgingen. Sie waren der Meinung, dass man diese Informationen noch auf einer breiteren Basis nutzen könnte. Warum sollten sie also nicht veröffentlicht werden? fragten sie. Ich stimmte zu.

Natürlich ist das Material ein bisschen ungeschliffen, oftmals in einem abgehackten Stil. Aber vielleicht spiegelt das die Arbeit mit der *L*ong *D*istance *S*uperVision ganz natürlich wider. Und außerdem hat es einen gewissen Charme, die Supervisionen so darzustellen. Deshalb werden Sie ab jetzt im *Marte Meo Magazine* über die Aktivitäten im Bereich *L*ong *D*istance *S*uperVision lesen können.

---

1 »Marte-Meo« ist aus dem Lateinischen abgeleitet und bedeutet sinngemäß, etwas »aus eigener Kraft« zu erreichen (vgl. Aarts 2002).

2 Erstveröffentlichung des ersten Teils in: *Marte Meo Magazine* 32 (3): 10 ff. Übersetzung: Maria Aarts. (Alle Rechte bei Maria Aarts, Eindhoven.)

Und da ist noch ein anderer faszinierender Aspekt bei der *L*ong *D*istance *S*uper*V*ision: Weil viele Menschen aus allen Teilen der Welt Bänder zur Analyse schicken, wird man ganz leicht mit anderen Kulturen und Arbeitsmethoden bei dem Umgang mit »Marte Meo« vertraut.

Ich hoffe, Sie genießen die erste Fernsupervision.

Eine Frage einer spanischen Familie

In diesem Artikel beschreibe ich meine *L*ong *D*istance *S*uper*V*ision mit einer spanischen Familie. Ich traf die Familie auf einem Autismus-Kongress in Spanien. Natürlich werden aufgrund der Wahrung der Privatsphäre keine Namen genannt.

Die fragliche Familie war unter den Zuhörern und sah sofort die Möglichkeiten für ihren achtjährigen Sohn, bei dem kindlicher Autismus diagnostiziert worden war. Der Junge, nennen wir ihn Felipe, benutzt keine Wörter.

Die Mutter begann umgehend, die Marte-Meo-Informationen zu nutzen, die sie während der Konferenz erhalten hatte. Ein paar Tage später erzählte sie mir, wie gut sich die Methode schon bewährt hatte, nachdem sie begonnen hatte, ihre Aktionen vor dem Jungen zu benennen. Sie hatte angefangen, ihrem Sohn in den Momenten der Aktionen zu sagen, was er tun könnte. Das war so ähnlich wie mit dem Schweizer Papa aus einem meiner Videoclips, die ich in den Trainingskursen verwende. Er unterstützt dort sein zwölf Wochen altes Baby bei der Entwicklung seiner Kooperationsfähigkeiten.

Sie fragte mich, ob es möglich sei, dass ich der Familie auf irgendeine Art helfen könne. Das war natürlich schwierig, weil es noch keinen Marte-Meo-Therapeuten in Spanien gibt und ich in den Niederlanden lebe. Dann fanden wir eine Lösung. Ich bot den spanischen Eltern an, mir einen Film, der eine alltägliche Situation mit ihrem Jungen zeigte, zu schicken, die ich dann analysieren wollte. Dann würde ich meine unterstützenden Beobachtungen via E-Mail zurückschicken. *L*ong *D*istance *S*uper*V*ision entpuppte sich als wirksame und nützliche Lösung, ungeachtet der Tatsache, dass Laien in die Supervision involviert waren!

Die erste E-Mail der Familie

Sie akzeptierten glücklich das Angebot, und das war *die erste Mail*, die ich von ihnen bekam:

Liebe Maria Aarts,
ich hoffe, Sie haben das Video bekommen, das wir im Hotel ... in ... hinterlassen haben. Dieses Video wird es Ihnen ermöglichen, Felipe kennen zu lernen. Wir haben es an einem Abend gefilmt, als wir von einem Essen und einem Besuch von Las Palmas zurückkamen. Dort hatten wir ein bisschen Zeit, einige Bilder von Felipe zu machen.

Zu Hause hat er ein spezielles Spielzimmer. Das ist seine Privatsphäre, wo er sein Spielzeug, seine Videos und all seine Sachen hat. Ich möchte die Gelegenheit ergreifen und Sie zu Ihrer Arbeit mit »Marte Meo« beglückwünschen, für die Sie all meine Bewunderung und meinen Respekt haben. Wir hoffen, dass Eltern von autistischen Kindern, die denken, sie könnten nichts mehr für ihre Kinder tun, feststellen, dass Ihr Marte-Meo-Programm die Vision zu ihnen zurückbringt und dass sie weiter für Hilfe kämpfen werden.

Danke, Maria, und bis bald.

Die beiden Filme, die mir die Familie geschickt hatte, habe ich wie folgt kommentiert.

Film 1, Januar 2005

Liebe Familie,
ich habe es geschafft, den Film über euren Sohn anzusehen.

Wie gut für ihn, dass er in so eine liebevolle und umsorgende Familie hineingeboren worden ist. Ich sehe es an seiner ganzen Erscheinung; er fühlt sich geliebt von euch, und Mamas und Papas Körpersprache sagt, dass ihr ihn auch liebt. Das ist der beste Start, den man bekommen kann, um die Entwicklung auf das Beste zu fördern. Ich gebe jetzt meine Kommentare zu den Bildern. Ich sage, was ich sehe und warum es eine Unterstützung ist. Oder ich sage, was ich gerne sehen möchte und warum.

Clip 1: *Über das Spielen auf dem Boden mit Papa*

- Beide haben eine Menge Spaß am gemeinsamen Spiel. Das gibt positive Energien für beide.

- In manchen Augenblicken teilen sie ihre Freude. Das ist gut für den Aufbau der emotionalen Bindung.

CLIP 2: *Kinderschlafzimmer-Situation mit Mama*

- Eine sehr schöne Episode, die die emotionale Verbindung der beiden zeigt.
- Mama strukturiert die Zu-Bett-Gehen-Situation so, wie es sein sollte.
- Mama gibt auf diese Weise genug Struktur, so dass der Sohn soziale Modelle erlernen kann.
- Mama bringt genug gute Atmosphäre. Das ist gut, um den Jungen zu beruhigen.
- Mama tauscht sich oft emotional aus. Das gibt eine emotionale Bindung.
- Papa ist auch sehr nett zu ihm und gibt genug Struktur.
- Zum Beispiel sagt er dem Jungen, etwas zu tun, und der Junge tut es sofort.
- Das ist gut, um soziale Modelle zu erlernen.

Neue Arbeitsaufgaben für Mama und Papa

- Wartet auf die Initiative des Jungen, und benennt sie.

Zum Beispiel:
Der Junge sieht sich etwas an, dann könnten Mama und Papa sagen:
„ Ja, das ist ...«
Oder sie könnten sagen:
„Ah, du siehst dir gerade ... an.«
Also: Er macht ..., ihr benennt es!

Nun *wartet* also, um seine Initiativen zu sehen, sie zu benennen und anzuschauen, was er tatsächlich macht!
Auf diese Art und Weise kann er seine innere Welt entwickeln, seine eigene Persönlichkeit.
Wir müssen darauf achten, dass Felipe nicht nur von jedem unterhalten wird. Er sollte lernen, genauso aus seinem Inneren heraus zu leben.

In Clip 4 hebe ich solch einen Moment hervor.

Clip 3: *Situation der Kooperation: Er wechselt die Hosen*

- In diesem Clip war ich so stolz auf Dich, Mama.
- Ich verstehe kein Spanisch, aber ich glaube, Du benennst alle Aktionen, die stattfinden!
- Und sieh Dir an, wie wunderbar Felipe während dieser Momente kooperiert!
- Ich denke, er versteht viele Wörter. Das sehe ich in diesen Momenten der Kooperation.
- Und ich sehe noch mehr: *Er ist bereit zu kooperieren!*
- Was ich auch gut fand, war, dass Mama Felipe auch arbeiten lässt.
- Sie sagt ihm, was er in den nächsten Aktionsmomenten tun kann, und lässt ihn dann.

So lernt der Junge, sich in diesem Moment einzubringen. Solche Kinder können sehr schnell verwöhnt werden, und sie müssen lernen, an ihrer eigenen Entwicklung zu arbeiten.

Clip 4: *Papa und Felipe mit der Postkarte*

- Hier sah ich einen sehr wichtigen Moment. Papa wartet auf das, was der Junge sehen könnte oder auf was er zeigen wird. Ich verstehe kein Spanisch, aber Papa konnte in diesem Moment benennen, was sein Sohn ansah.
- Und zweitens dem Tempo des Sohnes folgen.

Nächste Arbeitsaufgabe

- Also, ein nächster Arbeitspunkt ist es, den Initiativen des Jungen zu folgen.
- Ich rate dazu, in diesen Momenten zu üben, dass euer Sohn einige Spielzeuge hält und ihr wartet, welches Spielzeug er wohl wählen wird. Und was er mit dem Spielzeug machen wird; dann solltet ihr die Durchführung seiner Aktionen benennen.
- Also sagt nicht zu ihm: Tu dies oder tu das.

- Stattdessen: *Wartet und seht, was er tut, und dann benennt seine Aktionen.*

Zum Beispiel:
- Euer Sohn dreht das Spielzeug, das er in der Hand hält.
- Papa oder Mama sagt: »Oh ... ich sehe, Du drehst das ...«

Interessenschwerpunkte für den nächsten Film

- Im nächsten Film würde ich gerne eine Spielsituation in einem ruhigen Raum sehen. Einem Raum ohne andere, fremde Geräusche.
- Nur ein Clip für jede einzelne Aktionssituation.
- Ein Film von drei bis fünf Minuten von Mama und ihrem Sohn, allein im Zimmer. Und ein Film von drei bis fünf Minuten von Papa und seinem Sohn; die beiden zusammen in einem Raum, ohne andere Leute.
- Ein technischer Hinweis: Des Weiteren hätte ich gerne einen Film mit fortlaufenden Zahlen, so werde ich in der Lage sein, euch sehr genaue Ratschläge zur exakt richtigen Sekunde, die im Film gezeigt wird, zu geben.
- Und zum Schluss möchte ich eine Übersetzung im Interaktionsmoment:
- Was sagt Mama?
- Was sagt Papa?

Wenn etwas unklar ist, bitte zögert nicht, mir zu mailen oder mich anzurufen.

Ganz liebe Grüße an euch alle. Ich denke, ihr habt einen guten Anfang gemacht!

Maria

Die E-Mail von mir beendete den ersten Teil meiner *L*ong *D*istance *S*uper*V*ision mit der spanischen Familie und ihrem autistischen Sohn.

Beginn des 2. Teils von Long Distance SuperVision

Zwei Monate später erhielt ich ein zweites Video von der Familie. Dieser Film sollte mir zeigen, wie sich der Junge in einer zweimonatigen

Phase entwickelt hatte. Der Film würde es mir möglich machen, sehr klar die Unterschiede zwischen dem ersten und dem zweiten Video zu sehen.

Nun waren auch fortlaufende Zahlen ins Video eingefügt worden. Ich konnte die Familie nun mit noch weit exakteren Ratschlägen versorgen.

Film 2, März 2005

Einige grundsätzliche Bemerkungen zu bestimmten Szenen

Die Familie schreibt mir in ihrem Begleitbrief zu Film 2, dass im ersten Clip ihr Sohn ein bisschen krank ist. Deshalb will er nichts tun.

Meine Reaktion gegenüber der Familie:

Zuerst schicke ich euch ein »big smile« und Glückwünsche zur Hochzeit eures ältesten Sohnes. Das war nett, die Feier zu sehen!

Ich habe im Ausland gearbeitet. Als ich heimkam, fand ich euren Film im Briefkasten.

Szene 1: *Ein bisschen krank*

- Er ist einfach zu müde und fühlt sich nicht gut.
- Alles in allem würde ich ihm in dieser Situation nicht sagen, was zu tun ist, sondern auf seine Initiative(n) warten. So verlierst Du nicht so viel Energie, und er hat nicht das Gefühl, dass ihm zu viel abverlangt wurde.
- Man kann klar sehen, dass euer Sohn in solchen Momenten ohne Verbindung ist.

Es gibt zwei Dinge, die ihr dagegen tun könnt:

1. Lasst ihn so für eine Weile. Vielleicht braucht er das in diesem Augenblick. In solch einem turbulenten Moment gibt es *keine Zukunft*.
2. Das Zweite ist, ihm nahe zu sein und keine Initiative zu ergreifen. Folgt nur seinen zaghaften Initiativen. Ich verstehe kein Spanisch, aber ich denke, Mama benennt das, was er tut?

- Also, wartet auf seine Initiative, und benennt sie; fügt den Initiativen Wörter hinzu.

  Der Rhythmus der Interaktion ist:
  Er macht … Du sagst.

  Zum Beispiel in diesem Moment:
  Er schaut Dich an.
  Du sagst: »Oh, Du siehst mich an …!?«

  Er beginnt zu gehen.
  Du kannst sagen: »Oh, Du gehst …!«

- Gib ihm keine Befehle oder Anweisungen wie »Tu dies …!«, »Tu das …!«.

  Sein Gefühl, dass er unverbunden sein will, wird auf diese Weise stärker.

SZENE 2: *Zwei Personen sitzen neben dem Jungen auf der Hochzeitsfeier*

Die Eltern haben mir über den zweiten Clip geschrieben, dass der Junge sich auf Partys schlecht benimmt. Er wirft mit Gläsern und stört jeden. Sie befürchten so sehr, dass er das wieder macht, dass sie zwei Personen neben ihm sitzen lassen, um ihn zu kontrollieren. Aber jetzt haben sie ihr Verhalten geändert. Sie formulieren für ihn, was passiert, und sagen ihm, was Sie von ihm erwarten. Sie zeigen ihm, wir gehen hin und amüsieren uns!

Meine Reaktion auf Szene 2, die Hochzeitsfeier:

- Es tut gut zu sehen, wie viel Spaß er bei so einem gesellschaftlichen Ereignis hat!
- Ich fand euer Vorgehen sehr gut an dem Punkt, als ihr ihm gezeigt habt, dass ihr ihm traut. Wie ihr sagt: »Wir haben Vertrauen zu dir.«
- Man sieht, dass er fühlt, was ihr von ihm erwartet.
  Würdet ihr schlechtes Benehmen erwarten und diese Erwartung während eurer Aktionen zeigen, z. B. durch Kontrolle,

dann würde er sich selbst so sehen. Und Kinder, sogar Erwachsene, benehmen sich immer so, wie sie sich selbst sehen.

SZENE 3: *Der Sohn hat ganz offensichtlich Spaß im positiven Sinne auf der Hochzeitsfeier*

Meine Kommentare zu Szene 3:
Am Anfang der Szene sehe ich ein gesellschaftliches, soziales Ereignis, während dessen Verlauf ihr eurem Sohn sagt, was ihr von ihm erwartet.

Nach einer Weile genießt er es sichtlich. Das ist sehr »in Ordnung«.

Verbunden mit der Arbeitsaufgabe, die ich in der ersten E-Mail gegeben habe, bin ich sehr glücklich mit Papas folgenden Szenen:

Erinnert euch:
Wenn er seinen Initiativen folgt:

- Er lernt sich selbst kennen.
- Er lernt, dass er in Ordnung ist.
- Er lernt zu fühlen, dass es ihm erlaubt ist, er selbst zu sein.
- Er wird mit seiner eigenen Lebensenergie verbunden.

Wenn ihr ihm während freier Situationen sagt, was er zu tun hat, z. B. »Tu dies ... Tu das«, wird er anfangen, von *eurer* Energie zu leben.

Es ist interessant zu wissen, dass *hinter der Initiative einer Person ein Energiestrom ist.* Denkt an euch selbst. Wenn ihr die Initiative ergreift, dann wollt ihr wirklich etwas: *Die Energie ist da!*

»Folgt seinen Initiativen in freien Situationen« war mein Rat. Das war der leichteste Weg, zu helfen. In diesem Fall »segelt« ihr auf *seinem* Energiestrom.

Und jetzt wechseln wir schnell zu den Bildern von Papa und Sohn, die ich – wie ich sagte – so sehr mag.

Meine Analyse von Film 2
Szene 1: Soziale Aufmerksamkeit

- Papa benennt seine (des Sohnes) Initiativen ... und seht, wie der Sohn ihnen folgt!

- Auf diesem Weg stimulierst Du seine soziale Aufmerksamkeit.
- Ich nenne das »goldene Momente«. Je mehr von diesen er hat, desto weiter entwickelt er sich dahin, sozial aufmerksam zu sein!

Szene 2: Feineinstellung (»fine tuning«)

- Was ich wirklich an dieser Stelle mag, ist, dass Papa die Reaktion seines Sohnes erwartet!
- Das ist die Situation, die ich »Feineinstellung« nenne (»fine tuning«).

Szene 3: Folgen

- Hier, Papa, wartest Du auf seine Initiative!

Szene 4: Papa sieht genau hin

- Papa, da siehst Du wieder genau hin, ob es das ist, was Dein Sohn möchte.

Szene 5: Emotionale Entwicklung

- Hier ist die Gelegenheit, emotionale Entwicklung zu unterstützen: indem die Gefühle Deines Sohnes benannt werden. Die Marte Meo Methode nennt dies das »3W Principle«.[3]

Erläuterung: Das »3W Principle« – das »3-W-Prinzip«

Wann?
- Als er zeigt, dass er es genießt!
- In solch einem Moment möchte ich gerne, dass Du seine tatsächlichen Gefühle benennst; genau in dem Moment, in dem er seine Gefühle zeigt.

3 Näheres zu diesem Prinzip findet sich z. B. in: M. Aarts (2005): Marte Meo Programme for the Elderly Care. *Marte Meo Magazine* 2005/2: 5 ff.
Im zweiten Videofilm kann das Marte-Meo-Prinzip »3 W's« (When? – What? – Why?), also: Wann? – Was? – Wozu?, eindeutig in die Praxis umgesetzt werden.

Was?
- Du sagst: »Ich sehe, du genießt es!«

Wozu? Auf diese Weise:
- kommt er mit seinen Gefühlen in Verbindung,
- verbindet er Worte mit seinen Gefühlen,
- erfährt er: »Papa sieht mich«,
- macht er die Erfahrung: »Papa weiß, was in mir vorgeht«,
- macht er die Erfahrung: »Papa nimmt meine Gefühle ernst.«

- Im nächsten Moment – Pause machen und positiven Schluss.
- Du kannst sehen, dass Dein Sohn eine Pause braucht. Für autistische Kinder ist es harte Arbeit, so lange ohne Unterbrechung in sozialem Kontakt zu stehen.
- Dein Sohn zeigt, dass er eine Pause braucht, indem er den Kopf wegdreht und seine Musik anmacht.
- Du könntest sagen: „ Ja, wir haben so schön miteinander gespielt. Ich sehe, dass du jetzt eine Pause machst. Das ist gut.« So setzt Du einen positiven Schluss.

Technisch:
Wie praktisch, dass ich jetzt Zahlen auf dem Film hatte, so konnte ich euch mit einer detaillierten Analyse unterstützen.

Nächste Arbeitsaufgaben
Papa, mach auch weiter mit Deinen sozialen Aktivitäten, und genieße sie. Aber die wirkliche Aufgabe, um die Entwicklung Deines Sohnes zu stimulieren, ist:

- Warte auf seine Initiativen während freier Spielsituationen. Und zwar so:
  - Auf der Aktionsebene: Er macht ... Du sagst.
  - Auf der emotionalen Ebene: Er zeigt ein Gefühl ... Du artiköulierst (benennst) das Gefühl.

Mama, es ist schade, dass Du nicht in dieser Situation üben konntest. Aber Deine Aufgabe ist:
- Sei bei ihm; warte auf seine Initiative; übernimm nicht die Initiative.
- Warte auf seine Initiative und formuliere sie.
  Zum Beispiel so:

- Du wartest; ergreife keine Initiative. Dein Sohn nimmt den Ball.
- Du sagst: »Ja, du nimmst den Ball!«

Nächstes Mal möchte ich zwei freie Spielsituationen (Mama mit Sohn, Papa mit Sohn) sehen, während deren euer Sohn Raum bekommt, seine eigenen Initiativen zu ergreifen.

Es ist egal, wenn während dieser Spielsituationen nicht so viel passiert. Auf diesem Wege lernen ihr und ich euren Sohn kennen und seinen Entwicklungsstand, seine Interessen, seinen Charakter, sein Tempo usw. Danach können wir ihm umso besser helfen.

Liebe Grüße und eine dicke Umarmung

Maria

So endete mein zweiter Teil der *L*ong *D*istance *S*uper*V*ision mit der spanischen Familie.

Literatur

Aarts, M. (2002): Marte Meo. Ein Handbuch. Harderwijk (Aarts Productions).

13. »Kleine Monster« – Marte-Meo-Elterncoaching mit Eltern von Babys und Kleinkindern

Christian Hawellek

Zusammenfassung

Dass Babys und Kleinkinder phasenweise extrem »nervig« und Anlässe für mancherlei Verzweiflungstaten sein können, dürfte jedem – zumindest dem, der einschlägige Erfahrungen hat – hinlänglich bekannt sein. Mit verschiedenen Formen der Elternberatung (Hawellek u. Rolfes 2004) bzw. des Elterncoachings (von Schlippe u. Hawellek 2005) werden seit einigen Jahren Hilfen für betroffene Eltern angeboten. Nachstehend werden die Möglichkeiten der Marte-Meo-Arbeit im Rahmen der frühen Erziehungsberatung dargestellt.

Am Anfang stehen Überlegungen zum »Problem«, d. h. zur Entstehung der »kleinen Monster« i. S. »dämonischer« (Alon a. Omer 2006) elterlicher Vorstellungen von ihren Kindern. Im Anschluss daran werden wesentliche Elemente eines passenden therapeutischen Rahmenkonzeptes für die Beratungsarbeit bezüglich des frühen Kindesalters dargestellt. Die abschließenden Gedanken widmen sich den Hilfen für die Betroffenen. Es wird verdeutlicht, wie die Marte-Meo-Arbeit Eltern in ihrem Alltag mit den Kindern praktisch und konkret unterstützen kann.

Risikokonstellationen und gestörte Dialoge im frühen Kindesalter

Die Umstände, unter denen entwicklungsunterstützende Eltern-Kind- Beziehungen nur erschwert möglich sind, sind vielfältig (Fries 2005; Walper 2001; Tietze 2001). An dieser Stelle mag eine grobe Typisierung von Risikofaktoren eine erste Orientierung geben: Wir unterscheiden Risikofaktoren aufseiten Kinder, aufseiten Eltern sowie äußere Belastungsfaktoren und alle Arten von Kombinationen dieser Faktoren. Auf kindlicher Seite gehören zu den Besonderheiten, die eine entwicklungsunterstützende Beziehungsgestaltung erschweren können, z. B.: Kinder mit Handicaps, Entwicklungsbeeinträchtigungen, beispielsweise bei so genannten Schreibabys, kurz, alle Kinder, die besondere Anforderungen an ihre Umgebung stellen. Zu den elterlichen Faktoren, die eine positive Beziehungsgestaltung zum Kind belasten oder beeinträchtigen können, gehören Krankheiten und Handicaps der Eltern sowie eine negative Repräsentation der eigenen Mütterlichkeit bzw. eine negative Repräsentation vom Kind, siehe *Ghosts in nursery* – »Gespenster im Kinderzimmer« (Fraiberg et al. 1975, Fraiberg 1980). Zu den äußeren Belastungsfaktoren lassen sich kritische Lebensereignisse aller Art zählen, die nicht durch ein passendes soziales Unterstützungssystem abgefangen werden können.

Unter derartigen Risikokonstellationen können die Dialoge mit dem Kind und »um das Kind herum« nachhaltig gestört sein. Häufig kann man Erzählstrukturen beobachten, die die Kinder »dämonisieren«, also zu »kleinen Monstern« mutieren lassen. Derartige »dämonische Narrative« (Alon a. Omer 2006) trüben und verstellen den Blick auf die realen Entwicklungsanforderungen, die das betreffende Kind stellt. Bei einer Dämonisierung organisiert die elterliche Hilflosigkeit mit ihrer »Affektlogik« (Ciompi 1982) eine Art Kampf. Da Monster meistens übermächtig sind, müssen sie in besonderer Weise bekämpft werden. Betrachtet man die familiären Beziehungen, geschieht hier eine Umkehrung der Generationsgrenzen im negativen Sinn. Das monströse Kind regiert die hilflosen Eltern. Da in diesem Bild die »Kräfte des Bösen« übermächtig erscheinen, können sie nur durch Spezialisten mit einschlägigem Heilungswissen gebannt werden. Dies mag einer der Gründe sein, warum gestresste Eltern nur den neuesten Ratgeberlektüren folgen und auf der Suche nach dem »richtigen« Spezialisten bisweilen zum »Therapeutenhopping« neigen.

Ähnlich destruktiv wirken Narrative, die ihren Ursprung in der Geschichte der Eltern haben und sich in Überzeugungen ausdrücken der Art, dass man eine schlechte Mutter sei, weil ... Die folgenden Begründungen sind dann im Kontext der eigenen Biografie sinnvoll. Derartige »Gespenster im Kinderzimmer«, wie sie von Fraiberg et al. (1975, Fraiberg 1980) beschrieben wurden, bedürfen professioneller Hilfen, damit sie sich auflösen können. In entsprechenden Situationen verlieren die Eltern den Glauben an die eigenen intuitiven elterlichen Fähigkeiten – sofern sie ihn überhaupt jemals besessen haben – sowie an ihr eigenes »implizites Beziehungswissen« (Papousek 2000). Stattdessen bewegen sie sich häufig in einer Art »Problemtrance« (Schmidt 1985), in der sich die familiären Abläufe wie die psychischen Prozesse um »das Problem« herum organisieren. Es liegt nahe, dass in solchen Problemsystemen eine feinfühlige Wahrnehmung von Entwicklungsanforderungen, die Kinder in den konkreten Alltagssituationen stellen, erschwert ist oder gar verloren geht. Stattdessen entwickeln sich schnell negative Interaktionszyklen, so genannte Abwärtsspiralen oder »maligne Clinche« (Stierlin 1978), in denen die allseitigen Befürchtungen im Sinne sich selbst erfüllender Prophezeiungen »das Problem« fortschreiben und verfestigen.

Der Rahmen psychosozialer Interventionen bei Familien mit kleinen Kindern

Bei den beschriebenen Risikokonstellationen ist es erforderlich, konzeptuelle Überlegungen für die Gestaltung eines passenden Rahmens für die Interventionen anzustellen. Ein Fazit von Erkenntnissen der Säuglings-, Bindungs- und Salutogeneseforschung sowie der klinischen Erfahrungen lässt sich wie folgt formulieren:

Eine Voraussetzung gelingender psychischer Entwicklungsprozesse ist die verlässliche Erfahrung einer »gefühlten Sicherheit« beim Kind.

Eine derart sichere Basis (vgl. Bowlby 1975) gilt als Grundlage dafür, Veränderungen aller Art konstruktiv für die Entwicklung nutzen zu können, etwa bei Lernprozessen. Gleiches gilt für Veränderungen innerhalb psychotherapeutischer Prozesse; auch sie sind nur auf der Grundlage eines stabilen therapeutischen Rahmens möglich. Welter-Enderlin und Hildenbrandt (1998) sprechen in diesem Zusammenhang von der »Metastabilität«, die ein therapeutischer Rahmen garantiert. Schon Pioniere der Kinderpsychotherapie wie Winnicott (vgl. 1994, S. 212 ff.) wiesen darauf hin, dass die Sicherheit, die sich im Allgemeinen wechselseitig zwischen Mutter und Kind entwickelt, auch von einer haltenden Umgebung abhängig ist.

Im Zuge der Privatisierung und Individualisierung der modernen *Risikogesellschaft* (Beck 1986) sind es immer weniger die »natürlichen« Systeme, wie Großfamilien oder Nachbarschaften, die eine haltende Umgebung darstellen. An ihre Stelle sind nicht selten professionelle HelferInnensysteme wie MitarbeiterInnen von Beratungsstellen, Jugendhilfeeinrichtungen oder auch PsychotherapeutInnen getreten. Es lässt sich mit einiger Plausibilität sagen, dass professionelle Angebote für Familien mit kleinen Kindern zu bedeutsamen Elementen einer *unterstützenden Matrix* (Stern 1998) für die Familien geworden sind.

Vor dem Hintergrund dieser Überlegungen folgen wir bei der Konzeption eines passenden therapeutischen Rahmens für die Arbeit mit Eltern und kleinen Kindern einer Empfehlung Daniel Sterns und gehen davon aus, dass »die Mutterschaftskonstellation einen geeigneten Rahmen für die meisten Mutter-Kind-Therapien darstellt« (ebd., S. 229). Nach Stern kann die Mutterschaftskonstellation als eine natürliche psychische Organisation der Beziehungen zwischen Müttern, Kindern und ihren Umgebungen verstanden werden, in der Dialoge über spezifische Themen bedeutsam sind. Stern geht davon aus, dass sich Mütter natürlicherweise in einem – mehr oder weniger bewussten – Dialog mit dem Kind, sich selber und der Repräsentation der eigenen Mutter befinden. Die Dialoge kreisen um die Themen:

- Sicherung des Lebens und Wachstums des Kindes
- Aufbau einer emotionalen Beziehung zum Kind
- Aufbau eines sozialen Unterstützungssystems
- Veränderung bzw. Anpassung der eigenen Identität.

Ein angemessener therapeutischer Rahmen sollte demnach ermöglichen, diese Dialoge konstruktiv zu moderieren und zu befördern sowie »gute Antworten« zu finden. Dieser Prozess erfordert eine »Entdämonisierung« der Dialoge mit dem und um das Kind. Er sollte darüber hinaus ermöglichen, dass die Beziehung zum Kind einer fortlaufenden Realitätsprüfung unterzogen werden kann, denn menschliche Beziehungen reifen durch Realitätsprüfung (Balint 1988). Es geht in der Arbeit mit den betroffenen Eltern somit im Wesentlichen darum, die inneren »Ein-Bildungen« mit dem, was außen zu sehen ist, abzugleichen und auf diese Weise sowohl sich selber wie auch das Kind realistischer sehen, einzuschätzen und, wo immer möglich, genießen zu lernen.

Marte Meo: Konkrete Hilfe aus eigener Kraft

Die Marte-Meo-Methode bietet ein hervorragendes Instrumentarium zur Realitätsprüfung (Aarts 2002; Hawellek 1995, 1997, 2005). Sie geht von den konkreten Fragen der Eltern aus, was sie in welcher Situation tun können, um ihr Kind auf eine gute Weise zu unterstützen und praktikable Lösungen für verschiedene Schwierigkeiten, die im Zusammensein mit dem Kind auftreten, zu finden. Die Arbeitsgrundlage bilden Videoclips von denjenigen Alltagssituationen mit dem Kind, in denen auch »das Problem« normalerweise auftritt. Auf der Basis von Videoanalysen lässt sich zeigen, welche Organisations- und Kommunikationsweisen die Eltern schon entwickelt haben, um »dem Problem« zu begegnen. Ebenso lässt sich sehen, wie die Kinder auf welches Verhalten reagieren und ob und, wenn ja, welche besonderen Anforderungen sie an die Unterstützung der verantwortlichen Erwachsenen stellen. Videoclips aus dem Alltagsleben junger Familien lassen auch erkennen, wie es den Eltern gelungen ist, in der äußeren wie der inneren Organisation der Familie die Bedürfnisse des kleinen Kindes mit ihren eigenen Bedürfnissen in einen Einklang zu bringen. Dies setzt voraus, dass der Dialog innerhalb der Mutterschaftskonstellation um die *Veränderung und Anpassung der eigenen Identität* – z. B. um den Wechsel vom Liebespaar zum Elternpaar – gelingt und auch die erforderlichen praktischen Veränderungen nach sich zieht. Die Geburt eines Kindes mobilisiert häufig sinnvollerweise familiäre Ressourcen, z. B. praktische Hilfen durch die Großeltern u. Ä., sodass ein »hinreichend gutes« (Winnicott 1994)[1] *Unterstützungssystem* der jungen Familie auch in kritischen Fällen, wie bei der Erkrankung oder dem Ausfall eines Elternteils, zur Verfügung steht, das das *Leben und Wachstum des Kindes sichern* hilft. Zur Unterstützung des *Aufbaus einer emotionalen Beziehung* zum Kind bietet die videobasierte Marte-Meo-Beratungs- und Coachingarbeit mit den Eltern sehr gute Voraussetzungen. Die Eltern lernen, den eigenen Umgang mit dem Kind unter der Anleitung einer Marte-Meo-Therapeutin[2] gezielt zu beobachten. Die Therapeutin informiert die Eltern anhand der eigenen Bilder über die Entwicklungsanforderungen, die ihr Kind in der gefilmten Situation zeigt, sowie darüber, wie sie ihr Kind schon unterstützen.

Sie gibt den Eltern Gelegenheiten, in einer entspannten, »sicheren« Atmosphäre die schönen Momente in der Beziehung zum Kind aufzunehmen und zu genießen; eine Bedingung, die dazu verhelfen kann, negative Repräsentationen vom Kind, aber auch von sich selber und vom Partner aufzuweichen und durch die »Kraft der (guten) Bilder« (Hawellek 1997) allmählich zu ersetzen. Einen ersten Schwerpunkt der Marte-Meo-Interventionen bildet die Bemühung,

1 Mit seinem Konzept der »good enough mother« schuf Winnicott ein hervorragendes »antidämonisierendes« Narrativ, um Mütterlichkeit angemessen zu beschreiben.
2 Angesichts der Geschlechterverteilung unter Marte-Meo-Therapeutinnen und -Therapeuten erscheint es angemessen, die weibliche Sprachform zu benutzen.

den Eltern ihre eigenen Möglichkeiten der Gestaltung der Beziehung zum Kind zu veranschaulichen. Wenn die Marte-Meo-Therapeutin den Eltern Videoclips aus deren Alltag mit dem Kind zeigt, macht sie ihnen Selbstwirksamkeitserfahrungen zugänglich, die ein wirksames Gegenmittel zu den Erfahrungen der »parentalen Hilflosigkeit« (Pleyer 2003) bilden können. In den Videoberatungen nehmen die Eltern Informationen über die eigenen Möglichkeiten und Gelegenheiten der Beziehungsgestaltung auf. Sie können am eigenen Beispiel sehen, *wie genau* sie einen wirksamen Beitrag zum Befinden und Verhalten ihres Kindes beisteuern. Häufig geben die Eltern dann Kommentare wie: »Das mache ich ganz oft so, ohne nachzudenken ...!« Die überwiegende Anzahl der Eltern verfügen über solche »hinreichend guten« intuitiven Fertigkeiten im Umgang mit dem Baby oder Kleinkind, wissen jedoch häufig nicht, wie bedeutsam diese für eine positive Bewältigung des Alltags mit dem Kind sind. Derartige Informationen nennt Aarts (2002) »Marte-Meo-Informationen«. Diese werden mit einem besonderen didaktischen Vorgehen vermittelt, das kurz charakterisiert werden soll:

- Marte-Meo-Informationen zeigen anhand von Videoclips, in welchen Momenten oder bei welchen Gelegenheiten entwicklungsunterstützende Kommunikation stattfindet, also *wann* sie geschieht oder geschehen könnte.
- In den Videoclips wird gezeigt, welche Verhaltensweisen der Eltern entwicklungsunterstützend sind, also *was genau* darunter zu verstehen ist.
- Die Marte-Meo-Therapeutin zeigt, *wie* die entwicklungsunterstützende Kommunikation auf das Kind wirkt.
- Die Marte-Meo-Therapeutin sagt, *warum* es sich um entwicklungs*unterstützende* Kommunikation handelt. Dies geschieht vorrangig auch dadurch, dass benannt wird, welche Erfahrung das Kind in dem gezeigten Moment machen kann.

Nachdem die Eltern die Marte-Meo-Informationen – bezogen auf die Bewältigung ihrer Probleme – erhalten haben, geht es in einem nächsten Schritt um eine Überprüfung des praktischen Wertes dieser Informationen im familiären Alltag mit dem Kind. Dazu schlägt die Marte-Meo-Therapeutin *eine* Veränderung vor, die die Eltern praktizieren können, wenn sie das Kind dabei unterstützen wollen, einen fälligen Entwicklungsschritt zu machen. Im Fokus eines weiteren Zyklus von Videobeobachtung und -beratung steht diese angestrebte Veränderung. Im positiven Falle können die Eltern die Effekte ihrer

Veränderung beim Kind aufnehmen und genießen. Bei Bedarf können dann weitere Coachingzyklen vereinbart werden. Die Verankerung der Marte-Meo-Arbeit in der familiären Alltagskommunikation, verbunden mit einer Kopplung von Beobachtung → Beratung → Übung → neuer Beobachtung usw., bildet das Kernstück der Marte-Meo-*Coaching*arbeit (von Schlippe u. Hawellek 2005) und hilft, erzielte Veränderungen nachhaltig zu verankern.

Die im Setting angelegte Möglichkeit des Wechsels von Hausbesuchen zu Besuchen in der Einrichtung, erneuten Hausbesuchen usw. kann als eine Analogie zu einer positiven »großmütterlichen« Position i. S. der Mutterschaftskonstellation verstanden werden, die Engagement für die Familie mit der Wahrung der familiären Autonomie verbindet (vgl. auch Hawellek u. Rolfes 2004).

Schluss

Die praktischen Erfahrungen in der Marte-Meo-Arbeit insbesondere in Skandinavien, Irland und der Schweiz, zunehmend aber auch in Deutschland (vgl. Hawellek u. von Schlippe 2005) zeigen, dass eine scheinbar kleine Veränderung im Beziehungsgefüge zwischen Eltern und Kindern oft verblüffende Wirkungen auch an anderen Stellen zeigen kann.

Bei Marte Meo handelt es sich um eine Weiterentwicklung videobasierter Beratungs- und Coachingarbeit. Während man in älteren Konzepten davon ausging, dass Familien, um die Kommunikation zu verbessern, eine Art »Trainingsprogramm« durchlaufen müssten, in dem verschiedene von Experten festzustellende Ergebnisse erzielt werden sollten, arbeiten wir mit Marte Meo in einem therapeutischen Rahmen, in dem nachhaltige Anstöße zu einer positiven, entwicklungsunterstützenden Selbstorganisation der Familie gegeben werden. Dabei bestimmen weniger Konzepte oder Programme, sondern die Entwicklungsbedürfnisse aller Beteiligten das Ausmaß von Veränderungen. Im Bereich der »frühen Beratung« erscheint somit – und hier folgen wir wiederum Stern – die Form einer *kontraktorientierten* (vgl. Loth 1998), *seriellen Kurztherapie* (Stern 1998) passend.

Literatur

Aarts, M. (2002): Marte Meo. Ein Handbuch. Harderwijk (Aarts Productions).

Alon, N. a. H. Omer (2006): The psychology of demonization. Promoting acceptance and reducing conflict. New Jersey/London (Lawrence Erlbaum). [Dt. (in Vorb.): H. Omer, N. Alon u. A. von Schlippe: Dämonische und tragische Beschreibungen. Systemisches Coaching in hoch eskalierten Konflikten. Göttingen (Vandenhoeck & Ruprecht).]

Balint, M. (1988): Die Urformen der Liebe. München (DTB).

Beck, U. (1986): Risikogesellschaft. Reinbek (Rowohlt).

Bowlby, J. (1975): Bindung. München (Kindler).

Ciompi, L. (1982): Affektlogik. Stuttgart (Klett-Cotta).

Davis, M. u. D. Wallbridge (1983): Eine Einführung in das Werk von D. W. Winnicott. Stuttgart (Klett-Cotta).

Fries, M. (2001): Schwierige Babys, erschöpfte Eltern – Möglichkeiten früher Intervention. In: A. von Schlippe, L. Lösche u. C. Hawellek (Hrsg.): Frühkindliche Lebenswelten und Erziehungsberatung – Die Chancen des Anfangs. Münster (Votum), S. 79–90.

Fraiberg, S. (ed.) (1980): Clinical studies in infant mental health. New York (Basic).

Fraiberg, S., E. Adelson a. V. Shapiro (1975): Ghosts in nursery. *Journal of the American Society of Child Psychiatry* (14): 387–422.

Gopnik, A., P. Kuhl u. A. Melzoff (2003): Forschergeist in Windeln. München (Piper).

Hawellek, C. (1995): Das Mikroskop des Therapeuten. *Systhema* 10 (1): 6–28.

Hawellek, C. (1997): Von der Kraft der Bilder. *Systhema* 12 (2): 125–135.

Hawellek, C. (2005): Ein-Sichten. Marte Meo in der Erziehungs- und Familienberatung. In: C. Hawellek u. A. von Schlippe (Hrsg.): Entwicklung unterstützen – Unterstützung entwickeln. Systemisches Coaching nach dem Marte-Meo-Modell. Göttingen (Vandenhoeck & Ruprecht), S. 56–72.

Hawellek, C. u. W. Rolfes (2004): Frühe Erziehungsberatung. In: Landesarbeitsgemeinschaft für Erziehungsberatung Hessen (Hrsg.): EB-Kurier. Frankfurt a. M. (Landesarbeitsgemeinschaft für Erziehungsberatung Hessen).

Hawellek, C. u. A. von Schlippe (Hrsg.) (2005): Entwicklung unterstützen – Unterstützung entwickeln. Systemisches Coaching nach dem Marte-Meo-Modell. Göttingen (Vandenhoeck & Ruprecht).

Loth, W. (1998): Auf den Spuren hilfreicher Veränderungen. Das Entwickeln klinischer Kontrakte. Dortmund (modernes lernen).

Papousek, M. (2000): Der Einsatz von Video in der Eltern-Säuglingsberatung und Psychotherapie. *Praxis der Kinderpsychologie und Kinderpsychiatrie* 49: 611–627.

Pleyer, K. H. (2003): »Parentale Hilflosigkeit« – Ein systemisches Konstrukt für die therapeutische und pädagogische Arbeit mit Kindern. *Familiendynamik* 28 (4): 467–491.

Schlippe, A. von u. C. Hawellek (2005): Entwicklung unterstützen und Unterstützung entwickeln. Systemisches Coaching nach dem Marte-Meo-Modell. In: C. Hawellek u. A. von Schlippe (Hrsg.): Entwicklung unterstützen – Unterstützung entwickeln. Göttingen (Vandenhoeck & Ruprecht), S. 17–34.

Schmidt, G. (1985): Systemische Familientherapie als zirkuläre Hypnotherapie. *Familiendynamik* 10 (3): 241–264. [Wiederveröff. (2004) in: G. Schmidt: Liebesaffären zwischen Problem und Lösung. Heidelberg (Carl-Auer).]

Stern, D. (1992): Die Lebenserfahrung des Säuglings. Stuttgart (Klett-Cotta).

Stern, D. (1996): Tagebuch eines Babys. München/Zürich (Piper).

Stern, D. (1998): Die Mutterschaftskonstellation. Stuttgart (Klett/Cotta).

Stierlin, H. (1978): Delegation und Familie. Frankfurt a. M. (Suhrkamp).

Tietze, W. (2001): Entwicklungsfördernde Bedingungen in Familie und Kindergarten. In: A. von Schlippe, G. Lösche u. C. Hawellek (Hrsg.): Frühkindliche Lebenswelten und Erziehungsberatung. Die Chancen des Anfangs. Münster (Votum), S. 178–199.

Walper, S. (2001): Armut und ihre Auswirkung auf die Entwicklung von Kindern. In: A. von Schlippe, G. Lösche u. C. Hawellek (Hrsg.): Frühkindliche Lebenswelten und Erziehungsberatung. Die Chancen des Anfangs. Münster (Votum), S. 151–177.

Welter-Enderlin, R. u. B. Hildenbrandt (1998): Gefühle und Systeme. Heidelberg (Carl-Auer).

Winnicott, D. W. (1994): Die menschliche Natur. Stuttgart (Klett-Cotta).

14. Videogestützte Beratung von Eltern zwischen Unterstützung und Entmündigung: Ein Vergleich von »Marte Meo« und »Super Nanny«

Peter Bünder

Einführung

Filmaufnahmen für Beratungszwecke zu nutzen ist nicht neu. Auch für die Nutzung von Videoaufnahmen für die Beratung von Eltern trifft dies zu (exemplarisch: Innerhofer 1977). Eines der heutigen professionellen Angebote ist die videogestützte Beratung nach der »Marte-Meo«-Methode[1], mit der Eltern im häuslichen Umfeld in Erziehungs- und Entwicklungsfragen beraten werden.

Neu dagegen ist, dass nunmehr ein privater Fernsehsender eine Sendung anbietet, welche als »professionelle Unterstützung in Erziehungsfragen« verkauft wird (Programmzeitschrift TV-direkt vom 8.1.2005, S. 123). Die Sendung »Die Super Nanny« bei RTL zieht seit Ende 2004 wöchentlich bis zu fünf Millionen Zuschauer und Zuschauerinnen vor die Fernsehschirme. Wo immer auch die »Super Nanny« auftritt, werden scheinbar ungezogene und tyrannische Kinder erfolgreich gebändigt, tritt anscheinend endlich wieder Ruhe und Ordnung in den Familienalltag ein.

Es ist festzustellen, dass diese Sendung polarisiert. Entgegen dem Urteil vieler Fachleute, die eher skeptisch bis ablehnend reagieren, haben nicht wenige Eltern an den Fernsehschirmen das Gefühl, endlich einmal eine angemessene Unterstützung zu erleben. Daher wundert es nicht zu hören, dass inzwischen Jugendämter angefragt werden, ob sie nicht eine solche »Super Nanny« vermitteln können.

Es lag nahe, dass in Informations- und Abklärungsgesprächen mit Rat suchenden Eltern relativ schnell die Frage auftrat, ob denn »Marte-Meo« etwas Ähnliches sei wie die »Super Nanny«. Deshalb wird dieser Beitrag verdeutlichen, dass dies nicht zutrifft. In einem ersten Schritt werden die zentralen Unterschiede zwischen der Videoberatung nach

---

1 Zur Bedeutung von »Marte Meo« siehe Anmerkung 1 auf s. 183.

der »Marte-Meo«-Methode und der Sendung »Die Super Nanny« dargestellt. In einem zweiten Schritt wird dann hinterfragt, ob denn die »Super Nanny« wirklich eine »professionelle Unterstützung« darstellt oder ob die praktizierten Erziehungsmethoden nicht erhebliche »Risiken und Nebenwirkungen« für die Familien bergen.

Gesellschaftlicher Hintergrund

Unsere Gesellschaft befindet sich in rasanten Umbruchprozessen. Die Schlagworte Individualisierung, Pluralisierung und Globalisierung stehen für weit reichende und tief greifende Veränderungen in allen gesellschaftlichen Bereichen, der Wirtschaft, der Kultur, des sozialen Konsenses (vgl. Beck 1986). Auch die Familie ist davon nicht ausgenommen. In den letzten Jahrzehnten haben sich die Vorstellungen von und Bedingungen für Elternschaft und Erziehung dramatisch gewandelt. Eine Folge davon ist, dass allgemein eine große Verunsicherung im Erziehungsverhalten festzustellen ist (vgl. Rotthaus 2002).

Während in früheren Jahrzehnten Eltern vor dem Hintergrund allgemein verbreiteter traditioneller Werte und Normen eine gewisse Sicherheit in Erziehungsfragen empfinden konnten, wo im vertrauten Gemeinwesen eine funktionierende soziale Kontrolle Stärke und Rückhalt bot, fühlen sich heute viele Eltern in Erziehungsfragen überfordert und allein gelassen. Mehr denn je ist das tägliche Erziehungsgeschäft von Eltern zu einer Angelegenheit mit ungewissem Ausgang geworden. Die häufig so positiv herausgestellte Individualisierung und Pluralisierung von Lebensverhältnissen bringen es mit sich, dass die gesellschaftlichen Anforderungen an die privaten familiären Erziehungsleistungen immer mehr zunehmen. Die Kehrseite dieser Entwicklung besteht darin, dass durch die staatlichen Institutionen relativ wenig getan wird, um Eltern nachhaltig zu unterstützen und zu fördern (vgl. Kaufmann 1995).

In einer Gesellschaft, die Werte wie Individualität, Autonomie und Durchsetzungsvermögen zur erstrebenswerten Maxime kindlicher Entwicklung macht, sollte es nicht verwundern, wenn sich die heranwachsenden Kinder und Jugendlichen mehr und mehr zu selbstbewussten und fordernden Interaktionspartnern entwickeln, die sich nicht mehr so einfach und widerspruchsfrei leiten und lenken lassen wie in früheren Zeiten. Dies wird durch zwei weitere Tendenzen verstärkt: Zum einen durch einen medial verbreiteten Jugendkult, der

Erfahrung und Alter systematisch gering schätzt, zum anderen durch den ebenfalls medial bedingten Wegfall von Informationsvorsprüngen der Erwachsenen.

Daher ist es nicht verwunderlich, dass viele Eltern an die Grenzen ihrer Erziehungsfähigkeit kommen. Mehr und mehr wird offensichtlich, dass Hilflosigkeit, Resignation und Verzweiflung zunehmen (vgl. Pleyer 2003). Trotz einer kaum zu überblickenden Fülle von schriftlichen Ratgebern und Fernsehbeiträgen ist wahrzunehmen, dass sich viele ratlose und überforderte Eltern allein gelassen fühlen. Das gilt speziell für Eltern, die in ihrer eigenen Biografie Restriktionen oder Deprivationen erfahren haben. Zeigt ein Kind spezielle Entwicklungsbedürfnisse oder Entwicklungsverzögerungen bzw. stellen sich Erziehungsschwierigkeiten ein, geraten überlastete Eltern schnell in erzieherische Problemlagen. Kein Wunder, dass solche Eltern in Not ein Angebot wie »Super Nanny« als wertvolle Hilfe ansehen.

Die unterschiedlichen Grundlagen

Als die theoretischen Grundlagen der »Marte-Meo«-Methode können die Erkenntnisse der Entwicklungspsychologie, der Frühförderungspädagogik, der Bindungstheorie, der Humanethologie, der Kommunikationstheorie und der Systemtheorie angeführt werden (vgl. Bünder u. Sirringhaus-Bünder 2005). Die Entwicklung der Methode und ihre praktische Umsetzung ist die Leistung der Holländerin Maria Aarts (vgl. Aarts 2002).

Von einer »Doku-Soap« genannten Fernsehsendung kann man schlecht erwarten, dass theoretische Hintergründe oder Konzepte sorgfältig ausgewiesen werden. Dies ist auch bei »Super Nanny« nicht der Fall. Die im Hintergrund stehenden Theorien, die das Handeln der »Super Nanny« steuern, müssen daher rekonstruiert werden. Wichtig ist dabei der Hinweis, dass die »Super Nanny« kein deutsches Produkt ist, sondern in England komplett gekauft wurde. Auch bei dem Original auf »Channel Four« ist es nicht besonders schwer aufzuzeigen, wo sich die Macher bedient haben: Die »Super Nanny« ist eine schlechte Kopie des australischen Erziehungsprogramms »Triple P« von Matthew Sanders (vgl. Sanders 1999).

Es ist deshalb eine schlechte Kopie, weil zur Vermeidung von Lizenzkosten natürlich nicht das gesamte Programm von »Triple P« übernommen werden konnte. Daher ist interessant, was die »Super

Nanny« davon nutzt und was nicht. Das Programm »Triple P«, das auch in Deutschland angeboten wird, fordert für einen erfolgreichen Einsatz, dass Eltern engagiert mitarbeiten und sich die erzieherischen Grundlagen des Programms zu Eigen machen. »Triple P« setzt bei Eltern die Fähigkeit zur angemessenen Verbalisierung voraus. Wie Erfahrungen belegen, zeigen Eltern, die dieses Programm für sich erfolgreich nutzen, gewisse Fähigkeiten zur Selbstreflexion, zu konsequentem Handeln und Durchhaltevermögen. Bei der Vermittlung der Prinzipien von »Triple P« an die Eltern wird argumentiert und begründet. Wie ein kurzer Blick in eine Sendung der »Super Nanny« zeigt, passiert dies hier herzlich wenig. Es gilt vielmehr das Diktat, dass nur eine vorbehaltlose elterliche Übernahme ihrer »Ratschläge« den Erfolg garantieren kann.

Eine Analyse der Sendungen zeigt, dass nur drei Elemente von »Triple P«[2] verwendet werden. Zum einen wird betont, dass Kinder eine klare, eindeutige Struktur im Alltag benötigen. Realisiert werden soll dies durch klare Grenzen, die von den Eltern durch feste Regeln und mit Argumenten vertreten werden sollen. Immer wieder betont die »Super Nanny«, wie wichtig es sei, dabei immer auf »Augenhöhe zu gehen«. Als zentrale Erziehungsmittel zur Durchsetzung elterlicher Autorität werden zwei »logische Konsequenzen«, der »stille Stuhl« und die »Auszeit«, übernommen. Mit Nachdruck achtet die »Super Nanny« darauf, dass in ihrem Beisein keine physisch verletzenden Erziehungspraktiken eingesetzt werden. Als drittes Element betont die »Super Nanny« die Wichtigkeit von gemeinsamen Aktivitäten von Eltern und Kindern. Nicht aufgegriffen wird beispielsweise die hilfreiche elterliche Strategie »Fragen-Sagen-Tun«. Was die »Super Nanny« darüber hinaus noch im Repertoire hat, kann hinreichend mit den Grundlagen von Lerntheorien beschrieben werden.

Es handelt sich daher um Fragmente von Erziehungsvorstellungen, die weder neu noch innovativ sind. Wenn im Folgenden diese Sendung scharf kritisiert wird, dann nicht wegen der dürftigen theoretischen Grundlagen. Entscheidend für diese Kritik ist vielmehr die Art und Weise, wie diese Postulate in der Sendung vermittelt werden und was sie gegebenenfalls anrichten können.

2 Es ist hier nicht möglich, auch eine kritische Beschäftigung mit den Grundlagen von »Triple P« zu leisten. Hinsichtlich der durchaus kontroversen Einschätzungen dazu sei exemplarisch verwiesen auf die Arbeiten von Deegener (2002), Hahlweg und Kessemeier (2003) sowie Tschöpe-Scheffler (2005).

Die praktische Umsetzung

Im Zentrum einer Beratung nach der »Marte-Meo«-Methode wird daran gearbeitet, nützliche Veränderungen in der Kommunikation der Familie zu erarbeiten. Zentrales Arbeitsmittel ist das Medium Video, zentraler Ort der Alltag der Familie. Grundlage der Beratung sind die Anliegen der Eltern, in deren Entscheidung es verbleibt, wo der Fokus der Beratung liegt. Es ist unverzichtbar für ein sicheres und geborgenes Aufwachsen von Kindern, dass die für sie verantwortlichen Erwachsenen die Leitung und Lenkung innehaben. Daher steht die Beratung und Unterstützung der Eltern im Mittelpunkt der Arbeit. Um Eltern zu ermöglichen, angemessener und sicherer mit ihren Kindern umzugehen, wird gemeinsam intensiv an ihren Filmen gearbeitet. Diese Filme erlauben es, in Ruhe Abläufe zu beobachten, zu analysieren und auf Veränderungsmöglichkeiten hin zu überprüfen. Sie bieten eine ganz besondere Art von Reflexionshilfe, weil sie eine besondere »Einsicht« möglich machen. Bedingt durch diese Arbeit an den Filmen, erhalten die Eltern eine sehr aktive Rolle in den Beratungsgesprächen.

Was zeigt dagegen die »Super Nanny«? Es ist fast nichts zu sehen, was diskutiert oder reflektiert wird. Sie entwickelt neue Strategien nicht gemeinsam mit den Eltern, sondern bestimmt alleine, was nun zu tun ist. Immer wieder verblüffend ist, wie locker die »Super Nanny« umfangreiche und detaillierte Tagespläne an die Wand hängt, die der ganzen Familie eine minutiöse Zeiteinteilung vorschreiben. Wer einmal mit einer Familie eine Wochenplanung zur Strukturierung der Zeiten und Abläufe entwickelt hat, weiß, welche Mühe es bereitet, gemeinsam mit allen Familienmitgliedern vor dem Hintergrund verpflichtender Aspekte wie Berufstätigkeit, Kindergarten- oder Schulbesuch bis hin zu diversen Freizeitaktivitäten kleine Veränderungsmöglichkeiten zu entwickeln und produktiv umzusetzen. Hinzu kommen neue Familienregeln, die die »Super Nanny« gleich mitliefert. Hier erfragt die »Super Nanny« auch die Zustimmung der Beteiligten – in der Regel zuerst bei den Kindern! – und erfährt sie augenblicklich von allen Beteiligten.

Niemals wird in der Sendung thematisiert, was passiert, wenn diese »starke Person« im Alltag nicht mehr anwesend ist. Die immer gleiche Abfolge der Sendungen belegt, dass die jeweiligen Eltern keine aktiven, gestaltenden Rollen erhalten. Sie führen – überwiegend brav und willig – aus, was ihnen die »Super Nanny« jeweils vorgibt. Wirksam für viele Zuschauer und Zuschauerinnen ist sicherlich die manipulative Dramaturgie, die sich aller gängigen Effekte bedient, um starke Emotionen zu erzeugen. Dafür mangelt es zentral an Dialogen und Diskussionen. Eine »Super Nanny« diskutiert nicht, sie ordnet an. Durchgängig ist zu sehen, dass auf die betreffenden Eltern eingeredet wird. Möglicherweise liegt hier ein Grund dafür, dass Eltern durch diese Sendung angesprochen werden: Endlich sagt mal eine klar und eindeutig, wo es nun langzugehen hat und was zu tun ist! Hat man sich der »Super Nanny« untergeordnet, kommt die Welt scheinbar wieder in Ordnung. In der Rolle von Befehlsempfänger und -empfängerin hat man nur zu tun, braucht man nicht zu denken.

Auch die »Super Nanny« nutzt Videobilder. Entscheidend ist hier, wofür. Videobilder der »Super Nanny« haben immer die Funktion, den Eltern »Fehler« vorzuführen. Bei diesen »Gesprächen« wird ihnen, aber besonders dem Publikum gezeigt, dass sie die Aufgaben nicht erledigt haben, nicht konsequent waren. In diesen Episoden werden Eltern schlicht vorgeführt. Am Ende der Beweisführung mithilfe von Videobildern steht der Appell, nun endlich konsequenter zu sein. Es kommt auch vor, dass die »Super Nanny« mit Müttern das Nein-Sagen übt. Niemals wird aber die sich hier aufdrängende Frage thematisiert, was es Müttern und Vätern so schwer macht, die durchaus gewünschte Konsequenz praktizieren zu können.

Eine Beratung nach der »Marte-Meo«-Methode ist anderen Standards verpflichtet. Nur am Rande sei erwähnt, dass die Aufnahmen in den Familien der Schweigepflicht[3] unterliegen. Auf dem Hintergrund einer professionellen Analyse wird immer zuerst gezeigt und vermittelt, was – zumindest in Ansätzen – förderlich in der Kommunikation zwischen Eltern und Kindern ist. Im Zentrum der Beratung steht die Unterstützung der Eltern darin, wie die Signale und Initiativen ihrer Kinder besser erkennen und darauf angemessen eingehen können. Natürlich können auch die Kinder die Familienfilme sehen, aber nicht während der Beratung ihrer Eltern. Eine »Marte-Meo«-Beratung soll wie ein »Schutzraum« wirken, in dem Eltern ihre Unsicherheit, ihre Ängste, ihren Ärger und ihre Hilflosigkeit thematisieren können. Wür-

3 Wenn im Rahmen von professionellen Fachtagungen zur Präsentation der Methode Demonstrationsfilme aus der Arbeit mit Familien gezeigt werden, so liegt hier in jedem Fall eine schriftliche Einwilligung der betreffenden Eltern vor.

den hier Kinder beteiligt, wäre wie bei der »Super Nanny« die Gefahr gegeben, dass die Eltern in ihrer Rolle entwertet und damit die Kinder weiter verunsichert würden. Natürlich werden auch bei »Marte Meo« Eltern unterstützt, angemessen Nein sagen zu können. Beispielsweise werden auch die Initiativen der Kinder besprochen, denen die Eltern nicht zustimmen können oder wollen. Erfährt ein Kind, was es nicht tun darf, so hat es noch lange keine Vorstellung davon, was es denn stattdessen tun könnte. Von daher liegt der Fokus der Beratung darauf, dass nicht nur Nein gesagt, sondern vielmehr darauf geachtet wird, dem Kind nach Möglichkeit eine Alternative aufzuzeigen (vgl. Sirringhaus-Bünder u. Bünder 2001).

Der auffallende Mangel an Gespräch mit den Eltern und gemeinsamer Reflexion zeigt sich bei »Super Nanny« auch beim Einsatz von Maßnahmen wie »stiller Stuhl« und »Auszeit«. Bei »Triple P« soll mit diesen beiden Formen das als problematisch gewertete Verhalten des Kindes korrigiert werden, indem dem Kind eine Denk- bzw. Aktionspause auferlegt wird. In der Sendung entwickelt sich dies zum bloßen Machtkampf. Lange Zeit sieht man beispielsweise nur Eltern – oder die »Super Nanny« selbst – hinter flinken Kindern herlaufen, um diese einzufangen. Weil sie gegen von der »Super Nanny« aufgestellten Regeln verstoßen haben, müssen die Kinder auf den Stuhl, die Treppe oder in ein Ruhezimmer. Mit den Kindern wird in keiner Sendung erarbeitet, welche Unterstützung sie durch diese Einschränkungen erfahren sollen. Im Gegensatz zu dem australischen Demonstrationsfilm von »Triple P«, in dem sich nette Kinder brav und kooperierend auf das Stühlchen setzen, kann man bei »Super Nanny« nur sehen, wie Eltern ihrem »Problemkind« hinterherrennen, um den »stillen Stuhl« überhaupt besetzen zu können. Selbst die gedachte Auszeit verwandelt sich oft genug zur Aktionszeit, weil weder »Super Nanny« noch die Eltern verhindern können, dass sie von den Kindern in dem Wissen über die Präsenz der Kameras instrumentalisiert werden.

Bedacht werden muss hier, dass neben der im Fernsehen nur alleine zu sehenden »Super Nanny« auch noch ein ganzes Kamerateam und Redaktionsmitglieder den Lebensbereich der Familie für Tage »bevölkern«. Dass dabei den Zuschauern und Zuschauerinnen in den ersten Sendungen vorgegaukelt wurde, »Super Nanny« wäre bei der jeweiligen Familie als Gast eingezogen, sei nur am Rande vermerkt. Dies war nie der Fall. Viel länger anwesend als die »Super Nanny« sind die Kameraleute. Ihre Aufgabe besteht darin, genügend spektakuläres

Material vorzulegen, mit dem ein Millionenpublikum »unterhalten« werden kann. Da wundert es nicht, wenn sich ungewollt interessante Lerneffekte bei den »Problemkindern« einstellen. Sie erfahren, wie wichtig sie mit ihrem unangemessenen Verhalten sind. Mit jeder unangemessenen Aktion verstärkt sich ihre Gewissheit, im Mittelpunkt der Aufmerksamkeit zu stehen. Selbst während einer Auszeit, die zur Beruhigung dienen soll, haben sie zumindest die volle Aufmerksamkeit der Kamera und der Person dahinter. Es wird von allen Beteiligten in Kauf genommen, dass die Familie zu einem öffentlichen Ensemble wird. Hier wird nur belohnt, wer seine Rolle »richtig« spielt.

Im Gegensatz dazu kommt eine »Marte-Meo«-Beraterin nur für eine gewisse Zeit in die Familie, um einen kurzen Videofilm zu drehen. Sie hat etwas Kontakt, nimmt den abgesprochenen Film auf und geht wieder. Die Videointeraktionsanalyse, welche die Basis für die Beratung mit den Eltern ist, wird an einem anderen Ort erstellt. Ziel der Beratung ist eine Stärkung der Eltern in ihren erzieherischen Kompetenzen. Systematisch wird auf die Aspekte fokussiert, die positiv oder ansatzweise positiv sind. Wo sie sich noch erkennbar schwer tun, helfen fundierte Informationen über Entwicklungsbedürfnisse und erprobte Strategien dabei, die Eltern zu ermutigen, sich auf neue Erfahrungen einzulassen.

Das Ziel der Unterstützung

Jede professionelle Unterstützung in Erziehungsfragen muss sich daran messen lassen, inwieweit sie dazu beiträgt, Selbstsicherheit und Selbstwirksamkeit von Eltern zu vergrößern. Trägt sie dazu bei, dann werden diese auf Zeit und Dauer unabhängig von externer Hilfe. Sie werden ihre Kinder sicher auf dem Weg in die Selbstständigkeit begleiten können. Auf dem Weg dorthin benötigen sie Informationen, Unterstützung und vor allem Zeit zur Reflexion ihres eigenen Tuns und Denkens.

In keiner Phase der Sendung der »Super Nanny« gibt es diesbezüglich einen Raum für persönliche oder fachliche Reflexionen. Es ist eher wie ein traditioneller Schulunterricht, wenn die »Super Nanny« die Eltern zum Gespräch bittet. Sie redet, die Eltern hören zu. In keiner Sendung wird besprochen, welche erzieherische Haltung und Überzeugung die Eltern bei ihrem Verhalten geleitet hat. Es interessiert offensichtlich nicht, welche Erfahrungen oder Vorstellungen sie in die sichtbare Hilflosigkeit geführt hat. Stärken und Ressourcen der Eltern werden kaum thematisiert.

Im Mittelpunkt steht immer wieder die »Super Nanny«, die genau weiß, wie Erziehung »richtig funktioniert«. Von daher liegt nahe, von einem Versuch instruktiver Kommunikation zu sprechen. Das Format der Sendung legt ein Alles-oder-nichts nahe. Da ein Scheitern der »Super Nanny« nicht quotenförderlich wäre, ist der Druck zum »Erfolg« groß. Von daher ist das zentrale Gebot an die Eltern, folgsam zu sein. Indem sie der »Super Nanny« in allen Aktionen willig folgen, erleben ihre Kinder machtlose Eltern. Da diese brav und willig ausführen, was »Super Nanny« persönlich oder über Kopfhörer vorgibt, werden die Dominanz der »Super Nanny« immer größer und die Abhängigkeit der Eltern immer sichtbarer. In einigen Sendungen reagieren die Kinder darauf konsequent: Wenn sie etwas wollen, schauen sie zuerst zu der als »Führungsperson« erkannten »Super Nanny«. Obwohl die »Super Nanny« dann korrekt auf die Zuständigkeit der Eltern verweist, kann dies die vorher inszenierte Demontage der Eltern nicht wieder ausgleichen. Angeblich ist es das Ziel der »Super Nanny«, hilflose und schwache Eltern darin zu unterstützen, ihren tyrannischen Kindern Leitung und einen verlässlichen und vorhersagbaren Rahmen zu geben. Die Anlage der Sendung macht dies jedoch unmöglich. Da den Eltern keine Zeit gewährt wird, sich selbst weiterzuentwickeln, sind die angestrebten Verhaltensänderungen auf die Anwesenheit der »Super Nanny« angewiesen. Eine notwendige elterliche Präsenz stellt sich auf diesem Weg nicht ein (vgl. Omer u. von Schlippe 2004).

Dies zeigt sich deutlich im letzten Drittel der Sendung. Nachdem die »Super Nanny« die Familie wieder verlassen hat (zu Beginn: wieder ausgezogen ist), überprüft sie die Fortschritte der Eltern nun per Videokontrolle. Es verwundert nicht, dass sich bereits nach kurzer Zeit die problematischen Kommunikationsmuster wieder einstellen, da ja auch keine Veränderungsarbeit stattgefunden hat. Nun kommt es – dramaturgisch stilisiert – zum finalen Auftritt der »Super Nanny«. Sie will doch noch die Wende zur guten Erziehung ermöglichen. Mithilfe moderner Technik, Videoüberwachung und Anleitung per Kopfhörer müssen sich nun die Eltern durchsetzen. Jetzt wird nicht mehr gesprochen, sondern nur noch gehandelt. Mit diesen Sequenzen, die auf bloßer Machtausübung und korrespondierender Unterwerfung beruhen, wird nicht nur eine professionelle Videoberatung diskreditiert. Viel kritischer ist hier anzumerken, dass ein erzieherisches

Verhalten propagiert und demonstriert wird, das in seinen möglichen Spätfolgen als sehr problematisch eingeschätzt werden muss. Es bleibt völlig unberücksichtigt, was diese vorgeführte scheinbare Unterwerfung des Kindes psychisch bewirken kann. Belegt ist, dass erlebte Unterdrückung und psychische Gewalterfahrung bei Kindern zu der verhängnisvollen Lernerfahrung führen können, diese dominanten Verhaltensweisen wiederholen zu wollen, wenn sie selbst »groß und stark« sein werden (vgl. Hermann 2003). Was hier durch die »Super Nanny« inszeniert wird, wirkt auf Basis einer Konditionierung, die nur durch dauernde Verstärkung von Macht aufrechterhalten werden kann. Was dabei auf der Strecke bleibt, ist eine liebevolle, förderliche und dabei auch Grenzen setzende Erziehung.

Die sinnvolle Forderung nach Stärkung der Eltern realisiert die »Marte-Meo«-Methode unspektakulär, indem sie die gemeinsame Reflexion in den Mittelpunkt der Beratung stellt. Der produzierte Film dient nicht dazu, vorhandene Schwächen »nannymäßig« zu beweisen. Es geht vielmehr darum, durch Informationen, die die Filmausschnitte begleiten, Handlungsalternativen sichtbar und umsetzbar zu machen. Damit den Eltern neue Erfahrungen ermöglicht werden, steht am Ende jeder Beratung die Verabredung von »Aufgaben«, deren Umsetzung ihnen neue Erkenntnisse bringen soll. Da es die *Eltern* sind, die über ihre Anliegen nicht nur die Themen, sondern auch das Tempo bestimmen, ist ihre Instrumentalisierung kaum vorstellbar. Wesentlich ist, dass die Erziehungskompetenz von Eltern nicht auf Machtausübung gegründet wird, sondern auf eine zunehmend stabilere Beziehung. Dazu lernen sie, die Signale und Bedürfnisse ihrer Kinder adäquat einschätzen, positiv auf sie eingehen und somit in einen entwicklungsfördernden Austausch mit ihnen treten zu können.

Zusammenfassung

Kommerziell erfolgreich wird mit »Super Nanny« einem Millionenpublikum unreflektiert ein Sammelsurium an Erziehungspraktiken geboten, welche als sehr problematisch zu bezeichnen sind. Die angebotenen Interventionen können letztlich für Eltern und Kinder gefährlich werden. In der Konsequenz können sie nur als eine Form von Abrichtung zum Gehorsam verstanden werden. Es wird völlig ignoriert, was die Kinder an problematischen Überzeugungen bezüglich Macht verinnerlichen. Es kann in diesem Zusammenhang daran erinnert werden, dass auch die Intentionen der so genannten schwarzen Pädagogik vom Anspruch her edel und gut waren, ihre realen Auswirkungen auf die Kinder aber brutal und unterdrückend (vgl. Rutschky 1977).

Es mag mit dem Zeitgeist zu erklären sein, dass sich Eltern in dieser Sendung freiwillig vor einem Millionenpublikum präsentieren. Hier kann nicht thematisiert werden, was Menschen veranlasst, sich öffentlich so zu prostituieren. Den politisch verantwortlichen Personen in unserem Land könnte dies aber zu denken geben. Wie hilflos und allein gelassen müssen sich solche Eltern fühlen? Wie muss man denken und fühlen, um eine »Behandlung« durch eine »Super Nanny« nicht nur zu erdulden, sondern ihr auch von Herzen dankbar dafür sein zu können?

Kein Missverständnis sollte darüber bestehen, dass eine an Profit orientierte Sendung wie die »Super Nanny« keine Gemeinsamkeit mit einer fachlichen Unterstützung von Eltern in Erziehungsfragen hat. Was hier erfolgreich verkauft wird, ist keine ethisch zu vertretende Beratung in Erziehungsfragen (vgl. BKE 2000). Im Vergleich dazu erscheint eine Videoberatung nach der »Marte-Meo«-Methode viel bescheidener und unspektakulär, bewirkt aber im Rahmen der tatsächlichen Beratungsarbeit langfristig entschieden mehr. Für die Erziehungskultur in diesem Land wäre es sehr bedenklich, wenn die Praktiken einer »Super Nanny« zu einem Leitbild für überforderte Eltern werden würden. Eltern und Kindern ist zu wünschen, dass sich genügend verantwortliche Menschen finden, die sich dieser medial gesponserten Gehorsamkeitserziehung entgegenstellen.

Literatur

Aarts, M. (2002): Marte Meo. Ein Handbuch. Harderwijk (Aarts Productions).

Beck, U. (1986): Risikogesellschaft. Auf dem Weg in eine andere Moderne. Frankfurt a. M. (Suhrkamp).

BKE – Bundeskonferenz für Erziehungsberatung e. V. (Hg.) (2000): Grundlagen der Beratung. Fachliche Empfehlungen, Stellungnahmen und Hinweise für die Praxis. Fürth (Eigenverlag).

Bünder, P. u. A. Sirringhaus-Bünder (2005): Systemische Perspektive, Selbstwirksamkeit und video-unterstützte Beratung nach der Marte-Meo-Methode. *Kontext* 38 (2): 166–180.

Deegener, G. (2002): Kritische Stellungnahme zum Triple P. Positive Parenting Program – Positives Erziehungsprogramm, mit Unterstützung von

Klaus Hurrelmann. Verfügbar unter: http://www.kinderschutzbund-bayern.de/triplep.pdf [1.9.2005].
Hahlweg, K. u. Y. Kessemeier (2003): Erwiderung auf kritische Stellungnahmen zum Positiven Erziehungsprogramm Triple P. *Beratung Aktuell* 3: 158–177.
(Siehe auch: http://www.beratung-aktuell.de/triplep-kritik.pdf [1.9.2005].)
Hermann, J. L. (2003): Die Narben der Gewalt. Paderborn (Junfermann).
Innerhofer, P. (1977): Das Münchener Trainingsmodell. Heidelberg (Springer).
Kaufmann, F. X. (1995): Zukunft der Familie im vereinten Deutschland. Gesellschaftliche und politische Bedingungen. München (C. H. Beck).
Omer, H. u. A. von Schlippe (2004): Autorität ohne Gewalt. Coaching für Eltern von Kindern mit Verhaltensproblemen. »Elterliche Präsenz« als systemisches Konzept. Göttingen (Vandenhoeck & Ruprecht).
Pleyer, K. H. (2003): Parentale Hilflosigkeit Ein systemisches Konstrukt für die therapeuti-sche und pädagogische Arbeit mit Kindern. *Familiendynamik* 28 (4): 467–491.
Rotthaus, W. (2002): Wozu erziehen? Entwurf einer systemischen Erziehung. Heidelberg (Carl-Auer).
Rutschky, M. (Hrsg.) (1977): Schwarze Pädagogik. Quellen zur Naturgeschichte der bürgerlichen Erziehung. Frankfurt a. M. (Ullstein).
Sanders, M. R. (1999): The Triple P – Positive Parenting Programme: Towards to an empirically validated multi-level parenting and familiy support strategy for the prevention and treatment of child behavior and emotional problems. *Child and Family Psychology Review* (2): 71–99
Sirringhaus-Bünder, A. u. P. Bünder (2001): Entwicklungsfördernde Dialoge. Die Nutzung von Video in der Marte-Meo-Arbeit mit problembelasteten Familien im Rahmen von Sozialpädagogischer Familienhilfe. *Sozial extra* (6): 10–16.
Tschöpe-Scheffler, S. (Hrsg.) (2005): Konzepte der Elternbildung – Eine kritische Übersicht. Opladen (Barbara Budrich).
TVdirekt (Fernsehzeitung) Heft 1/2005.

15. Was kann das Kind? Was braucht das Kind? Einschätzung und Förderung kindlicher Entwicklung mithilfe der Marte-Meo-Methode

Annegret Sirringhaus-Bünder

Einleitung

In unterschiedlichen Kontexten von Beratung und Fortbildung erfahre ich immer wieder, dass Eltern und Kolleginnen oder Kollegen, die professionell mit Kindern zu tun haben, sehr viel mehr verbindet als trennt. Es braucht seitens der Fachkräfte ein wenig Mut, diesen Gedanken zuzulassen und sich selbst nicht nur als Experten oder Expertinnen zu gerieren, sondern an die Seite der Eltern zu gehen, um mit ihnen gemeinsam auf ihr Kind zu schauen. Wo dies gelingt, kann sich ein intensiverer Kontakt entwickeln, als wenn Berater oder Beraterinnen in einer distanzierten Expertenrolle verharren. Sorgen und Nöte der Eltern können aus jener Position deutlicher wahrgenommen werden, genauso wie ihre Freude oder ihr Stolz.

Ich möchte in diesem Artikel ein methodisches Vorgehen beschreiben, in dem Berater und Beraterinnen aus einer Position der partnerschaftlichen Beziehung zu Rat Suchenden heraus die Einschätzung (Diagnostik) kindlicher Entwicklung und kindlicher Entwicklungsbedürfnisse mit beraterischen Interventionen verbinden.

Etwas, was sowohl Eltern wie auch viele pädagogisch oder beraterisch bzw. therapeutisch Tätige in ähnlicher Weise beschäftigt, sind Fragen wie:

- Ist mit diesem Kind alles in Ordnung, oder stimmt etwas nicht mit ihm?
- Geht es ihm wirklich gut? Bekommt es alles, was es benötigt, um sich gut zu entwickeln?
- Nehme ich rechtzeitig wahr, wenn es ihm nicht gut geht oder es etwas Besonderes braucht? Woran kann ich das merken?
- Werde ich der Eigenart, der Persönlichkeit dieses Kindes gerecht?
- Was gibt mir die Sicherheit, dem Kind die richtige Art von Unterstützung im richtigen Moment anzubieten?

Eltern und Fachkräfte wünschen sich, wie ich in Beratungen oder in der Supervision immer wieder erfahre, Kriterien und Instrumente, mit deren Hilfe sie das aktuelle Verhalten eines Kindes einordnen, seinen Entwicklungsstand einschätzen und an denen sie ihr eigenes erzieherisches oder beraterisches Verhalten ausrichten können. Sowohl Eltern wie Professionelle äußern in Beratungs- bzw. Supervisionsprozessen häufig den Wunsch nach einem Handwerkszeug, das ihnen hilft, wirksamer zu sein. Sie möchten, dass sich die ihnen anvertrauten Kinder gut entwickeln, haben dazu auch Ideen, erleben aber in ihrem Alltag immer wieder, dass sie ein Kind beispielsweise gar nicht erreichen oder es völlig anders reagiert, als sie es vermuten oder wünschen. Sie möchten sich in ihrem erzieherischen oder beraterisch-therapeutischen Verhalten selbstsicherer und kompetenter fühlen.

Im Folgenden werde ich auf die beraterische Arbeit mit Eltern fokussieren. Die gleichen Grundsätze und Vorgehensweisen haben sich aber auch in der Beratung und Supervision von Fachkräften als nützlich erwiesen, die professionell pädagogisch, betreuend oder pflegerisch tätig sind.

Woran bemisst sich nun,

a) was ein Kind grundsätzlich für eine gute Entwicklung braucht,
b) was diejenigen Personen ihm geben können oder ihm geben müssten, die für es sorgen und seinen Alltag teilen, und
c) was einer angemessenen, altersgerechten Entwicklung entspricht?

Es gibt zahlreiche diagnostische Konzepte, die hier Klarheit versprechen und tatsächlich für Praktiker und Praktikerinnen wichtige Orientierungshilfen darstellen (exemplarisch Döpfner et al. 2000; Petermann et al. 2000).

Typisch für viele dieser Konzepte ist, dass sie zum einen zentral untersuchen, was das Kind nicht kann oder noch nicht entwickelt hat, und zum anderen Schlussfolgerungen ziehen und Hinweise oder Ratschläge an die Eltern vermitteln, die häufig wenig konkret und kaum auf deren spezifische Alltagssituation und -organisation bezogen sind.

Ich möchte aufzeigen, wie die Marte-Meo-Methode mittels videobegleiteter Beratung Eltern eine dreifache Unterstützung anbieten kann, nämlich:

1. wie sie zu einer Einschätzung kommen können, welche Fähigkeiten und Fertigkeiten ihr Kind bereits positiv entwickelt hat und welches unterstützende Erwachsenenverhalten damit korrespondiert
2. welche Entwicklungsbedürfnisse ihr Kind in einem konkreten Moment zeigt, in welchem Verhältnis diese Bedürfnisse zu seinen altersgemäßen Entwicklungsaufgaben stehen und was es gegebenenfalls noch lernen muss
3. was sie als Eltern konkret tun können, um ihr Kind, ausgehend von seinen Entwicklungsbedürfnissen, bei der Erfüllung seiner Entwicklungsaufgaben zu unterstützen (vgl. Bünder et al. 2005).

Die Möglichkeit und die Fähigkeit, den kindlichen Entwicklungsstand und korrespondierende kindliche Entwicklungsbedürfnisse einschätzen zu können, geben Orientierung für das eigene erzieherische Verhalten und sind Voraussetzung für vorausschauendes Tun. Dies gilt auch, wenn man zugesteht, dass Planung in der Erziehung relativ ist und Erziehung immer auch für unerwartete Veränderung offen sein sollte. Die systemisch-konstruktivistische Annahme einer »Nichtinstruierbarkeit« menschlichen Verhaltens (vgl. exemplarisch von Schlippe u. Schweitzer 2000, S. 34) erleben Eltern häufig als die Diskrepanz zwischen ihrer Vorstellung davon, wie sie ihr Kind beispielsweise anleiten wollen, sich situationsgerecht zu verhalten, und der erfahrenen Wirklichkeit, in der das Kind u. U. völlig anders reagiert als erwartet. Die Bewältigung des Alltags mit Kindern beinhaltet für Eltern eine dreifache Aufgabe:

1. das Kind zu versorgen mit Nahrung, Kleidung, Hygiene, es zu betreuen und zu beschützen
2. dem Kind Beziehungssicherheit zu vermitteln, ihm das Gefühl von Wertschätzung und Anerkennung als Person und Zugehörigkeit zu geben, um darüber eine sichere Bindung zu ermöglichen
3. seine konkreten Entwicklungsbedürfnisse zu erkennen, ihm bei der Erfüllung seiner Entwicklungsaufgaben behilflich zu sein und ihm darüber zu ermöglichen, die in unserer Kultur gültigen Entwicklungsnormen zu verinnerlichen.

Unter Entwicklungsbedürfnissen von Kindern verstehe ich in Anlehnung an Mia Kellmer-Pringle (1979):

1. das Bedürfnis nach Sicherheit und Versorgung als Voraussetzung für die Entwicklung von »Urvertrauen«

2. das Bedürfnis nach Zugehörigkeit als Voraussetzung für den Aufbau von Bindung und Beziehung
3. das Bedürfnis, die Welt in Besitz zunehmen, sie zu erkunden und sich in ihr zu orientieren als Voraussetzung für die Entwicklung von Autonomie
4. das Bedürfnis, gesehen zu werden, das Bedürfnis nach Kontakt, Interaktion und Austausch als Voraussetzung für die Entwicklung einer eigenen Identität und sozialer Integration
5. das Bedürfnis nach Ermutigung, Bestätigung und Anerkennung als Voraussetzung für die Entwicklung von Kompetenz
6. das Bedürfnis nach Kooperation, Spiel, Spaß, Spannung als Voraussetzung für die Entwicklung einer Balance zwischen sozialer Integration und individueller Kompetenz.

Robert Havighurst (1948, zit. nach Stangl 2006) definiert eine Entwicklungsaufgabe als »eine Aufgabe, die sich in einer bestimmten Lebensperiode des Individuums stellt. Ihre erfolgreiche Bewältigung führt zu Glück und Erfolg, während Versagen das Individuum unglücklich macht, auf Ablehnung durch die Gesellschaft stößt und zu Schwierigkeiten bei der Bewältigung späterer Aufgaben führt.« Die in einem gesellschaftlichen Kontext definierten Entwicklungsaufgaben stehen in einem dialektischen Verhältnis zu ihren Entwicklungsnormen. Die Entwicklungsnormen unserer westlichen Industriegesellschaft sind sowohl von einem hohen Anspruch an die individuellen Fähigkeiten eines einzelnen Menschen geprägt, wie beispielsweise Autonomie und Durchsetzungsfähigkeit, aber auch von der Notwendigkeit, sich in gegebene soziale Kontexte zu integrieren. T. B. Brazelton (1995) folgend, verstehe ich als Entwicklungsaufgaben von Kindern:

1. Das Erkennen eigener Möglichkeiten und Grenzen: Das Kind probiert spontan und intuitiv aus, was es schon kann, und braucht bei der Erfahrung seiner Grenzen und im Umgang mit ihnen die Unterstützung Erwachsener dafür, einerseits eine Grenze als Anreiz, sie zu überwinden, zu nutzen und andererseits vor Überforderung geschützt zu sein.
2. Lernen durch Spiel und Bewegung, zur Entfaltung seiner motorischen, sozialen und seelisch-geistigen Fähigkeiten, zur Entwicklung von Fantasie, Kreativität, seines symbolischen und seines anschaulichen Denkens (vgl. Entwicklungsstufen des Kindes nach Piaget (1980).

3. Lernen durch positive Identifikation und Aufbau positiver Modelle im Sinne Banduras (1979); solche Modelle sind beispielsweise:
   - das Modell für Kooperation und Austausch,
   - das Aktions- und Arbeitsmodell,
   - das Lösungsmodell für die Bewältigung von Aufgaben und Problemen und
   - das Konfliktlösungsmodell.
4. Lernen durch Austausch zur Entwicklung prosozialen Verhaltens und sprachlicher Fähigkeiten.

Bei der Marte-Meo-Methode kann mithilfe des Mediums Video eine Beratung kreiert werden, die direkt an die Lebenswelt der Rat Suchenden anschließt. Mithilfe der Filme fangen wir Ausschnitte des familiären Alltags ein. Das gemeinsame Betrachten dieser Videobilder ermöglicht es, an die Seite von Eltern zu gehen, um mit ihnen gemeinsam auf das Kind zu schauen. Aus dieser Position heraus gelingt es leichter, sprichwörtlich mit ihren Augen zu sehen.

Im Folgenden werde ich aufzeigen, welcher Nutzen aus der oben skizzierten partnerschaftlichen Beratungsposition und der Anwendung der Marte-Meo-Methode sowohl für die Einschätzung der Entwicklung eines Kindes und seiner Unterstützungsbedürfnisse wie auch für die Erarbeitung konkreter pädagogischer Handlungsschritte gezogen werden kann. Es geht dabei nicht darum, andere diagnostische oder methodische Konzepte abzuwerten. Ganz im Gegenteil wertschätzt Marte Meo andere Ansätze und vertritt entschieden die Position, dass Marte Meo neben Bewährtem etwas Zusätzliches beitragen kann. Dieses Zusätzliche, das Marte Meo beispielsweise so gut mit systemischen Ansätzen kompatibel macht, sind die gekonnte Einfachheit der Kommunikationsprinzipien und die entwicklungsfördernde Dialogtechnik, wie sie weiter unten beschrieben werden (vgl. Øvreeide a. Hafstad 1996).

Was ist nun Marte Meo?

Marte Meo kann auf zwei unterschiedlichen, aber aufeinander bezogenen Ebenen betrachtet werden: als Modell und als Methode.

Marte Meo als Modell

Als Modell basiert Marte Meo auf zahlreichen Studien der Entwicklungspsychologie, der Frühförderpädagogik und der Humanethologie, die alle jene kommunikativen Elemente untersucht haben, die wir »natürliche entwicklungsunterstützende Dialoge« zwischen Eltern und Kindern nennen (vgl. exemplarisch Papousek 1994; Dornes 1993; Stern 1992). Das hierauf aufbauende Marte-Meo-Modell beruht auf der Annahme, dass es so etwas wie eine natürliche bzw. prototypische entwicklungsfördernde Kommunikation zwischen Eltern und Kindern gibt, für die Eltern nicht speziell eine Schulung benötigen. Es gilt als belegt, dass die meisten Eltern ein intuitives Vermögen haben, mit ihren Kindern im Alltag solche entwicklungsunterstützenden Dialoge[1] zu führen. Mit diesen Dialogen regen Eltern die Entwicklungsprozesse ihrer Kinder an (vgl. Papousek 1994). Teil eines solchen Dialogs sind beispielsweise die spontane Freude, die eine Mutter ihrem Kind zeigt, wenn es ihr sein erstes »Bild« schenkt, und das Lob für diese Arbeit ebenso wie die Botschaft, dass es nun Zeit ist für das Abendessen oder dass noch die Spielsachen weggeräumt werden müssen.

Nun wissen erfahrene Praktiker und Praktikerinnen, dass Eltern im Einzelfall sehr wohl diese intuitive Fähigkeit vermissen lassen. Vor dem Hintergrund ihrer jeweiligen biografischen Erfahrungen können sie auf verschiedene Weise daran gehindert sein, eine solche intuitive entwicklungsunterstützende Kommunikation zu realisieren. Häufig sind es obendrein Restriktionen in den aktuellen Lebensbedingungen der Eltern, die es ihnen schwer oder fast unmöglich machen, ihre Kinder angemessen wahrzunehmen und zu fördern. Diese Eltern haben Schwierigkeiten, die oben genannten Entwicklungsbedürfnisse ihrer Kinder intuitiv zu erkennen und darauf zu reagieren.

Wenn Grundbedürfnisse aber nicht ausreichend erfüllt werden, reagieren Kinder zuerst irritiert, dann zunehmend auffällig. Sie werden für ihre soziale Umwelt »schwierig«. Die Gefahr wächst, dass ein Kind unter diesen Umständen von Professionellen und/oder Eltern als in seiner Entwicklung beeinträchtigt oder gar als »gestört« erlebt wird. Um hier entwicklungserschwerenden Verfestigungen vorzubeugen, wird mithilfe der Videoberatung versucht, Eltern zu bestärken und zu befähigen, den Kindern ein förderliches Modell zu werden (vgl. Bandura 1979).

Marte Meo als Methode

Als Methode kommunikativer Unterstützung beinhaltet Marte Meo differenzierte Anleitungen für eine präzise Informationsvermittlung

1 Der Begriff Dialog umfasst altersabhängig nonverbale und verbale Elemente.

an Eltern oder professionelle Betreuer und Betreurinnen. Sie basieren auf der Annahme, dass problembelasteten Eltern häufig das Wissen und die Erfahrungen fehlen, was sie konkret tun können, um das Kind in seiner Entwicklung zu fördern.[2] Die Inhalte der vermittelten Informationen müssen deshalb sehr präzise und allgemein verständlich sein. Ausgangspunkt der Beratung sind immer die Fragen oder Anliegen der Eltern. Grundsätzlich werden nur Videoaufnahmen von Alltagssituationen genutzt. Mit diesen Bildern wird den Eltern nahe gebracht, wo ihre Möglichkeiten zur Förderung des Kindes zu sehen sind. Spezifische Unterstützung und konkrete Anleitung werden so für jede einzelne Familie maßgeschneidert.

Eltern suchen in der Regel eine Beratung auf, weil sie konkrete Unterstützung möchten und weil sie nicht wissen oder unsicher darin sind, was sie im Alltag zur Abwendung der auftretenden Probleme unternehmen könnten. Berater und Beraterinnen verfügen zumeist über viele Informationen über Entwicklungsförderung von Kindern, manchmal aber nicht über die einfachen Worte, mit denen man speziell jene Eltern erreicht, die praktisches und konkretes Wissen zur Bewältigung ihrer alltäglichen Probleme im Umgang mit ihren Kindern dringend benötigen. Von daher erfahren Rat Suchende häufig eine Fülle von Informationen über Problembeschreibungen und -erklärungen, jedoch viel weniger Informationen über effektive Problemlösungsschritte (vgl. Sirringhaus-Bünder u. Bünder 2001). Marte Meo als Methode bietet hier ein Instrument an, Eltern sowohl die notwendigen Erklärungen zu geben wie auch konkrete Handlungsalternativen aufzuzeigen.

Marte Meo als pädagogisch-therapeutisches Diagnoseinstrument

Das Verständnis von Diagnose in der Marte-Meo-Beratung weist nach unserer Auffassung deutliche Parallelen auf zu der hier nur kurz umrissenen systemischen Einschätzung von individuellen und familiären Entwicklungsprozessen und der darin enthaltenen zwischenmenschlichen Dynamik.

2 Dies wird noch wichtiger, wenn ein Kind beispielsweise wegen einer Behinderung besondere Entwicklungsbedürfnisse zeigt. Maria Aarts (2002, S. 101 ff.) spricht hier, wie im angloamerikanischen Sprachraum üblich, von »children with special needs«.

Salvador Minuchin (1979, S. 163 f.), ein Pionier der systemisch-strukturellen Familientherapie, versteht Diagnose in der Familientherapie als

> »Arbeitshypothese, die der Therapeut sich aus den Erfahrungen und Beobachtungen im Zusammenhang mit seinem Anschluss an die Familie zurechtlegt. Diese Art der Beurteilung, die das Schwergewicht auf die zwischenmenschlichen Aspekte liegt, unterscheidet sich grundsätzlich von dem Prozess, der in der psychiatrischen Terminologie gewöhnlich als Diagnose bezeichnet wird. Eine psychiatrische Diagnose umfasst das Zusammentragen von Daten vom Patienten oder über den Patienten und die Etikettierung des gesamten Paketes von Informationen, die zusammengekommen sind. Zur Familiendiagnose dagegen gehören die Anpassung des Therapeuten an die Familie mit dem Ziel der Bildung eines therapeutischen Systems und die anschließende Beurteilung der familialen Interaktion im gegenwärtigen Zeitpunkt, wie er sie erlebt und erfahren hat.«

Die Erstellung einer Diagnose ist aus systemischer Sicht daher nicht ein einmaliger Akt, der mit der Etikettierung eines Phänomens endet, sondern ein fortlaufender Prozess der Informationsgewinnung und Einschätzung dieser Informationen, der in ständiger Interaktion zwischen Therapeut bzw. Therapeutin und Familie erfolgt. Jede Arbeitshypothese hat dabei notwendigerweise vorläufigen Charakter und wird durch die weiter gehende Entwicklung entweder bestätigt, modifiziert oder verworfen (vgl. Ludewig 1992).

Ähnlich wird auch in der Beratung nach der Marte-Meo-Methode Diagnose als fortlaufende systematische Informationsgewinnung verstanden. Entscheidend ist hier, dass das Material dazu Filme liefern, die Alltagssituationen zeigen. Diese werden im Rahmen einer Videointeraktionsanalyse sowohl im Hinblick auf die sichtbaren Entwicklungsbedürfnisse des Kindes wie auch auf das unterstützende Verhalten von Eltern oder Betreuern präzise untersucht. Die so gewonnenen Informationen werden in den Beratungsgesprächen (so genannten Reviews) kontinuierlich an die Klienten rückgekoppelt und mit weiterführenden Informationen über praktische Entwicklungsunterstützung für das jeweilige Kind verbunden. Die Reaktionsweisen der Eltern, ihre spezifische Art, wie sie neue Informationen aufnehmen und in ihrem Alltag umsetzen, werden direkt – sowohl in der Beratungssitzung, vor allem aber im nächsten Film – sichtbar. Sie sind Basis für die Einschätzung eines neuen (Entwicklungs-)Schrittes und des Lernverhaltens von Eltern wie auch für die Auswahl derjenigen

Informationen, die ihnen weiterhin helfen können, das Kind in seiner Entwicklung zunehmend besser zu unterstützen. Maria Aarts (2002, S. 69) führt dazu aus:

> »Mit der Aufzeichnung der fortlaufend nummerierten Bildausschnitte erhalten Sie ein vollständiges Bild vom Entwicklungsbedarf des Kindes bzw. Klienten. Zugleich wird mit ihrer Aufnahme exakt festgehalten, wann unterstützendes Verhalten stattfindet und wann nicht.«

Um eine präzise Videointeraktionsanalyse erstellen zu können, benötigen Marte-Meo-Berater und Beraterinnen darüber hinaus Kenntnisse über die Merkmale altersgerechter körperlicher, geistiger, seelischer und sozialer Entwicklung von Kindern und das Wissen, welche Art von Unterstützung ein Kind in einer förderlichen Umgebung normalerweise erhält, damit es diese Fähigkeiten erwerben kann (vgl. Siegler et al. 2005; Oerter 2002).

Bei der Einschätzung der Eltern-Kind-Interaktion stützt sich Marte Meo als Methode auf folgende einfache und grundlegende Elemente einer unterstützenden, förderlichen Kommunikation:

1. Nehmen die Eltern die Signale oder Initiativen des Kindes wahr?
2. Gehen sie auf die Initiativen des Kindes ein und bestätigen sie, im Sinne von »Ich habe dich gesehen!«?
3. Benennen die Eltern die Initiative des Kindes, ihr eigenes Tun und das, was das Kind tun kann?
4. Wechseln die Eltern in der Kommunikation ab, z. B. zwischen Kontaktmoment und Aktionsmoment oder zwischen den an einer Handlung beteiligten Personen?
5. Leiten und lenken die Eltern, indem sie ihr Kind z. B. Schritt für Schritt durch eine Situation führen?
6. Sprechen die Eltern in einem angemessenen Ton mit ihrem Kind? Gemeint sind damit ein freundlicher Grundton und eine zugewandte Haltung, auch wenn sie z. B. Grenzen setzen. Schaffen sie darüber eine gute Atmosphäre?
7. Sind die Eltern in einem wirklichen Austausch mit dem Kind? Praktizieren sie eine konstruktive Dialogtechnik, in der das Kind sich mit seinen Möglichkeiten mitteilen kann, verstanden wird und Antworten erhält, die es weiterbringen in seiner Entwicklung? (Vgl. Bünder et al. 2005; Aarts 2002.)

Erster Fokus und Ausgangspunkt der Videointeraktionsanalyse sind die spontanen Signale oder Initiativen des Kindes, die Aufschluss geben über seinen Entwicklungsstand und seine aktuellen Entwicklungsbedürfnisse. Sie werden ins Verhältnis gesetzt zu seinen altersgemäßen Entwicklungsaufgaben. Wie verhält sich beispielsweise der kleine neun Monate alte Nico, während ihn seine Mama füttert? Hebt er den Kopf, wenn sie seinen Namen nennt? Folgt er mit seinen Augen, wie die Mutter den Löffel mit Brei füllt, »Hm, lecker« sagt, und öffnet er dann den Mund, um den Brei zu empfangen? Schaut und zeigt er zum Kühlschrank, wenn dessen Motor plötzlich anfängt zu brummen, lauscht er der Mutter, wenn sie sagt, »Das ist der Kühlschrank«, um dann wieder seinen Blick der Mutter und dem Essen zuzuwenden? Zeigt er der Mutter durch seine Mimik und seine Gesten, was ihm gefällt, worüber er staunt oder was ihm missfällt? Entsprechend detailliert werden so alle Sequenzen des kurzen Films analysiert.

Der *zweite Fokus* ist das förderliche Verhalten von Eltern: Nehmen sie die Signale oder Initiativen des Kindes wahr? Wie gehen sie darauf ein? Bestätigen sie verbal oder nonverbal: »Ja, ich habe dich gesehen/gehört«? Erkennen und verstehen sie das jeweilige Bedürfnis des Kindes? Wie antworten sie auf dieses Bedürfnis? Benennen sie in der Situation, was sie wahrnehmen, was sie selbst tun, was sie wollen oder was das Kind tun kann? Leiten sie das Kind Schritt für Schritt durch die Situation? Wechseln sie zwischen Kontaktmoment und Aktionsmoment ab und gegebenenfalls zwischen mehreren Personen, die an dem beteiligt sind, was das Kind gerade tut? In welchem Ton sprechen sie mit dem Kind? Laden sie das Kind zu einem Austausch von Blicken, Worten oder Tönen ein? Welche Atmosphäre schaffen sie im Umgang mit dem Kind?

Eine Grundannahme der Marte-Meo-Methode besagt, dass Kinder, die aus welchen Gründen auch immer eine bestimmte Fähigkeit nicht altersgerecht entwickeln konnten, dies zu einem späteren Zeitpunkt am besten dadurch »nachholen« können, dass sie die gleiche Art der Unterstützung erhalten, mit der ein Kind diese Fähigkeit normalerweise in der entsprechenden Altersstufe erlernt hat. Plastizität und Flexibilität machen es bei entsprechender Förderung auch älteren Kindern möglich, Entwicklungsaufgaben auch noch zu einem späteren Zeitpunkt zu erfüllen. Es ist erstaunlich und bewundernswert, wie viele Fähigkeiten selbst geistig oder körperlich beeinträchtigte Menschen noch nachträglich entwickeln können, wenn sie auf diese Art gefördert werden.

Fällt beispielsweise ein fünf Jahre altes Kind auf, weil es nicht mit anderen Kindern spielen kann, sondern nur das Spiel der anderen stört, herumschreit, rempelt, stößt und knufft, so hat es folgende Fähigkeiten noch nicht entwickelt:

- einen Moment lang zu beobachten und zu erfassen, welches Spiel die anderen Kinder spielen
- anzufragen, ob es mitspielen darf
- eine eigene Spielidee, Spielszene oder Spielgeschichte zu entwickeln und diese in das vorhandene Spiel der anderen Kinder einzubringen
- sich selbst und die eigenen Ideen auf positive Weise interessant zu machen, sodass andere aufmerken und Lust haben, hier mitzumachen
- gemeinsam mit anderen Kindern Spielideen und Spielgeschichten weiterzuentwickeln, dabei abzuwechseln und sich gegenseitig zu ergänzen
- ein Spiel zu einem Abschluss zu bringen, um dann eine neue Aktivität beginnen zu können (vgl. Bünder et al. 2005; Aarts 2002).

In der Videointeraktionsanalyse werden nun diese beiden Informationsstränge bezüglich a) der kindlichen Entwicklungsbedürfnisse und b) der elterlichen Fähigkeiten zusammengeführt und mit einem dritten Strang c) verknüpft, nämlich dem Anliegen oder der Frage, welche die Eltern hinsichtlich der Marte-Meo-Beratung haben: Was wollen sie erreichen oder verändern? Welche guten Absichten oder Ideen haben sie in Bezug auf die Entwicklung ihres Kindes? Worüber sorgen sie sich? Was macht ihnen Druck, oder wofür bekommen sie Druck von außen (von Kindergarten, Schule, Jugendamt, Vorgesetzten usw.)? Diese Bündelung wiederum ist Ausgangspunkt für d) einen vierten Informationsstrang, die Überlegung, welche weiterführenden Informationen die Eltern jetzt benötigen und mit welchen Schritten sie lernen können, wie das betreffende Kind am besten in seiner aktuellen Entwicklung unterstützt werden kann.

Praktisch erfolgt dieser die Beratung vorbereitende Schritt, durch die Erstellung einer Arbeitsliste. In ihr werden die Entwicklungsbedürfnisse des Kindes den sichtbaren kommunikativen Fähigkeiten der Erwachsenen gegenübergestellt. Die Marte-Meo-Beraterin[4] trifft nun

4 Es wird hier die weibliche Sprachform bevorzugt, s. S. 199, Fn 2.

eine Einschätzung dessen, welche der notwendigen Fähigkeiten Eltern mit welchen Schritten entwickeln können. Dabei berücksichtigt sie deren Lern- und Entwicklungstempo sowie den häuslichen Kontext. Sie muss ebenfalls einschätzen, ob die für die Förderung des Kindes notwendigen Fähigkeiten von Eltern in dem vorhandenen Rahmen überhaupt und ob sie in einem für das Kind angemessenen Zeitraum in ausreichendem Maß entwickelt werden können. Zeigen sich hier Einschränkungen, wird zu überlegen sein, wo und von wem kompensatorische Unterstützung für das Kind sichergestellt werden muss.

Dazu ein Beispiel: Eine Marte-Meo-Beraterin wird gebeten, eine junge Mutter zu unterstützen, deren sechs Wochen alter Säugling nach Angaben der Kinderärztin deutlich untergewichtig ist, weil er – wie die Mutter sagt – »einfach nicht trinken will«. In den ersten Filmen ist bereits erkennbar, dass die Mutter die Signale ihres Kindes kaum wahrnimmt und, wenn doch, sie falsch interpretiert. So interpretiert sie beispielsweise als »satt«, wenn der Sohn den Kopf zur Seite dreht, um beim Trinken eine Pause zu machen. Im anderen Fall nimmt sie wahr, dass er weint, aber nicht, dass ihm die Milch in der Flasche zu heiß ist. In einer solchen Situation kann ein sehr junges Kind nicht warten, bis seine Mutter gelernt hat, seine Signale richtig zu deuten. Hier müssen sich Marte-Meo-Beratung und andere stützende Maßnahmen ergänzen, wie beispielsweise eine zusätzliche engmaschige Unterstützung der Mutter durch eine sozialpädagogische Familienhilfe, gegebenenfalls eine gemeinsame Aufnahme von Mutter und Kind in einer entsprechenden Einrichtung oder, in einer zugespitzten Notlage, die (vorübergehende) Unterbringung des Kindes in einer Pflegefamilie mit der Möglichkeit häufiger Besuchskontakte, während deren die Mutter weiterlernen kann, ihr Kind ausreichend zu versorgen und zu fördern. Überlegungen, welche weiteren Angebote die elterlichen Fähigkeiten oder die bereits vorhandenen professionellen Hilfen ergänzen oder ersetzen müssen, sind daher ebenfalls Teil des diagnostischen Vorgehens in der Marte-Meo-Beratung. Erst wenn diese Überlegungen und Einschätzungen anhand der Arbeitsliste stattgefunden haben, sind die erste Phase der Erstellung einer »professionellen Diagnose« (Aarts 2002, S. 69) und die Vorbereitung des ersten Reviews abgeschlossen.

Auf diesen Grundlagen kann nun das Review erfolgen. In ihm verbinden sich die diagnostischen Überlegungen mit Interventionen im Sinne einer schrittweisen Bearbeitung. Das Review beginnt mit klassischen Formen des Joinings, wie sie auch in systemischen Beratungsprozessen üblich sind (vgl. Simon u. Stierlin 1984). Maria Aarts (2002, S. 92) umschreibt dies mit der Redewendung »Coffee, coockies, and the dog!« und meint damit einen kleinen Plausch über Nettigkeiten und Nichtigkeiten zu dem Zweck, miteinander in guten Kontakt zu kommen und Anschluss an die Familie zu gewinnen.

Die praktische Umsetzung der Bearbeitung eines Arbeitspunktes im Review und die Weiterentwicklung der diagnostischen Überlegungen soll nun an einem weiteren Beispiel erläutert werden.

Beispiel Nico

Nico ist 22 Monate alt. Seine Mutter wurde vom Vater des Kindes gegen Ende der Schwangerschaft verlassen. Da sie sich sehr unsicher fühlte, bat sie nach der Geburt von Nico um Unterstützung beim örtlichen Jugendamt und erhielt das Angebot einer sozialpädagogischen Familienhilfe. Die Kollegin, die Mutter und Kind begleitete, begann im zweiten Jahr der Betreuungszeit ihre Marte-Meo-Weiterbildung. Bis dahin hatte die junge Mutter bereits gelernt, ihr Kind mit zunehmender Sicherheit zu versorgen. Der aktuelle Videofilm zeigt Nico und seine Mutter jetzt auf einem Spielplatz.

Viele kleine Momente des Films zeigen Nicos altersgerechte Entwicklung. Er kann beispielsweise im Spiel mit seiner Mutter abwechseln: Er gibt eine Schaufel Sand in den Eimer, reicht seiner Mutter die Schaufel, sagt »Da«, schaut zu, wie sie die Schaufel nimmt und ebenfalls etwas Sand in den Eimer gibt mit den Worten: »Eine Schaufel von Nico, eine Schaufel von Mama!« Nico lacht und nimmt wieder die Schaufel, um eine nächste Schaufel Sand in den Eimer zu schippen und ihn dann auszuschütten.

An anderer Stelle zeigt Nico ein sicheres Bindungsverhalten: Er entdeckt etwas auf der Wiese und läuft spontan darauf zu. Seine Mutter bleibt zuerst stehen und wartet. Während er läuft, ruft er: »Komm!« Dann bleibt er stehen, blickt sich nach der Mutter um. Als sie nicht direkt kommt, ruft er erneut: »Mama, komm!« Nun setzt sich die Mutter in Bewegung und folgt ihm. Als er das sieht, geht er auch weiter in die Wiese hinein (vgl. dazu auch Grossmann u. Grossmann 2004).

Etwas, das sowohl für Nico wie auch für seine Mutter neu ist, ist sein beginnendes Interesse an anderen Kindern. Der Film zeigt folgende Szenen:

- Nico hört, wie ein anderes Kind, mit einem Spielzeugauto spielend, Fahrgeräusche macht. Er wendet seinen Kopf, zeigt mit dem Finger dorthin, sagt: »Da!« Die Mutter versucht, ihn wieder für das Spiel mit der Schaufel und dem Sand zu interessieren, aber er sagt deutlich »Nein«, geht zu dem Spielauto, nimmt es und versucht, es dem größeren Kind gleichzutun. Es gelingt nur bedingt, weil das Spielauto auf einer höheren Etage in einem Spielhaus liegt, die er nur erreichen kann, wenn er sich auf die Zehenspitzen stellt. In dieser Position kann er seine Balance aber nur für einen kurzen Moment halten. Er wendet sich ab und geht um ein im Sand spielendes größeres Mädchen und einen Jungen herum, den Blick immer auf die Kinder gerichtet. Der größere Junge versucht ein Gespräch mit »Mein Bruder heißt auch Nico«, dessen Faden Nico aber noch nicht aufnehmen kann.
- Nico liebt es, die Rutsche hinunterzurutschen. Er benötigt die Hilfe der Mutter, um auf das Klettergerüst zu gelangen, das mit der Rutsche verbunden ist. Nico jauchzt, während er rutscht, zeigt, unten angekommen, stolz mit dem Finger nach oben, läuft zur Mutter und lässt sich erneut nach oben helfen. Der größere Junge beobachtet die Szene, klettert an der anderen Seite hinauf, wartet oben auf Nico und lässt ihn vorbei. Jetzt dreht sich Nico, schon während er hinunterrutscht um, und zeigt, unten angekommen, wieder nach oben, diesmal auf den Jungen, der zu ihm herunterschaut. Die Mutter fragt: »Noch mal rutschen?«
- Nico rutscht ein weiteres Mal. Diesmal kommt der größere Junge direkt hinter ihm her, allerdings rückwärts. Nico ist verblüfft. Er nimmt den rechten Zeigefinger an den Mund und zeigt mit dem linken zu dem Jungen. Die Mutter fragt erneut, ob er noch einmal rutschen möchte. Der größere Junge geht langsam zur Leiter, Nico folgt ihm, sieht seine Schaufel am Boden liegen, hebt sie auf und reicht sie dem größeren Kind. Der Junge streckt Nico vorsichtig seine Hand entgegen. Nico wirkt, als würde er überlegen. Der größere Junge wendet sich achselzuckend ab und geht weg. Jetzt läuft Nico ihm mit der ausgestreckten Hand, in der er die Schaufel hält, nach, was der große Junge aber nicht mehr sieht. Dieser ist nun an der Turnstange und schaukelt dort ein paar Mal hin und her. Nico ist verblüfft, wirft seine Schaufel weg und läuft hinterher. Er streckt seine Arme zur Turnstange, kann sie aber natürlich noch nicht erreichen. Die Mutter fragt wieder: »Noch mal rutschen?«

Zu diesen drei kurzen Filmausschnitten gibt die Marte-Meo-Beraterin der Mutter einige Erläuterungen:

1. Sie weist darauf hin, dass Nico nun einen wichtigen Entwicklungsschritt gemacht hat: Andere Kinder und was sie tun und wie sie etwas tun werden für ihn wichtig und interessant. Über Beobachtung und Nachahmung kann er viel von ihnen lernen – wie man beispielsweise die Leiter zur Rutsche hochklettert, wie man alleine schaukelt, Sandburgen oder Tunnels baut, wie man miteinander spielen kann und vieles andere mehr.
2. Sie erklärt, dass Nico damit ganz selbstverständlich Dinge lernt, die ihm helfen werden, wenn er in den Kindergarten kommt, wie beispielsweise, eine Zeit lang etwas ohne seine Mutter zu tun oder zu lernen, mit anderen Kindern ein Spiel zu entwickeln.
3. Sie zeigt ihr auch anhand des Films, wann und wie sie Nico und die Kinder, die mit ihm spielen möchten, bei diesem neuen Entwicklungsschritt unterstützen kann, indem sie, wie sie es gelernt hat, die Initiativen ihres Kindes benennt und durch ihr Benennen die Kinder aufeinander bezieht. So kann sie beispielsweise sagen, wenn Nico nach oben zu dem Jungen zeigt: »Ja, schau, da ist ein großer Junge. Oh, und der kann sogar rückwärts rutschen!« Oder sie kann in dem Moment, in dem Nico dem größeren Jungen seine Schaufel entgegenhält, sagen: »Ah, du willst ihm deine Schaufel geben. – Ich glaube, Nico will mit dir spielen. Nico ist noch klein und nicht so schnell wie du. Warte ein bisschen, dann zeigt er dir, was er möchte.« Auf diese Weise unterstützt sie Nicos Spielinitiative und hilft dem älteren Kind, das jüngere zu verstehen.

Die Fähigkeit von Erwachsenen, Kinder aufeinander zu beziehen, ihre erkennbaren Absichten genauso wie ihre Reaktionsweisen zu benennen und gegebenenfalls zu erklären, ist überall dort von Bedeutung, wo mehrere Kinder lernen müssen, miteinander umzugehen, zu kooperieren, die Aufmerksamkeit der Erwachsenen oder Sachen miteinander zu teilen. Sie ist ein zentrales Hilfsmittel dafür, Kinder zu unterstützen, gruppenfähig zu werden. Damit ist dies häufig ein zentraler Arbeitspunkt nicht nur für Eltern, sondern ebenfalls für Erzieher und Erziehrinnen oder Lehrkräfte. Er verdeutlicht, wie in der Marte-Meo-Beratung Diagnostik und Intervention ineinander fließen. Die Filme von Alltagssituationen im häuslichen Bereich oder auf Spielplätzen zeigen sowohl die Momente, in denen es intuitiv gelungen ist, beispielsweise Kinder aufeinander zu beziehen, wie auch die möglichen Gelegenheiten dazu. Beide Arten von Bildsequenzen dienen dazu, mit Eltern weitere Handlungsmöglichkeiten zu entwickeln.

Zusammenfassung

Videointeraktionsanalysen von gefilmten Alltagssituationen bieten vielfache Gelegenheiten für die Verknüpfung von Diagnostik und Intervention bzw. Beratung, indem vier Informationsstränge miteinander verbunden werden:

1. Das Verhalten der Kinder weist auf ihren Entwicklungsstand und auf ihre Entwicklungsbedürfnisse hin, das heißt auf das, was sie schon gelernt haben und was sie jetzt lernen können bzw. generell noch lernen müssen.
2. Die Reaktionsweisen der Erwachsenen zeigen ihre intuitiven kommunikativen Fähigkeiten sowie ihre Möglichkeiten, Kinder in ihrer Entwicklung bewusst zu unterstützen, und sie zeigen, was sie zusätzlich entwickeln sollten.
3. Die Fragen, Anliegen und positiven Absichten von Eltern können als Hinweis auf ihr aktuelles Unterstützungsbedürfnis sowie ihre Lern-, Arbeits- oder Entwicklungsbereitschaft verstanden werden.
4. Entwicklungspsychologische Kenntnisse, Fachkenntnisse über Möglichkeiten der Förderung von Kindern mit speziellen Entwicklungsbedürfnissen (aufgrund körperlicher, seelischer, geistiger und/oder sozialer Beeinträchtigungen) sowie über ergänzende Hilfeangebote ermöglichen Marte-Meo-Beratern und Beraterinnen, ihre Klienten und Klientinnen in kleinen, konkreten Schritten zu unterstützen.

Eine gelungene Marte-Meo-Beratung verknüpft in den Reviews diese vier angeführten Informationsstränge miteinander und entwickelt sie mit jedem neuen Film und Review weiter, bis die auf der Arbeitsliste notierten wesentlichen Punkte erfolgreich bearbeitet sind und/oder die Klienten signalisieren, den Beratungsprozess beenden zu wollen. Maßstab für die Beendigung der Hilfe ist dabei nicht, was aus Sicht der Beratenden noch erarbeitet werden könnte, sondern sind die Veränderungs- und Arbeitswünsche der Eltern oder Professionellen. Am Ende des Beratungsprozesses steht eine gemeinsame Reflexion von Beratenden und Eltern über die einzelnen Arbeits- und Veränderungsschritte. Dieser gemeinsame Blick auf den Beratungsprozess und die Einschätzung der Eltern, was ihnen in welcher Weise geholfen hat, ihren Familienalltag besser zu bewältigen, können nochmals wesentliche diagnostische Informationen darüber vermitteln, mit welcher Prognose die Familie ihren Alltag in Zukunft allein meistern wird oder welche weiteren ergänzenden oder ersetzenden Hilfen dienlich sein können.

Literatur

Aarts, M. (2002): Marte Meo. Ein Handbuch. Harderwijk (Aarts Productions).

Bandura, A. (1979): Sozial-kognitive Lerntheorie. München (Klett).

Brazelton, T. B. (1995): Kleine Schritte, große Sprünge. Ein Kind wächst auf. Stuttgart (Klett-Cotta).

Bünder, P., A. Helfer u. A. Sirringhaus-Bünder (2005): Praxisbuch Marte Meo. Entwicklungsförderung mit Videounterstützung. Köln (Kölner Verein Eigenverlag)

Döpfner, M., G. Lehmkuhl, G. Heubrock u. F. Petermann (2000): Ratgeber psychische Auffälligkeiten bei Kindern und Jugendlichen. Informationen für Betroffene, Eltern, Lehrer und Erzieher. Göttingen (Hogrefe).

Dornes, M. (1993): Der kompetente Säugling. Die präverbale Entwicklung des Menschen. Frankfurt a. M. (Fischer).

Grossmann, K. u. K. E. Grossmann (2004): Bindungen. Das Gefüge psychischer Sicherheit. Stuttgart (Klett-Cotta).

Havighurst, R. J. (1948): Developmental tasks and education. New York (Longman).

Kellmer-Pringle, M. (1979): Was Kinder brauchen. Stuttgart (Klett-Cotta).

Ludewig, K. (1992): Systemische Therapie. Grundlagen klinischer Theorie und Praxis. Stuttgart (Klett-Cotta).

Minuchin, S. (1979): Familie und Familientherapie. Freiburg i. Br. (Lambertus)

Oerter, R. (2002): Entwicklungspsychologie. Weinheim (Beltz).

Øvreeide, H. a. R. Hafstad (1996): The Marte Meo Method and developmental supportive dialogues. Harderwijk (Aarts).

Papousek, M. (1994): Vom ersten Schrei zum ersten Wort: Anfänge der Sprachentwicklung in der vorsprachlichen Kommunikation. Bern (Huber).

Petermann, F., K. Niebank, u. H. Scheihauer (Hrsg.) (2000): Risiken in der frühkindlichen Entwicklung. Entwicklungspsychopathologie der ersten Lebensjahre. Göttingen (Hogrefe).

Piaget, J. (1980): Psychologie der Intelligenz. Stuttgart (Klett-Cotta).

Schlippe, A. von u. J. Schweitzer (2000): Lehrbuch der systemischen Therapie und Beratung. Göttingen (Vandenhoeck & Ruprecht).

Siegler, R. S., J. S. DeLOache u. N. Eisenberg (2005): Entwicklungspsychologie im Kindes- und Jugendalter. Heidelberg (Spektrum).

Simon, F. B. u. H. Stierlin (1984): Die Sprache der Familientherapie. Ein Vokabular. Stuttgart (Ernst Klett).

Sirringhaus-Bünder, A. u. P. Bünder (2001): Entwicklungsfördernde Dialoge. Die Nutzung von Video in der Marte-Meo-Arbeit mit problembelasteten Familien im Rahmen von Sozialpädagogischer Familienhilfe. *Sozial extra* (6): 10–16.

Stangl, W. (2006): Die Struktur von Entwicklungsaufgaben. Verfügbar unter: http://stangl'sarbeitsblaetter.at [31.7.06].

Stern, D. (1992): Die Lebenserfahrung eines Säuglings. Stuttgart (Klett-Cotta).

Teil IV: Komplexität reduzieren: Systemische Eltern- und Schulberatung

16. Elterliche Sorgen lindern: Sprechchöre und Zeitlinienreisen in der Elternberatung

Jochen Schweitzer-Rothers

Zum Elternsein gehört es zwangsläufig, sich um die eigenen Kinder zu sorgen. Bis zu einer gewissen »Sorgendosis« ist dies evolutionär sinnvoll, weil es Engagement und Leistungsbereitschaft der Eltern für ihre Kinder stärkt. In gesteigerter Form zeigt sich elterliches Sorgen rückwärtsgewandt als Selbstvorwurf (»Ich habe in der Erziehung meines Kindes manches falsch gemacht«), vorwärtsgewandt als Angst um die Zukunftschancen des Kindes (»Ich fürchte, mein Kind wird die Herausforderungen und Gefahren der Zukunft nicht meistern können«). Jenseits einer evolutionär sinnvollen Sorgendosis erschwert elterliches Sorgen beiden Seiten – Eltern wie Kindern – das Leben: Es verunsichert, belastet, raubt Energie, stiehlt Selbstvertrauen. Solche übermäßige elterliche Besorgtheit lässt sich durch zwei psychotherapeutische Arbeitsweisen gut lindern, die sich in meiner Praxis sehr bewährt haben.

Die Sprechchortechnik: Elterliche Selbstzweifel in Zweifel ziehen

Die Sprechchortechnik habe ich selbst um 1992 entwickelt (vgl. Schweitzer 1997, 2005, 2006). Sie kombiniert systemische Therapietechniken wie die zirkulären Verschlimmerungsfragen, die Externalisierung und das Splitting (zum Überblick von Schlippe u. Schweitzer 1996) mit den rhythmischen und sprechmelodischen Möglichkeiten des Sprechchorgesanges.

Immer wenn Menschen, ein Paar, eine Familie ihr Handeln an »Sätzen« ausrichten (an Überzeugungen, an Glaubenssystemen, an Ideen), mit denen sie sich selbst beschuldigen oder anklagen, und wenn diese Sätze emotional hoch besetzt sind und wenn die Menschen sich damit vermehrt mutlos, resigniert oder ängstlich machen, dann können sie mit der Sprechchortechnik diese »Sätze« in mehreren

Schritten so lange »externalisieren« und mit ihnen neue Erfahrungen machen, bis die in den Sätzen ausgedrückten Einstellungen gründlich infrage gestellt, neue, lösungsorientierte Ideen entstanden und die damit verbundenen belastenden Emotionen in Bewegung geraten sind. Dieses Vorgehen eignet sich daher bei Selbstwertzweifeln, Selbstüberlastung, Burnout sowie angstgetragenen Selbsteinschränkungen. Sie verändern allerdings nichts an aggressiven, andere beschuldigenden Sätzen (»Mein Chef ist ein Idiot«). Sie sind auch zunächst »nur« emotionale Interventionen; auf der Handlungsebene verändert sich mit dieser Übung noch gar nichts.

Sprechchöre laufen in einem Workshop ungefähr so ab:

1. Alle Teilnehmer notieren individuell auf einem Zettel ihre Antworten auf die folgenden Fragen: »(1) Was finde ich an meiner Situation als Mutter oder Vater am schlechtesten? (2) Wer ist schuld daran? (3) Wie viel/Wie wenig kann ich daran verändern? (4a) Was könnte ich zu mir sagen, damit es noch schlimmer wird? (4b) Was könnte ich tun, damit es noch schlimmer wird? (5a) Was könnte ich zu mir sagen, damit es besser wird? (5b) Was könnte ich tun, damit es besser wird?«

2. In kleinen Gruppen von drei bis vier Teilnehmern tauschen diese sich über ihre Antworten aus.

3. Es werden zwei große Sprechchöre gegründet. Der »Problemchor« intoniert einige »Problemtrancesätze«, danach der »Lösungschor« einige der »Lösungstrancesätze«. Die Chöre singen für jeweils einen Teilnehmer (»Zuhörer«) dessen Satz. Dieser stellt sich mit dem »Dirigenten« (Therapeuten, Berater) vor den Chor und lässt sich »seinen« Satz vorsingen oder vorsprechen.

4. »Problemtrancesätze« müssen so lange wiederholt gesungen werden, bis sich bei dem »Zuhörer« neue Reaktionen einstellen. Das können Ärger auf sich selbst (»Warum quäle ich mich mit so einem Satz?«), differenzierende Ideen (»Das stimmt nicht immer!«), Neubewertungen des Glaubenssatzes (»Es ist viel gesünder, nicht immer an der Spitze zu stehen«), neue Handlungsideen (»Ich würde gerne etwas Neues probieren«) oder neue Haltungsideen sein (»Probier's mal mit Gemütlichkeit!«). Chor und Dirigent wiederholen dabei den jeweiligen Satz so lange, bis sich beim Zuhörer neue Impulse einstellen. Die neuen Impulse werden als neuer Satz formuliert und im Chor eingeführt. Die Mehrheit der Sänger singt den alten Satz weiter, eine

Minderheit im Wechsel dazu den neuen. In einem »Sängerwettstreit« treten diese Sätze gegeneinander an. Beim Zuhörer entstehen dann oft dritte (später vierte, fünfte ...) Ideen, die als jeweils neue Stimme von immer differenzierter werdenden Teilchören vorgetragen, in das Konzert integriert werden. Der Prozess endet, wenn der Zuhörer den Eindruck gewonnen hat, das inzwischen stark veränderte Konzert gebe ihm Kraft, Energie oder zumindest Ruhe, statt ihn herunterzuziehen.

5. Lösungstrancesätze hingegen werden kürzer intoniert. Ihr Hören stellt eine »Feierstunde« dar. Zu lange und zu oft heruntergebetet, verlieren sie ihre Wirkung. Wenn der Zuhörer ein »inneres Tonband aufgenommen« hat, das er mit nach Hause nimmt, hört der Chor auf.

6. Die Übung wird nachbesprochen. Es werden Hausaufgaben gegeben im Sinne einer »geistigen Gymnastik«: sich einmal pro Tag drei Minuten (nicht länger!) erst die Problemtrancesätze, dann die Lösungstrancesätze individuell immer wieder aufzusagen. In der Durchführung erreicht dies meist schnell eine absurde Qualität und wirkt als paradoxe Intervention.

Beim *Coaching-für-Eltern*-Kongress 2005 hat eine junge Mutter diese Übung in einer Großgruppe unter meiner Leitung gemacht; ihre Erfahrungen dabei hat sie, von Beruf Journalistin, selbst eindrucksvoll beschrieben. Auszug (Mähler 2006):

> »Dreißig Leute stehen vor mir, als Chor aufgebaut, und skandieren: ›Du bist eine verdammt schlechte Mutter! Du bist eine verdammt schlechte Mutter!‹ Immer wieder, dabei werden sie dirigiert von einem Professor. Er stoppt den Chor, wendet sich an mich: ›Wie geht es Ihnen dabei?‹ – ›In meinem Kopf läuft ein ganzer Film ab: Meine sich streitenden Kinder am Frühstückstisch, all die anderen Haushalte, in denen das nicht passiert, die anderen Mütter, die sich den Mund darüber zerreißen, wie es in meiner Familie zugeht, die Lehrer, die das ein oder andere Mal von meinen ganz und gar nicht braven Jungs berichten, und dann all die Supermütter ...‹ Professor Jochen Schweitzer teilt den Chor, jetzt singt ein Teil: ›Du bist eine verdammt schlechte Mutter!‹, die zweite Gruppe: ›Ein Film läuft ab!‹, die dritte: ›Wir sind die guten Mütter!‹ Wieder wartet der Chorleiter eine Weile, bis ich ihm ein Zeichen gebe. Stopp. Wieder die Frage: ›Wie geht es Ihnen jetzt?‹ – ›Mir fallen all die Supermütter ein, die den ganzen Tag kochen und backen. Alles Dinge, die ich zwar auch tue, aber eben nicht nur und auch nicht immer gern.‹ Erneut

> beginnt der Chor, nun in vier Teilen: ›Du bist eine verdammt schlechte Mutter! Ein Film läuft ab! Wir sind die guten Mütter! Wir backen und kochen den ganzen Tag!‹ Es regt sich Widerstand in mir: ›Wo ist der Ausknopf?‹, kommt als Frage. Und dass ich die allzeit backenden Mütter lächerlich finde. Der Chor baut in der Folge all meine Gedanken ein, vom Ausstellen des Knopfes bis hin zu einigen Müttern, die durchaus helfen könnten. Partienweise verändert sich der Sprechgesang der einzelnen Gruppen, bis er kurz vor dem Ende bei einem Unisono ankommt: ›Wir helfen dir!‹ In mir macht sich Entspannung breit, ein Gefühl wie ›Puh, geschafft!‹. Und genau das ›Puh!‹ lässt der Chorleiter nun alle sagen.«

In Workshops mit psychisch so stabilen Menschen wie dieser jungen Frau zeigen sich Entlastungseffekte der Sprechchortechnik meist sehr schnell. Man kann sie aber auch in Familientherapien mit stark belasteten Eltern erleben, nur dauert es da oft ein wenig länger.

> Ein siebenjähriges Mädchen hat sich ein Dreivierteljahr lang erfolgreich geweigert, das erste Schuljahr zu besuchen. Sie hat großen Einfluss auf das Leben ihrer Eltern bekommen: Einer von beiden muss mit ihr immer zu Hause sein, sodass die Eltern seit ihrer Geburt noch nie einen Abend zu zweit ohne sie ausgegangen waren. In einer durch das Gesundheitsamt initiierten Familienberatung gelingt nach vier Sitzungen zwischen April und September und erneuter Einschulung in die erste Klasse schließlich doch ein regelmäßiger Schulbesuch, der sich langfristig stabilisiert. Allerdings sind die Eltern nun in einem sehr generellen Sinne hinsichtlich ihrer Erziehungskompetenz verunsichert. In einer Sprechchorarbeit erkunde ich als Erstes mit jedem der beiden Eltern (nacheinander): »Wenn Sie sich selbst als Eltern noch mehr verunsichern wollten, als sie es jetzt schon sind – was könnten Sie dazu zu sich selbst sagen?« Allmählich fallen den Eltern dazu Sätze ein, die ich für sie protokolliere: »Ich habe alles falsch gemacht«, »Wir sind die einzigen Eltern, denen so etwas passiert«, »Schon ein Jahr futsch« und viele mehr. Mit jedem der Eltern werden diese Sätze nach ihrer »Fähigkeit, Sie richtig runterzuziehen« in eine Rangreihe gebracht. Jedem der beiden Eltern wird nun ihr potentester Verunsicherungssatz von einem Sprechchor vorgesungen, der aus dem anderen Elternteil, den beiden Kindern und mir als Therapeuten besteht.
>
> Mutters stärkster Satz lautet: »Ich habe alles falsch gemacht.« Diesen singen wir zunächst zu viert (Vater, zehnjähriger älterer Bruder, siebenjähriges Mädchen, Therapeut). Mutter reagiert anfangs erschrocken. Nach einigen Wiederholungen von »Ich habe alles falsch gemacht« sagt sie plötzlich: »Aber nicht alles!« Diesen neuen Satz greifen wir auf: Vater bzw. Ehemann, Sohn und ich singen gemeinsam weiter,

kräftig, vorwiegend tief und etwas bedrohlich: »Ich habe alles falsch gemacht.« Die siebenjährige Tochter hingegen, selbst wichtigster Auslöser dieser Verunsicherung, spricht nun mit kindlicher glockenheller Stimme mehrfach im Wechsel mit dem Hauptchor den Satz: »Aber nicht alles!«

Plötzlich geht ein Strahlen über Mutters Gesicht. Alle – und besonders sie selbst – sind zutiefst angerührt von diesem »Freispruch«, gerade weil er vom vermeintlichen »Opfer ihrer Fehler« ausgesprochen wird.

Die Zeitlinienreise: Elterliche Zukunftsängste überprüfen

Die psychotherapeutische Technik der Zeitlinie stammt in ihren Ursprüngen vermutlich aus dem Psychodrama und ist von NLP-Vertretern (Dilts 1993), Hypnotherapeuten (Nemetschek 2002) und systemischen Therapeuten (Schindler 1995; Grabbe 2003) in unterschiedliche Richtungen weiterentwickelt worden. Ich selbst nutze diese Arbeitsweise in der Elternberatung zur Überprüfung elterlicher Zukunftsängste. Ich gehe dabei von folgenden Annahmen aus:

1. »Alles, was schief gehen könnte, kann auch wirklich schief gehen«: Man sollte alle Zukunftsängste als Möglichkeit ernst nehmen und sie nicht mit billiger Ermunterung sedieren (»Das wird schon«) oder gar für neurotisch erklären (»Sie bilden sich das nur ein«), sondern die befürchteten Prozesse bewusst genau anschauen.

2. »Die Apokalypse ist immer nur das Vorletzte – nach jeder Katastrophe geht irgendetwas weiter«: Wenn man die gefürchtete künftige Situation nicht nur genau anschaut, sondern zur gefürchteten Katastrophe voranschreitet, steigert dies oft das Zutrauen, selbst eine solche Katastrophe überstehen zu können.

3. »Was ich in der Vorstellung schon einmal erfolgreich bewältigt habe, kann ich auch in der Realität angstfreier angehen«: Das symbolische Durchwandern möglicher Zukunftsentwicklungen, das »schon einmal in der Zukunft gewesen sein« hilft, manche Befürchtungen schrumpfen zu lassen, und lässt andere so klar sichtbar werden, dass man sie eventuell »umschiffen« oder »ihnen aus dem Weg gehen« oder sie auf andere Weise vermeiden kann.

Wie macht man das praktisch? Ich vereinbare mit Eltern, sich auf dem Fußboden des Beratungszimmers eine Linie zu denken, die aus der Vergangenheit in die Zukunft verläuft. Wir definieren einen Punkt auf dieser Linie als »Jetztzeitpunkt« und stellen uns gemeinsam an diese

Stelle, den Blick in die Zukunft gerichtet. Zunächst frage ich kurz, welche Stimmungen bei diesem Blick in die Zukunft aufkommen. Wir definieren dann die Angst machenden Zukunftsereignisse und legen fest, wo auf der Zeitlinie sie sich denn ereignen würden. Dann gehen wir in langsamen Schritten (z. B. Monat für Monat oder Jahr für Jahr) diesem Angstereignis langsam entgegen, vergewissern uns der Zwischenschritte und stehen schließlich »direkt davor«.

Nun – und das ist entscheidend – bleiben wir aber nicht stehen, sondern »gehen weiter«: in das Angstereignis hinein und durch es hindurch, auch durch sein Ende hindurch, um schließlich aus angemessenem Abstand (z. B. mehrere Monate oder Jahre später) darauf zurückzuschauen. Wieder frage ich: »Wie fühlt es sich an, das nun hinter sich gebracht zu haben?« Nun werden oft sehr veränderte Wahrnehmungen berichtet: »Es war nicht so schlimm wie befürchtet«, oder: »Ich habe es gut durchgestanden«, oder: »Ich habe im langsamen Herangehen an diese Situation viele Lösungsideen entwickelt, die ich gut einsetzen konnte.«

Mit diesen Erfahrungen »im Gepäck« gehen wir schließlich an den Ausgangspunkt (in die »Jetztzeit«) zurück. Dort frage ich, ob diese Zeitlinienreise zu neuen Ideen angeregt hat, die vorher noch nicht da waren. Oft wird nun gesagt: »Ich wurde zuversichtlich, dass mein Kind aus dieser Krise langfristig wieder heil herauskommen wird«, oder: »Ich kann meinem Kind doch mehr helfen als gedacht.«

Im Workshop auf dem Heidelberger *Coaching-für-Eltern*-Kongress durchwandert eine Mutter ihre Sorgen um die aktuelle Studienwahl ihrer Tochter. Bettina Mähler (2006) hat deren Zeitlinienreise, bei der ich diese andere Mutter begleitete, wiederum anschaulich nachgezeichnet:

> »Eine Mutter steht mit dem Rücken etwa einen Meter vor einer Wand des Raumes, vor ihr ist viel Platz – ein langer Weg zum anderen Ende. Mitten auf diesem Weg steht ein Stuhl. Alle Zuschauer sowie die Mutter werden aufgefordert, sich eine Zeitlinie vorzustellen. Von der Wand hinter der Frau, die die Vergangenheit darstellt, zur Gegenwart, das ist die Position der Mutter, bis zu einem in der Zukunft stattfindenden unangenehmen Ereignis, symbolisiert durch den Stuhl, bis zur anderen Wand, der Zukunft nach diesem Ereignis. Die Mutter schildert die Situation, vor der sie Angst hat: Die Tochter hat sich auf einen Studienplatz beworben, Psychologie, in einer ganz bestimmten Stadt. Nur dort wird sie studieren, und sie will auf jeden Fall zusammen mit einer

Freundin, mit der sie eine Wohnung teilen wird, zusammen dorthin gehen. Jochen Schweitzer nimmt die Mutter am Arm, geht ein Stück vor: ›Es ist jetzt Ende Februar, wie geht es Ihrer Tochter jetzt?‹ – ›Sie bewirbt sich auf den Studienplatz, aber an sich ist das noch weit weg, jetzt denkt sie ans Abitur.‹ Beide gehen einen Monat weiter: ›Es ist jetzt Ende März, was macht Ihre Tochter jetzt?‹ – ›Sie beginnt, sich intensiv auf das Abitur vorzubereiten.‹ Und Ende April? ›Sie paukt und freut sich auf den Abschlussball.‹ Im Mai dann überwiegt die große Freude über das gelungene Abitur, doch die Tochter beginnt schon, sich Gedanken über die Wohnungseinrichtung zu machen. Im Juni will sie dann eine Wohnung suchen. Im Juli passiert die große Enttäuschung: Sie wird abgelehnt. Im August überlegt sie, dass die Journalistenschule in Hamburg vielleicht doch eine gute Alternative wäre. Dort bewirbt sie sich und wird tatsächlich genommen. Im Oktober fängt sie dort an, alles ist neu, spannender und interessanter als erwartet. Drei Monate später fühlt sie sich wohl. Jochen Schweitzer geht aber noch weiter: Er fragt nach einem Jahr später und auch nach dem Ende des Studiums. Der Tochter geht es gut, sie will nicht mehr Psychologie studieren, bedauert es noch ein bisschen, ist aber weitgehend zufrieden. Nun stellen sich die beiden noch einmal an den Ausgangspunkt der gedanklichen Zeitreise. Die Mutter überlegt: Nun, da sie das Szenario einmal durchgespielt hat, erscheint es nicht mehr so bedrohlich. Und: Die Tochter würde sich mit dem dadurch erworbenen Wissen gleich im Februar um einen Studienplatz für Psychologie und einen für Journalistik bewerben. So hat sie auf jeden Fall zwei Alternativen.«

Deutlich dramatischer stellen sich die Sorgen eines Vaters dar, der in einer individuellen Elternberatung bei mir als mögliche Zukunftsperspektive seiner Tochter Prostitution und Drogen befürchtet.

Der Vater einer 19-jährigen Tochter, ein Akademiker in wichtiger Position, dem aber anarchische Impulse zumindest innerlich nicht fremd sind, fürchtet bezüglich dieser Tochter, sie könne in der ländlichen Region, in der sie leben, mit ihren starken sexuellen Interessen allzu promiskuös werden und angesichts der Szene, in der sie sich derzeit gerne aufhalte, langfristig in der Prostitution oder in der Drogenszene oder in beidem landen. Ich frage ihn, in welchem Alter sie dort landen werde, und er tippt auf »22«. Wir wandern durch ihr 22. Lebensjahr hindurch, und der Vater fantasiert dort seine Befürchtungen als erfüllt. Im Weiterwandern durch die Jahre Mitte 20 erinnert er sich aber an ihre Fähigkeit, Gefahrenmomente gut einzuschätzen und riskanten Situationen wieder zu entkommen. Mit spätestens 24 sieht er sie dieser Szene erfolgreich wieder entronnen und wieder in besserem Kontakt mit ihm als Vater. Schließlich müssen wir beide laut lachen, als er auf meine Frage nach seiner schwärzesten Fantasie über ihr Leben mit 30 Jahren sagt: »Dann hat sie einen dieser Bauerntölpel in der Umgebung geheiratet, hat mit diesem zwei Kinder und führt ein spießbürgerlich-langweiliges Leben.«

Ich lerne diese Tochter dann zwei Jahre später persönlich kennen und höre, dass sie eine gute Entwicklung genommen habe – mit weiterhin großer Popularität bei jungen Männern, aber weder als Prostituierte tätig noch drogengefährdet, sondern »Party und Studium« geschickt miteinander verbindend.

Elterliche Sorgenlinderung geschieht natürlich auch ohne therapeutisches Setting

Die geschilderten Vorgehensweisen können Eltern natürlich auch ohne Therapeuten für sich selbst nutzen (wenn auch ein »Begleiter« dabei hilft, sich auf diesen Prozess zu konzentrieren). Man kann sie aber in ruhigen Räumen oder in ruhiger Natur mit kleineren Abwandlungen auch ohne therapeutische Begleitung im »Selbstversuch« nutzen. Viel elterliche Sorgenlinderung geschieht darüber hinaus ohne irgendwelche Therapiemethoden im Gespräch mit anderen Eltern – beim Bemerken, dass andere Eltern sich sehr ähnliche Sorgen machen – oder beim Lernen von den eigenen Eltern oder von Freunden mit älteren Kindern.

Literatur

Dilts, R. (1993): Die Veränderung von Glaubenssystemen. Junfermann (Paderborn).

Grabbe, M. (2003): Time-Line in der Krisenintervention. Der »Ressourcen-Orientierte-Lösungs-Fokussierte Schritt«. *Psychotherapie im Dialog* 4 (4): 376–379.

Holtz, K. L., S. Mrochen, P. Nemetschek u. B. Trenkle (Hrsg.) (2002): Neugierig aufs Großwerden. Heidelberg (Carl-Auer).

Mähler, B. (2006): Eltern-Burnout. Reinbek (Rowohlt).

Moreno, J. L. (1993): Gruppenpsychotherapie und Psychodrama. Stuttgart/New York (Thieme).

Nemetschek, P. (2002): Wenn ich mal groß bin. Alltagstrance und familientherapeutisches Arbeiten mit Kindern und Eltern. In: K. L. Holtz, S. Mrochen, P. Nemetschek u. B. Trenkle (Hrsg.) (2002): Neugierig aufs Großwerden. Heidelberg (Carl-Auer), S. 114–172.

Schindler, H. (1995): Die Zeitlinie. Eine Möglichkeit zur erlebnisintensiven systemischen Therapie mit Einzelklientinnen. Systhema 9 (1): 53–60.

Schlippe, A. von u. J. Schweitzer (1996): Lehrbuch der systemischen Therapie und Beratung. Göttingen (Vandenhoeck & Ruprecht).
Schweitzer, J. (1997): Wie dekonstruiere ich meinen Job? Pflegedokumentation 50 (8): 7–8.
Schweitzer, J. (2005): Organisationen systemisch in Schwung bringen: Einige kreative, handlungsorientierte Methoden. Kontext 36 (4): 324–340.
Schweitzer, J. (2006): Sprechchor. In: S. Fliegel, A. Kämmerer (Hrsg.): Psychotherapeutische Schätze. Tübingen (DGVT-Verlag), S. 183–185.

17. Familienstellen als eine Form des Elterncoachings

Ulrike Eisentraut und Gunthard Weber

Familiengeschichte(n)

Aller Familien Anfang ist überraschend und ungewohnt

Über dem Beginn ihrer Familien liegt für viele Eltern ein besonderer Zauber. Sie erinnern sich noch an das erste Herzklopfen ihres Ungeborenen, das im Ultraschall sichtbar wurde. Mit vielen guten Vorsätzen, Lebensplanungen und manchmal bangem Herzklopfen haben sie die Schwangerschaft begleitet. Voll Dankbarkeit und Glück hielten sie endlich das frisch geborene Kind in ihren Armen.

Kann solch ein Glück verloren gehen?

Bereits die ersten Bauchkrämpfe können genügen, das Glück vorübergehend aus den Augen zu verlieren, und Eltern und Kinder können auf vielerlei Weise plötzlich oder allmählich Interaktionsmuster oder Symptomatiken ausbilden, die zu vorübergehenden oder auch lang andauernden Herausforderungen werden. Ein neugeborenes Kind braucht fast rund um die Uhr Aufmerksamkeit. Es nimmt keine Rücksicht auf das Bedürfnis der jungen Eltern nach geregeltem Schlaf und ruhigen Mahlzeiten. Selbst die Eltern, die es gewohnt sind, im Beruf viel zu leisten, erleben schon hier manchmal die Grenzen ihrer Belastbarkeit.

Vieles sortiert sich wieder mit der Zeit oder nach einigem Abstand. Alle haben dann vielleicht ihren Platz in der neuen Familiegemeinschaft gefunden, und das Leben fühlt sich wieder vertraut und »in Ordnung« an.

Entwicklung zwischen Bindung und Lösung

Menschen, die sich an eine glückliche Kindheit erinnern, nennen als wichtigste Erfahrung, dass sie sich als Kind von ihren Eltern gesehen und angenommen fühlten.

Junge Eltern halten ihr Baby intuitiv in einem Abstand von ca. 40 cm von sich entfernt, um es zu betrachten. Es ist genau der Abstand, in dem sie es am besten sehen können. Auch das Baby kann aus diesem Abstand heraus seine Eltern am leichtesten erkennen lernen. Sehen und gesehen werden, verbunden mit körperlichem Wohlempfinden in einer emotional positiven Situation, sind gute Voraussetzungen für eine sichere Bindung.

Mit dem Aufbau einer vertrauensvollen Beziehung zwischen Eltern und Kind wird einerseits Bindung ermöglicht und paradoxerweise gleichzeitig auch Ablösung und neugierige Eroberung der Welt gefördert. Es ist gerade die Erfahrung einer sicheren Bindung, die im weiteren Leben Mut macht, loszulassen und sich abzulösen und damit auch zur Entwicklung in die Selbstständigkeit und Eigenverantwortlichkeit zu finden.

Es gibt viele Meilensteine im Familienleben, die die Entwicklung einer zunehmenden Ablösung markieren. Geburt, erstes Krabbeln, erste Schritte, Kindergarten, Einschulung, Pubertät, der Führerschein, Berufausbildung, erste Wohnung, eigene Familie und vieles mehr machen deutlich, dass Leben ein fortwährender Entwicklungs- und Lösungsprozess ist.

Wir können hier nicht einmal andeutungsweise all die Erziehungsherausforderungen für Eltern aufzählen, die Ihnen aus unterschiedlichsten Gründen im Zusammenleben mit ihren Kindern gestellt werden können.

Je kleiner Kinder sind, desto mehr brauchen sie Aufmerksamkeit, Versorgung, Schutz und Erziehung. Heranwachsende Kinder hingegen wollen gesehen, aber immer weniger kontrolliert und durch Reglementierungen eingeengt werden. Sie brauchen neben Halt gebendem Verhalten vor allem Ermutigungen, sich etwas zuzutrauen und zunehmend Eigenverantwortung zu übernehmen. Sie gut im Blick zu haben bedeutet eher, ihnen mit innerer Aufmerksamkeit zu begegnen.

Erwachsene Kinder fühlen sich gut gesehen, wenn Eltern innerlich hinter ihnen stehen und ihre Entwicklung aus feinfühligem Abstand wohlwollend begleiten und unterstützen. So haben sie Freiraum zur individuellen Gestaltung ihres Lebens und erleben die Verbundenheit mit ihren Eltern als wohltuend. Helm Stierlin (1989) hat diese Entwicklung mit dem Begriff »bezogene Individuation« beschrieben (siehe auch unten).

Kinder brauchen Aufmerksamkeit – aber Eltern auch

Eltern sind nicht nur Vater oder Mutter, sie sind (Ehe-)Partner, sie sind als Sohn, Tochter und Geschwister mit ihren Eltern und der Ursprungsfamilie verbunden, und sie leben eingebettet in spezifischen gesellschaftlichen und beruflichen Zusammenhängen. All das beeinflusst, prägt und fordert sie. Die Gründung und das Wachsen einer Familie fallen zeitlich häufig mit einer zunehmenden Beanspruchung durch die Berufstätigkeit zusammen. Eltern gebührt deshalb vor allem erst einmal Anerkennung für ihren Einsatz. Zu uns kommen Eltern, die die Beziehungen in ihren Familien als problematisch und wie festgefahren erleben. Ihre Kinder beschreiben sie häufig als auffällig und schwierig, und sie fühlen sich ratlos und überfordert. Gleichzeitig sind sie jedoch motiviert, zu hilfreichen Veränderungen beizutragen, suchen nach Lösungen und haben sich oft schon lange vergeblich darum bemüht.

Familienaufstellungen als Elterncoaching

In ihrem Buch *Autorität durch Beziehung* (2004) nennen Haim Omer und Arist von Schlippe als wichtige Anliegen des Elterncoachings:

- Verbesserung der Rahmenbedingungen für Beziehungen in der Familie
- Eröffnung neuer Handlungsspielräume
- Stärkung der Selbstorganisationsdynamik der Eltern-Kind-Beziehung
- gute, wertschätzende Beschreibungen für alle Familienmitglieder.

In diesem Beitrag wollen wir darlegen, wie wir in der Aufstellungsarbeit für Eltern und ihre Kinder auf unterschiedliche Weise ähnliche Ziele anstreben.

Anliegen

Auch wenn wir beide bisher keine Familienaufstellungs-Seminare ausschließlich zu dem Thema Erziehungsherausforderungen angeboten haben, ist das häufigste Anliegen unserer TeilnehmerInnen, bessere Rahmenbedingungen für gute Beziehungen in ihrer Familie zu finden. Viele von ihnen sind Mütter und Väter. Einige melden sich an, weil ihnen Beziehungs- bzw. Erziehungsschwierigkeiten oder Symptombildungen ihrer Kinder ernste Sorgen machen. Andere kommen, weil sie als Kind keinen guten Platz in ihrer Ursprungsfamilie gefunden hatten. Sie spüren, dass belastende Beziehungen, insbesondere zu den eigenen Eltern, viel Kraft und innere Aufmerksamkeit kosten, die für die Gegenwartsfamilie fehlen. So erfahren die TeilnehmerInnen aus unterschiedlichen Perspektiven, was hilfreich dabei sein kann, Eltern-Kind-Beziehungen zu verbessern.

Voraussetzungen

Die Seminare mit etwa zwölf bis 20 TeilnehmerInnen dauern zwei bis vier Tage. Gute Arbeit mit Familienaufstellungen ist möglich, wenn es gelingt, in der Seminargruppe eine wohlwollende und unterstützende Atmosphäre zu schaffen, in der jedem so zugestimmt wird, wie er ist. Nur in einem solchen Klima wagen es die Beteiligten, ihre inneren Bilder mutig preiszugeben und sich zu öffnen.

Aufstellungen

Die TeilnehmerInnen wählen aus der Gruppe StellvertreterInnen für die Mitglieder ihrer Familie. Welche und wie viele ausgewählt werden, richtet sich nach dem Anliegen, mit dem die Eltern zum Seminar kommen. Sie stellen die ausgewählten Repräsentanten der Familienmitglieder nacheinander gesammelt und ganz ihrem Gefühl folgend zueinander im Raum auf. Wichtig sind der genaue Platz, der Abstand zueinander und die Blickrichtung. So entsteht vor den Augen aller Anwesenden in kürzester Zeit ein räumliches Abbild ihres Beziehungssystems, vergleichbar mit der Landkarte einer Landschaft.

Inneres Beziehungsbild

Allein dieses aufgestellte Bild gibt schon enorm viele Hinweise darauf, wie die Familienbeziehungen zueinander erlebt werden. So kann man zum Beispiel sehen, dass ein Elternteil an seinem Platz ein Kind gar nicht oder kaum sieht oder dass die Eltern weit voneinander entfernt stehen und in unterschiedliche Richtungen schauen. Man kann Enge oder Isoliertsein förmlich mitfühlen, wenn die Familienmitglieder sehr eng beieinander oder weit voneinander entfernt, verstreut im Raum, stehen. Manchmal sieht man auch, dass ein Elternteil eine engere Beziehung zu seiner Herkunfts- als zu seiner Gegenwartsfamilie hat.

Rückmeldungen der Stellvertreter

Noch viel spannender wird es aber, wenn wir die Stellvertreter nach ihren Empfindungen an den ihnen zugewiesenen Plätzen fragen. Es ist aufschlussreich und faszinierend und bisher noch nicht ausreichend erklärbar, dass in dieser Art des räumlichen Erlebens die Stellvertreter meist erstaunlich zutreffende und bis zu diesem Zeitpunkt noch nicht ausgesprochene detaillierte Hinweise zu relevanten Beziehungsvorgängen und Ereignissen in der Familie geben.

An-gesehene Plätze

Anschließend bitten wir die einzelnen Stellvertreter, Beziehungsplätze zu suchen oder auszuprobieren, an denen sie sich zugehörig und gleichzeitig frei fühlen, Individuelles zu entwickeln. So entsteht oft ein Beziehungsbild, in dem sich die Stellvertreter der Familienmitglieder wesentlich wohler fühlen als im Anfangsbild. Meist haben sie Plätze, an denen sie sich gut an-gesehen fühlen und die anderen gut ansehen können. Sie haben auf unterschiedlichen Beziehungsebenen gleichzeitig eine angemessene Position gefunden.

Von der Außenperspektive zur Innenperspektive

Die TeilnehmerInnen sehen während ihrer eigenen Aufstellung über lange Zeit ihre Familie wie aus einer Außenperspektive. Dieser Blick aus guter Distanz ist für sie erstaunlich aufschlussreich und hilfreich. Spätestens am Ende des Aufstellungsprozesses bieten wir den TeilnehmerInnen dann an, selbst an ihren Platz zu treten. So können sie auszuprobieren, ob sie sich an ihrem neuen Platz in Beziehung zu den anderen Familienmitgliedern wohler fühlen als bisher. Auch können sie nachspüren, ob sich ihnen neue Handlungsspielräume zur Gestaltung ihrer Beziehungen eröffnen. Manchmal wird dann deutlich, dass noch klärende Prozesse in bestimmten Beziehungen wichtig sind. Wir stellen sie dann diesen Familienmitgliedern gegenüber. Wir unterstützen sie nach erlittenen Verletzungen und Misshandlungen dabei, Sätze zu finden, die, wenn sie den Gegenüberstehenden gesagt werden, lösend und auch in guter Weise abgrenzend wirken können. Bei bisher angemaßter Abwertung von Eltern, Partnern oder anderen wichtigen Familienmitgliedern kann es wichtig sein, achtungsvolle, gute Beschreibungen für sie zu finden und einen versöhnlichen Prozess durch Gesten zu unterstützen.

Bild der Möglichkeiten

Am Ende einer Aufstellung steht ein Bild, in dem die Teilnehmer eine neue Position eingenommen haben. Dadurch ergeben sich neue

Optionen für die Gestaltung der Beziehungen in der Familie. Die Teilnehmer können sich, wann immer sie wollen, dieses Bild und die damit verbundenen emotionalen und körperlichen Befindlichkeiten in Erinnerung rufen. Wenn sie dem Bild Bedeutung geben, kann es sie ermutigen, neue Positionen im Alltag auszuprobieren. Das führt nach einer Weile oft zu erstaunlichen Verhaltens- und Beziehungsveränderungen sowohl bei den Eltern als auch bei den Kindern.

Fokussierungen und Lösungsimpulse zur Stärkung der Selbstorganisationsdynamik der Eltern-Kind-Beziehung

Förderung guter Beziehungen

Die häufigsten Themen in Aufstellungen der Gegenwartsfamilie sind Probleme mit den Kindern oder in der Partnerschaft, nicht selten ist beides miteinander verknüpft. Die Bedürfnisse der Kinder konkurrieren mit denen der Partnerschaft und den eigenen Wünschen manchmal so stark, dass sie nicht miteinander vereinbar zu sein scheinen. Familienaufstellungen können Eltern ein gutes Gefühl für eine Position vermitteln, die es eher ermöglicht, sich selbst und seine Bedürfnisse, den Partner bzw. die Partnerin und die Kinder wahrzunehmen. Dies fördert die Beziehungen in der Familie.

Als Paar getrennt – als Eltern verbunden

In Trennungssituationen können Familienaufstellungen helfen, einen guten Platz für die Kinder zu finden. Sie vermitteln ein gutes Gespür dafür, dass Eltern immer gemeinsam Eltern ihrer Kinder bleiben, auch wenn sie sich als Paar trennen. In komplexeren Familiensystemen hilft es, Kindern einen guten Platz zu geben, wenn es gelingt, zwischen Eltern- und Paarebene zu trennen und familiäre Zugehörigkeit und soziale Verantwortung zu unterscheiden. Gerade hier ermöglicht die Außensicht auf ein räumliches Bild neue Perspektiven.

Die Gegenwartsfamilie – ein Aufstellungsbeispiel

Eine Mutter hat seit der Scheidung vor sieben Jahren die Hauptverantwortung für ihren zwölfjährigen Sohn. Sie ist sehr engagiert und möchte, dass es ihrem Sohn gut geht, dafür stellt sie manche eigenen Bedürfnisse zurück. Doch je mehr sie für ihn tut, desto fordernder und abwertender zeigt er sich gegenüber seiner Mutter. Sie sucht nach einer besseren Position in dem eskalierenden Konflikt.

In der Aufstellung stellt die Mutter die Stellvertreter ihres Sohnes, ihres geschiedenen Mannes und für sich selbst weit auseinander, wie an die Eckpunkte eines Dreiecks. Der Vater steht nach außen gewandt, die Mutter steht dem Sohn relativ zugewandt gegenüber, aber sie schaut an ihm vorbei in Richtung Vater. Der Sohn schaut auf beide Eltern. Er fühlt sich an seinem Platz nicht wohl. Vergeblich probiert er, zwischen seinen Eltern hin und her pendelnd, unterschiedliche Positionen aus. Er findet keinen guten Platz. Als der Vater sich umdreht und sich seiner geschiedenen Frau gegenüberstellt, spürt diese eine schmerzliche Traurigkeit und Sehnsucht, die sie noch mit ihrem geschiedenen Mann verbindet.

An dieser Stelle nimmt die Mutter selbst ihren Platz in der Aufstellung ein. Auch sie spürt den sehnsüchtigen Schmerz, die Ambivalenz zwischen der Sehnsucht nach dem Wertvollen der Beziehung und den guten Gründen für die Trennung. Die Beziehung zu Vater und Sohn ist dadurch beschwert. Hier wird es wichtig, zwischen der Paarebene und der Elternebene zu sortieren. Mit wenigen Sätzen kann sie ihrem geschiedenen Mann gegenüber Trauer und Zustimmung zur Trennung als Paar zum Ausdruck bringen. Sie fühlt sich mit ihrem geschiedenen Mann, als Eltern ihres gemeinsamen Sohnes, gut verbunden und schätzt ihn als Vater. Als versöhnliche Geste reicht sie ihm kurz beide Hände, ein Zeichen für die Verbundenheit als Eltern und eine Geste des Abschiednehmens als Paar. So kann sie ihrem Sohn den Freiraum geben, seine Liebe zu beiden Eltern zu leben und zu zeigen.

Der Stellvertreter des Sohnes spürt den Unterschied in der Haltung der Mutter sofort. Jetzt findet er für sich einen Platz, an dem er sich von beiden Eltern gesehen und mit ihnen verbunden fühlt. An diesem Platz fühlt er sich wohl und spürt einen guten Freiraum für seine Entwicklung.

Bezogene Individuation

In dieser Familienkonstellation hatte der Sohn besonders für seine Mutter die Funktion übernommen, Bindeglied zwischen seinen Eltern zu sein. An so einem unangemessenen Platz verhalten sich Kinder oft anmaßend gegenüber ihren Eltern. Sie stellen unangemessene Forderungen oder urteilen abwertend über die Eltern. Nehmen die Eltern ihre Delegationen zurück und sehen die Kinder wieder als Kinder, dann finden diese einen Platz, an dem bezogene Individuation gelingen kann. Kleine Kinder haben in Aufstellungen oft einen guten Platz nah bei den Eltern. Heranwachsende Kinder brauchen mehr Abstand, um sich nicht kontrolliert und eingeengt zu fühlen, dennoch soll so viel Nähe da sein, dass sie sich gut verbunden und an-gesehen fühlen. Für Erwachsene ist es meist gut, wenn die Eltern gut hinter ihnen stehen.

Schicksale

Früher Tod, schwere Erkrankungen oder Behinderungen eines Elternteils oder eines (Geschwister-)Kindes treffen eine Familie schwer.

Nicht immer gelingt es, damit gut umzugehen, zuzustimmen und ein solches Schicksal als besondere Aufgabe zu sehen und anzunehmen. Oft sind die Belastung, der Schmerz und die Trauer so groß, dass sie viel innere Aufmerksamkeit binden und die Beziehungen in der Familie erschweren.

Schicksale der Ursprungsfamilie können dann auch von späteren Generationen als Last empfunden werden.

Lohnender Blick zurück

Es ist wichtig und manchmal schwierig, zwischen den Schicksalen anderer Familienmitglieder und seinem eigenen zu unterscheiden. Kinder wollen dann Eltern oder Großeltern helfen, ihr Schicksal zu tragen, oder sie fühlen sich nicht frei, mit Freude zu leben, solange es anderen schlecht geht. Manchmal reicht das Familiengedächtnis sogar bis zur Urgroßelterngeneration zurück. Familienaufstellungen der Ursprungsfamilie können helfen, solche Verstrickungen zu erkennen, sie lassen den Schmerz der Vorfahren nachempfinden. So kann man sie besser verstehen und achten. Dadurch eröffnen sich Möglichkeiten, Generationsschicksals-Grenzen zu ziehen. Das Schicksal der Vorfahren gehört ganz zu diesen, für die Nachkommen ist es ein wichtiger Teil der Familiengeschichte, aber nicht ihr Schicksal.

Die Ursprungsfamilie – eine Aufstellungsbeispiel

Frau K. hatte sich immer geschworen, ihre Kinder nie zu verlassen. Als ihre Ehe zerbrach, ließ sie jedoch ihre beiden Töchter beim Vater. Sie »zahlte diesen Preis«, weil sie damals keine andere Chance zu einer friedlichen Trennung sah. Die 13-jährigen und 17-jährigen Töchter haben zu ihr eine distanzierte Beziehung und verhalten sich zunehmend wütend und vorwurfsvoll. Frau K. wünscht sich mehr Selbstbewusstsein, um als Mutter mutiger auf ihre Töchter zuzugehen zu können.

In der Aufstellung spüren die Vertreterinnen der Töchter Wut und gleichzeitig Sehnsucht, von der Mutter gesehen und angenommen zu werden. Diese ist jedoch selbst innerlich sehnsüchtig und wütend auf ihre eigene Mutter ausgerichtet und hat daher ihre Töchter nicht gut im Blick. Frau K. hat sich seit der Kindheit danach gesehnt, von ihrer

Mutter gesehen und geliebt zu werden. Es zeigt sich, dass auch Frau K.s Mutter in ähnlicher Weise mit ihrer Mutter verbunden war. Über mehrere Generationen prägt die Sehnsucht, gesehen und geliebt zu werden, die Mütter-Töchter-Beziehungen.

Stück für Stück entfaltet sich mit der Aufstellung die Familiengeschichte. Die Eltern von Frau K. hatten sich kurz nach der Geburt des zweiten Kindes getrennt. Während die Schwester bei der Mutter blieb, kam Frau K. zum Vater. Jahrelang hatte sie keinen Kontakt zur Mutter.

Auch ihre Mutter war von ihrer Mutter, der Großmutter von Frau K., kaum gesehen worden. Diese war mit drei kleinen Kindern im Zweiten Weltkrieg geflohen, ihr Mann war als Soldat gefallen. Sie musste sich im Westen eine neue Existenz aufbauen. Schon als Zwölfjährige hatte die Großmutter sehr alleine im Leben gestanden. Ihre Mutter, die Urgroßmutter von Frau K., war bei der Geburt der zweiten Tochter gestorben. Der Urgroßvater hatte den Schmerz nie verkraftet und sich einige Jahre später das Leben genommen. Die ganze Familie hatte große Wut auf diesen Urgroßvater und warf ihm vor, seine Kinder im Stich gelassen zu haben.

In dieser Familie kam man leicht auf die Idee, dem Schicksal einer schmerzhaft endenden Partnerschaft und schwierigen Eltern-Kind- Beziehung nicht entrinnen zu können. Das gab eine Art Verbundenheit und Zugehörigkeit.

In der Aufstellung kann Frau K. Schritt für Schritt ihre eigene Verstrickung mit dem Schicksal ihrer Familie bis hin zu den Urgroßeltern erkennen. Als sie selbst ihren Platz in der Aufstellung einnimmt, kann sie wichtige erste Schritte auf dem Weg zur Lösung aus diesen Verstrickungen gehen. Auch sie fühlt, als sie ihren Urgroßeltern gegenübersteht, diese große Wut auf den Urgroßvater. Sie will beginnen, ihm Vorwürfe zu machen. Dann wird sie ganz still und sieht ihre Urgroßeltern an. Nun kann sie den großen Schmerz des Urgroßvaters nachempfinden. Sie spürt, wie anmaßend ihre vorwurfsvolle Haltung ist. Indem sie ihre Großeltern und auch die Entscheidung des Großvaters achtet, kann sie zwischen deren Schicksal und ihrem eigenen erstmals unterscheiden. Sie sieht auch ihre Großmutter und ihre Mutter an und bringt ihnen gegenüber ihre Achtung zum Ausdruck, indem sie zwischen deren Schicksal und ihrem eigenen trennt. So wird das Schicksal ihrer Vorfahren zu einem wichtigen Teil ihrer Familiengeschichte, bleibt aber nicht länger ihr Schicksal. Der Mut hinzuschauen hilft Frau K. zu sehen und zu verstehen, welchen Einfluss sie dieser Dynamik ihrer Familie unbewusst in ihrem Leben gegeben hat.

Sie zieht klare Generationsschicksals-Grenzen. Das hilft ihr, ihre Chancen zu erkennen, die Beziehung sowohl zu ihrer Mutter als auch zu ihren Töchtern besser zu gestalten. Mit einem neuen »Selbst-bewusstsein« stellt sie sich sehr präsent und liebevoll ihren Töchtern gegenüber.

»Ich bin eure Mutter und bleibe eure Mutter, und die Beziehung zu euch ist mir wichtig.«

Literatur

Franke-Gricksch, M. (2001): Du gehörst zu uns! Systemische Einblicke für Lehrer, Schüler und Eltern. Heidelberg (Carl-Auer).

Franke-Gricksch, M. (2005): In Elternschaft ein Leben lang verbunden – Gedanken über eine lebendige Familienkultur vor allem für getrennt lebende Eltern. Praxis der Systemaufstellungen 1: 47–60.

Hildenbrand, B. (2005): Einführung in die Genogrammarbeit. Heidelberg (Carl-Auer).

König, O. (2004): Familienwelten. Theorie und Praxis von Familienaufstellungen. Stuttgart (Pfeiffer bei Klett-Cotta).

Omer, H. u. A. von Schlippe (2002): Autorität ohne Gewalt. Coaching für Eltern von Kindern mit Verhaltensproblemen. »Elterliche Präsenz« als systemisches Konzept. Göttingen (Vandenhoek & Ruprecht).

Omer, H. u. A. von Schlippe (2004): Autorität durch Beziehung. Die Praxis des gewaltlosen Widerstands in der Erziehung. Göttingen (Vandenhoek & Ruprecht).

Stierlin, H. (1989): Individuation und Familie. Studien zur Theorie der therapeutischen Praxis. Frankfurt/Main (Suhrkamp).

Weber, G., G. Schmidt u. F. B. Simon (2005): Aufstellungsarbeit revisited ... nach Hellinger? Heidelberg (Carl-Auer).

18. Bündnisrhetorik in Spannungsfeldern mit Kindern

Michael Grabbe

Einleitung

Wenn man jemanden fragt, wo ein stimmiger, hilfreicher Platz sein könne, damit er seinen Partner, seine Eltern oder einen Lehrer als Unterstützung körperlich spüren könne, wenn es ihm schlecht gehe und eine schwierige Situation zu bewältigen sei, dann hört man zumeist Antworten wie »Hinter mir, in meinem Rücken, zum Anlehnen, mir den Rücken stärkend«, »Mir zur Seite, an meiner Seite, so, dass wir das zusammen durchstehen«, »Rechts oder links von mir, etwas vor oder zurück – ermunternd oder mitziehend«, »(Schützend) vor mir, ein guter Platz, um sich etwas zu verstecken und aus sicherer Position heraus zu sehen, was da passiert« oder »(Schützend) vor mir, an meiner Stelle, mich vertretend«.

Kaum jemand antwortet: »Mir gegenüber, auf mich schauend.« Und dennoch ist das die Position, die am häufigsten visualisiert und aufgestellt wird, wenn man, z. B. in einer aktuellen Beratungssituation, bittet, die an einem Konflikt Beteiligten – z. B. bei Verhaltensauffälligkeiten des Kindes in der Schule – im Raum zueinander zu positionieren. Die Kinder blicken dabei oft zu Boden, die Eltern auf sie hinab. Schüler und Lehrer oft in ebensolcher Position konfrontativ gegenüber, Eltern und Lehrer in (vorwurfsvoller oder verteidigender) Position ebenso gegenüber, das Elternpaar oft nach zermürbenden Erfahrungen ebenso.

In folgendem Beitrag soll aufgezeigt werden, wie es gelingen könnte, aus dieser eher schwierigen und wenig hilfreichen Position (wieder) in eine eher kooperative, als Unterstützung erlebte Haltung zu gelangen: indem man ein Bündnis schließt. Der bewusst verwendeten Sprache kommt bei der Herstellung eines solchen Bündnisses besondere Bedeutung zu.

Begriffe

Was soll hier mit dem Begriff »Bündnis« gemeint sein?

Als Bündnis gilt eine Verbindung zu einem (guten) Zweck – also eine Allianz. Mehrere, auch unterschiedlich denkende und fühlende Personen, die auch unterschiedliche Rollen innehaben können (wie Kind sein, Eltern sein, Lehrer sein) verbünden sich *für* etwas – z. B. für eine Unternehmung, für ein Ziel, für eine Lösung. Davon abzugrenzen sind Koalitionen, die sich – auch wenn die Beteiligten gemeinsame Interessen haben – *gegen* jemanden zusammentun, z. B. gegen das Kind, die Mutter, den Vater, die Lehrerin. Ein Bündnis kann sich im Sinne einer solchen Definition zwar gegen ein *Verhalten* richten, nicht jedoch gegen *Personen*. Bei Bündnissen im gemeinten Sinne geht es nicht darum, jemanden zu besiegen, sondern gemeinsam etwas zu gewinnen.

Zum Verständnis des Begriffs »Rhetorik« in diesem Zusammenhang

Worte bzw. Sprache sind nicht nur in Therapie und Beratung eines der wichtigsten Kommunikationsmittel, sondern überhaupt Medium für Wirklichkeitserzeugung, und sie sind handlungsstilbildend. Natürlich sind auch Worte nicht allmächtig. Der Verzicht auf »instruktive Interaktion« spielt in der systemischen Therapie eine große Rolle (z. B. Maturana 1982, S. 261 ff.). Es ist schwer vorstellbar, dass ein operativ geschlossenes System (wie ein mentales System oder ein Kommunikationssystem) ein anderes so instruieren kann, dass es die Kontrolle über die Prozesse hat, die in dem anderen operativ geschlossenen System ablaufen. In diesem Zusammenhang wird davon gesprochen, dass es aus systemischer Sicht nur darum gehen könne, die Wahrscheinlichkeit des Auftretens konstruktiver Prozesse zu erhöhen (Schweitzer et al. 2006). Sprache kann hier ganz wesentlich dazu beitragen, indem sie die Kontextbedingung dafür bereitstellt, dass mehr Handlungsoptionen entstehen können (von Foerster 1999), oder indem sie mit dazu beiträgt, dass ein System sich verschließt und sich unzugänglich macht, um etwa die Verletzungsgefahr zu verringern.

Dem Philosophen Hans-Georg Gadamer (mündliche Äußerung in einem Vortrag) folgend, kann es auch eine Gesprächs*führung* im Wortsinne kaum geben – denn wer *führt* schon in einem Gespräch: Wer kann durch ein Gespräch führen – und alle Beteiligten würden folgen – so wie durch ein Labyrinth? Gute Gespräche, also auch beraterische und therapeutische, sind eher als Dialoge zu beschreiben, bei denen niemand vorher weiß, was herauskommt. Ein Gespräch nimmt manchmal auch chaotische Wendungen, ein Wort gibt das andere – ein wechselseitiger Austausch ist zu beobachten.

Aber dennoch können wir mit rhetorischen Mitteln durchaus »verführerische« Angebote machen – zum Hilfreichen ebenso wie zum Schwierigen, Eskalierenden. Das bedeutet, dass wir bei aller Einengung der Möglichkeit, ein Gespräch zu bestimmen oder unser Gegenüber zu kontrollieren und zu steuern, doch Erhebliches zum gemeinsamen Prozess *bei*steuern können (vgl. Loth 1998; Loth u. von Schlippe 2004). *Bei*steuern können wir, in dem wir bewusst auf unsere Haltung und unsere Sprache achten und uns selbst kontrollieren und verändern.

Bündnisrhetorik

Der Begriff »Bündnisrhetorik« soll die beiden beschriebenen Aspekte verbinden. Er soll die Haltung *zu*einander und die Sprache *mit*einander beschreiben. In den verschiedensten Konfliktfeldern geht es jeweils darum, wie Haltung und Sprache so in Verbindung gebracht werden, dass die Beteiligten so gut wie möglich eine Kooperationsbeziehung eingehen können. Dies soll im Folgenden beispielhaft anhand von zwei typischen Situationen illustriert werden, zwei typischen Spannungsfeldern aus der Praxis, an denen jeweils Kinder beteiligt sind.

Bündnisrhetorik in der Beratungsarbeit im schulischen Kontext

a) Spannungsfelder im schulischen Kontext

Stellen wir uns eine *Schulsituation* vor, in der ein Kind Verhaltensweisen zeigt, die in einer Schulklasse nicht tragbar sind und auch den Eltern Schwierigkeiten bereiten. Schnell kann es zu Konfrontationen und gegenseitigen Schuldzuweisungen kommen. Schule wird dann aus Sicht der Eltern schnell zum »natürlichen Feind«, der bekämpft werden muss, gegen den man sich wehren muss. Man kann zeigen, dass man gute Mutter oder guter Vater ist, indem man sein Kind verteidigt, sich einsetzt, die Schule fordert. Und andersherum: Eltern werden aus Sicht der LehrerInnen schnell als Ursache von Missständen angesehen, was zur eigenen Entlastung beitragen kann.

»Bei dem Elternhaus wundere ich mich überhaupt nicht!«, »Ach, die schon wieder, ich hatte schon den Ältesten in der Klasse!«, »Wir sind doch keine therapeutische Einrichtung!«, »Eigentlich muss die Mutter in Therapie!« – Oder auf der anderen »Seite«: »Die Lehrerin hat ja keine eigenen Kinder, hat ja keine Ahnung!«, »Der Lehrer bevorzugt sowieso nur bestimmte Kinder, die anderen sind ihm egal, immer soll es unser Kind gewesen sein!«, »Wofür ist Schule denn da?«, »Ist deren Problem!«, »Zu Hause ist es ganz anders!« – Etc.

Schuldzuweisungen und Abgrenzungsversuche verfestigen die Situation, führen zu Eskalationen, gehören dennoch oft zur Tagesordnung – obwohl die Achse Eltern/Lehrer hinsichtlich einer Lösung so wichtig wäre.

b) Mögliches Problemverständnis im Spannungsfeld Schule

LehrerInnen sehen es zunächst oft als ihr Versagen an, wenn Kinder in der Schule auffällig werden. Sie arbeiten oft isoliert, d. h., lange bekommt niemand etwas mit. Supervisionen und kollegialer, solidarischer Austausch sind immer noch nicht selbstverständlich, Konkurrenz und Schadenfreude, auch innerhalb des Kollegiums, häufig. Der Ruf der Schule in der Öffentlichkeit ist schlecht und ambivalent – jeder darf »draufhauen«. Geschichtlich gesehen, galt die Lehrertätigkeit lange als Hilfstätigkeit ohne besondere Ausbildung und Reputation (z. T. findet sich das noch heute wieder, wenn bei Ganztagsschulen oder Randstundenbetreuung »unausgebildete« Eltern rekrutiert werden). Anderseits wird den LehrerInnen viel Macht und Weichenstellung hinsichtlich des zukünftigen Platzes in Beruf und Gesellschaft zugeschrieben, was oft bei Kindern und Eltern angstbesetzt ist. Und: LehrerInnen haben eigene Schulerfahrungen und daraus abgeleitete Ziele für die eigene Berufsausübung, sind aber mit aktuellen Schulerfahrungen, Hoffnungen, Befürchtungen und Erwartungen von Eltern konfrontiert. Sie können mit auseinander klaffenden Erlebnissen und Zuschreibungen von Machtfantasien und gleichzeitig Minderwertigkeitsdenken bedacht sein.

Strukturelle Gegebenheiten der Schullandschaft erleichtern die Situation kaum: Häufige Wechsel innerhalb der Kollegien, große Schülerzahlen in den Schulklassen, schlechte Ausstattungen, wenig eingeplante Zeit für inhaltliche Besprechungen und Elterngespräche (die außerhalb von Elternsprechtagen eher als Zusatzleistung angesehen und bewertet werden). Fehlt es an hilfreicher »lehrerischer« oder »pädagogischer« Präsenz, sehen Kinder und Eltern sich nicht in der guten Aufmerksamkeit der LehrerInnen, können Kinder (und auch Eltern) deren (Wieder-)Herstellung durch auffälliges Verhalten provozieren.

Diese skizzenhaft gezeichneten Bilder sind sicherlich schief und werden dem Schulalltag nicht gerecht. Es ließen sich auch viele positive Szenarien beschreiben, in denen Kooperation und wohlwollender Austausch zwischen Schule, Eltern und Kindern in schwierigen Situationen auch ohne Coaching oder Beratung gelingen.

c) Bündnisrhetorik im Spannungsfeld Schule

Vorbehalte der Eltern gegenüber den LehrerInnen kommen oft noch aus alten Zeiten bzw. den eigenen Schulerfahrungen. Und auch LehrerInnen sind einmal zur Schule gegangen. Aufgrund gewandelter Werte können LehrerInnen und SchülerInnen, LehrerInnen und Eltern heute wertschätzender und partnerschaftlicher miteinander umgehen. Eltern sind emanzipierter – eine konstruktive Allianz, ein Bündnis kann leichter möglich sein.

Hilfreich scheint es, Absprachen zu einem Zeitpunkt zu treffen, wenn es (noch) keine Konflikte gibt, d. h., wenn vielleicht die KlassenlehrerIn die Eltern schon zum Schuljahresbeginn anruft oder gar besucht und Solidarität und Kooperation anbietet, so wie es Omer und von Schlippe vorschlagen: »Das Eisen schmieden, wenn es kalt ist« (2004; vgl. auch Lemme u. Eberding 2006). Man könnte sich über die eigenen Schulerfahrungen der Eltern (vielleicht auch von Lehrerin bzw. Lehrer) austauschen und sie symbolisch aus dem Feld legen, d. h. diese Erfahrungen symbolisch externalisieren (z. B. durch einen Stein, ein Lineal, ein Foto o. Ä.) und ihnen einen würdigen, separaten Platz geben. Diese Erfahrungen können nicht gelöscht werden, gehören ja auch zur Geschichte der Menschen, v. a. auch, wenn sie schmerzlich waren, und sind somit Ressourcen. Aber alle Vergangenheit, die die aktuelle Situation zusätzlich belastet und sich in die Bedeutungsgebung einspeist, könnte vom jetzt Wesentlichen ablenken oder den Blick darauf versperren. In schwierigen Situationen, in denen ein Coach oder eine Beratung hinzugezogen wurde, hat sich das Verfahren als hilfreich erwiesen. Ein derartiges Vorgehen könnten die Beteiligten aber auch für sich alleine vornehmen, oder Lehrer und Eltern könnten sich, wie beschrieben, gemeinsam austauschen.

Bündnisrhetorik kann auf zwei Ebenen stattfinden, auf der sprachlichen und auf der nicht- oder körpersprachlichen.

Wie könnte sprachlich ein Bündnis etabliert werden? Zum Beispiel so:

- den anderen nach seiner Sichtweise und Meinung über das Verhalten fragen (statt die eigene gleich kundzutun)
- nach Zielen des anderen fragen

- sich wechselseitig kontinuierlich informieren – nicht nur über schwieriges Verhalten
- gemeinsames Vorgehen bei Schwierigkeiten absprechen, Schritte koordinieren
- Lehrer brauchen die Unterstützung der Eltern (sie vermitteln nicht nur Wissen und geben Zensuren, sie haben auch Erziehungs- und Führungsaufgaben, zu denen sie von den Eltern mit autorisiert werden müssen
- Eltern brauchen Unterstützung der Lehrer (was sind es: Hausaufgaben oder Schulaufgaben? – auf jeden Fall etwas Gemeinsames), sie brauchen Unterstützung in Bezug auf Konsequenzen und bei der Stärkung ihrer Frustrationstoleranz)
- die Souveränität im Terrain mit Respekt anerkennen und zusichern, ein Satz oder eine Haltung dabei könnte sein: »Ich unterstütze Sie dabei, dass Sie alles versuchen, um Ihre Rolle gut auszuüben«
- mit kongruenter Wertschätzung einen wahrscheinlich als bedroht erlebten Selbstwert (s. o.) stabilisieren helfen.[1]

Nichtsprachlich zeigt sich ein Bündnis in einem Bild: Eltern und LehrerIn schauen im Schulterschluss auf das Dritte, auf das Kind. Noch deutlicher würde die Unterscheidung zwischen dem Kind als Person und seinem spezifischen Verhalten erkennbar, wenn sie sogar gemeinsam mit dem Kind auf das Verhalten des Kindes schauen und sich in geeigneter Sprache darüber austauschen, was jeder zu einer Veränderung der Situation beitragen kann, muss und will (vgl. hierzu White u. Epston 1990).

Hilfreich scheint es dabei, wenn alle auf angemessenen Stühlen sitzen und nicht, wie in der Schule von Elternsprechtagen bekannt, die Eltern auf den Stühlen ihrer Erstklässler und der Lehrer hinter dem Schreibtisch auf einem Erwachsenenstuhl. Die Stühle könnten bewusst im Halbkreis nebeneinander gestellt werden, womit der Blick auf ein beschriebenes (problemorientiert) oder leeres (lösungsorientiert) Blatt Papier oder ein sonstiges geeignetes Symbol gelenkt werden kann.

Grundsätzlich ist hier nichts gegen eine konfrontative Haltung und Position, also ein Gegenüber, gesagt. Sie kann wichtig sein, um

1 So könnte auf die Frage: »Was für eine Ausbildung haben Sie, haben Sie das Fach überhaupt studiert?«, statt mit »Das überlassen Sie mal mir und dem Regierungspräsidenten!« vielleicht geantwortet werden: »Ich höre heraus, dass Sie als gute Mutter für Ihr Kind einen qualifizierten Unterricht und das Beste wünschen?«

sich selbst zu positionieren, sich zu zeigen, Präsenz zu demonstrieren und deutlich zu machen, dass man sein Gegenüber wahrnimmt und wahrgenommen werden möchte. Auch wenn man (gewaltfreien) Widerstand ankündigen und Entschlossenheit signalisieren will, scheint diese Haltung zunächst sehr wichtig zu sein. Ein Verharren in dieser Position trägt jedoch zu den beschriebenen Eskalationsschleifen bei.

Bündnisrhetorik in der Arbeit mit Trennungs- und Scheidungsfamilien

a) Spannungsfelder im Kontext von Trennung und Scheidung

Als Zweites können wir uns eine Situation in einer *Trennungs- oder Scheidungsfamilie* vorstellen, in der ein Kind ebenfalls Verhaltensweisen zeigt, die als auffällig und nicht tragbar beschrieben werden. Wie mag hier die Vorgeschichte gewesen sein? Zwei Menschen kamen zusammen, bekamen nach mehr oder weniger langer Zeit ein Kind – oder mehrere. Aus Gründen, die vielfältig sein können, entschließt das Paar sich, sich zu lösen, d. h. es trennt sich. Wie das Wort schon sagt, soll es sich um eine Lösung einer als problematisch erlebten Beziehung und Beendigung einer unglücklichen Geschichte handeln, nicht um die Herbeiführung von neuen Problemen. Dass dabei Schwierigkeiten auf allen Beziehungsebenen auftreten, ist normal und eigentlich verständlich, in der Regel haben die Beteiligten ja auch keine Vorerfahrungen. Zudem wird eine Trennung persönlich und gesellschaftlich zumeist (noch) als Scheitern bewertet.

b) Mögliches Problemverständnis im Spannungsfeld von Trennung und Scheidung

Spannungen zwischen den getrennten Elternteilen sind zu erwarten, da ja schon auf der Paarebene Spannungen herrschen. Selten ist es dabei so, dass Kinder nur bei einem Elternteil Verhaltensauffälligkeiten zeigen – auch wenn dies manchmal so dargestellt wird. Probleme sind zumeist Inter-System-Probleme (Kindergarten oder Schule kann hier auch als System mit einbezogen werden).

Hiermit soll nicht gesagt werden, dass die beispielhaft angenommenen Auffälligkeiten immer als Folge der Trennung anzusehen sind, wie oft schnell vermutet und unterstellt wird. Trennungen können auch umgekehrt als Folge von Hilflosigkeit bei schwierigem Verhalten von Kindern entstehen. Es ist nicht schwer, sich vorzustellen, dass in solch belastenden Situationen nicht nur die Eltern-, sondern auch die Paarebene über die Belastungsgrenze hinweg strapaziert wird – nur selten wächst ein Paar bei einer solchen Herausforderung glücklich zusammen.

Verhaltensweisen der Kinder und die Dynamik der Paarbeziehung könnten sogar unabhängig voneinander entstanden sein und zeitlich eher zufällig zusammentreffen (z. B. bei äußerem Stress wie Arbeitslosigkeit eines oder beider Elternteile, Pflegebedürftigkeit der Großeltern, Mobbing des Kindes in der Schule, Einfluss von Peers etc.).

In Trennungs- oder Scheidungssituationen gehören Schuldzuweisungen, Abgrenzungsversuche und ein Aufflammen der emotional hoch aufgeladenen Streitigkeiten oft zur Tagesordnung – obwohl die Elternachse (ehemaliges Paar) hinsichtlich einer Lösung so wichtig wäre. Stattdessen geht es oft um Macht, darum, wer der oder die Stärkere ist, man fühlt sich schnell als Opfer, v. a. wenn es Sorgerechtsstreitigkeiten und -entscheidungen gegeben hat. Der andere wird als stärker erlebt, man kämpft dagegen, will sich nicht besiegen lassen, droht, verweigert sich – jedes Mittel gilt als gerechtfertigt.

Die in schwierigen Situationen gezeigten Verhaltensweisen können als Versuche beschrieben werden, einen erheblich verletzten und bedrohten Selbstwert zu retten. Anklage, Klagen und Jammern, Rationalisierungen und irrelevante Kommunikation können die individuellen Ausprägungen sein (die Kommunikationsformen unter Stress wurden ausführlich bei Satir 1990 beschrieben). Die Tragik liegt darin, dass der bedrohte Selbstwert, der durch die Kommunikation (z. B. einen Angriff) geschützt wird, vom Gegenüber nicht wahrgenommen wird. Vielmehr wird das vordergründig gezeigte inkongruente Verhalten vom Gegenüber entsprechend als Bedrohung wiederum seines eigenen Selbstwerts erlebt und mit entsprechend inkongruenter Kommunikation beantwortet. Diese Selbstorganisation eskalierender Interaktionsmuster ist ausführlich bei Omer u. von Schlippe (2004) beschrieben.

Ein häufig (dann) gewünschter und vollzogener Kontaktabbruch, also die Aufkündigung der einmal mit Liebe beschlossenen Kooperation, erschwert die Wahrnehmung einer für das Kind hilfreichen Elternschaft, und zwar in doppelter Hinsicht: Die Selbstwahrnehmung dessen, was man tut bzw. unterlässt, wird oft ebenso eingeschränkt wie der Blick für das Gute, das der Partner leistet oder geleistet hat. In anderer Bedeutung wird eine verantwortliche Elternrolle nicht eingenommen, nicht wahrgenommen. Vielmehr wird durch eine Spaltung das Kind unausgesprochen als Bundesgenosse vereinnahmt. In dem anderen Elternteil wird ein Gegner gesehen, der, wenn er nicht mehr über die gemeinsam getragene Autorität verfügt, mit allen Mittel geschwächt werden muss.

Beenden die Eltern den Kontakt, schwächen sie sich auch selbst, da sie ja nicht mehr informiert werden und das Kind sie gegeneinander ausspielen kann. Besteht zwischen den Eltern eine Lücke in der Kommunikation, dann stoßen Kinder oft in diese Lücke (das sieht man in Skulpturen: Kind sitzt oft zwischen den Eltern), und auffälliges, aggressives Verhalten kann zunehmen. Kommunizieren Eltern nicht direkt, werden die Kinder schnell zu »Postboten« bzw. Informationsträgern und bekommen durch ihre vermittelten Beschreibungen erhebliche Wichtigkeit und Macht. Manche Kinder haben hieran (oft vorübergehend) ein starkes Interesse (kompensiert dies vielleicht ihre Gefühle von Ausgeliefertsein und Einsamkeit?) – andere haben aber auch erhebliche Mühe und Not, weil es sie in unlösbare Loyalitätskonflikte bringt.

In Eskalationsdynamiken geht es oft um Bewertungen von »richtig« und »falsch« und »gut« oder »böse«. In diesem dualen Denken ist es wichtig, der Stärkere zu sein, sich zum eigenen Vorteil durchzusetzen, sich und seinen Platz zu verteidigen, sich nicht entwerten zu lassen, stattdessen zum Schutz lieber selbst zu entwerten. Auch wird oft überhaupt das entwertet, von dem wir uns trennen wollen oder müssen, dabei meist in generalisierender Weise. Partner werden da manchmal analog zu Gebrauchsgütern beschrieben (»Hat noch nie richtig funktioniert«, »Die Entscheidung war ein einziger Fehler«, »Das Teil ist technisch und designmäßig überholt: ex und hopp«). Andere werden schnell beschuldigt, wenn das eigene Glück sich nicht einstellen will.

Gehen Kontrahenten, z. B. das Paar, in eine Beratung oder Therapie, in der es – wie in allen Beratungen und Therapien – um Bewahren und Verändern, vor allem aber meist explizit ums Verändern geht, dann gibt es meist mehr Motivation für Versuche, den anderen zu verändern (zu »be-ändern«), als *sich* zu verändern, und es gibt eher Versuche für ein Sichverwahren, Sichverwehren, als gemeinsam Gutes zu *be*wahren. Es gibt oft mehr Motivation für Versuche, *den anderen* zu kontrollieren, als sich selbst zu kontrollieren und Handlungs- und Gefühlsoptionen zu erweitern.

c) Bündnisrhetorik im Spannungsfeld von Trennung und Scheidung

Wenn es gelingt, dass Eltern die Probleme ihrer Kinder, etwa Verhaltensauffälligkeiten, nicht als persönliches Versagen sehen und sich nicht als schlechte Eltern fühlen, ist schon viel gewonnen. Schuldgefühle schwächen elterliche Präsenz und verringern den Selbstwert. Probleme und Hilflosigkeit in solchen Stresssituationen können als *normal* gewertet werden, nicht als ein Zeichen dafür, dass etwas nicht stimmt. Nicht das Auftreten schwierigen Verhaltens von Kindern und die damit verbundenen Konflikte sind Zeichen für eine gescheiterte Elternschaft, sondern wie damit weiter verfahren wird, also ob etwa der Umgang damit scheitert – Eltern können allerdings auch dabei vielleicht »gescheiter« werden.

Das Verhalten eines Kindes muss nicht als Folge von Fehlverhalten der Eltern gesehen werden (i.S.v. Schuld, Ursache), sondern kann auch als Provokation oder Test mit dem Ziel der (Wieder-)Herstellung einer hilfreichen elterlichen *Präsenz* interpretiert werden. Das Paar mag in der Trennungssituation so sehr mit sich selbst beschäftigt sein, dass das Kind vielleicht versucht, die Aufmerksamkeit wieder auch auf sich zu lenken (»Ey, ich bin auch noch da – wie es mir geht, das interessiert hier wohl keinen«). Auffälliges Verhalten kann so auch als Beitrag des Kindes verstanden werden, Prozesse in der Familie in Bewegung zu bringen bzw. diese zu forcieren. Hilfreich scheint es, wenn es gelingt, durch eine solche Beschreibung aus der Opfer-Täter- und der Opfer-Helfer- bzw. Opfer-Retter-Konstellation auszusteigen, um wieder frei zu werden für die ursprünglichen Rollen (Eltern, Kind).

Bündnisrhetorik kann das Bild einbringen, dass alle Beteiligten in einem Boot sitzen. Da ist es ja auch so, dass, wenn man den Sitz der anderen anbohrt, man selbst nicht nur meist einen nassen Hintern bekommt, sondern auch mit den anderen untergehen kann.

Weitere Wege, um sprachlich und in der therapeutischen Haltung ein Bündnis zu etablieren:

- Das Paar trennt – gegebenenfalls unter Zuhilfenahme von Symbolen (Schnur, Hüte o. Ä.) – die Paarebene deutlich von der Elternebene, legt jene beiseite und bewegt sich explizit auf der Elternebene. Beide blicken im Schulterschluss – im stimmigen Abstand nebeneinander sitzend oder stehend (sich stets der separaten Expaarebene bewusst seiend oder sich per Absprache gegenseitig daran erinnernd) – auf

das Kind, sehen sich im Kind, versuchen, den anderen Elternteil im Kind zu akzeptieren, und können dann vielleicht auch mit dem Kind gemeinsam auf sein schwieriges Verhalten blicken.
- Mit geeigneter Sprache (s. u.) teilen dann beide mit, was sie zu einer Veränderung der Situation beitragen können, müssen und wollen. »Geeignet« bedeutet hier, dass darauf zu achten ist, dass dieser Beitrag nicht auf das Verhalten des Kindes bezogen sein sollte mit dem Ziel, es zu ändern. Vielmehr sollte es auch im Sinne eines Commitments bedeuten, *das eigene Verhalten zu kontrollieren und zu verändern* – das kann heißen, z. B. auch nichts zu tun oder/und zu schweigen.
- Die Eltern informieren sich möglichst sachlich und kontinuierlich in Sinne eines wechselseitigen Monitorings über die Entwicklung des Kindes, dabei auch möglichst ohne Interpretationen, Schuldzuweisungen und Vorwürfe.
- Auch hier geht es darum, mit kongruenter Wertschätzung den wahrscheinlich als bedroht erlebten Selbstwert des anderen stabilisieren zu helfen.
- Sie können jeweils von sich aus dem Kind Folgendes mitteilen: »Ich unterstütze deine Mutter (deinen Vater) dabei, dass sie (er) alles Vernünftige tut, damit du dieses Verhalten nicht mehr zeigst – selbst wenn ich es vielleicht mit anderen Mitteln versuchen würde.«
- Sie sprechen ein gemeinsames Vorgehen ab und koordinieren ihre Schritte – gelegentliches Stolpern verzeihen sie sich selbst und gegenseitig.
- Vermeidung von Bloßstellen des anderen Elternteils in Gegenwart des Kindes.
- Erfragen der Meinungen, der Sichtweise des anderen.
- Mitteilen und Anerkennen von gefundenen Lösungen.
- Hilfreich ist oft die gemeinsame Suche nach moderierenden Verbündeten, die zu mehr Höflichkeit und Selbstkontrolle beitragen können.

Diese Auflistung – wie auch schon die weiter oben – ist als Zielsetzung zu verstehen, wenn die Fragen auftauchen, wo und wie man sich (eventuell mithilfe von BeraterInnen und TherapeutInnen) immer wieder abstimmen kann und ob man auf einem guten Weg ist. Gelingt es, auch dann freundlich auf sich und die anderen zu schauen, wenn man selbst oder der Partner vom Wege abgekommen ist, dann kann eine gemeinsame Verpflichtung auf Bündnisrhetorik helfen, schneller zurückzufinden

Sprachformen der Bündnisrhetorik

Oft beginnen professionelle Gespräche unbedacht mit der Einführung: »Schön, dass Sie gekommen sind«, oder: »Schön, dass Sie da sind!« – Für wen ist das schön und warum? – Meist ist die Situation, der Gesprächsanlass doch unangenehm –für alle Beteiligten! Da klingt so eine Formulierung verdächtig, vielleicht gar zynisch, macht skeptisch und führt eher zu Rückzug, v. a. der Kinder (die als problematisch oder gar als das Problem beschrieben werden). Auch »Gut, dass Sie da sind!« klingt noch nicht viel besser – gut für wen? Es ist nicht so einfach, das merken wir schon jetzt. Am besten vielleicht einfach: »Guten Tag!« – im Sinne von »Ich wünsche Ihnen und mir einen guten Tag« – wenn schon nicht vor dem Gespräch, dann wenigstens oder hoffentlich nach dem Gespräch oder trotz des Gespräches. Im Sinne einer konstruktiven Bündnis*rhetorik* ist eine Sprache hilfreich, die die folgenden Ideen und Prinzipien beachtet:

- wenig Forderungen
- Beschreibungen von Verhalten und Interaktionen
- Angebote für Verhalten (positive Überraschungen scheinen besonders hilfreich zu sein)
- keine Eigenschaftszu- oder gar -festschreibungen (die helfen meist nicht)
- Vermeidung von Du-Botschaften, sondern von sich sprechen
- weniger Vorwürfe, eher Übernahme der eigenen Anteile
- Vermeidung von Angriffen, Bloßstellungen und kritischen Anklagen
- persönliche Standpunkte vertreten und andere stehen lassen
- dem anderen zumindest keine bösen Absichten, besser noch: ihm gute Absichten unterstellen – mit der Annahme, dass das, was jemand einsetzt und zeigt, das Optimum dessen ist, was augenblicklich zu leisten ist; die schwierige Situation ist ein Ergebnis tragischer Umstände und von niemandem gewollt
- Pausen und Zuhören tragen ebenso zu einem konstruktiven Klima bei wie eine Verlangsamung des Gesprächstempos; auch Gesprächsverwicklungen (s. o. zur Gesprächsführung) sollte man sich erlauben dürfen.

Hilfreich scheint es, sich dabei – wie in der Skulptur – nebeneinander zu setzen, also im Wortsinn: »sich zusammenzusetzen«[2] und

---

2 Das Wort »zusammensetzen« assoziieren die meisten übrigens auch mit »nebeneinander sitzen und auf etwas blicken« und nicht so sehr mit »eng gegenübersitzen« – wohingegen »sich auseinander setzen« eher in konfrontativer Position gegenüber assoziiert wird oder gar mit »sich vom anderen abwenden«.

Perspektiven für die Zukunft zu entwickeln. Wichtig scheint auch, möglichst konkret und aktuell zu bleiben und Verallgemeinerungen sowie moralische, moralisierende Predigten zu vermeiden (»Schon immer hast du ... nie geht das ... genau wie deine Mutter ... schon im ersten Schuljahr ... auch schon von der letzten Schule hat man ja gehört, dass die da nie klarkam ...« – und überhaupt). Wenn es schwierig wird im Gespräch, d. h. ein Bündnispartner das Gefühl bekommt, dass beide sich verrennen, dann kann es sehr hilfreich sein, das Gespräch zu vertagen. Das gelingt dann gut, wenn man vorher darüber eine Absprache getroffen hat.

Wenn es gelingt, eine Sprache zu finden, in der die Beteiligten Bereitschaft signalisieren und auch sprachlich ausdrücken (»Ich bin bereit, das zu tun und das zu lassen«), kann es eher zu einer Wir-Haltung kommen, in der man sich verbündet, um dem Symptom die Macht zu nehmen, die es vorher über die Beteiligten hatte. Eine symbolische Externalisierung (»Heute haben wir der Einladung widerstanden, dem Symptom Macht über uns zu geben« – ein Strich in der Liste, eine Urkunde, vgl. White u. Epston 1990) mag das noch verdeutlichend unterstützen. Alles zusammen genommen, geht es also im Wesentlichen darum, Deeskalationsstrategien und eine Deeskalation fördernde Sprache zu etablieren bzw. zu ihr zurückzufinden.

Bündnisrhetorik und Grenzen

Oft werden Überweisungen mit dem Hinweis verbunden, die Mutter (seltener der Vater, manchmal auch der Lehrer oder die Lehrerin) könne keine Grenzen setzen, oder in der Scheidungsfamilie wird betont, wie wichtig das Abgrenzen sei. Auch in Teambesprechungen oder Jugendhilfeplangesprächen wird der Begriff gern verwandt: »Da geht es um das Thema Grenzen!« Damit wird oft gemeint und gehofft, dass es gelingen möge, das Verhalten des anderen, also des Kindes oder des übergriffigen Exmannes, zu kontrollieren, zu begrenzen, oder dass die Mutter sich dem Verhalten des Kindes gegenüber konsequent verhalten möge, konsequent in Bezug auf Erlauben, Verbieten, Androhen von Folgen oder Strafen, vielleicht sogar verbunden mit der Botschaft: »Ich werde siegen.« Die Kehrseite ist, dass die Eltern dabei in ihrem Verhalten oft abhängig werden vom Verhalten ihrer Kinder. Wie es ihnen geht, hängt davon ab, ob die Kinder sich »unterwerfen« oder nicht. So büßen sie ihre Freiheit und ihr Rollenrepertoire ein. Versuche, das

Verhalten der Kinder in konsequenter Weise zu kontrollieren, tragen oft zur Eskalation bei.

Dabei wird in verhängnisvoller Weise Beziehung mit Macht verwechselt (vgl. Omer u. von Schlippe 2004). Eine Orientierung auf ausschließlich konsequente Kontrolle kann die Prozesse in der Familie eher verhärten, anstatt wechselseitigen Respekt, Achtung und Wertschätzung wiederherstellen zu helfen, die aus der Aufmerksamkeit geraten sind. Wie würde wohl der Unterschied aussehen, wenn man sich selbst versuchen würde zu kontrollieren, zu begrenzen in seinem Verhalten – und Ver-urteilen? Wie würde wohl der Unterschied aussehen, wenn man sich bei aller Verführung (Verführung zum Gebrauch der Rhetorik als Manipulationsinstrument) nicht zu Respektlosigkeit hinreißen ließe, sondern Respekt als Aufgabe des Respektierenden und nicht des Gegenübers verstehen würde?

Grenzen sichern zwar Territorien, helfen bei Orientierung, regeln ein Miteinander, sind aber auch anfällig für Machtdenken und haben oft Mauern und Ausgrenzung zur Folge. Sie können dann schnell zur Provokation werden und geradezu einladen zu dem Versuch, sie zu überwinden oder gar zu sprengen. Oder, um es in zwei Bildern auszudrücken:

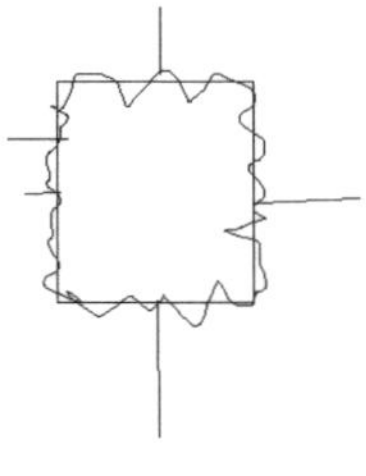

Abb. 1

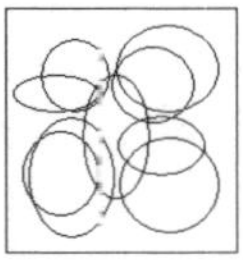

Abb. 2

Das Achten auf Grenzen und die Kämpfe darum machen oft starr, erschöpfen und hinterlassen Gefühle von Hilf- und Sinnlosigkeit oder Leere in der Mitte (Abb. 1). Ist man entschlossen, seine Rolle als LehrerIn oder Vater bzw. Mutter unabhängig davon, ob getrennt lebend oder zusammen, einzunehmen und zu schützen, dann kann man auch versuchen, in dem Rahmen, der einem zur Verfügung steht, möglichst viele schöne Momente zu gestalten (Abb. 2).

Dann tritt die Frage nach Grenzen oft in den Hintergrund, und es bleibt auch weniger Raum für Konflikte. Grenzen sind dann eher Aufmerksamkeitslinien, die die Beteiligten warnen, in etwas hineingezogen zu werden, was ihrer nicht würdig ist. Grenzen wären dann eher eine Mahnung, die Souveränität des anderen anzuerkennen.

In diesem Zusammenhang haben »Versöhnungsgesten« eine Bedeutung (ausführlich Omer u. von Schlippe 2004, S. 256 ff.). Versöhnung, *Reconciliation,* bedeutet wörtlich etwa: wieder ins Gespräch, »in Rat« zu kommen. Solche Gesten ermöglichen es den Beteiligten in hervorragender Weise, in eine Haltung hineinzugelangen, die sich nicht an Konsequenz und Durchsetzung orientiert. Das kann sein: das Lieblingsessen zu kochen, eine Geschichte vorzulesen, zum Fußball zu gehen etc. Versöhnungsgesten sind Gesten der Liebe, Wertschätzung und Überraschung. Eltern – gemeinsam oder getrennt – und Lehrer sollten sich nicht durch eine schwierige Situation, ein schwieriges Verhalten davon abhalten lassen, den Kindern auf ihrem Weg das mitzugeben, was sie eigentlich mitgeben möchten (und das unterstelle ich ihnen): nämlich Liebe, gebührende Zuwendung und Wertschätzung – hierbei sollten sie sich nicht begrenzen und sollten nicht die Beziehungsgestaltung reduzieren lassen.

Schluss

Zum Schluss noch ein Bild: Eine Familie mit einem halbwüchsigen Kind fährt aus irgendeinem Grund mit der Lehrerin mit dem Auto. Das Paar sitzt vorne. Die Frau hat die Karte und findet sich nicht zurecht. Der Mann kommt unter Stress: »Du hast die Karte – sag, wo's langgeht!« Der Jugendliche zappelt und stöhnt auf dem Rücksitz: »Wann sind wir da, wie lange noch?«, die Lehrerin gibt Kommentare. Die Frau hat vielleicht die Karte verkehrt herum in der Hand, die Lehrerin beugt sich nach vorne, mahnt zur Ruhe, verweist aber auf den Sachunterricht, wo man das Kartenlesen eigentlich gelernt haben sollte, und ermahnt den Mann zur Besonnenheit. Der Jugendliche hält sich stöhnend die Ohren zu. Der Mann lehnt sich weit zur Karte hinüber, um nun selbst nachzusehen, und kommt dabei vom Weg ab, das Auto schleudert und fährt in einen flachen Graben.

Version eins: Alle Beteiligten diskutieren bis zum Einbruch der Dunkelheit im Auto, wer nun schuld ist: Der, der gefahren hat? Die, die

die Karte nicht lesen kann? Die Lehrerin mit ihrer Einmischung? Der Jugendliche, der sich wie immer rausgehalten und nur genervt hat und ja auch mal was Konstruktives hätte sagen können?

Möglicherweise steigt einer aus, der die Schuld auf sich nimmt, und versucht alleine oder mit Beistand des Jugendlichen, dem ein neues Playstation-Spiel versprochen worden ist, das Auto aus dem Graben zu schieben. Die anderen haben nichts damit zu tun – sie sind ja schließlich nicht schuld. Und wenn sie nicht gestorben sind, dann mühen sie sich noch heute ...

Version zwei: Alle steigen aus, haben ein Interesse daran, dass sie ihr Ziel bald erreichen, und schieben gemeinsam, Schulter an Schulter, den Karren aus dem Dreck; sie feuern sich an, machen sich Mut, fluchen auch mal vor sich hin – und bekommen ihn tatsächlich wieder flott, auch wenn sie dabei ihre Kleidung geringfügig verschmutzen.

Literatur

Foerster, H. von (1999): Sicht und Einsicht. Versuche zu einer operativen Erkenntnistheorie. Heidelberg (Carl-Auer).

Lemme, M. u. A. Eberding (2006): Präsenz und Autorität. Gewaltfreier Widerstand gegen Gewalt und destruktive Verhaltensweisen in der Schule. *Pädagogik* 58 (2), 18–21.

Loth, W. (1998): Auf den Spuren hilfreicher Veränderungen. Das Entwickeln Klinischer Kontrakte. Dortmund (modernes lernen).

Loth, W. u. A. von Schlippe (2004): Die therapeutische Beziehung aus systemischer Sicht. *Psychotherapie im Dialog* 5 (2), 341–347.

Maturana, H. R. (1982): Erkennen: Die Organisation und Verkörperung von Wirklichkeit. Braunschweig/Wiesbaden (Vieweg).

Omer, H. u. A. von Schlippe (2004): Autorität durch Beziehung. Göttingen (Vandenhoeck & Ruprecht).

Satir, V. (1990): Kommunikation, Selbstwert, Kongruenz. Paderborn (Junfermann).

Schweitzer, J., A. von Schlippe u. M. Ochs (2006): Theorie und Praxis der Systemischen Psychotherapie. In: B. Strauß, F. Hohagen u. F. Caspar (Hrsg.): Lehrbuch Psychotherapie. Göttingen (Hogrefe).

White, M. u- D. Epston (1990): Zähmung des Monsters. Heidelberg (Carl-Auer).

19. »Ich hab Recht, und du bist schuld!« – Konfliktmanagement in der Schule

Andrea Ebbecke-Nohlen

In der Schule gibt es reichlich Gelegenheit, Konflikte zu erleben, zu erleiden und zu ertragen. Und es gibt auch viele Möglichkeiten, Konflikte zu eskalieren, zu schlichten und zu bewältigen. Dies gilt für SchülerInnen, LehrerInnen, Eltern und SchulleiterInnen ebenso wie für Coachingteams, die zum Konfliktmanagement hinzugezogen werden. Der systemische Ansatz hat zum Thema »Konfliktmanagement« einiges beizutragen, das die2 Arbeit von Coachingteams, LehrerInnen und auch Eltern im Umgang mit Konflikten erleichtern kann. Der vorliegende Beitrag startet mit einer systemisch-konstruktivistischen Definition des Konfliktbegriffs, die bei der subjektiven Wahrnehmung einer BeobachterIn ansetzt. Die Vielfalt von Beschreibungen und Bewertungen eines selben Geschehens, das sich jedoch für die verschiedenen Beteiligten jeweils unterschiedlich darstellt, wird im Sinne der Ressourcen- und Lösungsorientierung als nützlich und hilfreich für ein Konfliktmanagement angesehen. Anhand eines Beispiels aus dem Alltag einer Realschule werden die unterschiedlichen Sichtweisen bezüglich einer konkreten Konfliktsituation nachvollzogen. Ausgehend von einer Mobbingsituation in einer Schulklasse, wird die Entwicklung konkreter Spannungen und Auseinandersetzungen auf verschiedenen Ebenen des Schulsystems untersucht, die schließlich SchülerInnen, LehrerInnen, Eltern und Schulleitung erfassen und in der Folge zu einem Konfliktmanagement durch ein Coachingteam führen. Die einzelnen Schritte des Konfliktmanagements werden aufgezeigt, wobei den spezifischen Beziehungsmustern und Spielregeln und dem Thema Mobbing im Kontext Schule besondere Aufmerksamkeit geschenkt wird. Der detaillierten Auftragsklärung kommt dabei große Beachtung zu. Aufbauend auf den Prämissen eines systemischen Konfliktmanagements, werden die Planung und Durchführung eines Konfliktmanagementprojektes dargestellt.

Definitionen von Konflikten

Wann sprechen wir von einem Konflikt? In der Konfliktforschung gibt es unter den vielen Annäherungen an den Konfliktbegriff vor allem zwei Definitionen, auf die wir zurückgreifen und die wir im Anschluss für unseren Zweck weiterentwickeln wollen. Die erste ist die eher weit gefasste Definition Ralf Dahrendorfs, die sich auf Konflikte im Gesellschaftssystem bezieht. Er versteht unter einem Konflikt »jede Beziehung von Elementen, die sich durch objektive (latente) oder subjektive (manifeste) Gegensätzlichkeit bezeichnen lässt«, und geht davon aus, dass es in jedem System Konflikte gibt. Die Systeme unterscheiden sich lediglich darin, wie intensiv und gewaltsam mit den Konflikten umgegangen wird beziehungsweise auf welche Art sie geregelt werden. Er führt damit eine neue Perspektive ein, die Konflikte nicht mehr ausschließlich als krisenhaft und gefährlich ansieht, sondern potenziell als zentrale Elemente sozialen Wandels (Dahrendorf 1961, 1972).

Die zweite Definition von Konflikten, die wir aufgreifen, ist die von Friedrich Glasl (1998). Er spricht von einem sozialen Konflikt dann, wenn wenigstens ein Akteur (eine Partei, d. h. je eine Person, Gruppe ...) den Umgang mit einer Differenz so erlebt, dass er durch das Handeln eines anderen Akteurs dabei beeinträchtigt wird, die eigenen Vorstellungen, Gefühle oder Absichten zu leben oder zu verwirklichen. Glasl weist besonders darauf hin, dass die Wahrnehmungen, Interpretationen, Emotionen und Intentionen der Konfliktparteien durch den Konfliktprozess beeinflusst werden. Des Weiteren fokussiert er auf die Konfliktbewältigung und weniger auf die Differenzen als solche, indem er darauf hinweist, dass nicht das Bestehen von Differenzen das eigentliche Problem ist, sondern die Art und Weise, wie mit ihnen umgegangen wird.

Dahrendorf und Glasl neigen jedoch dazu, die Konflikte, die sie zum Gegenstand ihrer Forschung machen, zu verdinglichen. Sie sprechen von Akteuren als Systemelementen und von ihren Interaktionen, als seien dies objektiv fassbare Entitäten, und vernachlässigen dabei, dass wir es auch bei Konflikten stets nur mit unseren eigenen Erfahrungswirklichkeiten zu tun haben. Auch die Beschreibung und Bewertung von Konflikten unterliegt der subjektiven Wahrnehmung der Wirklichkeit, die von unserer Erfahrung, unserem Denken, Fühlen und Handeln geprägt ist, sodass, um mit Maturana (1987) zu sprechen, »der Versuchung der Gewissheit« zu widerstehen ist. Außerdem tendieren sowohl Dahrendorf als auch Glasl dahin, bei der Bearbeitung des Konfliktthemas die Differenzen und Gegensätzlichkeiten zu thematisieren und die Ähnlichkeiten und Gemeinsamkeiten der verschiedenen involvierten Akteure außer Acht zu lassen. Sowohl die Verdinglichung von Konflikten als auch ihre Reduktion auf Unterschiede erschweren jedoch in der konkreten Beratungspraxis das Konfliktmanagement.

Wir gehen davon aus, dass Konflikte in sozialen Kontexten im Sinne von Gegensätzlichkeiten oder Unvereinbarkeiten subjektiv empfunden, beschrieben und bewertet werden. Was der eine als Konflikt ansieht, hält der andere für normal. Woran der eine leidet, lässt den anderen kalt. Und wo der eine einen dringenden Handlungsbedarf im Sinne eines Konfliktmanagements sieht, denkt der andere, das wird sich von selbst regeln. Ob Zusammenstöße oder Unterschiedlichkeiten im Denken, Fühlen und Handeln als Konflikte erlebt, beschrieben und bewertet werden, hängt also von den jeweiligen Beteiligten und dem entsprechenden Kontext ab. In der Regel wird sogar dieselbe Begebenheit von den involvierten Akteuren unterschiedlich erlebt, sodass im gleichen Geschehen verschiedene Konfliktgeschichten mit unterschiedlichen Konfliktthemen und unterschiedlichen Konfliktentwicklungen parallel kommuniziert werden.

In den folgenden Überlegungen werden wir uns auf soziale Konflikte konzentrieren und psychische, bzw. innere Konflikte nicht näher untersuchen, auch wenn wir davon ausgehen können, dass sich äußere Konflikte in inneren widerspiegeln können und innere Konflikte sich in äußeren wieder finden lassen. Bei der Definition sozialer Konflikte unterscheiden wir Definitionsversuche, welche die Akteure und deren Wahrnehmung in den Mittelpunkt stellen und solche, die von BeobachterInnen ausgehen, die ein Geschehen beobachten, beschreiben und bewerten.

Wir betrachten im Folgenden einen sozialen Konflikt als dann gegeben, wenn ein Beobachter eine Interaktion zwischen verschiedenen Akteuren beobachtet und sie als Konflikt definiert, in der wenigsten einer der Beteiligten Unvereinbarkeiten hinsichtlich seines Denkens, Fühlens und Handelns mit mindestens einem anderen Beteiligten wahrnimmt und dies als Beeinträchtigung erlebt und artikuliert. Der Beobachter kann als außen Stehender im Sinne einer Zeugenschaft beteiligt sein, er kann selbst in den Konflikt einbezogen sein, und er kann in seiner jeweiligen Rolle die anderen sowie sich selbst beobachten. Vor allem als externer Beobachter hat er die Chance, mit einer gewissen Distanz Neugier zu entfalten, Hypothesen zu entwickeln, sich durch Nachfragen kundig zu machen, Strukturen und Beziehungsmuster wahrzunehmen und schließlich Ideen für Interventionen einzubringen.

Konflikte in der Schule

Im Schulsystem gibt es viele Akteure, LehrerInnen, SchülerInnen, Eltern und außerschulische Personen und Institutionen, wie z. B. Beratungsstellen, die an der Gestaltung des schulischen Alltags und damit auch an der Entstehung und Auflösung von Konflikten beteiligt sind. Um sich ein umfassendes Bild von einem Konflikt machen zu können, ist es daher hilfreich, mehrere Beteiligte zu befragen, verschiedene Geschichten zu hören und mehrere Perspektiven zu teilen. Die Nützlichkeit des Perspektivenwechsels gilt sowohl für außen Stehende, die zur Lösung des Konflikts herangezogen werden, als auch für die am Konflikt Beteiligten (Ebbecke-Nohlen 1999).

Zur Veranschaulichung eines Konfliktmanagements im Kontext Schule wird im Folgenden von einem nicht selten vorkommenden Geschehen in einer siebten Klasse einer Realschule ausgegangen:

> Eine Mitschülerin wird von einigen ihrer Klassenkameraden gemobbt und gerät darüber zunehmend in Verzweiflung. Diese Situation wird aus verschiedenen Perspektiven beleuchtet. Aus der Sicht der Beteiligten, d. h. der Schülerin, ihrer Mutter, der Lehrerin, des Lehrerkollegiums, der Psychologin, der Beratungslehrerin und des Schulleiters, werden unterschiedliche Geschichten erzählt, unterschiedliche Probleme thematisiert und unterschiedliche Akteure verantwortlich gemacht.
>
> Beginnen wir mit der Sicht der *13-jährigen Schülerin*, die in ihrer Klasse von ihren Mitschülern »fertig gemacht« wird. Sie bekommt mit, wie hinter ihrem Rücken über sie getuschelt, wie sie lächerlich gemacht wird, wenn sie etwas sagt, und wie sie ausgeschlossen wird, wenn Gruppen gebildet werden sollen. Vordergründig geht es dabei um ihr Übergewicht und um ihre Haare. Sie ist verzweifelt und weiß sich nicht mehr zu helfen. Weinend erzählt sie zu Hause ihrer Mutter, dass ihre Klassenkameraden sie immer ärgern und sie in der Schule keiner mag, dies sei schon seit Beginn des neuen Schuljahres so. Sie traut sich nicht, der Klassenlehrerin von den Vorkommnissen zu erzählen, und möchte auch nicht, dass die Mutter in die Schule geht und mit der Lehrerin spricht.
>
> Schockiert über die Vorkommnisse in der Schule, setzt sich die *Mutter* über den Wunsch ihrer Tochter hinweg, geht in die Schule und berichtet der Lehrerin empört von dem Mobbing gegen ihre Tochter. Die Mutter gewinnt den Eindruck, dass die Lehrerin vor den Ereignissen die Augen

verschließt und sie nicht verstehen will. Sie fühlt sich dadurch in ihrer mütterlichen Verantwortung infrage gestellt.

Die *Lehrerin* erlebt die Ausführungen der Mutter als Angriffe und betont, dass sie in ihrer Klasse von Mobbing nichts bemerkt habe. Sie spricht die gesundheitlichen Probleme der betroffenen Schülerin wegen des Übergewichts an und schlägt der Mutter vor, mit ihrer Tochter eine Ernährungsberaterin aufzusuchen. Sie merkt, dass ihre Vorschläge bei der Mutter nicht gut ankommen. In einer kurz nach dem Gespräch stattfindenden Lehrerkonferenz, in der die Schülerin erneut Thema ist, wiederholt sie ihren Standpunkt.

In der *Lehrerkonferenz* berichtet die Sportlehrerin von den Schwierigkeiten der Schülerin, die wegen ihres Übergewichts am Sportunterricht nur bedingt teilnehmen könne und die sich durch ihr passives Verhalten zu einer Außenseiterin mache. Sie weist zudem auf die Auswirkungen in der Klasse hin und fragt, wie die Kollegen die Situation sehen und was sie unternehmen. Ein anderer Lehrer wendet ein, dass sich die Klasse in seinem Unterricht durchaus angepasst und unauffällig verhalte. Ein weiterer Lehrer schätzt die Situation dahin gehend ein, dass er zwar das Problem sehe, sich seiner Erfahrung nach solche Dinge jedoch auswachsen und man da am besten nicht eingreifen solle. Einige Lehrer sehen kein Problem, einige sehen eines und andere meinen, man solle sich nicht einmischen.

Für die *Schülerin* spitzt sich die Situation in ihrer Klasse in den folgenden Wochen weiter zu. Sie traut sich wegen der Sticheleien nicht mehr, aktiv am Unterricht teilzunehmen, und weigert sich manchmal, überhaupt in die Schule zu gehen. Das gute Zureden der Mutter bewirkt keinen Sinneswandel, aber auf ihre Initiative hin suchen sie gemeinsam eine Psychologin in einer Beratungsstelle auf.

Aus Sicht der *Psychologin* liegt eine Möglichkeit, die Dinge zum Positiven zu wenden, darin, mit dem Mädchen an seinem Selbstwertgefühl zu arbeiten und mit ihm Möglichkeiten durchzusprechen und zu üben, wie es sich gegen die Angriffe der Mitschüler wehren kann. Sie ermutigt die Mutter, sich in der Frage des Mobbings nochmals an die Schule, gegebenenfalls an den Beratungslehrer zu wenden.

Für den *Beratungslehrer* ist das Klima in der betroffenen Klasse kein neues Thema. Es gab bereits Gespräche mit anderen Schülerinnen und auch einem weiteren Elternpaar über die wenig förderliche Lernatmosphäre in dieser Klasse. Der Beratungslehrer hat schon einige Vorstöße unternommen, seine Kollegin, die in dieser Klasse als Klassenlehrerin tätig ist, für die Probleme zu sensibilisieren, ist dort aber auf taube Ohren gestoßen. Er macht daraufhin die Schulleitung auf das Problem aufmerksam und informiert sie darüber, dass es Coachingangebote für Konfliktmanagement an Schulen gibt.

Aus Sicht des *neuen Schulleiters* ist Mobbing ein ernstes Thema, dessen er sich annehmen will. Er greift die Ideen des Beratungslehrers auf und möchte in seiner Schule Konfliktmanagement als Methode für Schüler und Lehrer nutzen. Er hat dafür die Unterstützung des Beratungslehrers und einiger weiterer Kollegen. Einige LehrerInnen halten wenig von einem solchen Programm, und etwa ein Drittel des Lehrerkollegiums zeigt sich eher uninteressiert. Der Schulleiter gibt dem Beratungslehrer den Auftrag, Kontakt zu einem Coachingteam aufzunehmen, das Konfliktmanagement an Schulen anbietet, mit dem Ziel, in der Klasse, in der die Konflikte rund um das Mobbing der Mitschülerin entstanden sind, ein solches Konfliktmanagement durchzuführen. Er stellt auch in Aussicht, dass bei erfolgreicher Arbeit Folgeaufträge seitens der Schule möglich sind.

Vorbereitung und Durchführung des Konfliktmanagements

Die Durchführung eines so umfangreichen Konfliktmanagementprojekts vonseiten eines Coachingteams erfordert mehrere Schritte:

- Hypothesenbildung zu Konflikt- und Mobbingsituationen im Kontext Schule
- Auftragsklärung mit Kontextanalyse durch zirkuläres Fragen
- Prämissen systemischen Konfliktmanagements
- Kriterien für ein erfolgreiches Konfliktmanagement
- Planung der Interventionen
- Durchführung der Interventionen
- Reflexion und Evaluierung der Interventionen.

In den folgenden Abschnitten gehen wir auf einzelne dieser Schritte näher ein. Viele Vorgehensweisen werden dabei als Optionen formuliert. Was im konkreten Fall eines Coachings aufgegriffen wird, hängt von der Wahrnehmung der Akteure und vom jeweiligen Kontext ab.

Hypothesenbildung

Die Hypothesen, die auf der Basis von Vorinformationen, Berufserfahrung und weiteren Recherchen gebildet werden, können vorläufig formuliert und in der konkreten Arbeit überprüft werden. Bei der Überprüfung geht es allerdings nicht darum herauszufinden, ob sie falsch oder richtig sind, d. h., ob sie bestätigt oder verworfen werden können, sondern vielmehr darum, ob sie sich für die konkrete Arbeit als nützlich erweisen und Entstehungs- und Aufrechterhaltungszusammenhänge und Veränderungsmöglichkeiten erhellen. Sie sollen weiterhin ein geplantes Vorgehen unterstützen, die Neugier auf das System und seine Themen wecken und in ihrer Vielfalt neue Lösungsräume eröffnen.

Hypothesen zu Beziehungsregeln im System Schule

Einige Hypothesen lassen sich rund um die ungeschriebenen Beziehungsregeln bilden, die sich im System Schule häufig finden. Eine für den Schulkontext passende Hypothese könnte lauten: »Regeln, die sich aus dem Lernstoff ableiten, werden auf die Beziehungsebene übertragen«, unter dem Motto: »Es gibt nur ein richtiges Ergebnis, und das kenne ich bereits. Ich muss also nicht weiter fragen, um zu erfahren, was los ist.« »1 + 1 = 2« gilt zwar in der Mathematik, aber nicht unbedingt im zwischenmenschlichen Kontext. Eine zweite Hypothese könnte heißen: »Im Kontext Schule meinen Lehrer, alles wissen und demzufolge Schüler laufend belehren zu müssen.« Ein solches Rollenverständnis aufseiten der Lehrerschaft birgt die Gefahr, eigenständiges Denken beim Gegenüber klein zu halten und die Mitverantwortung der SchülerInnen für ihr Klassenklima weder hervorzuheben noch zu unterstützen. Auch die lineare Ursache-Wirkungs-Argumentation in den Naturwissenschaften ist für die Lösung komplexer Probleme auf der Beziehungsebene in der Regel nicht hilfreich. So könnte eine dritte Hypothese formuliert werden: »Wenn ich Recht habe, dann kann der Fehler nur bei dir liegen.« Sätze wie »Ich hab Recht, und du bist schuld« tragen demnach auch nicht wirklich zur Lösung von Konflikten bei. Eine vierte Hypothese könnte so benannt werden: »Wenn ich keine Lösung für ein Problem weiß, schaue ich lieber erst gar nicht hin.« Alle bereits formulierten Regeln verweisen auf eine fünfte Hypothese: »Entweder etwas ist richtig, oder es ist falsch.«

Hypothesen zu isomorphen Mustern im System Schule

Weitere Hypothesen lassen sich aus der Erfahrung ableiten, dass sich in stabilen Systemen wie Schulen gern isomorphe Muster, d. h. strukturähnliche Muster, auf verschiedenen Beziehungsebenen bilden. Die oben formulierten Regeln können in der Beziehungsgestaltung aller bereits erwähnten möglichen Akteure ihre Wirkung entfalten: der SchülerInnen, Eltern, LehrerInnen und außerschulischen Personen und Institutionen, wie z. B. Beratungsstellen. Wir können diese Regeln also nicht nur in den Beziehungen zwischen LehrerInnen und SchülerInnen, sondern auch unter SchülerInnen oder unter LehrerInnen oder zwischen Beratungsstelle und Schule finden. So wird entsprechend den oben genannten Beziehungsregeln im vorliegenden Konfliktbeispiel wenig nachgefragt, wo die Bedürfnisse des jeweiligen Gegenübers liegen, es wird gern die Schuld am Geschehen bei den anderen gesehen und auch gern über den Kopf der anderen hinweg gehandelt.

Hypothesen zum Mobbing im System Schule

Auch zum Thema Mobbing in der Schule lassen sich weitere Hypothesen bilden. Forschungsergebnisse zeigen auf, dass im System Schule jede zehnte Person gemobbt wird (Lauper 2001). Sowohl Schüler als auch Lehrer können im doppelten Sinne betroffen sein. Sie können sowohl Ziel als auch Auslöser von Mobbingaktivitäten sein. Von Lehrern ausgehende Mobbingaktivitäten können nach Lauper z. B. sein: Probleme systematisch zu ignorieren, wegzureden, als inexistent darzustellen, Schuldzuweisungen gegenüber dem Mobbingopfer auszusprechen, Schutz zu verweigern etc. Zu Mobbinghandlungen, die von Schülern initiiert werden, können z. B. zählen: hinter dem Rücken von jemanden schlecht zu reden, jemanden lächerlich zu machen, bloßzustellen, sich über etwas Persönliches lustig zu machen, z. B. Frisur, Gewicht, Körperform. Die genannten Beispiele sind in der Regel feste Bestandteile des Lebens in der Schule. Ob sie als Mobbing benannt und bewertet werden, hängt sicher von der Massivität ihres Auftretens und von dem subjektiven Erleben der Betroffenen ab.

Zum Thema Mobbing passt als Beziehungsregel das im Schulsystem häufig anzutreffende Entweder-oder-Muster sehr gut. Eine Hypothese das Mobbing betreffend könnte dementsprechend lauten: »Mobbing wird lediglich als Täter-Opfer-System begriffen.« Durch die Reduktion eines Mobbings auf die Betrachtung der Täter-Opfer-Dyade wird jedoch die Komplexität eines solchen Geschehens in einer unangemessenen Weise reduziert. Die Rolle von Dritten und die Spielregeln des Systems werden dadurch unberücksichtigt gelassen und können somit auch nicht für die Lösung des Konfliktes herangezogen werden. Weitere Hypothesen können über die verschiedenen möglichen Interessen der Beteiligten gebildet werden: »Das Mobbinggeschehen wird von der Klassenlehrerin ignoriert, weil sie auf ihren Lehrplan konzentriert ist.« Oder: »Die Mobbingvorfälle werden von einigen Lehrern übersehen, weil sie nicht wissen, wie sie darauf sonst reagieren sollen.« Das Nichtbeachten von Mobbing durch dritte Personen, seien es Lehrer oder Mitschüler, hängt oft mit deren erlebter Hilflosigkeit zusammen, wird aber von den Betroffenen in der Regel als Parteinahme und als Zeichen für Abneigung gewertet und von den Initiatoren des Mobbings als Einverständnis mit ihrem Tun. Weitere Hypothesen können über die verschiedenen möglichen Settings für die Auftragsklärung und über ihre Vor- und Nachteile gebildet werden.

Auftragsklärung mit Kontextanalyse durch zirkuläres Fragen

Im Falle eines Konfliktmanagementprojektes mit einer einzelnen Schulklasse ist es zu empfehlen, auftragsklärende Gespräche mit den Auftraggebern zu führen, in denen über die Vorerfahrungen der Auftraggeber, d. h. über Befürchtungen und Erwartungen einem solchen Projekt gegenüber, über wünschenswerte Ziele und auch über seine Grenzen, gesprochen werden kann. Es wäre ein Irrtum, zu glauben, dass diejenigen, die von ihrer Leitung für ein Konfliktmanagement vorgesehen sind, darüber besonders beglückt wären. Oft herrscht noch nicht einmal Einigkeit in der Einschätzung der Situation und ihrer Benennung als Konflikt. So kommt der Auftragsklärung schon im Vorfeld der eigentlichen Intervention in der Klasse eine wichtige Bedeutung zu.

Der erste auftragsklärende Schritt findet bereits am Telefon statt. Nach einer kurzen Schilderung der Situation und Formulierung des Anliegens durch den Anrufer, der als Delegierter des Systems betrachtet werden kann, ist es wichtig, als erste Vereinbarung ein Treffen zu planen mit dem Ziel, den Auftrag für das Konfliktmanagementprojekt mit den dafür zentralen Personen zu besprechen. Noch am Telefon könnte es hilfreich sein, folgende Fragen zu stellen: Was wäre ein wünschenswertes Ergebnis für ein solches Gespräch für Sie selbst, den Schulleiter, die betroffene Klassenlehrerin? Welche Personen sollten daran teilnehmen? Angenommen, wir wollten das erwünschte Ergebnis verfehlen, was müssten wir dafür tun? Angenommen, wir wollten das erwünschte Ergebnis erreichen, was sollten wir dann bedenken?

Wer schließlich zu dem auftragsklärenden Gespräch dazukommen soll, hängt von den in der Vorbereitung gebildeten Hypothesen des Teams ab und von den Ideen, die diejenige Person, mit der ein Telefonkontakt zustande kam, eingebracht hat. Im vorliegenden Falle könnte es sinnvoll sein, den Schulleiter, den Beratungslehrer und die

Klassenlehrerin zum Erstgespräch einzuladen, um herauszufinden, welche weiteren Schritte vonseiten der Schule ins Auge gefasst werden können. Es ergibt Sinn, am Anfang des Gesprächs – angesichts der vermutlich sehr unterschiedlichen Vorbedingungen und der zu erwartenden Skepsis der Klassenlehrerin – zum Zweck der Transparenz die Vorgeschichte des Treffens kurz zu resümieren und nochmals jeden Anwesenden zu fragen, was in diesem Gespräch besprochen werden soll, damit er bzw. sie am Ende des Gesprächs sagen kann, dass es etwas gebracht habe. Ebenfalls sinnvoll ist es, an dieser Stelle einige Prämissen der Vorgehensweise des Coachingteams vorzustellen, um über die Arbeitsweise zu informieren und ein konstruktives Gesprächsklima zu begünstigen.

Prämissen systemischen Konfliktmanagements im Kontext Schule

Folgende Prämissen gelten für das systemische Konfliktmanagement:

- Systemisches Konfliktmanagement arbeitet lösungs- und ressourcenorientiert.
- Es hat Gewaltfreiheit und die Schaffung eines konstruktiven Schulklimas zum Ziel.
- Gegenüber den verschiedenen Wegen dorthin zeigt es sich offen.
- Die Befürchtungen und Erwartungen aller Beteiligten werden erfragt und berücksichtigt.
- Als Ausgangspunkt für jeweilige weitere Schritte dient die Klärung der Anliegen bzw. der Aufträge.

Die Bedeutung der Vorerfahrung der Auftraggeber

Zur Kontextanalyse und Auftragsklärung gehören die Fragen nach den Vorerfahrungen der Beteiligten, d. h. nach ihren Befürchtungen und Erwartungen, unabdingbar dazu. Sie ermöglichen die Festlegung von Zielen und, was noch wichtiger ist, die Schaffung von Lösungsräumen. Durch die Frage nach den Befürchtungen erfährt das Coachingteam etwas über die guten und schlechten Vorerfahrungen seiner Auftraggeber und kann so die daraus entstandene Skepsis würdigen. Zusätzlich erfährt es noch etwas darüber, was im geplanten Konfliktmanagement möglichst nicht geschehen soll, da es schon einmal nicht erfolgreich war. Auf die Frage nach den Befürchtungen kommt als Antwort häufig, dass es gar keine Skepsis gebe und dass man ganz offen sei für das, was da komme. Diese Antwort scheint zunächst sehr erfreulich und wünschenswert, ist aber für ein Coachingteam die am wenigsten hilfreiche. In der Regel bedarf es dann einer weiteren Begründung, wofür die skeptischen Überlegungen der Auftraggeber für das Coachingteam wichtig sind, nämlich z. B. um den Handlungsspielraum abzustecken und um Unerwünschtes zu vermeiden, und es bedarf vor allem einer weiteren Einladung, die vorhandene Skepsis doch zu äußern. Die Befürchtungen der Auftraggeber gehen im Falle eines Konfliktmanagements häufig dahin, dass es scheitern könnte und dass anschließend die Dinge schlimmer lägen als vorher. In diesem Falle wäre es gut, aus den Erfahrungen der Auftraggeber zu lernen, wie man im konkreten Falle das geplante Konfliktmanagement zum Scheitern bringen könnte, um dann im nächsten Schritt zu erarbeiten, was alles dazu gehören würde, um es zum Erfolg zu führen.

Die Erwartungen an ein Konfliktmanagement können ganz unterschiedlich sein, sie reichen von hehren ideellen Wünschen, wie z. B. »Konfliktfreiheit und Harmonie«, »Frieden und Gerechtigkeit«, bis zu eher egoistischen, wie z. B. »gewinnen und in einem Konflikt der Stärkere sein«, vordergründig altruistischen Hoffnungen, wie z. B. »dass der andere endlich etwas einsieht und sich ändert«, und ganz pragmatischen, wie z. B. »dass die Aufgaben wieder im Vordergrund stehen, der Lehrplan eingehalten werden kann«. Erwartungen sollten daher nicht mit Zielen verwechselt werden, sie können allerdings helfen, Lösungsräume zu markieren, in denen Ziele verwirklicht werden können. Ziele ihrerseits sollten konkret sein, erreichbar und untereinander abgestimmt. Vor allem, wenn Erwartungen auf die Veränderung anderer hinzielen, könnte daran erinnert werden, dass wir andere Menschen nicht ändern können, auch nicht im Kontext Schule. Wir können lediglich Einladungen aussprechen oder mit Sanktionen drohen, aber ob andere unseren Erwartungen nachkommen, entscheiden sie immer noch selbst. Sind die Wünsche an ein Konfliktmanagement zu hoch gegriffen und eigentlich unerfüllbar, ist es eher hinderlich, sie so stehen zu lassen. In diesem Falle ist es oft nützlich, mit Erwartungsenttäuschungen zu arbeiten und nach zweitbesten Lösungen zu fragen (Schmidt 2005).

Auftragsklärung im Planungserstgespräch

Im vorliegenden Fall könnte das Coachingteam im Erstgespräch zunächst alle Beteiligten fragen, wie sie den Status quo beschreiben und bewerten, womit sie zum gegenwärtigen Zeitpunkt zufrieden sind und was sie gern anders hätten. Es könnte als Nächstes die Frage stellen, wie sie die Zukunft beschreiben würden, in der sich die Dinge in ihrem Sinne entwickelt hätten, wer dann was wie anders mache und was möglicherweise auch gleich bleiben könne. Und es könnte nicht zuletzt nach der eigenen Rolle in der erwünschten Zukunft fragen: »Angenommen, Ihre Erwartungen würden erfüllt, was würden Sie selbst dann anders machen?« Das Coachingteam kann in der Folge jeweils die verschiedenen Sichtweisen zusammenfassen und wertschätzen. Es kann die Gemeinsamkeiten dahin gehend betonen, dass sie die Basis für ein vereintes Vorgehen bilden, und die Unterschiede positiv konnotieren, da sie verschiedene Perspektiven auf die gegebene Situation verdeutlichten und daher auf mehrere Lösungswege verwiesen. Die Skepsis der Klassenlehrerin kann auf diese Weise mit in der Lösungsfindung berücksichtigt werden. Durch die Einbindung gerade der skeptischen Personen wird eine Umgestaltung der gegebenen Situation für alle Beteiligten leichter möglich.

Ein Ergebnis eines erfolgreichen Planungserstgesprächs könnte möglicherweise sein, dass die Klassenlehrerin Unterstützung annehmen will in Bezug auf das Ansprechen des Konflikts in ihrer Klasse, da sie ihn nach dem Gespräch anders wahrnimmt und einschätzt. Ein zweites Ergebnis könnte darin liegen, dass der Schulleiter einem Modellprojekt für die betroffene Klasse zustimmt, in dem das Coachingteam die Klasse mit dem Thema »Konflikte konstruktiv bewältigen« bekannt macht und zusammen mit der Klassenlehrerin und den Schülern Spielregeln aufstellt, wie die Mitschüler miteinander umgehen werden, wenn sie sich für das Ziel »Gewaltfreiheit und konstruktives Klassenklima« engagieren (Ebbecke-Nohlen 2000). Und ein weiteres Ergebnis könnte darin liegen, anlässlich des jährlichen Projekttages dem Lehrerkollegium ein Vorgehen vorzustellen, wie jeder Lehrer in seiner eigenen Klasse das Ziel »Gewaltfreiheit und konstruktives Klassenklima« bekannt machen, umsetzen und mit seiner Klasse entsprechende Regeln erarbeiten kann. Die Klassenlehrerin könnte als Expertin für ein bereits erfolgreiches Konfliktmanagement eine besondere Rolle in der Vermittlung entsprechender Erfahrungen spielen. Das Gleiche könnte für die Klasse selbst gelten, die als Erste dieses wichtige Projekt umgesetzt hat.

Kriterien für ein erfolgreiches Konfliktmanagement

Im Laufe des Planungserstgesprächs kann das Coachingteam die für seine Arbeit wichtigen Überlegungen für ein erfolgreiches systemisches Konfliktmanagement einfließen lassen:

- Konfliktpositionen können aus einer Menge ähnlicher und unterschiedlicher Elemente bestehen, sie sind in sich nicht zwangsläufig homogen.
- An Konflikten beteiligte Personen können neben unterschiedlichen Interessen in der Regel auch gemeinsame Ziele haben.
- Konflikte können verschiedene Funktionen haben.
- Konflikte können Lösungsversuche sein.
- Konflikte müssen sich nicht auflösen, können aber bewältigt werden.

In einem erfolgreichen Konfliktmanagement kann es folglich nicht darum gehen, Recht zu haben, sondern eher darum, gute, verständliche Argumente zu formulieren und dem Gegenüber zuzuhören. Es kann auch nicht darum gehen, dem anderen Schuld zu geben, sondern darum, selbst Verantwortung zu übernehmen.

Durchführung der Interventionen

Mit dem geplanten Konfliktmanagement soll nicht nur das beanstandete Mobbinggeschehen in der betroffenen Klasse unterbunden werden, es sollen auch präventiv für die Zukunft Strukturen geschaffen werden, die Gewaltfreiheit und ein konstruktives Klassenklima ermöglichen. Dazu werden die bereits vorhandenen und noch zu schaffenden Ressourcen exploriert und Zwischenziele vereinbart. Des Weiteren werden mit der Klasse Verhaltensregeln erarbeitet und aufgestellt sowie Maßnahmen bei Regelverstößen diskutiert und festgelegt. Erste und weitere Lösungsschritte werden in der Folge konkretisiert. In einer Zwischenbilanz und später in einer Schlussbilanz können dann die Auswirkungen der einzelnen Schritte evaluiert werden.

Die Startbedingungen sind in der konkreten Arbeit mit Schulklassen und ihren Lehrern besonders brisant. Es ist daher wichtig, einen guten Einstieg zu finden. Dafür ist es hilfreich, der betreffenden Klasse deutlich zu machen, worum es geht und warum das Coachingteam in der Klasse ist, und dabei eine klare Sprache zu sprechen, ohne Schuldige zu benennen oder Betroffene persönlich hervorzuheben. Das Unterfangen kann als ein Modellprojekt zum Konfliktmanagement vorgestellt werden, das von der Schulleitung und der Klassenlehrerin besonders unterstützt wird mit dem Ziel, zusammen mit den Schülern ein konstruktives Klassenklima und Gewaltfreiheit zu schaffen, und das im Anschluss auch in anderen Klassen durchgeführt werden soll. An der ernsthaften Auseinandersetzung mit dem Thema sollte es keinen Zweifel geben, und gleichzeitig sollte in der Begegnung zwischen Coachingteam, Lehrerin und Klasse der Humor nicht zu kurz kommen.

Auch in der Arbeit mit der Klasse geht es zunächst darum, den Auftrag zu klären. Die Frage könnte also zunächst lauten: »Was müssten wir heute angesichts des vorgegebenen Ziels besprechen, damit ihr am Ende des Schultags sagt, das hat uns etwas gebracht?« Die nächsten Schritte sind dadurch gekennzeichnet, die bereits vorhandenen Ressourcen ausfindig zu machen. Dazu zählen zunächst die Dinge, die von den Schülern in ihrer Klasse als positiv erlebt werden: »Was gefällt euch an eurer Schule, in eurer Klasse besonders gut?« Mit der Frage »Was tragt ihr selbst dazu bei?« wird der Blick auf das eigene konstruktive Verhalten gelenkt, das zu dem Erwünschten beitragen kann. Die nächsten Fragen »Was würdet ihr euch anders wünschen?« und »Was könntet ihr dazu beitragen, damit es in Erfüllung geht?«, greifen die Dinge auf, die als Defizit erlebt werden, ohne dass aber ihr Mangel beklagt würde. Vielmehr werden sie in Wünsche transformiert, zu deren Vollzug man möglicherweise auch noch selbst beitragen kann. Schließlich können die positiven Erfahrungen, die die Schüler bereits mit der Schule verbinden, genutzt werden für die Erfüllung ihrer Wünsche bezüglich der Dinge, die sie anders haben wollen. »Wie habt ihr es geschafft, das herzustellen, was euch bereits gut gefällt?« »Was musstet ihr konkret dafür tun?« »Welches konkrete Verhalten gehörte von eurer Seite dazu?« »Wie könntet ihr das, was bereits gut funktioniert, nutzen für die Dinge, die ihr euch anders wünscht?« »Welches konkrete Verhalten würde dazugehören?« Die Antworten auf diese und ähnliche Fragen können teils mit der ganzen Klasse, teils in parallelen Kleingruppen erarbeitet werden. Wichtig ist, die Ergebnisse jeweils auf Wandzeitungen festzuhalten. Zwischen den einzelnen Schritten von den bereits vorhandenen zu den noch zu schaffenden Ressourcen können bei Bedarf motorische oder konzentrationsfördernde Gruppenspiele eingebaut werden.

Hilfreich kann auch sein, mit der Klasse darüber zu sprechen, dass Konflikte auch im Sinne von Lösungsversuchen für etwas gut sein können. Anhand eines von der Klasse genannten Beispiels kann danach gesucht werden, welche Bedürfnisse hinter einem konkreten Konfliktverhalten stehen können. Konflikte können z. B. Ausdruck von Befürchtungen sein, die eigenen Interessen zu vernachlässigen, sich selbst zu verraten, für unsicher gehalten zu werden, an Wichtigkeit zu verlieren oder jemanden nicht schützen zu können etc. Sie können aber auch Erwartungen zum Ausdruck bringen, z. B. Aufmerksamkeit zu bekommen, Grenzen zu setzen, eigene Machtpositionen zu verteidigen oder auszubauen, Temperament oder Engagement zu zeigen oder von anderen Themen abzulenken etc.

Ein weiterer Weg, der es einer Klasse erleichtern kann, ein gutes Klassenklima zu haben, kann über die Erstellung von Spielregeln führen. Regeln erleichtern es den Schülern, sich selbst und die anderen daran zu erinnern, was sie sich vorgenommen haben. Und sie vereinfachen es, auf unerwünschtes Verhalten von Mitschülern aufmerksam zu machen. Ein kleiner Hinweis mit der Bemerkung »Schau mal, was da auf der Wandzeitung steht!« kann dann schon dafür ausreichen, den entscheidenden Wink zu geben. Parallel zur Formulierung von Regeln können auch zusammen mit der Klasse Sanktionen festgelegt werden, die erfolgen, wenn die Regeln verletzt werden.

Bei der Aufstellung von Regeln in Schulklassen ist es wichtig, sie nicht *vorzugeben*, sondern sie zusammen mit den Schülern zu *erarbeiten* und möglichst alle Schüler daran zu beteiligen. Die Regeln sollten möglichst positiv formuliert sein und keine »Denke-nicht-an-Blau«- Botschaften enthalten. Negativ ausgedrückte Ziele, wie z. B. »Wir wollen einander nicht provozieren«, können immer wieder dazu verführen, daran zu denken, zu provozieren, und es dann möglicherweise auch zu tun. Es könnte durchaus sinnvoll sein, zunächst nur wenige Regeln aufzustellen, die bei Bedarf noch ergänzt werden können. Es sollten aber insgesamt nicht mehr als zehn sein. Folgende Regeln könnten in Zusammenhang mit den vorgegebenen Zielen formuliert werden:

Regeln für Gewaltfreiheit und ein konstruktives Klassenklima

- Wir akzeptieren uns gegenseitig.
- Wir helfen, wenn jemand Hilfe braucht.
- Wir hören einander zu.
- Wir reden miteinander, bevor es kracht.
- Wir behandeln die anderen so, wie wir selbst behandelt werden wollen.
- Wir setzen einander Grenzen.
- Wir lachen miteinander, nicht übereinander.
- Etc.

Reflexion und Evaluierung der Interventionen

Nach einem vorher bestimmten zeitlichen Abstand von etwa vier Wochen könnte ein weiteres Treffen des Coachingteams mit der Lehrerin und der Klasse stattfinden, bei dem die Entwicklungen seit dem ersten Treffen besprochen werden. Die Regeln können dann bei Bedarf verändert, d. h. erweitert oder konkretisiert werden, und die Klasse kann mit ihrer Lehrerin zusammen darin wertgeschätzt werden, was schon gut umgesetzt wird. Es können auch die Dinge aufgegriffen werden, die noch »ausbaufähig« sind. Reflexionsstunden können später auch ohne das Coachingteam in regelmäßigen Abständen stattfinden mit dem Ziel, den Austausch untereinander zu fördern und die Aufmerksamkeit für das Thema wach zu halten. Bei Bedarf kann nach Abschluss des gesamten Konfliktmanagementprojekts noch ein Evaluierungsgespräch mit der Schulleitung stattfinden.

Literatur

Dahrendorf, R. (1961): Gesellschaft und Freiheit. München (Piper).

Dahrendorf, R. (1972): Konflikt und Freiheit: Auf dem Weg zur Dienstklassengesellschaft. München (Piper).

Ebbecke-Nohlen, A. (1999): Gender und Perspektivenwechsel in der Supervision. *Zeitschrift für systemische Therapie* 17 (4): 258–267.

Ebbecke-Nohlen, A. (2000): Systemische Teamsupervision – Ein Spiel mit den Spielregeln. In: M. Vogt-Hillmann (Hrsg): Gelöst und los – Systemische und lösungsorientierte Perspektiven in Supervision und Organisationsberatung. Dortmund (Borgmann).

Glasl, F. (1997): Konfliktmanagement. Ein Handbuch für Führungskräfte, Beraterinnen und Berater. Stuttgart (Freies Geistesleben)/Bern (Haupt).

Glasl, F. (1998): Selbsthilfe in Konflikten: Konzepte – Übungen – praktische Methoden. Stuttgart (Freies Geistesleben)/Bern (Haupt).

Lauper, E. (2001): Mobbing im Bildungsbereich. Verfügbar unter: www.mobbing-info.ch/html/bildung.html [1.8.06].

Maturana, H. R. (1987): Kognition. In: S. J. Schmidt (Hrsg): Der Diskurs des radikalen Konstruktivismus. Frankfurt a. M. (Suhrkamp).

Schmidt, G. (2005): Liebesaffären zwischen Problem und Lösung. Hypnosystemisches Arbeiten in schwierigen Kontexten. Heidelberg (Carl-Auer).

Über die Autoren

Maria Aarts
Direktorin des Marte-Meo-Netzwerks. Sie lebt in Eindhoven (NL).
aartsmh@trel.nl, www.martemeo.com

Peter Bünder
Dr., Jahrgang 1949, Diplom-Sozialarbeiter, Diplom-Pädagoge; Familientherapeut (DGSF), Marte Meo Lisenced Supervisor, Professor für das Fachgebiet Erziehungswissenschaft an der Fachhochschule Düsseldorf, Fachbereich Sozial- und Kulturwissenschaften.
peter.buender@koelner-verein.de

Olaf Düring
Jg. 1960, Diplom-Psychologe, Psychologischer Psychotherapeut und Kinder- und Jugendlichenpsychotherapeut; Tätigkeit in psychosomatischen Reha-Kliniken, u. a. psychosomatische Abteilung der Kinderklinik Lüdenscheid. Seit 1999 Leitung einer Familienberatungsstelle in Osnabrück. Weiterbildung in Psychodrama; Ausbildung am Weinheimer Institut für Familientherapie; Marte-Meo-Therapeut.
duering@online.de

Andrea Ebbecke-Nohlen
Jg. 1950, Diplom-Psychologin, Studium der Sprachen und der Politischen Wissenschaft. Psychologische Psychotherapeutin für systemische Einzel-, Paar- und Familientherapie, Lehrtherapeutin des Helm Stierlin Instituts (hsi) und der Systemischen Gesellschaft (SG), Lehrende Supervisorin u. Lehrender Coach (hsi, SG), 1. Vorsitzende des hsi.
info@ebbecke-nohlen.com, www.ebbecke-nohlen.com

Ulrike Eisentraut
Dr., Jg. 1953; Fachärztin für Kinder- und Jugendmedizin, Systemische Einzel-, Paar- und Familientherapeutin in eigener Praxis. Besondere Arbeitsschwerpunkte: Hypnotherapie und Systemaufstellungen, Seminare und Vorträge für verschiedene Fort- und Weiterbildungsinstitute, u. a. Helm Stierlin Institut und Ärztekammer.
ulrike.eisentraut@t-online.de

Susanne Flath
Jg. 1966, Diplom-Sozialpädagogin, Kinderkrankenschwester, seit 2001 Leiterin der Gruppenarbeit der Mobilen Praxis in Darmstadt.
mobilepraxis@gmx.de

Petra Girolstein

Jg. 1961, Diplom-Sozialpädagogin, Familientherapeutin, appr. Kinder- und Jugendlichenpsychotherapeutin, Supervisorin, Lehrbeauftragte und Seminarleiterin an verschiedenen Weiterbildungsinstituten. Seit 1999 eine der beiden Geschäftsführerinnen der Mobilen Praxis gem. GmbH in Alsbach. Arbeit in freier Praxis.

pegirolstein@web.de

Michael Grabbe

Diplom-Psychologe, Psychologischer Psychotherapeut, Yogalehrer (KYM Madras); langjähriger Lehrtherapeut und Lehrender Supervisor (IFW, SG) am Institut für Familientherapie Weinheim; 2. Vorsitzender der Systemischen Gesellschaft (SG); Systemische Therapie, Beratung, Coaching und Supervisionen in eigener Praxis in Melle/Osnabrück und im Lehrpraxisverbund.

michael.grabbe@if-weinheim.de

Jürgen Hargens

Jg. 47, Psychologischer Psychotherapeut, eigene Praxis seit 1979, Fortbilder, Supervisor, verschiedene Publikationen, Gesellschafter bei F.I.S.A. (Flensburger Institut für systemisches Arbeiten).

juergenhargens@t-online.de

Christian Hawellek

Dr. phil., Diplom-Päd., Kinder- und Jugendlichenpsychotherapeut, Erziehungs-, Familien und Eheberater, licensierter Marte-Meo-Supervisor, Leiter des Norddeutschen Marte Meo Institutes, Mitarbeiter der Caritas-Beratungsstelle für Eltern, Kinder und Jugendliche, Lehrbeauftragter an der Universität Osnabrück.

mail@nmmi.de

Cornelia Hennecke

Jg. 1958, Diplom-Psychologin, Psychologische Psychotherapeutin; Systemische Familientherapeutin und Supervisorin (SG); Lehrtherapeutin und Lehrende Supervisorin am Institut für Familientherapie Weinheim, Ausbildung und Entwicklung e.V.; Praxisgemeinschaft mit Robert Hennes und Marion Scholz in Berlin.

hennecke.hennes.scholz@t-online.de

Robert Hennes

Jg. 1959; Diplom-Sozialarbeiter; Heilkundlich-praktischer Psychotherapeut; Systemischer Familientherapeut und Organisationsberater; Praxisgemeinschaft mit Cornelia Hennecke und Marion Scholz in Berlin.

hennecke.hennes.scholz@t-online.de

Wolfgang Loth

Jg. 1951; Diplom-Psychologe, Psychologischer Psychotherapeut; angestellt tätig in der Erziehungs- und Familienberatung, freiberuflich in Konsultation, Supervision und Fortbildung.

kopiloth@t-online.de, www.kopiloth.de

Barbara Ollefs

Diplom-Psychologin, systemische Familientherapeutin und systemische Supervisorin; langjährige Erfahrung in der familienmedizinischen Betreuung von asthma- und diabetesbetroffenen Kindern, Jugendlichen und ihren Familien am Kinderhospital Osnabrück. Lehrbeauftragte an der Universität Osnabrück, Forschungsprojekt an der Psychologischen Fakultät der Universität Osnabrück zur Evaluierung des „Elterncoaching im gewaltlosen Widerstand".

barbara.ollefs@awisnet.de

Haim Omer

Geboren 1949 in Sao Paulo, Brasilien, als Sohn von Überlebenden des Holocaust; wohnhaft in Israel seit 1967. Professor für Psychologie in der Universität Tel-Aviv. Arbeitsschwerpunkte: kurzzeitige Therapie, narrative Auffassung des therapeutischen Prozesses, Eltern-Coaching, Ausbildung einer sicheren Schule, konstruktive und destruktive Formen von Konfliktführung.

homer1@bezeqint.net

Karl Heinz Pleyer

Diplom-Psych., Psychol. Psychotherapeut, Systemischer Therapeut, Supervisor und Lehrtherapeut für Systemische Therapie (DGSF), seit 1996 Leiter der „Tagesklinik für Kinder" Viersen, Arbeitsschwerpunkte: stationäre systemische Therapie, Supervision und Coaching in psychosozialen Arbeitsfeldern

kh.pleyer@t-online.de

Wilhelm Rotthaus

Dr., Arzt für Kinder- und Jugendpsychiatrie und Psychotherapie. Systemischer Familientherapeut, Lehrtherapeut und Supervisor (DGSF). Ehem. Fachbereichsarzt der Kliniken für Psychiatrie und Psychotherapie des Kindes- und Jugendalters der Rheinischen Kliniken Viersen. Redaktionsmitglied der Zeitschrift für Systemische Therapie und Beratung. 1. Vorsitzender der Deutschen Gesellschaft für Systemische Therapie und Familientherapie (DGSF).

trapmann-rotthaus@t-online.de

Elfriede Schnitzspan
Jg. 1953, Diplom-Sozialpädagogin, Gesprächspsychotherapeutin, Weiterbildung in Management und Organisationsentwicklung. Aufbau und Leitung der Jugendhilfeeinrichtung, seit 1999 einer der beiden Geschäftsführerinnen der Mobilen Praxis gem. GmbH in Alsbach.
mobilepraxis@gmx.de

Marion Scholz
Jg. 1958, Diplom-Psychologin, Psychologische Psychotherapeutin. Systemische Familientherapeutin und Supervisorin (SG). Praxisgemeinschaft mit Cornelia Hennecke und Robert Hennes in Berlin.
hennecke.hennes.scholz@t-online.de

Irit Shor-Sapir
Jg. 1974, MA in klinischer Psychologie an der Universität Tel Aviv, tätig im Feinberg-Psychiatrie-Center für Kinder und Jugendliche sowie im Schneider-Zentrum für Pädiatrie, Arbeitsschwerpunkte Elternberatung und Kindertherapie, verheiratet, ein Kind.
sapirir@netvision.net.il

Annegret Sirringhaus-Bünder
Jg. 1952, Dipl.-Sozialarbeiterin; Systemische Lehrtherapeutin (DGSF), Supervisorin (DGSv); NLP-Lehrtherapeutin (DVNLP); Lizenzierte Ausbilderin für Marte Meo-Videoberatung (Licensed Supervisor); Seit 1985 in freier Praxis für Beratung, Fortbildung und Supervision in Köln.
sirringhaus-buender@koelner-verein.de

Gunthard Weber
Dr. med., Arzt für Psychiatrie und Psychotherapie, Systemischer (Familien-)Therapeut und Berater, Leiter des Wieslocher Instituts für systemische Lösungen, Geschäftsführender Gesellschafter von Simon, Weber and Friends, Systemische Organisationsberatung GmbH und des Carl-Auer Verlags. Mitbegründer der Systemischen Gesellschaft.
wisl@wieslocher-institut.com

Uri Weinblatt
Ph. D., M. A., Klinischer Psychologe an der Universität Tel Aviv; arbeitet seit 10 Jahren mit Haim Omer am Konzept der elterlichen Präsenz und des gewaltlosen Widerstands als Behandlungsmodell. Internationale Vorträge und Trainingsworkshops für Berater und Lehrer in diesem Therapieansatz. Daneben tätig am Council for Relationsships, einem Paar- und Familientherapie-Institut in Philadephia.
uriweinblatt@yahoo.com

Über die Herausgeber

Cornelia Tsirigotis, Hörgeschädigten-Pädagogin, systemische Familientherapeutin und Supervisorin, Kinder- und Jugendlichenpsychotherapeutin. Redakteurin der familientherapeutischen Zeitschrift Systhema.

Arist von Schlippe, Prof. Dr. phil., Dipl.-Psych., Professor für Führung und Dynamik von Familienunternehmen; Psychologischer Psychotherapeut an der Universität Witten-Herdecke.

Jochen Schweitzer-Rothers, Prof. Dr. rer. soc., Dipl.-Psych., Professor für Medizinische Psychologie und Psychotherapie an der Universität Heidelberg. Psychologischer Psychotherapeut, Kinder- und Jugendlichenpsychotherapeut.